数字经济下
平台供应链
信息传递机制研究

李 果 郑 鸿 吴华敏／著

科学出版社

北京

内 容 简 介

本书聚焦于数字经济时代的平台供应链管理，结合系统决策理论、优化建模方法与经济分析手段，探讨信息不对称对平台供应链决策的影响机制。从需求信息、质量信息与可靠性信息的三个维度切入，首先，分析数字经济下平台供应链信息传递的关键问题及其重要意义；其次，探讨需求信息不对称下电商平台的信息分享与风险管理策略，以及制造商信息获取与渠道入侵的交互机制；再次，研究质量信息不对称下制造商质量提升与平台信息获取策略，分析产品定价与质量信息披露决策；最后，提出随机中断风险下的需求信息分享与备货机制，以及合同中断风险防范机制。

本书适用于三种情况：一是可作为管理学及相关专业的教材；二是供未修读信息不对称与博弈论的研究者自学；三是可作为平台供应链信息经济学的参考手册。

图书在版编目（CIP）数据

数字经济下平台供应链信息传递机制研究/李果，郑鸿，吴华敏著.--北京：科学出版社，2024.12

ISBN 978-7-03-078370-7

Ⅰ.①数… Ⅱ.①李… ②郑… ③吴… Ⅲ.①电子商务-供应链管理-信息处理 Ⅳ.①F713.365.1 ②F252.1

中国国家版本馆 CIP 数据核字（2024）第 072043 号

责任编辑：郝　悦/责任校对：贾娜娜
责任印制：张　伟/封面设计：有道设计

科 学 出 版 社 出版
北京东黄城根北街 16 号
邮政编码：100717
http://www.sciencep.com

北京中科印刷有限公司印刷
科学出版社发行　各地新华书店经销
*
2024 年 12 月第　一　版　开本：720×1000　1/16
2024 年 12 月第一次印刷　印张：16
字数：323 000
定价：168.00 元
（如有印装质量问题，我社负责调换）

作 者 简 介

李果，管理学博士，教授，博士生导师，国家级领军人才。现任北京理工大学管理学院管理科学与物流系主任。长期从事运作管理、绿色供应链与物流管理、市场营销与运营交叉学科、大数据驱动的决策管理等领域的研究。近年主持 13 项纵向科研项目，累计发表论文 70 余篇，出版专著/译著 3 部。近五年以第一作者或通讯作者在 *Journal of Operations Management*、*Production and Operations Management* 等国际顶级/重要期刊上发表论文 60 余篇，其中 ESI（essential science indicators，基本科学指标数据库）热点/高被引论文 20 篇；入选 2022 年全球前 2% 顶尖科学家榜单和爱思唯尔"中国高被引学者"榜单。荣获"江苏省社科应用研究精品工程"优秀成果二等奖、第十九次中国物流学术年会优秀论文奖一等奖第一名和中国工程院院刊 *Frontier of Engineering Management* 2020 年、2022 年杰出通讯专家奖等多项省部级与国家一级学会荣誉奖励。

郑鸿，管理学博士，现任北京理工大学管理学院预聘副教授、特别研究员、博士生导师。主要从事平台供应链管理、生产运作与市场营销交叉等领域的研究。获批主持国家自然科学基金（青年项目）1 项，博士后科学基金（面上项目）1 项。以第一作者或唯一通讯作者在 *Production and Operations Management*、*Decision Sciences*、*IEEE Transactions on Engineering Management*、*Omega*、*Transportation Research Part E* 等国际高水平期刊上发表学术论文十余篇，其中 ESI 热点/高被引论文 2 篇，中国优选法统筹法与经济数学研究会智能决策与博弈分会常务理事、中国物流学会理事、中国运筹学会随机服务与运作管理分会青年理事，此外担任 *Journal of Modelling in Management* 副主编以及多个运营管理领域 SCI（science citation index，科学引文索引）/SSCI（social sciences citation index，社会科学引文索引）期刊审稿人。

吴华敏，管理学博士，中国石油大学（北京）特任副教授，研究生导师。主要从事可持续供应链管理、数智驱动的运作管理等领域的教学研究工作；主持或参与国家自然科学基金、北京市自然科学基金、中国博士后科学基金等重要科研项目；在 *IEEE Transactions on Engineering Management*、*Transportation Research Part E*、*International Journal of Production Economics*、*Journal of Business Research*、

International Journal of Production Research 和 *Annals of Operations Research* 等领域内高水平 SCI/SSCI 期刊上发表论文 10 余篇；荣获中国物流学会优秀博士学位论文、国际运筹学会联合会 2021 年度 IFORS-ITOR-Wiley 最佳论文奖等国际/国家一级学会荣誉奖励。

前　　言

"十四五"规划明确提出"加快数字化发展 建设数字中国",强调要"打造数字经济新优势""加快推动数字产业化""推进产业数字化转型""营造良好数字生态"。在政策推动下,我国数字经济发展迅速。中国信息通信研究院发布的《中国数字经济发展研究报告(2024 年)》显示,2023 年,我国数字经济规模达到 53.9 万亿元,较上年增长 3.7 万亿元,占 GDP 比重达 42.8%。作为数字经济的重要组成部分,我国平台经济近年来蓬勃发展,在提高全社会资源配置效率、畅通国民经济循环等方面发挥了积极作用。在促进数字化和智能化发展的同时,要继续推动平台经济健康持续发展,发挥其拓展消费市场、创新生产模式等作用。在平台经济快速发展的背景下,平台供应链运营优化引起了社会和学界的广泛关注。

在数字经济推动下,平台供应链运营经历了深刻的变革,具体表现在提高生产效率、降低运营成本、增强灵活性和响应速度等方面。先进的数据分析和人工智能技术使供应商能够更高效地管理生产过程,从而提高生产效率并增强供应链的可靠性。此外,数字技术在提升产品质量方面也发挥了重要作用。通过集成化的质量管理系统和实时监控,制造商能够及时发现并解决质量问题,确保产品符合标准和客户要求。数据分析还能够揭示生产过程中的潜在问题,帮助制造商不断优化产品质量。对于平台零售商而言,数字技术有助于更好地接收消费者反馈,了解消费者偏好。通过精确的数据分析,平台零售商可以预测市场需求和消费者行为,及时调整产品和服务,适应市场需求的动态变化。这种敏锐的市场洞察力不仅帮助平台零售商避免资源浪费,还能更有效地应对需求波动,使其在竞争中脱颖而出,巩固市场地位。上述变革推动了平台供应链管理向更高效、更智能、更可持续的方向发展,为应对未来挑战奠定了坚实基础。

尽管数字经济发展为平台供应链运营优化提供了便利,但也加剧了信息不对称问题,带来了诸多挑战。具体而言,上游制造商通常能够获取关于产品质量和可靠性的详细信息,但往往缺乏对市场需求和消费者偏好的深入了解。这种信息缺失可能导致制造商无法在生产决策中准确反映市场需求,从而影响产品的市场适应性和销售效果。传统零售商与消费者的直接接触使其能够准确预测市场需求,但这些需求预测往往未能有效传递给上游制造商,造成信息传递不畅。信息流动的滞后可能导致制造商无法及时调整生产策略,从而产生过度生产、生产不足或生产的产品与消费者需求不符等问题。同时,下游平台零售商虽然掌握了丰富的市场需求和消费者偏好信息,但在产品质量和可靠性方面的信息却相对匮乏,可能带来多重负面影响。一方面，信息缺口增加了平台零售商在选择供应商和产品时的风险，可能导致销售不合格的产品，损害消费者信任和品牌声誉；另一方面，平台零售商对制造商的质量和可靠性的了解不足，可能导致供应中断风险，尤其在多级供应链中尤为突出。缺乏对质量和可靠性的深入洞察，还会降低平台零售商的市场适应性，限制其根据市场变化调整产品组合的能力。因此，如何优化平台供应链中的信息传递机制，提升信息流的效率与可靠性，成为当前亟待解决的关键问题。

目前，国内外关于平台供应链信息传递的研究已取得一定进展，主要集中在信息流动效率、透明度和技术实现等方面，但对数字经济背景下平台供应链信息传递机制的系统性分析仍显不足。现有研究大多聚焦于单一环节的信息传递，且缺乏对信息传递机制整体优化的理论探讨；同时，数字技术如何深入改造供应链中信息流动的具体路径，尚未得到充分研究。因此，探讨数字经济下平台供应链信息传递机制及其优化策略，具有重要的理论意义和实践价值。本书结合当前实践问题和理论研究成果，着重考虑平台供应链中需求、质量、可靠性三个方面的不对称信息影响，探讨各利益主体如何做出最优运营决策，旨在为平台供应链中信息传递优化决策提供有效建议。本书共分为九章，主要研究框架如下。

第1章为数字经济下平台供应链信息传递概述。本章首先介绍了数字经济下平台供应链信息传递研究的现实背景；其次，利用相关实践案例，提出研究问题和研究目标；最后，总结全书的研究内容、研究意义、研发方法和技术路线。

第2章为竞合结构下电商平台信息分享策略研究。本章考虑了一个由电商平台、制造商和转卖商组成的竞合平台供应链的结构。基于制造商和转卖商是否接受电商平台分享的信息，分析了信息不分享、完全信息分享、仅分享给制造商和仅分享给转卖商等四种不同的信息分享场景，探究了平台供应链各利益主体对不同信息分享场景的偏好。

第3章为制造商信息获取和电商平台信息分享策略研究。本章构建了由一个制造商和两个相互竞争的电商平台组成的平台供应链结构，系统分析了制造商最优的信息获取策略、信息补贴策略以及电商平台最优的信息分享策略。

第4章为制造商渠道入侵和电商平台信息分享策略研究。本章考虑了一个由制造商和一个电商平台组成的平台供应链的结构，重点探究了制造商的渠道建立策略和电商平台的信息分享策略之间的交互作用。在此基础上，本章对基础模型进行了拓展，进一步研究了销售数量的内点解和边界解，验证了基础模型中的核心结论。

第5章为电商平台信息分享和风险管理策略研究。本章考虑了由一个存在供应中断风险的上游制造商和一个拥有准确市场需求信息的电商平台组成的平台供应链结构，其中电商平台拥有比制造商更准确的市场需求信息，其可事先决定是否与制造商共享私人需求信息；而制造商存在供应中断风险，其可内生性决定自身供应可靠性提升水平。本章重点探究了需求信息分享对供应可靠性提升过程的影响机制以及信息分享与两种风险管理策略的交互作用。

第 6 章为制造商质量提升和电商平台信息获取策略研究。本章考虑了一个由制造商和电商平台组成的双渠道平台供应链结构，其中制造商决定产品质量水平，电商平台决定消费偏好信息获取决策。在此基础上，本章重点探究了平台供应链中上游制造商的产品质量提升与下游电商平台的信息获取决策之间的相互作用。

第 7 章为随机中断风险下需求信息分享与备货生产的交互机制研究。本章考虑了一个由供应商和制造商组成的存在随机供应中断风险的平台供应链结构，其中制造商在获得准确的市场信息之前做出信息分享策略。本章着重研究了信息分享对制造商备货生产策略的影响机理，探究了制造商的最优信息分享策略，并对信息分享对制造商、供应商和供应链整体利润的影响进行了深入探讨。

第 8 章为竞合平台供应链产品渠道定价与质量信息披露决策研究。本章考虑了由一个制造商与一个零售平台组成的竞合平台供应链结构，其中制造商决定采用何种形式来披露其产品质量信息。在此基础上，本章重点探究了平台价格平价条款实施与制造商产品质量信息披露之间的交互决策机理。

第 9 章为信息不对称下合同中断风险防范研究。本章考虑了由一个制造商和一个具有私人初始可靠性信息的供应商组成的供应链结构，分别探究了批发价格合同和筛选菜单合同下制造商与供应商的均衡结果，并在此基础上通过比较四种合同机制下企业的均衡利润，获得企业的最优策略偏好。

本书的研究得到了国家自然科学基金项目（72202017，72272013，71971027，72321002，72402230）、北京市自然科学基金项目（9244035）和中央高校基本科研业务费的资助，特此感谢有关单位和领导的关心支持。本书包含了作者指导的博士和硕士研究生的研究成果，在此要感谢他们的辛苦付出。作者还要感谢科学出版社有关工作人员为出版本书付出的辛勤劳动。此外，本书在写作过程中参考了许多国内外单位和个人的研究成果，作者尽可能在正文和参考文献中列出，在此一并致谢。

由于作者水平有限，书中不足之处在所难免，真诚希望广大读者批评指正、不吝赐教。

作　者

2024 年 12 月

目　　录

第1章　数字经济下平台供应链信息传递概述

1.1　引　　言

近年来，数字化不仅是一种趋势，更是一种必然，大数据、云计算、人工智能和5G①等现代信息技术正在全球范围内引领一场数字化浪潮。其中数字经济作为这场变革的核心驱动力，更是在经济社会的数字化、网络化、智能化方面扮演了至关重要的角色，重塑着经济发展与治理模式。中国政府也高度重视数字经济的发展，从2018年的《数字经济发展战略纲要》提出的首个国家层面的数字经济整体战略；到2022年的《"十四五"数字经济发展规划》中进一步明确了"十四五"时期推动数字经济健康发展的指导思想、基本原则、发展目标和保障措施；再到2023年的《数字中国建设整体布局规划》强调了"培育壮大数字经济核心产业，研究制定推动数字产业高质量发展的措施，打造具有国际竞争力的数字产业集群"。诸多政策都在不断地推动着数字经济的快速发展。2022年数据显示，中国的数字经济规模达到了50.2万亿元，占国内生产总值的41.5%。随着数字化的不断深化，各行各业都在努力与新技术融合。特别是在供应链领域，大数据、云计算和人工智能等数字技术的广泛应用推动了供应链的全面革新。尤其在电商行业中，数字经济的迅猛发展极大地促进了电子支付和数字交易的普及。这一变革不仅降低了交易成本，还为平台经济的兴起提供了强大的推动力，从而开创了更为高效和便捷的商业模式。

作为数字经济的重要组成部分，平台经济在我国体量庞大、业态丰富。据《中国平台经济报告2023》统计，全球百亿估值的平台经济中，中国占比高达24.8%，位居全球第二位。这一新型的经济模式不仅是生产力新的组织方式，还对优化资源配置、推动产业升级、畅通经济循环具有重要意义，其在经济社会发展中的地位和作用日益凸显。平台经济根植于互联网，是在新一代信息技术高速发展的基础上诞生的，以数据作为生产要素或有价值的资产，其运行天然就会产生大量数据，例如，电商和社交媒体平台的用户基数与交易额都在快速增长。根据国家统计局发布的数据，2022年中国的网络经济子指数（包括移动互联网用户数、移动互联网接入流量以及电子商务平台交易额等）与2021年相比增长了39.6%，占整

---

① 5G指第五代移动通信技术（5th generation of mobile communications technology）。

体增长的 91.6%。特别值得注意的是，电子商务平台交易额在 2022 年达到了 43.8 万亿元，同比增长 3.5%。在这样的背景下，平台供应链作为连接生产者和消费者的关键纽带，对于经济的持续发展和创新具有不可替代的作用。它不仅提高了市场效率，还促进了资源的有效分配和利用，加速了产品和服务的创新。平台供应链通过整合各方资源，优化流程，实现了更高效的生产和分销方式，从而在推动经济增长和社会进步方面发挥了重要作用。

在数字经济的推动下，供应链管理经历了深刻的变革，体现在提高生产效率、降低运营成本、增强灵活性和响应速度等多个方面。先进技术如人工智能和大数据分析在精确捕捉消费者需求、提高生产效率方面发挥关键作用，云计算和数据分析的应用增强了供应链的适应性与快速响应市场变化的能力。首先，先进的数据分析和人工智能技术使供应商能够更有效地管理生产过程，提高供应效率，同时增强整个供应链的可靠性。例如，通过实时数据分析，供应商可以更灵活地调整生产，以更好地适应市场环境，从而减少资源浪费并确保供应的连续性。其次，数字技术的应用还有助于提高产品质量。通过集成的质量管理系统和实时监控，供应商能够在生产过程中及时发现并解决质量问题，确保产品符合标准和客户要求。最后，数据分析还可以揭示生产过程中的潜在问题，帮助供应商持续改进产品质量。对于贴近市场的零售商而言，数字技术还能够更好地帮助零售商接收消费者的信息反馈，了解消费者偏好。通过数据分析可以精确预测市场需求和消费者偏好来更有效地调整产品与服务，从而满足市场需求的动态变化，避免资源的不必要消耗。这不仅有助于实现更加平衡和持久的供应链管理，还能够更好地适应市场需求的波动，这种对市场需求和消费者偏好的敏锐洞察，使零售商能够在竞争激烈的市场环境中更有效地定位自己，从而保持竞争优势。这些变革共同推动了供应链管理向更高效、更智能、更环保的方向发展。

但是，数字经济也加剧了信息不对称的问题，这给平台运营和供应链的各方带来了一系列挑战。上游的制造商通常能够收集到关于产品质量和可靠性的详细信息，但它们往往缺乏对市场需求和消费者偏好的深入了解。这种信息的缺失可能导致制造商在生产决策上无法充分反映市场的实际需求，无法与市场需求相匹配，从而影响产品的市场适应性和销售效果。传统上的零售商由于与消费者有更直接的接触，通常能够准确预测市场需求。然而，这些精准的预测并不总是能有效地传达给上游的制造商，这种信息传递的不畅可能导致制造商无法及时调整生产策略，使制造商可能会生产过多或过少的产品，或生产的产品与消费者的需求不符。与此同时，下游零售商虽然掌握了丰富的市场需求和消费者偏好信息，但它们在产品质量和可靠性方面的信息不足可能会带来多重影响。首先，这种信息缺口增加了它们在选择供应商和产品时的风险，可能导致销售质量不佳的产品，进而损害消费者信任和品牌声誉。其次，对供应商可靠性的不了解可能导致供应中断风险，尤其是在涉及多级供应链的情况下。缺乏对质量和可靠性的洞察会降低零售商的市场适应性，使它们难以及时调整产品组合以应对市场变化。

在处理这些来自不同供应链环节的参与者的不对等信息时，平台的运营面临着诸多挑战。首先，市场需求和信息的不对称可能导致制造商无法准确地生产符合市场需求的产品。这种产能与需求的不匹配可能导致资源浪费，若生产过多则增加了平台营销和销售的成本，若生产不足则会错失销售机会，都会直接影响平台的销售收入，降低平台收益。其次，产品与消费者需求不匹配还可能导致消费者满意度下降，进一步损害平台的品牌形象和市场份额。在这种情况下，消费者可能会转向竞争对手，从而影响平台的长期客户忠诚度和市场地位。最后，可靠性信息的不对称可能引发供应链效率问题，如供应中断或延迟，从而影响平台的运营效率和客户满意度。这些供应链的不确定性可能导致服务水平下降，影响消费者的购买体验。同时，越来越多的品牌倾向于通过第三方平台如京东、Expedia等销售商品，但质量信息的不对称性对平台而言是一大问题。这种信息差距使监管和保持产品质量的一致性与高标准变得复杂，进而可能影响消费者对平台的信任。因此，许多平台运营商开始采用如区块链等技术来提高信息透明度，尽管这可能限制了上游制造商在信息披露方面的灵活性。此外，这种质量信息的信息不对称也降低了平台对市场动态的响应能力，可能损害品牌声誉，导致错失市场机会。长期来看，这些因素不仅影响消费者的重复购买意愿，还可能间接地影响平台的整体收益。

以需求端为例，在电子商务经济快速发展的背景下，市场需求预测引发了一个关键研究问题：电商平台是否应该分享这些私有的市场需求信息，以及在竞合供应链中，应该将这些信息分享给谁。为解决这一问题，阿里巴巴在2012年建立了开源数据平台"阿里指数"（Ali index），将市场销售数据提供给市场卖家，实现了从不分享信息到完全信息分享的转变。天猫新品创新中心也协助特定制造商（如强生公司）更准确地了解产品在市场中的潜在需求。对于上游制造商来说，由于它们不直接面对消费者，难以直接掌握市场需求信息。为了弥补这一信息劣势，制造商可以采取主动措施，如雇用第三方咨询公司或建立自己的信息收集系统。在消费者偏好信息方面，电商平台如京东通过构建数字智能供应链与上游企业合作，帮助许多制造商更准确地定位消费者偏好。例如，海尔曾雇用北京中怡康时代市场研究有限公司（简称中怡康）来收集消费者偏好信息，而希捷科技则获取市场预期和竞争环境信息。这些措施使制造商能够更好地理解并适应市场的动态变化，从而提高它们的市场竞争力和产品的市场适应性。

在质量信息方面，为了有效缓解产品质量信息不对称问题，越来越多的平台运营商将注意力转向寻求增强供应链信息透明度的技术。例如，许多零售平台（如亚马逊、沃尔玛和家乐福等）开始采用如区块链等技术来提高信息透明度，尽管这可能限制了上游制造商在信息披露方面的灵活性。此外，零售平台的定价和销售服务决策也会影响制造商的信息披露。许多商家在 Booking.com 上设定的最终价格高于它们自己的官方网站，从而可能导致"搭便车"行为。因此，为了消除渠道间价格歧视，具有足够市场话语权的零售平台可能会对商家实施定价限制。例如，Booking.com 和 Expedia 与入驻商家签署价格平价条款（price parity clauses，PPCs），条款要求产品在平台销售渠道上的零售价格不能高于商家在自己直销渠道上的零售价格。此外，实践中，为了增强渠道市场影响力，零售平台会推出一系列销售服务来协助消费者更好地了解产品性能，从而促进产品在平台渠道上的销售。

在可靠性信息中，供应链中断的频繁发生可能导致下游买家对供应商的可靠性产生误解。例如，新冠疫情在短短两周内对机械设备制造业产生了巨大的影响，受影响的企业比例从 60% 激增至 84%，其中近一半的企业表示其供应链受到了非常严重或明显的中断。外部因素，如贸易制裁，也导致供应链中断。2021 年底，美国商务部将多家中国企业列入实体清单，导致中美欧之间在芯片、科技和药品领域的供应链受到严重打击。供应链中断不仅是导致企业停产或减产的主要原因，还可能影响到下游制造商。麦肯锡的研究指出，供应可靠性是企业在供应链问题中最为关注的问题之一。这种中断对企业的运营绩效和利润产生了巨大的负面影响，甚至导致股东价值的大幅下滑。为应对这些风险，制造商采取了多种策略，如多源采购、备用采购、紧急采购等，以提高供应链的弹性。越来越多的企业，尤其是汽车行业，开始与供应商合作，通过技术投资来提高供应链的可靠性，从而减少供应中断的风险。除了这些策略之外，一种越来越流行的替代方法是供应商投资于先进技术，以提高其供应可靠性并防止中断，例如，本田、宝马和丰田始终与供应商合作，以提高性能。这种方法可以被视为降低供应风险的内生可靠性改进。

目前数字经济正在快速地改变我们的生活和工作方式，并在某种程度上增强了信息的获取和应用，但信息不对称仍然是供应链管理中需要解决的一个重要问题。这种信息不对称不仅可能导致各方在生产计划和市场策略方面做出不准确或不高效的决策，还可能引发信任危机，从而影响供应链各方的长期合作关系。这不仅影响供应链的短期效率，还可能威胁到长期的可持续发展。因此，这一问题值得所有相关方面，包括政府、企业和研究机构的共同关注和研究，以寻求更有效的解决方案。

1.2　研究内容

1.2.1　竞合结构下电商平台信息分享策略研究

该部分将考虑由一个制造商、一个转卖商和一个电商平台组成的供应链，其中制造商通过批发价契约将商品卖给转卖商，之后转卖商通过代销渠道在电商平台上转卖该商品。与此同时，制造商同样通过代销渠道在电商平台上销售同一种商品。因此，制造商和转卖商之间形成了竞合关系：一方面，制造商和转卖商通过批发价契约形成合作；另一方面，制造商和转卖商同时通过电商平台销售该商品，即二者又是市场销售的竞争者。电商平台由于更接近市场，相对于上游制造商和转卖商拥有市场需求信息优势，即电商平台可以在销售季节来临之前准确地预期市场需求。在此假设下，该部分综合运用斯塔克尔伯格模型（Stackelberg model）、伯特兰德模型（Bertrand model）和信号博弈（signaling game）等理论分析电商平台最优的信息分享策略。

1.2.2 制造商信息获取和电商平台信息分享策略研究

该部分将考虑由一个制造商和两个竞争性电商平台组成的供应链。制造商通过传统的零售渠道在两个竞争性电商平台上销售同一种商品。电商平台相对制造商拥有市场需求信息优势。在销售季节来临之前，两个电商平台可以获得各自的市场需求信号。为了贴合现实，假设制造商可以付出成本获得市场需求信号。此外，制造商在提供批发价契约时会存在潜在的信息泄露风险。在此假设下，该部分综合运用斯塔克尔伯格模型和古诺竞争（Cournot competition）等博弈理论分析制造商最优的信息获取和信息补贴策略，以及竞争性电商平台最优的信息分享策略。

1.2.3 制造商渠道入侵和电商平台信息分享策略研究

该部分将考虑由一个上游制造商和一个下游电商平台组成的供应链。其中制造商同电商平台已经建立了传统的零售渠道（retail channel）销售商品，即制造商通过批发价契约将商品卖给电商平台，之后电商平台将商品转卖给消费者。根据现实背景，假设制造商可以通过电商平台的代销渠道（commission channel）直销自己的商品给消费者，即电商平台抽取一定比例的制造商在代销渠道中的销售利润作为佣金，来允许制造商直销商品。此外，电商平台相对制造商拥有市场需求信息优势，即电商平台可以准确地预期未来市场需求。在此假定下，该部分综合运用斯塔克尔伯格模型以及古诺竞争等博弈理论分析制造商最优的渠道建立策略和电商平台最优的信息分享策略，旨在阐明制造商和电商平台策略之间的相互影响机制。

1.2.4 电商平台信息分享和风险管理策略研究

该部分构建了由一个存在供应中断风险的上游制造商和一个拥有准确市场需求信息的电商平台组成的供应链，其中，电商平台拥有比制造商更准确的市场需求信息，其可事先决定风险管理策略以及是否与制造商分享私人需求信息，而制造商存在供应中断风险，其可内生性决定自身供应可靠性提升水平。重点探究电商平台是否能通过分享市场需求信息激励上游制造商提高供应可靠性，此外，该部分考虑了两种广泛采用的风险管理策略，即可靠性提升成本补贴策略和双源采购策略。在此假定下，该部分运用斯塔克尔伯格模型探究需求信息分享对供应可靠性提升过程的影响机制以及信息分享与两种风险管理策略的交互作用。

1.2.5　制造商质量提升和电商平台信息获取策略研究

该部分考虑一个由制造商和电商平台组成的双渠道供应链，该供应链由决定产品质量水平的上游制造商和做出信息获取决策的电商平台组成。电商平台以批发契约转售制造商的产品。此外，上游制造商可以通过电商平台建立代销渠道，直接向终端消费者市场销售其产品。该部分的研究重点是制造商的产品质量改进和电商平台的信息获取决策之间的相互作用。消费者的质量偏好是未知的市场不对称信息，但电商平台可以通过信息获取行为来悉知具体的消费者质量偏好。该部分假设，一旦电商平台获取消费者质量偏好信息后，将同制造商真实地分享该信息。该部分考虑了电商平台两种不同的信息获取策略，即承诺获取策略和相机获取策略，取决于电商平台信息获取策略和制造商质量改进策略之间的决策顺序。在承诺获取策略中，电商平台的信息获取决策先于制造商质量改进决策。在相机获取策略中，制造商质量改进策略先于电商平台信息获取策略。在此假定下，该部分综合运用斯塔克尔伯格模型以及伯特兰德竞争等博弈理论分析分析电商平台最优的质量信息获取策略。

1.2.6　随机中断风险下需求信息分享与备货生产的交互机制研究

该部分建立了一个由供应商和制造商组成的存在随机供应中断风险的供应链。其中，供应商生产一种产品，并通过制造商进行分销。在危机环境的前提下，该部分的模型描述了供需不确定性的固有特征。制造商可以在获得准确的市场信息之前，策略性地进行预先需求信息分享决策。供应商则根据制造商的信息分享决策来决定是否采用备货生产策略。这些决策都是基于各方的利益考虑。根据信息分享决策和备货生产决策，具体可分成以下四种策略：①制造商隐瞒需求信息且供应商不采用备货生产；②制造商隐瞒需求信息且供应商采用备货生产；③制造商分享需求信息且供应商不采用备货生产；④制造商分享需求信息且供应商采用备货生产。在此假定下，该部分运用斯塔克尔伯格模型探究存在随机供应中断风险的供应链中制造商的信息分享行为和供应商的备货生产行为决策。

1.2.7　竞合平台供应链产品渠道定价与质量信息披露决策研究

该部分构建了一个由制造商和零售平台组成的竞合供应链结构,其中制造商可以通过官方直销渠道和平台渠道来同时向消费者销售其产品。在产品销售开始之前,平台决定是否实施 PPCs。根据平台的 PPCs 实施决策,制造商决定采用何种形式来披露其产品质量信息。具体来说,该部分考虑了产品制造商在实践中普遍采用的两种质量信息披露决策,即事前采用区块链技术和事后自愿披露策略,它们的区别在于制造商的产品质量信息披露决策是在制造商观察产品质量信息之前还是之后做出。通过构建不对称信息博弈理论模型,该部分着重考虑服务努力溢出效应的影响,探究了平台 PPCs 实施与制造商产品质量信息披露之间的交互决策机制,为竞合供应链中企业产品质量信息披露与渠道定价策略提供决策依据。在此假定下,该部分综合运用斯塔克尔伯格模型以及伯特兰德竞争等博弈理论分析分析零售平台最优的质量信息披露决策。

1.2.8　信息不对称下合同中断风险防范研究

该部分将考虑由一个制造商和一个具有私人初始可靠性信息的供应商组成的供应链。对于制造商来说,供应商的私人初始可靠性可能是高可靠性也可能是低可靠性。为防止供应中断,制造商可采用批发价格合同或筛选菜单合同,以促使供应商提高供应可靠性。在批发价格合同中,包括推式机制和拉式机制。其中,在推式机制中,供应商作为领导者决定批发价格和可靠性提升水平,制造商作为追随者决定零售价格;在拉式机制中,制造商作为领导者决定批发价格和零售价格,然后由供应商决定其可靠性提升水平。该部分进一步研究了在筛选菜单合同下分散供应链中的均衡决策,其中制造商可以与高可靠性类型和低可靠性类型供应商签订合同(即两种类型的供应商)或仅与高可靠性类型供应商签订合同,也分别称为高低类型供应商甄别机制和仅高类型供应商甄别机制。在此假定下,该部分运用机制设计理论分析制造商最优可靠性的契约设计。

1.3　研　究　意　义

本书结合当前实际问题和理论研究成果,着重考虑平台供应链中需求、质量、可靠性三个方面不对称信息的影响,探究了平台供应链中各利益主体如何做出最优运营决策管理,具有重要的理论和现实意义。

(1)揭示了零售侧市场需求信息与上游市场营销、质量优化、风险管理、渠道管理等决策行为之间的交互机制,分析了平台供应链中上下游主体的决策行为,为上游企业产品销售渠道定价、产品升级、风险控制及渠道建立的制定提供了新思路。这既有助于丰富平台供应链信息不对称的研究，完善需求信息不对称方向的理论框架，也具有一定的现实意义。

（2）探究了考虑服务努力溢出下平台 PPCs 实施与制造商产品质量信息披露之间的交互决策机制，并分析了其对平台供应链成员均衡决策的影响，丰富了平台供应链中产品渠道定价与质量信息披露问题的理论研究，为平台供应链中企业产品渠道定价与质量信息披露决策的制定提供了切实可行的理论指导，具有重要的实践意义。

（3）针对中断风险信息不对称下供应链可靠性提升问题，通过信息博弈和机制设计方法来构建运营优化模型，创新性地分析了中断风险信息不对称下传统批发价契约和筛选菜单契约对供应可靠性提升的影响机理，揭示了下游企业在面临供应不确定时对不同价格契约的偏好，为供应链中利益主体间的价格契约设计以及风险协同管控提供决策参考。

1.4 研 究 方 法

本书通过定性分析与定量研究相结合的方式，基于现有的理论研究并立足于实践应用，利用适当的研究方法对不同类型的问题进行分析和探讨。本书的总体技术路线如图 1.1 所示。

（1）文献查阅与理论分析。本书查阅相关文献和理论研究成果，主要来源于学校图书馆的中英文数据库、经典教材、学术书籍及有关高质量的网络资料。具体通过研读与本书相关的文献资料，进一步了解平台供应链管理、供应链信息分享以及质量信息披露相关运营策略的研究现状，分析其存在的问题和不足，构建本书的支撑理论。

（2）博弈论。博弈论主要用于研究博弈主体的预测行为与实际行为，并给出优化策略。为了研究数字经济下平台供应链信息传递机制，需要构建一系列子决策理论模型，来分析最优的信息分享、信息获取以及信息披露决策。而这些模型的构建和求解都需要应用博弈论中的斯塔克尔伯格模型、古诺模型、伯特兰德模型、纳什均衡（Nash equilibrium）等，采用多阶段优化方法对模型进行求解分析。

（3）最优化方法。最优化方法主要是运用数学方法研究各种系统的优化途径及方案，为决策者提供科学决策的依据。最优化方法的目的在于针对所研究的系统，求得一个合理运用人力、物力和财力的最佳方案，发挥和提高系统的最高效能及效益，最终达到系统的最优目标。本书将使用最优化方法分析求解模型的最优决策。

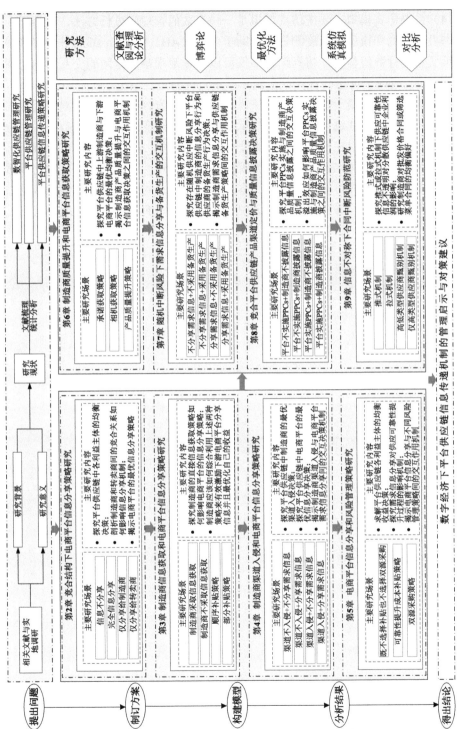

图 1.1　总体技术路线

（4）系统仿真模拟。系统仿真模拟是一种有效的管理学分析方法，适用于一些动态机理研究和模型灵敏度测量。借助于 MATLAB、Mathematica 等计算软件对决策变量进行数值仿真，仿真结果不仅可以清晰地观察变量间的交互影响与增减趋势，而且有助于模型的鲁棒性检验和产生直观的定性结论。例如，在本书中，由于参数的多元性，基于控制变量方法，本书采用数值分析研究相关参数因素的影响程度和敏感性，通过设置不同的变量参数以及不同变量之间的参数关系，分析平台供应链中各利益主体的均衡决策变化状态和趋势，总结并归纳出定性结论。

（5）对比分析。对比分析法是把客观事物加以比较，以达到认识事物的本质和规律并做出正确的评价的分析方法。本书通过比较不同情景下平台供应链利益主体的均衡决策结果，探究平台供应链中各利益主体间的最优信息传递决策。

第 2 章　竞合结构下电商平台信息分享策略研究

2.1　引　　言

近些年，全球范围内的电商平台经济得到了快速并且深刻的发展。例如，亚马逊作为美国领先的电商平台，在 2019 年实现了 2805 亿美元的销售收入，在 2017 年 1778 亿美元的基础上实现了大幅度的提高。中国电商巨头阿里巴巴仅在 2018 年"双十一"购物节期间就实现了 2135 亿元人民币的交易额，相比 2009 年首次提出"双十一"购物节时的 5000 万元人民币的交易额，阿里巴巴实现了近 4270 倍的交易额的增长。Flipkart 是印度最大的电商平台之一，在 2018 年收获了近 2200 亿印度卢比的利润，相比 2017 年增长约 40%。随着电商平台经济的快速发展，代销渠道，即电商平台通过收取代理费的方式允许上游制造商（卖家）依托电商平台直接将商品销售给下游消费者，被越来越多的上游卖家所采纳。近些年，电商平台通过代销渠道所取得的销售利润同样得到显著的提高。例如，仅在 2019 年，有超过 120 万家的第三方卖家入驻亚马逊并且通过亚马逊的代销渠道进行商品销售；由此，亚马逊平台中的第三方卖家数量也突破了 300 万家。此外，第三方卖家也为亚马逊贡献了近 2000 亿美元的销售收入。阿里巴巴占据了国内 80% 的市场销量，截至 2018 年，有超过 700 万家的第三方卖家在阿里巴巴的电商平台进行商品销售（淘宝网拥有 700 万家第三方卖家，天猫网拥有近 4 万家第三方卖家）。

在众多的第三方卖家中，一部分卖家为商品制造商（品牌拥有者），它们通过电商平台的代销渠道直接销售自己的商品给下游消费者。另一部分卖家为转卖商，它们首先从制造商处购买商品，其次通过电商平台的代销渠道转卖这些商品给下游消费者。这种销售模式在现实中大量存在，例如在天猫平台中，手机制造商华为一方面通过代销渠道直接将商品销售给下游消费者（华为官方旗舰店）；另一方面华为也通过转卖商三际数码来销售商品(三际数码官方旗舰店)。在这种情况下，华为既充当转卖商三际数码的商品提供者，又充当其下游市场销售的竞争者。因此，制造商华为和转卖商三际数码在天猫平台上形成了具有竞合关系的网络销售供应链。制造商和转卖商之间的竞合关系在现实中大量存在。例如，在家用电器产业，制造商西门子（Siemens）和转卖商顺电（SunDan）都通过天猫平台的代销渠道进行市场销售；在服装行业，制造商耐克（Nike）和转卖商胜道（YY Sports）

同样都通过天猫平台的代销渠道进行市场销售。除此之外，大量的实际销售数据也表明，转卖商在商品销售中扮演了十分重要的角色。举例来说，在天猫平台华为 P30 手机的销售活动中，转卖商贡献了大约 14.62%的市场销售额；在海尔（Haier）电冰箱的销售活动中（产品代号为 BCD-206STPA），转卖商贡献了大约 13.78%的市场销售额。基于上述描述，竞合关系供应链在电商平台经济中是普遍存在的。

电商平台经济中另外一个显著特征就是电商平台与卖家之间的信息不对称问题。由于上游卖家相比于电商平台缺少大量的市场销售数据，从而缺少精确的市场需求信息。电商平台拥有大量的实际销售数据，通过先进的大数据分析技术可以容易地将市场销售数据加工为精确的市场需求预测信息（Ghoshal et al.，2020）。具体来说，电商平台可以观察到消费者搜索历史和购买记录等信息，这些信息在预测未来市场需求、消费者偏好以及销售趋势中具有重要的作用。除此之外，电商平台相较于上游卖家也具备先进的数据处理以及数据分析等技术。因此，第三方卖家需要依赖电商平台获知未来市场需求信息。基于上述讨论，很自然地产生以下研究疑问：电商平台是否应该分享私有的市场需求信息？如果电商平台愿意主动分享私有的市场需求信息，在竞合供应链中，电商平台应该将市场需求信息分享给谁？

近些年电商平台采用了不同的信息分享策略。2012 年，阿里巴巴（天猫平台拥有者）建立了一个开源的数据平台阿里指数来主动地向广大市场卖家提供详尽的市场销售数据。阿里指数的建立也标志着天猫平台将其信息分享策略由不分享（no information sharing）转变为完全信息分享（full information sharing）。此外，2017 年，天猫新品创新中心（Tmall Innovation Center，TMIC）成立，作为天猫平台的市场研究部门，主要使命就是通过提供精确市场信息的方式帮助卖家制定更具效率的市场决策。例如，天猫新品创新中心帮助 Mars（玛氏）更加准确地了解一款辣味士力架巧克力在中国市场的潜在需求；天猫新品创新中心利用我国消费者口腔卫生信息以及相应的市场反馈来帮助强生公司（Johnson & Johnson）更好地了解其产品在我国市场的潜在需求。以上案例表明，天猫平台开始将其信息分享目标转向一些具体的制造商（品牌拥有者）。截至目前，天猫新品创新中心通过分享市场信息的方式已经帮助了超过 80 家不同的制造商企业。然而，在电商平台高速发展的今天，电商平台在竞合供应链中信息分享策略背后的机制仍然不明确，值得进一步地研究分析。

基于上述背景的启发，本章研究电商平台在竞合供应链中最优的市场需求信息分享策略。

2.2　平台供应链竞合结构

本章构建了一个网络零售供应链，其中包含一个电商平台（用 I 表示），一个制造商（用 M 表示）以及一个转卖商（用 R 表示）。制造商和转卖商在电商平台上通过支付一定比例（α）销售收入的方式直接将商品销售给下游消费者。值得注意的是，在现实情况下，卖家通过电商平台的代销渠道销售商品时，除了需要支付一定比例的销售收入外（代理费），还需要向电商平台缴纳一定的固定费用。由于现实中固定费用相比于卖家的销售收入可以忽略不计，因此不失一般性地，本章假设该固定费用为 0。Abhishek 等（2016）和 Tian 等（2018）等其他相关文献都采用了此假设。制造商和转卖商之间具有竞合关系，具体表现为：转卖商首先通过批发价契约从制造商购买商品，其次转卖商再通过电商平台的代销渠道将商品转卖给下游消费者；制造商同样通过电商平台的代销渠道直接将商品销售给下游消费者。因此，制造商既充当转卖商的上游商品提供者，也充当转卖商的市场销售的竞争者，竞合供应链结构见图 2.1。这种存在竞合关系的供应链在现实中大量存在。不失一般性地，本章假设制造商生产成本为 0，并且厂商目标都是最大化各自的收益。表 2.1 归纳了本章所采用的模型符号。

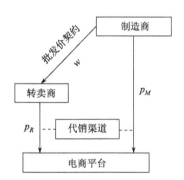

图 2.1　竞合供应链结构

表 2.1　模型符号解释

符号	解释
θ	随机市场需求
θ_H	高类型市场需求实现值
θ_L	低类型市场需求实现值
p_R	转卖商的销售价格
p_M	制造商的销售价格
w	批发价格

符号	解释
$\gamma \in (0,1)$	市场竞争系数
$\beta \in (0,1)$	市场需求为高类型的概率
$\alpha \in (0,1)$	代理费比例
π_M	制造商期望收益
π_R	转卖商期望收益
π_I	电商平台期望收益
$S1$	电商平台不进行信息分享
$S2$	电商平台进行完全信息分享
$S3$	电商平台仅同制造商分享信息
$S4$	电商平台仅同转卖商分享信息

在市场销售中，制造商和转卖商通过市场销售价格进行竞争，相应的市场需求函数为

$$q_R = \theta - p_R + \gamma(p_M - p_R)$$
$$q_M = \theta - p_M + \gamma(p_R - p_M)$$

(2.1)

其中，p_R 和 p_M 为转卖商与制造商选择的市场销售价格；$\gamma \in (0,1)$ 衡量了销售市场中的竞争程度，γ 的数值越大，表明市场中的竞争程度越大，相似的市场需求函数被广泛应用于相关的文献中（Gal-Or et al.，2008；Li and Zhang，2008；Tian et al.，2018）；θ 为随机的市场需求，市场需求有 β 概率为高类型（$\theta = \theta_H$），$1-\beta$ 概率为低类型（$\theta = \theta_L$），其中，$\theta_H > \theta_L > 0$。本章假设在销售季节来临之前，电商平台可以准确地获知具体的市场需求类型（θ 的具体实现值）；然而，制造商和转卖商只知道市场需求的具体分布。这个假设既具有合理性又贴合现实，因为现实中电商平台拥有更多的关于消费者的信息（浏览记录和历史购买记录等）并且具有先进的信息处理和数据分析技术。例如，天猫平台拥有专业的收集市场信息并且做出市场需求预测的部门，即天猫新品创新中心。

图 2.2 描述了本章具体的博弈顺序。在第一阶段，电商平台决定是否将私有的市场需求信息分享给上游制造商和（或）转卖商，并且决定以何种方式进行分享。根据分享对象和分享顺序，电商平台可以选择：①同时将市场需求信息分享给制造商和转卖商；②将市场需求信息分享仅给制造商；③将市场需求信息仅分享给转卖商；④顺序地将市场需求信息先分享给制造商，再分享给转卖商；⑤顺序地将市场需求信息先分享给转卖商，再分享给制造商。在第二阶段，制造商和（或）转卖商根据电商平台上一阶段的信息分享策略决定是否接受电商平台分享的市场需求信息，根据制造商和转卖商的信息接受情况，存在四种不同的信息分享

场景：①信息不分享（表示为 $S1$）；②完全信息分享（表示为 $S2$）；③仅分享给制造商（表示为 $S3$）；④仅分享给转卖商（表示为 $S4$）。在第三阶段，博弈分为四步。第一步：电商平台观察到市场需求信息并且根据前一阶段决策进行相应的信息分享。第二步：制造商决定市场批发价格 w 和其市场销售价格 p_M。第三步：转卖商决定其市场销售价格 p_R。第四步：市场需求和厂商收益得到具体实现。

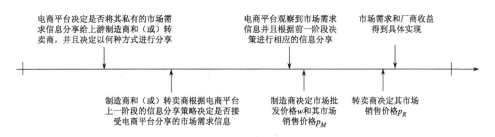

图 2.2 博弈顺序

接下来在 2.3 节将分析各个信息分享场景下的均衡产出。需要指出的是，在信息分享场景 $S3$ 下，尽管电商平台没有将市场需求信息分享给转卖商，但是转卖商可以通过制造商所制定的市场批发价格和销售价格来推断市场需求信息。因此，在场景 $S3$ 下，制造商和转卖商之间存在信号博弈问题。2.4 节将分析电商平台、制造商以及转卖商对于不同信息分享场景的偏好。2.5 节将返回博弈的前两个阶段，通过分析电商平台最优的信息分享方式以及厂商相应的信息接受决策得到市场中均衡的信息分享结果。

2.3 厂商定价策略分析

本节分析制造商和转卖商在不同信息分享场景下最优的批发价格和销售价格决策。为了确保制造商和转卖商都能收获到非负的市场需求，本章假设 $\dfrac{\theta_H}{\theta_L} \leqslant \dfrac{1+\beta}{\beta}$。制造商、转卖商和电商平台相应的收益函数为

$$\pi_M(w, p_M, p_R, \theta) = (1-\alpha)p_M\big[\theta - p_M + \gamma(p_R - p_M)\big] + w\big[\theta - p_R + \gamma(p_M - p_R)\big]$$

$$\pi_R(w, p_M, p_R, \theta) = (1-\alpha)p_R\big[\theta - p_R + \gamma(p_M - p_R)\big] - w\big[\theta - p_R + \gamma(p_M - p_R)\big]$$

$$\pi_I(w, p_M, p_R, \theta) = \alpha p_R\big[\theta - p_R + \gamma(p_M - p_R)\big] + \alpha p_M\big[\theta - p_M + \gamma(p_R - p_M)\big]$$

$$(2.2)$$

2.3.1 信息不分享场景（$S1$）

在 $S1$ 情景下，电商平台不会将私有的市场需求信息分享给上游制造商和转卖

商。因此，制造商和转卖商在决定批发价格和市场销售价格时，是基于已知的随机需求的分布信息。$S1$ 情景作为本章的基准（benchmark）刻画了电商平台在开源信息平台建立之前的信息分享决策。用上角标"$S1$"来代表当电商平台不进行信息分享策略时的均衡产出。通过应用逆向归纳法，对于任意给定的制造商的批发价格 w 以及市场销售价格 p_M，可以很容易地推导出转卖商最优的市场销售价格：

$$p_R^{S1}\left(w,p_M,\beta\theta_H+(1-\beta)\theta_L\right)=\frac{(1-\alpha)\left(\beta\theta_H+(1-\beta)\theta_L+p_M\gamma\right)+(1+\gamma)w}{2(1-\alpha)(1+\gamma)} \quad (2.3)$$

在预期了转卖商最优的市场销售价格后，制造商会选择最优的批发价格和市场销售价格：

$$w^{S1}=\frac{(1-\alpha)\left(\beta\theta_H+(1-\beta)\theta_L\right)}{2}, \quad p_M^{S1}=\frac{\beta\theta_H+(1-\beta)\theta_L}{2} \quad (2.4)$$

将 w^{S1} 和 p_M^{S1} 代入 $p_R^{S1}\left(w,p_M,\beta\theta_H+(1-\beta)\theta_L\right)$ 中，可以得到在 $S1$ 情景下，转卖商最优的市场销售价格：

$$p_R^{S1}=\frac{(3+2\gamma)\left(\beta\theta_H+(1-\beta)\theta_L\right)}{4(1+\gamma)} \quad (2.5)$$

将最优的批发价格以及相应的市场销售价格代入厂商收益函数中，可以得到：

$$\pi_M^{S1}=\frac{(1-\alpha)(3+4\gamma)\left[\beta\theta_H+(1-\beta)\theta_L\right]^2}{8(1+\gamma)}$$

$$\pi_R^{S1}=\frac{(1-\alpha)\left[\beta\theta_H+(1-\beta)\theta_L\right]^2}{16(1+\gamma)} \quad (2.6)$$

$$\pi_I^{S1}=\frac{\alpha(7+8\gamma)\left[\beta\theta_H+(1-\beta)\theta_L\right]^2}{16(1+\gamma)}$$

2.3.2　完全信息分享场景（$S2$）

现考虑完全信息分享情景，在此情景下，电商平台选择把私有的市场需求信息同时分享给上游制造商和转卖商。该情景刻画了阿里巴巴建立开源的数据平台（阿里指数）帮助上游卖家更好地了解下游市场信息，即制造商、转卖商以及电商平台都知晓市场需求信息。因此，制造商和转卖商在决定市场批发价格和销售价格时，将会基于具体的市场需求（参数 θ 的具体实现值）进行相应的决策。用上角标"$S2$"来代表当电商平台选择完全信息分享策略时的均衡产出。

应用逆向归纳法，对于任意给定的市场批发价格、市场销售价格以及市场需

求信息 θ_i（ $i \in \{H, L\}$ ），通过求解 $\max\limits_{p_R} \pi_R \left(w, p_M, p_R, \theta_i \right)$ 可以得到转卖商最优的市场销售价格：

$$p_R^{S2} \left(w, p_M, \theta_i \right) = \frac{(1-\alpha)(\theta_i + p_M \gamma) + (1+\gamma)w}{2(1-\alpha)(1+\gamma)} \tag{2.7}$$

已知市场需求信息并且预期转卖商最优的市场销售价格，制造商作为斯塔克尔伯格博弈的领导者，通过求解 $\max\limits_{w, p_M} \pi_M \left(w, p_M, p_R^{S2} \left(w, p_M, \theta_i \right), \theta_i \right)$ 来得到最优的批发价格以及市场销售价格：

$$w^{S2} \left(\theta_i \right) = \frac{(1-\alpha)\theta_i}{2}, \quad p_M^{S2} \left(\theta_i \right) = \frac{\theta_i}{2} \tag{2.8}$$

转卖商相应的市场销售价格为 $p_R^{S2} \left(\theta_i \right) = \frac{(3+2\gamma)\theta_i}{4(1+\gamma)}$。将最优的批发价格以及相应的市场销售价格代入厂商收益函数中，可以得到：

$$\pi_M^{S2} = \frac{(1-\alpha)(3+4\gamma)\left[\beta\theta_H^2 + (1-\beta)\theta_L^2 \right]}{8(1+\gamma)}$$

$$\pi_R^{S2} = \frac{(1-\alpha)\left[\beta\theta_H^2 + (1-\beta)\theta_L^2 \right]}{16(1+\gamma)} \tag{2.9}$$

$$\pi_I^{S2} = \frac{\alpha(7+8\gamma)\left[\beta\theta_H^2 + (1-\beta)\theta_L^2 \right]}{16(1+\gamma)}$$

2.3.3　仅分享给制造商场景（S3）

现实中，天猫新品创新中心将精确的市场需求信息分享给诸如强生和 Mars 等制造商，帮助这些制造商更好地把握市场趋势和需求，进而做出更加具有效率的决策。在这种情况下，电商平台仅向上游制造商分享私有的市场需求信息。用上角标"S3"代表当电商平台仅向上游制造商分享私有的市场需求信息时的均衡产出。当知晓市场需求信息之后，制造商利用精确的市场信息做出相应的市场批发价格以及销售价格，因此制造商的价格决策会反映出此时拥有的市场需求信息。也就是说，在这种情况下，尽管转卖商不知道市场需求信息，但是观察到制造商的价格决策之后，转卖商可以通过制造商所制定的批发价格和销售价格推断其拥有的市场需求信息。因此，制造商和转卖商之间存在信号博弈问题。在信号博弈的理论框架中，存在两种可能的均衡形式：分散均衡（separating equilibrium）和混同均衡（pooling equilibrium）。在分散均衡中，制造商根据不同的市场需求信息实现值选择不同的批发价格和销售价格决策。在这种情况下，观察到制造商分散均衡下的价格决策后,转卖商就可以推断出市场需求信息;在混同均衡中,制造商在不同的市场需求信息实现值下选择相同的批发价格和销售价格决策,在这种情况下,观察到制造商混同均衡下的价格决策后,转卖商不能推断出市场需求信息,因此转卖商仍根据市场需求信息实现值的分布做出销售价格决策。本章的研究采用字典序最大序贯均衡(lexicographically maximum sequential equilibrium,LMSE)提炼准则来提炼均衡产出(Mailath et al.,1993)。为了表述简单,用 LMSE 表示字典序最大序贯均衡。近年来,大量的文献采用 LMSE 作为提炼均衡的准则(Miklós-Thal and Zhang,2013;Schmidt et al.,2015;Guo and Jiang,2016;Jiang et al.,2016;Subramanian and Rao,2016;Schmidt and Buell,2017;Chen and Jiang,2021)。

本质上讲,LMSE 其实是在所有可能的分散均衡和混同均衡中,站在希望披露自己信息类型的制造商角度(信号博弈中被模仿人的角度),选择对其最有利的均衡产出。在本章的模型假设中,如果转卖商推断出市场需求属于高(低)类型,那么它会相应地选择一个高(低)的市场销售价格。在竞合结构供应链中,转卖商的销售价格决策对制造商的收益会产生两种不同的影响。具体来说,如果转卖商选择一个较高的销售价格,一方面减弱了市场中的竞争程度;在另一方面,由于制造商是商品的提供者,一个较高的销售价格会降低商品在市场中的销售数量。相反地,如果转卖商选择一个较低的销售价格,那么会加剧市场中的价格竞争,但是会促进商品在市场中的销量。总体来讲,通过模型推导,在本章的模型假定下,制造商有动机让转卖商认为市场需求为低类型($\theta = \theta_L$),以至于转卖商会选择较低的市场销售价格,从而促进商品在市场中的销售数量。因此,得知市场需求为高类型后,制造商有动机假装自己收到低类型的市场需求信息(模仿低类型制造商的决策),从而促使转卖商选择较低的市场销售价格。也就是说,低类型制造商希望真实地披露自己的低类型市场需求信息,避免被高类型制造商模仿。因此,LMSE 会提炼出对低类型制造商而言,唯一的也是最有利的均衡产出。

以上叙述也说明,如果混同均衡对于低类型制造商而言比分散均衡更有利,那么 LMSE 会选择混同均衡作为最优的均衡产出。本章附录给出关于 LMSE 的严格定义。为了模型表述简单,定义:

$$T = \sqrt{(3 + 2\gamma)(3\theta_H^2 - 4\theta_H\theta_L + \theta_L^2)} \tag{2.10}$$

引理 2.1 展示了在 LMSE 提炼准则下,制造商最优的批发价格和销售价格决策。

引理 2.1 当电商平台仅同制造商分享市场需求信息时,信号博弈存在唯一的 LMSE 均衡。在均衡中,制造商最优的批发价格和销售价格如下。

（1）如果 $\dfrac{\theta_H}{\theta_L} \leqslant \bar{\phi}(\gamma)$，制造商会选择混同均衡下的定价策略，即

$$w^{Po} = \frac{(1-\alpha)\big[(1+\beta+\gamma)\theta_L - \beta\theta_H\big]}{2(1+\gamma)}$$

$$p_M^{Po} = \frac{\theta_L}{2}$$

（2）如果 $\dfrac{\theta_H}{\theta_L} > \bar{\phi}(\gamma)$，制造商会选择分散均衡下的定价策略，即

$$w_H^{Se} = \frac{(1-\alpha)\theta_H}{2}$$

$$p_{MH}^{Se} = \frac{\theta_H}{2}$$

$$\left(w_L^{Se}, p_{ML}^{Se}\right)$$

$$= \begin{cases} \left(\dfrac{(1-\alpha)\big[2(2+\gamma)(3+2\gamma)\theta_H - (6+4\gamma)\theta_L - (2+\gamma)\sqrt{2T}\big]}{4(1+\gamma)(3+2\gamma)}, \dfrac{(6+4\gamma)\theta_H - \sqrt{2T}}{12+8\gamma}\right), \bar{\phi}(\gamma) < \dfrac{\theta_H}{\theta_L} \leqslant \dfrac{5+4\gamma}{3+4\gamma} \\[3mm] \left(\dfrac{(1-\alpha)\theta_L}{2}, \dfrac{\theta_L}{2}\right), \dfrac{\theta_H}{\theta_L} > \dfrac{5+4\gamma}{3+4\gamma} \end{cases}$$

值得注意的是，在本章模型下，分散均衡对于任意给定的外部参数都存在。然而，混同均衡仅当 $\dfrac{\theta_H}{\theta_L} \leqslant \phi(\gamma) \equiv \dfrac{5+2\beta - \beta^2 + 4\gamma}{3+4\beta - \beta^2 + 4\gamma}$ 时存在，其中 $\phi(\gamma) > \bar{\phi}(\gamma)$。否则，制造商有动机偏离混同均衡从而得到更高的收益。用上标"Po"和"Se"分别表示混同均衡与分散均衡；下标"H"和"L"表示制造商类型。如图 2.3 所示，LMSE 所提炼的均衡取决于高类型市场需求与低类型市场需求的比例（$\dfrac{\theta_H}{\theta_L}$）以及市场竞争系数（$\gamma$）。为了叙述得简单，定义不同类型市场需求之间的比例为需求变化程度。一个较高的需求变化程度表明高类型市场需求实现值与低类型市场需求实现值之间的区别较大。值得注意的是，当需求变化程度足够大时（$\dfrac{\theta_H}{\theta_L} > \dfrac{5+4\gamma}{3+4\gamma}$），此时对于高类型制造商而言，模仿低类型制造商的价格决策不能带来更高的收益，因此，低类型制造商此时可以没有成本地将自己与高类型制造商区分开来，即无成本的分散均衡。在这种情况下，转卖商通过制造商的价格决策可以推断出市场需求信息实现值。下面本章将分析重点放到需求变化程度适中

的情况（$\dfrac{\theta_H}{\theta_L} \leqslant \dfrac{5+4\gamma}{3+4\gamma}$），在该情况中，高类型制造商有动机模仿低类型制造商的

价格决策，为了将自己同高类型制造商区分开，低类型制造商需要付出一定的成

本，即有成本的分散均衡。

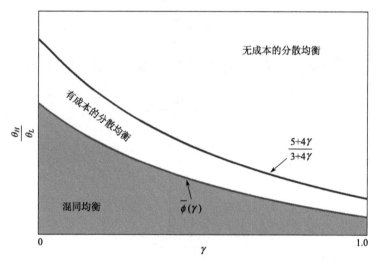

图 2.3　LMSE 均衡产出

本章首先分析需求变化程度对于 LMSE 均衡产出的影响。通过引理 2.1 可知，

当需求变化程度很低时（$\dfrac{\theta_H}{\theta_L} \leqslant \overline{\phi}(\gamma)$）时，LMSE 提炼的均衡产出为混同均衡；

然而当需求变化程度相对较大（$\dfrac{\theta_H}{\theta_L} > \overline{\phi}(\gamma)$）时，LMSE 提炼的均衡产出为有成

本的分散均衡。这是因为，已知高类型制造商有动机模仿低类型制造商的价格决

策，低类型制造商为了将自己同高类型制造商区分开，就要选择相对较低的价格

决策来增加高类型制造商的模仿成本。当低类型制造商选择的价格决策足够低时，

对于高类型制造商而言，模仿低类型制造商的决策所带来的收益增加不能克服其

付出的模仿成本，因此高类型制造商不会选择进行模仿。也就是说，为了阻止高

类型制造商的模仿，低类型制造商需要大幅降低自己的价格决策来成功地将自己

与高类型制造商区分开。在这种机制下，低类型制造商需要衡量所付出的区分成

本以及阻止高类型制造商模仿所带来的收益（增加商品在市场中的销售数量）之

间的相互关系。具体表现为：当需求变化程度比较低时，不同需求实现值之间的

差距比较小；在这种情况下，对于低类型制造商而言，将自己与高类型制造商区

分开所带来的收益较小。因此，低类型制造商此时不愿承担区分成本，其会选择

混同均衡下的价格决策。相反地，当需求变化程度相对较高时，不同类型的需求

实现值之间的差距较大，此时对于低类型制造商而言，将自己与高类型制造商区分开所带来的收益比较明显。在这种情况下，低类型制造商愿意承担区分成本将自己与高类型制造商区分开，从而享受较低的价格决策所带来的较高的市场销售数量。因此，此时最优的 LMSE 为有成本的分散均衡。

现在分析市场竞争系数对 LMSE 均衡的影响。如图 2.3 所示，随着市场竞争系数的增加，LMSE 提炼的均衡产出更可能为分散均衡（$\frac{\partial \bar{\phi}(\gamma)}{\partial \gamma} < 0$）。这背后的原因是：当制造商和转卖商在市场销售中的竞争比较激烈时，转卖商的销售价格决策会对制造商总体的商品销售数量产生较大的影响。在这种情况下，如果转卖商不能通过精确的市场需求信息做出有效率的销售价格决策，对于制造商所造成的损失就会很大。出于这个原因，此时低类型制造商具有很强的动机披露自己低类型的市场需求信息，从而促使转卖商选择相对较低的销售价格，进而显著增加低类型制造商的销售数量。因此，当市场竞争系数比较大时，低类型制造商更可能选择分散均衡。将引理 2.1 中的价格决策代入厂商的收益函数中，可以得到制造商、转卖商以及电商平台在 $S3$ 场景下的期望收益。

$$\pi_M^{S3} = \begin{cases} \dfrac{(1-\alpha)[-3\beta^2\theta_H^2 + 2\beta(3+3\beta+4\gamma)\theta_H\theta_L \\ +(3-3\beta^2+4\gamma-\beta(6+8\gamma))\theta_L^2]}{8(1+\gamma)}, & \theta_H/\theta_L \leqslant \bar{\phi}(\gamma) \\[4mm] \dfrac{(1-\alpha)}{8(1+\gamma)}[-(9+4\gamma-4\beta(3+2\gamma))\theta_H^2 - 2(1-\beta)\theta_L(2\theta_L+\sqrt{2}T) \\ +2(1-\beta)\theta_H(4(2+\gamma)\theta+\sqrt{2}T)], & \bar{\phi}(\gamma) < \dfrac{\theta_H}{\theta_L} \leqslant \dfrac{5+4\gamma}{3+4\gamma} \\[4mm] \dfrac{(1-\alpha)(3+4\gamma)[\beta\theta_H^2+(1-\beta)\theta_L^2]}{8(1+\gamma)}, & \dfrac{\theta_H}{\theta_L} > \dfrac{5+4\gamma}{3+4\gamma} \end{cases}$$

（2.11）

$$\pi_R^{S3} = \begin{cases} \dfrac{(1-\alpha)[3\beta\theta_H+(1-3\beta)\theta_L]^2}{16(1+\gamma)}, & \dfrac{\theta_H}{\theta_L} \leqslant \bar{\phi}(\gamma) \\[4mm] \dfrac{(1-\alpha)}{16(1+\gamma)(3+2\gamma)}[(18-7\gamma-6\beta\gamma)\theta_H^2 - 4(1-\beta)\theta_H((11+6\gamma)\theta_L \\ +\sqrt{2}T)+(1-\beta)\theta_L((29+18\gamma)\theta_L+6\sqrt{2}T)], & \bar{\phi}(\gamma) < \dfrac{\theta_H}{\theta_L} \leqslant \dfrac{5+4\gamma}{3+4\gamma} \\[4mm] \dfrac{(1-\alpha)[\beta\theta_H^2+(1-\beta)\theta_L^2]}{16(1+\gamma)}, & \dfrac{\theta_H}{\theta_L} > \dfrac{5+4\gamma}{3+4\gamma} \end{cases}$$

（2.12）

$$\pi_I^{S3} = \begin{cases} \dfrac{\alpha}{16(1+\gamma)}[3\beta^2\theta_H^2 + 2\beta(9-3\beta+8\gamma)\theta_H\theta_L \\ \quad + (7+3\beta^2+8\gamma-2\beta(9+8\gamma))\theta_L^2], & \dfrac{\theta_H}{\theta_L} \leqslant \bar{\phi}(\gamma) \\[2mm] \dfrac{\alpha}{16(1+\gamma)(3+2\gamma)}[(\beta(57+90\gamma+32\gamma^2)-4(9+13\gamma+4\gamma^2))\theta_H^2 \\ \quad + 4(1-\beta)\theta_H((13+22\gamma+8\gamma^2)\theta_L + 2\sqrt{2}(1+\gamma)T) \\ \quad + (1-\beta)\theta_L((5+2\gamma)\theta_L - 2\sqrt{2}(3+4\gamma)T)], & \bar{\phi}(\gamma) < \dfrac{\theta_H}{\theta_L} \leqslant \dfrac{5+4\gamma}{3+4\gamma} \\[2mm] \dfrac{\alpha(7+8\gamma)[\beta\theta_H^2+(1-\beta)\theta_L^2]}{16(1+\gamma)}, & \dfrac{\theta_H}{\theta_L} > \dfrac{5+4\gamma}{3+4\gamma} \end{cases}$$

$$(2.13)$$

显然,当 $\dfrac{\theta_H}{\theta_L} > \dfrac{5+4\gamma}{3+4\gamma}$ 时,在 $S3$ 场景下的均衡产出和 $S2$ 场景下的均衡产出相同。这是因为在无成本的分散均衡下,低类型制造商可以无成本地将自己同高类型制造商区分开,因此当观察到制造商的价格决策后,转卖商就可以通过价格决策推断出市场需求信息。在这种情况下,制造商和转卖商都可以掌握精确的市场需求信息,因此均衡产出同完全信息分享下的均衡产出相同。

2.3.4 仅分享给转卖商场景(S4)

当电商平台仅向上游转卖商分享信息时,制造商将根据随机市场需求的分布情况选择市场批发价格和销售价格;然而,转卖商在决定市场销售价格时,可以根据电商平台分享的精确的市场需求信息。用上角标"S4"来表示当电商平台仅向转卖商分享市场需求信息时的均衡产出。对于任意给定的市场需求信息实现值 θ_i 以及制造商选择的批发价格 w 和市场销售价格 p_M,转卖商会选择最优的市场销售价格来最大化收益,即 $\pi_R(w, p_M, p_R, \theta_i)$。通过代数运算可以得到转卖商最优的市场销售价格为

$$p_R^{S4}(w, p_M, \theta_i) = \frac{(1-\alpha)(\theta_i + p_M\gamma) + (1+\gamma)w}{2(1-\alpha)(1+\gamma)} \qquad (2.14)$$

预期到转卖商最优的市场销售价格后,制造商根据随机市场需求的分布信息选择最优的批发价格和市场销售价格:

$$w^{S4} = \frac{(1-\alpha)(\beta\theta_H+(1-\beta)\theta_L)}{2}, \quad p_M^{S4} = \frac{\beta\theta_H+(1-\beta)\theta_L}{2} \qquad (2.15)$$

转卖商相应的市场销售价格为 $p_R^{S4}(\theta_i) = p_R^{S4}(w^{S4}, p_M^{S4}, \theta_i)$。将制造商和转卖商最优的价格决策代入厂商的收益函数中,可以得到:

$$\pi_M^{S4} = \frac{(1-\alpha)(3+4\gamma)\left[\beta\theta_H + (1-\beta)\theta_L\right]^2}{8(1+\gamma)}$$

$$\pi_R^{S4} = \frac{(1-\alpha)\left[\beta(4-3\beta)\theta_H^2 - 6(1-\beta)\beta\theta_H\theta_L + (1+2\beta-3\beta^2)\theta_L^2\right]}{16(1+\gamma)} \qquad (2.16)$$

$$\pi_I^{S4} = \frac{\alpha\left[\begin{array}{c}\beta(4+3\beta+8\beta\gamma)\theta_H^2 + 2(1-\beta)\beta(3+8\gamma)\theta_H\theta_L \\ +(1-\beta)(7-3\beta+8(1-\beta)\gamma)\theta_L^2\end{array}\right]}{16(1+\gamma)}$$

至此，通过应用逆向归纳法，求解出在不同信息分享策略下，制造商和转卖商最优的批发价格与市场销售价格决策。接下来，比较不同信息分享策略下的价格决策寻求相应的管理学启示。需要注意的是，当 $\dfrac{\theta_H}{\theta_L} > \dfrac{5+4\gamma}{3+4\gamma}$ 时，信息分享场景 $S3$ 下的均衡产出和 $S4$ 下的均衡产出相同。因此，在接下来的分析过程中本章将集中于 $\dfrac{\theta_H}{\theta_L} \leqslant \dfrac{5+4\gamma}{3+4\gamma}$ 的情况。

2.4 厂商对于不同信息分享场景的偏好

本节首先比较制造商和转卖商在不同信息分享场景下最优的价格决策，其次本章将分析电商平台、制造商和转卖商对于不同信息分享场景的偏好。

命题 2.1 通过比较不同信息分享场景下的价格决策，可以得到以下信息。

（1）$w_L^{Se} < w^{S2}(\theta_L) < w^{S1} = w^{S4} < w^{S2}(\theta_H) = w_H^{Se}$，且 $w^{Po} < w^{S1}$。

（2）$p_{ML}^{Se} < p_M^{S2}(\theta_L) < p_M^{S1} = p_M^{S4} < p_M^{S2}(\theta_H) = p_{MH}^{Se}$，且 $p_M^{Po} < p_M^{S1}$。

（3）$p_{RL}^{Se} < p_R^{S2}(\theta_L) < p_R^{S4}(\theta_L) < p_R^{S1} < p_R^{S4}(\theta_H) < p_R^{S2}(\theta_H) = p_{RH}^{Se}$，且 $p_R^{Po} < p_R^{S1}$。

首先解释制造商批发价格和销售价格在不同信息分享场景下的比较结果。如图 2.4 和图 2.5 所示，在信息分享场景 $S1$（电商平台不进行信息分享）和 $S4$（电商平台仅同转卖商分享信息）下，制造商不知道具体的市场需求信息，只能通过随机市场需求的分布情况选择其最优的批发价格和销售价格。因此，在这种情况下，制造商的批发价格和销售价格在信息分享场景 $S1$ 与 $S4$ 下是相同的：$w^{S1} = w^{S4}$，$p_M^{S1} = p_M^{S4}$。在信息分享场景 $S2$（完全信息分享）下，制造商在选择市场批发价格和销售价格时已知精确的市场需求信息，因此当市场需求为低类型时，制造商会选择相对较低的批发价格和销售价格：$w^{S2}(\theta_L) < w^{S1} = w^{S4}$，$p_M^{S2}(\theta_L) < p_M^{S1} = p_M^{S4}$；当市场需求为高类型时，制造商会选择相对较高的市场批发价格和

销售价格：$w^{S1} = w^{S4} < w^{S2}(\theta_H)$，$p_M^{S1} = p_M^{S4} < p_M^{S2}(\theta_H)$。可以发现拥有精确的市场需求信息可以带来"效率效应"（efficiency effect），从而提高制造商价格决策的效率（Guo，2009）。在信息分享场景 $S3$ 下，由于存在信号博弈问题，低类型制造商有动机将自己同高类型制造商区分开，从而可以选择较低的市场批发价格和市场销售价格。为了成功将自己区分开，低类型制造商需要承担一定的区分成本，因此 $w_L^{Se} < w^{S2}(\theta_L)$，$p_{ML}^{Se} < p_M^{S2}(\theta_L)$。在这种情况下，高类型制造商不会模仿低类型制造商的价格决策，其会选择同场景 $S2$ 下相同的价格决策：$w^{S2}(\theta_H) = w_H^{Se}$，$p_M^{S2}(\theta_H) = p_{MH}^{Se}$。当低类型制造商没有动机将自己与高类型制造商区分开时，低类型制造商会选择混同均衡下的价格决策。在混同均衡中，不论具体的市场需求

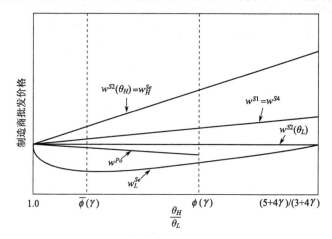

图 2.4　制造商在不同信息分享场景下的批发价格

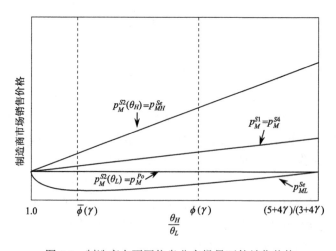

图 2.5　制造商在不同信息分享场景下的销售价格

信息实现值，两种类型的制造商会选择相同的价格决策（w^{Po}，p_M^{Po}）。需要注意的是，由命题 2.1 可以知道，制造商在混同均衡下的最优价格小于其在 $S1$（电商平台不进行信息分享）下的最优决策，$w^{Po} < w^{S1}$，$p_M^{Po} < p_M^{S1}$。

其次比较转卖商在不同信息分享场景下的市场销售价格。如图 2.6 所示，在信息分享场景 $S1$ 下，电商平台不进行信息分享，此时转卖商基于随机市场需求的分布信息选择最优的市场销售价格（p_R^{S1}）。在信息分享场景 $S4$ 下，电商平台选择同转卖商分享私有的市场需求信息。为了充分利用信息分享所带来的效率效应，转卖商此时可以根据精确的需求信息选择更具效率的价格决策，即 $p_R^{S4}(\theta_L) < p_R^{S1} < p_R^{S4}(\theta_H)$。在信息分享场景 $S2$ 下，电商平台将私有的市场需求信息同时分享给制造商和转卖商。因此，制造商此时也会根据精确的市场需求信息做出更具效率的价格决策。特别地，当市场需求信息实现值为高（低）类型时，制造商会提高（降低）相应的价格决策。转卖商此时也需要适当地提高（降低）市场销售价格，即 $p_R^{S2}(\theta_L) < p_R^{S4}(\theta_L)$，$p_R^{S4}(\theta_H) < p_R^{S2}(\theta_H)$。在信息分享场景 $S3$ 下，由于电商平台仅同制造商分享私有的市场需求信息，在这种情况下，转卖商可以通过制造商的价格决策推断市场需求信息。在信号博弈中，当制造商选择分散均衡下的价格决策时，转卖商可以完美地推断出市场需求信息。因此，在分散均衡下，低类型制造商会选择较低的价格决策；高类型制造商会选择最优的价格决策。和信息分享场景 $S2$ 下的价格决策相比，当市场需求信息为高（低）类型时，转卖商会选择相同的（较低的）市场销售价格，即 $p_{RL}^{Se} < p_R^{S2}(\theta_L)$，$p_R^{S2}(\theta_H) = p_{RH}^{Se}$。当制造商选择混同均衡下的价格策略时，转卖商此时不能通过制造商的价格决策推断市场需求信息。在这种情况下，转卖商只能根据制造商在混同均衡下的价格决策（$w^{Po} < w^{S1}$，$p_M^{Po} < p_M^{S1}$）做出相应的市场销售价格决策（$p_R^{Po} < p_R^{S1}$）。

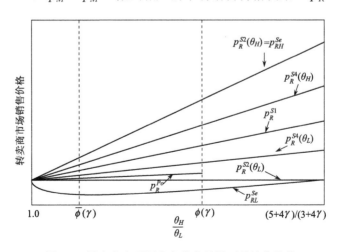

图 2.6　转卖商在不同信息分享场景下的销售价格

在比较了不同信息分享场景下厂商的价格决策后，最后分析电商平台对于不同信息分享场景的偏好。

命题 2.2　存在参数临界值 $\tilde{\gamma}$ 和 $\hat{\phi}(\gamma)$，可得出以下信息。

（1）当 $\gamma \leqslant \tilde{\gamma}$ 并且 $\hat{\phi}(\gamma) < \dfrac{\theta_H}{\theta_L} \leqslant \bar{\phi}(\gamma)$ 时，电商平台偏好完全信息分享场景（S2），即 $\pi_I^{S2} > \max\{\pi_I^{S1}, \pi_I^{S3}, \pi_I^{S4}\}$。

（2）否则，电商平台偏好仅同制造商分享信息的场景（S3），即 $\pi_I^{S3} > \pi_I^{S2} > \max\{\pi_I^{S1}, \pi_I^{S4}\}$；其中，当 $\dfrac{\theta_H}{\theta_L} \leqslant \bar{\phi}(\gamma)$ 时，制造商选择混同均衡下的价格决策；当 $\dfrac{\theta_H}{\theta_L} > \bar{\phi}(\gamma)$ 时，制造商选择分散均衡下的价格决策。

在所有的四种信息分享场景中，从直观的角度看，电商平台应该偏好完全信息分享场景（S2）。这是因为制造商和转卖商都是通过电商平台的代销渠道进行商品销售，并且电商平台会抽取上游卖家一部分销售收益作为代理费。因此，将私有的市场需求信息同时分享给制造商和转卖商，会提高上游卖家的决策效率从而增加上游卖家在代销渠道中的收益，进而增加电商平台的收益。传统的观念认为代销渠道实际上协同了电商平台和上游卖家之间的销售动机。然而，从图 2.7 可以看出，上述结论仅当市场竞争系数比较低并且市场需求变化程度适中时成立，其中 "N/A" 指代该区域不适用。以上命题表明，当上述条件不成立时，电商平台会偏好仅同制造商分享市场需求信息的场景（S3）。这是因为，由于信息分享可以提高上游卖家的决策效率，因此可以很容易地知道 $\pi_I^{S2} > \max\{\pi_I^{S1}, \pi_I^{S4}\}$；也就

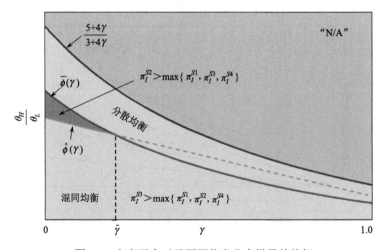

图 2.7　电商平台对于不同信息分享场景的偏好

是说，同信息分享场景 $S1$（不进行信息分享）和 $S4$（仅同转卖商进行信息分享）
相比，电商平台是严格偏向信息分享场景 $S2$ 的。然而，在信息分享场景 $S3$ 中，
由于制造商和转卖商之间存在信号博弈的问题，低类型制造商不论在混同均衡还
是分散均衡下，都要承担一定的信号博弈成本（降低批发价格和销售价格）。由于
市 场 批 发 价 格 以 及 销 售 价 格 的 降 低 会 缓 和 供 应 链 中 的 双 重 边 际 效 应
（double-marginalization effect），从而增加电商平台的收益。

具体来说，在信息分享场景（$S3$）下，当低类型制造商选择分散均衡时，转
卖商可以通过制造商的价格决策推断出市场需求信息。因此，一方面，制造商和
转卖商都可以观察到市场需求信息，从而增加价格决策的效率；另一方面，由于
低类型制造商需要承担分散成本，此时电商平台不但可以享受到上游卖家决策效
率的提升所带来的收益增加，其也可以享受到由于双重边际效益的缓解所带来的
收益增加。因此，相比于完全信息分享场景（$S2$），此时电商平台会偏好于仅同制
造商分享信息场景（$S3$）。相反地，当低类型制造商选择混同均衡时，转卖商不能
从制造商的价格决策中推断出市场需求信息，此时转卖商的价格决策效率得不到
提高。但是，由命题 2.1 可知，在混同均衡下，制造商的批发价格和销售价格同
样会降低。因此，电商平台需要衡量效率效应和价格降低对其收益的影响。当市
场竞争系数比较低并且市场需求变化程度适中时，效率效应所带来的电商平台收
益的增加会更加显著，因此在这种情况下，电商平台会偏好完全信息分享场景
（$S2$）；反之，电商平台会偏好仅同制造商进行信息分享的场景（$S3$）。

现实中的实际案例侧面印证了本章结论的合理性。例如，天猫平台拥有两个
专业的处理信息和披露信息的平台，阿里指数和天猫新品创新中心。其中，阿里
指数向所有的上游制造商分享相关的市场销售数据和市场研究报告等，这对应了
本章的完全信息分享的策略；然而，天猫新品创新中心仅同少数制造商进行信息
分享，帮助制造商更准确地把握市场未来需求和销售趋势等信息，这对应了本章
仅同制造商分享信息的策略。接下来，本章将重点分析制造商和转卖商对于电商
平台不同的信息分享策略的偏好。

命题 2.3　制造商偏向完全信息分享场景（$S2$），即 $\pi_M^{S2} > \max\{\pi_M^{S1}, \pi_M^{S3}, \pi_M^{S4}\}$。

命题 2.3 表明，电商平台同时将市场需求信息分享给制造商和转卖商会带来
最优的制造商收益，即制造商首先希望自己拥有市场需求信息来增加价格决策的
效率；其次，制造商不愿意单独拥有市场需求信息。也就是说，拥有相对于转卖
商的市场需求信息优势并不能给制造商带来更高的收益。在本章模型的假定下，
制造商和转卖商通过销售价格进行市场竞争。以往的文献（Zhang，2006；Shamir
and Shin，2018）曾表明竞争性厂商偏向拥有相对市场竞争者的信息优势。直观
上讲，制造商应该在某些条件下偏向于电商平台仅同其分享市场需求信息的场景

（S3）。然而，在本章的模型假定下，由于竞合关系的存在，制造商和转卖商之间同样存在合作关系。在信息分享场景 S3 下，由于电商平台没有同转卖商分享市场需求信息，因此，低类型制造商为了促使转卖商选择较低的市场销售价格，需要承担区分成本将自己与高类型制造商区分开。相反，在完全信息分享场景（S2）下，尽管制造商失去了相比于转卖商的信息优势，但是相应的信号博弈中的区分成本同样得到避免。因此，比较制造商在信息分享场景 S2 和 S3 下的收益可知，由制造商和转卖商之间的竞合关系可知，制造商需要衡量纵向合作关系导致的区分成本以及横向竞争关系产生的信息优势之间的相互关系。总体而言，本章的结论表明对于制造商而言，完全信息分享场景（S2）是最优的。

命题 2.4 存在关于市场竞争系数单调递减的参数 $\tilde{\phi}(\gamma) \in \left(\bar{\phi}(\gamma), \dfrac{5+4\gamma}{3+4\gamma} \right)$。

（1）当 $\dfrac{\theta_H}{\theta_L} \leqslant \tilde{\phi}(\gamma)$ 时，转卖商偏好电商平台仅同制造商进行信息分享场景（S3），即 $\pi_R^{S3} \geqslant \pi_R^{S4} > \max\{\pi_R^{S1}, \pi_R^{S2}\}$。

（2）当 $\dfrac{\theta_H}{\theta_L} > \tilde{\phi}(\gamma)$ 时，转卖商偏好电商平台仅同转卖商进行信息分享场景（S4），即 $\pi_R^{S4} > \max\{\pi_R^{S1}, \pi_R^{S2}, \pi_R^{S3}\}$。

命题 2.4 刻画了转卖商对于电商平台不同的信息分享场景的偏好。如图 2.8 所示，当市场需求变化程度比较低时，转卖商偏向于电商平台仅同制造商分享信息的场景（S3）；当市场需求变化程度比较高时，转卖商偏向电商平台仅同转卖商分享信息的场景（S4）。并且，随着市场竞争系数的增加，转卖商更加偏向于电商平台仅同转卖商分享信息场景（S4）。该结论取决于信息分享导致的效率效应、信号博弈中的区分成本以及在市场竞争下转卖商相比于制造商的信息优势。当电商平台仅同转卖商进行信息分享时，转卖商不但可以利用精确的市场需求信息提高自己的价格决策效率，其也能拥有相比于制造商的信息优势。当电商平台不进行信息分享时（S1），上述两种优势消失，因此转卖商在信息分享场景 S4 下的收益高于其在信息分享场景 S1 下的收益；当电商平台选择完全信息分享场景时（S2），转卖商丧失了相比于制造商的信息优势，因此转卖商在信息分享场景 S4 下的收益高于其在信息分享场景 S2 下的收益，即 $\pi_R^{S4} > \max\{\pi_R^{S1}, \pi_R^{S2}\}$。

同上述直观的分析过程不同，转卖商在信息分享场景 S3 和 S4 下收益的比较就会更加复杂。具体来说，当电商平台仅同制造商分享市场需求信息时（S3），尽管转卖商此时不能拥有相比于制造商的信息优势，但是由于制造商和转卖商之间存在的信号博弈问题，转卖商会受益于制造商在信号博弈中选择的较低的市场价格（批发价格和市场销售价格）。正如命题 2.1 所示，在混同均衡和分散均衡下，

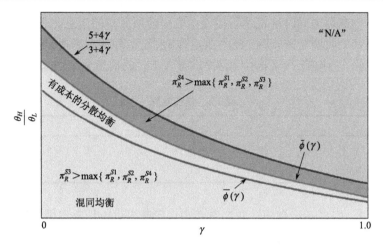

图 2.8 转卖商对于不同信息分享场景的偏好

制造商都会选择较低的价格决策 $w_L^{Se} < w^{S2}(\theta_L) < w^{S4}$, $p_{ML}^{Se} < p_M^{S2}(\theta_L) < p_M^{S4}$。因此，在信息分享场景 $S3$ 下，制造商较低的价格决策会对转卖商的收益产生正向的效果。也就是说，在信息分享场景 $S3$ 和 $S4$ 下，转卖商面临着较低的制造商价格决策所带来的好处，也面临着丧失相比于制造商的信息优势所带来的坏处。随着市场需求变化程度的增加，精确的市场需求信息在价格决策中的作用变得尤为重要，因此，对于转卖商而言，此时拥有相比于制造商的信息优势会给其收益带来更为显著的增加。因此，转卖商此时偏好电商平台仅同其分享市场需求信息的场景（$S4$）；相反地，转卖商会偏好电商平台仅同制造商分享市场需求信息的场景（$S3$）。除此之外，随着市场竞争系数的增加，此时对于转卖商而言，拥有相比于制造商的信息优势会显著增加其收益。因此，当市场竞争很激烈时，转卖商会偏好信息分享场景 $S4$。

2.5 均衡的信息分享结果

对于电商平台而言，向制造商和转卖商提供市场需求信息时有五种不同的信息提供方式：（方式 1）同时将市场需求信息提供给制造商和转卖商；（方式 2）仅将市场需求信息提供给制造商；（方式 3）仅将市场需求信息提供给转卖商；（方式 4）顺序地将市场需求信息先提供给制造商然后提供给转卖商；（方式 5）顺序地将市场需求信息先提供给转卖商然后提供给制造商。

在接下来的分析中，本章将首先求解在不同信息提供方式下市场中的信息分享均衡结果，其次分析电商平台最优的信息提供方式。

信息提供方式 1：当电商平台同时向制造商和转卖商提供市场需求信息时，

制造商和转卖商需要同时决定是否接受电商平台所分享的信息。表 2.2 给出了制造商和转卖商的收益矩阵，基于此收益矩阵，制造商和转卖商决定是否接受信息。引理 2.2 刻画了当电商平台采用信息提供方式 1 时的信息分享均衡。

表 2.2　收益矩阵

项目	接受	不接受
接受	π_M^{S2}, π_R^{S2}	π_M^{S3}, π_R^{S3}
不接受	π_M^{S4}, π_R^{S4}	π_M^{S1}, π_R^{S1}

引理 2.2　当电商平台同时向制造商和转卖商提供市场需求信息时，存在临界值 $\breve{\phi}(\gamma) \in \left(\bar{\phi}(\gamma), \dfrac{5+4\gamma}{3+4\gamma} \right)$，均衡下的信息分享结果如下所示。

（1）当 $\dfrac{\theta_H}{\theta_L} \leqslant \breve{\phi}(\gamma)$ 时，存在混合策略纳什均衡，其中制造商以概率 X 接受信息，转卖商以概率 Y 接受信息。

$$X = \begin{cases} \dfrac{4(1-\beta)(\theta_H - \theta_L)}{(3+5\beta)\theta_H + (1-5\beta)\theta_L}, & \dfrac{\theta_H}{\theta_L} \leqslant \bar{\phi}(\gamma) \\[3mm] \dfrac{2\beta(3+2\gamma)(\theta_H - \theta_L)^2}{Q}, & \bar{\phi}(\gamma) < \dfrac{\theta_H}{\theta_L} \leqslant \breve{\phi}(\gamma) \end{cases}$$

$$Y = \begin{cases} \dfrac{2\beta(3+2\gamma)}{(3+5\beta)\theta_H + (1-5\beta)\theta_L}, & \dfrac{\theta_H}{\theta_L} \leqslant \bar{\phi}(\gamma) \\[3mm] \dfrac{(9+4\gamma - \beta(3+4\gamma))\theta_H - (7-3\beta+4\gamma-4\beta\gamma)\theta_L - 2\sqrt{2}T}{(9+4\gamma)\theta_H - (7+4\gamma)\theta_L - 2\sqrt{2}T}, & \bar{\phi}(\gamma) < \dfrac{\theta_H}{\theta_L} \leqslant \breve{\phi}(\gamma) \end{cases}$$

$$Q = (9 + 4\gamma + \beta(6+4\gamma))\theta_H^2 - 2\theta_H\left((11 + 6(\beta+\gamma) + 4\beta\gamma)\theta_L + \sqrt{2}T\right)$$
$$+ \theta_L\left((13 + 6\beta + 8\gamma + 4\beta\gamma)\theta_L + 3\sqrt{2}T\right)$$

$$T = \sqrt{(3+2\gamma)(3\theta_H^2 - 4\theta_H\theta_L + \theta_L^2)}$$

（2）当 $\dfrac{\theta_H}{\theta_L} > \breve{\phi}(\gamma)$ 时，存在纯策略纳什均衡，制造商接受信息，转卖商不接受信息。市场均衡下的信息分享结果为电商平台仅向制造商分享信息。

信息提供方式 2：当电商平台选择仅同制造商提供信息时，相应地，制造商决定是否接受电商平台分享的信息。如果制造商选择接受信息，其收益为 π_M^{S3}；

如果拒绝电商平台提供的信息，其收益为 π_M^{S1}。通过比较制造商在不同决策下的收益可以知道，当 $\dfrac{\theta_H}{\theta_L} \leqslant \breve{\phi}(\gamma)$ 时，制造商拒绝电商平台提供的信息；当 $\dfrac{\theta_H}{\theta_L} > \breve{\phi}(\gamma)$ 时，制造商会接受电商平台提供的信息（请参考本章附录中引理 2.2 证明）。因此，当 $\dfrac{\theta_H}{\theta_L} \leqslant \breve{\phi}(\gamma)$ 时，市场均衡下的信息分享结果为电商平台不进行信息分享（S1）；当 $\dfrac{\theta_H}{\theta_L} > \breve{\phi}(\gamma)$ 时，市场均衡下的信息分享结果为电商平台仅同制造商分享信息（S3）。

信息提供方式 3：当电商平台选择仅同转卖商提供信息时，相应地，转卖商决定是否接受电商平台分享的信息。如果转卖商选择接受信息，其收益为 π_R^{S4}；如果转卖商拒绝电商平台提供的信息，其收益为 π_R^{S1}。由命题 2.4 可知，转卖商会选择接受电商平台分享的市场需求信息来提高决策效率（ $\pi_R^{S1} < \pi_R^{S4}$ ）。

信息提供方式 4：当电商平台选择顺序地将市场需求信息先提供给制造商然后提供给转卖商时，转卖商需要根据制造商的信息接受决策来决定是否接受电商平台提供的市场需求信息。当制造商接受信息时，对于转卖商而言，最优的策略为拒绝电商平台分享的信息（ $\pi_R^{S2} < \pi_R^{S3}$ ）。然而，当制造商拒绝信息时，对于转卖商而言，最优的策略为接受电商平台分享的信息（ $\pi_R^{S1} < \pi_R^{S4}$ ）。预期转卖商的上述决策，当制造商接受电商平台分享的信息时，其收益为 π_M^{S3}；当制造商拒绝电商平台分享的市场需求信息时，收益为 π_M^{S4}。参考命题 2.3 证明中的分析，制造商在信息分享场景 S1 和 S4 下的期望收益相同。因此，参考引理 2.2 证明可以知道，当 $\dfrac{\theta_H}{\theta_L} \leqslant \breve{\phi}(\gamma)$ 时，制造商选择拒绝信息，此时市场均衡下的信息分享结果为电商平台将市场需求信息仅分享给转卖商（S4）；当 $\dfrac{\theta_H}{\theta_L} > \breve{\phi}(\gamma)$ 时，制造商选择接受信息，此时市场均衡下的信息分享结果为电商平台仅同制造商分享信息（S3）。

信息提供方式 5：当电商平台选择顺序地将市场需求信息先提供给转卖商然后提供给制造商时，制造商需要根据转卖商的信息接受决策来决定是否接受电商平台提供的市场需求信息。当转卖商接受信息时，制造商也会接受电商平台分享的市场需求信息（ $\pi_M^{S4} < \pi_M^{S2}$ ）。然而，当转卖商拒绝信息时，制造商在不同的信息接受策略下的收益为 π_M^{S1} 和 π_M^{S3}。由引理 2.2 证明可以知道，当 $\dfrac{\theta_H}{\theta_L} \leqslant \breve{\phi}(\gamma)$ 时，制造商选择拒绝接受信息；当 $\dfrac{\theta_H}{\theta_L} > \breve{\phi}(\gamma)$ 时，制造商选择接受信息。预期制造商的上述决策，转卖商在 $\dfrac{\theta_H}{\theta_L} \leqslant \breve{\phi}(\gamma)$ 时会选择接受信息，此时市场均衡下的信息分

享结果为完全信息分享（$S2$）；当 $\dfrac{\theta_H}{\theta_L} > \breve{\phi}(\gamma)$ 时，转卖商选择拒绝接受信息，此时

均衡下的信息分享结果为电商平台仅同制造商分享市场需求信息（$S3$）。

至此，本章分析了在不同信息提供方式下的均衡产出，接下来将分析电商平台最优的信息提供方式，从而得到市场均衡下的信息分享结果。值得注意的是，由于制造商和转卖商对于不同的信息分享场景拥有相反的偏好（命题 2.3 和命题 2.4），因此，转卖商和制造商之间的横向信息分享在本章节的模型假定下不成立。

命题 2.5　均衡下电商平台会选择顺序地将市场需求信息先提供给转卖商然后提供给制造商。

正如命题 2.5 所述，电商平台在提供信息时会先将市场需求信息分享给转卖商，然后分享给制造商。这是因为在此信息提供方式下，电商平台可以激励制造商和转卖商选择对电商平台最有利的信息接受策略。由命题 2.2 可知，电商平台偏好信息分享场景 $S2$ 或者 $S3$。而当电商平台顺序地将信息分享给转卖商和制造商时，市场均衡的信息分享结果恰好为 $S2$ 和 $S3$，这也导致了在所有的信息提供方式中，电商平台会选择顺序地将信息先分享给转卖商，然后分享给制造商。

命题 2.6　存在临界值 $\breve{\phi}(\gamma) \in \left(\bar{\phi}(\gamma), \dfrac{5+4\gamma}{3+4\gamma} \right)$，可得出以下信息。

（1）当 $\dfrac{\theta_H}{\theta_L} \leqslant \breve{\phi}(\gamma)$ 时，市场均衡下的信息分享结果为电商平台将市场需求信息分享给制造商和转卖商（$S2$）。

（2）当 $\dfrac{\theta_H}{\theta_L} > \breve{\phi}(\gamma)$ 时，市场均衡下的信息分享结果为电商平台将市场需求信息分享给制造商（$S3$）。

上述命题 2.6 表明，市场均衡下的信息分享结果取决于市场需求的变化程度。当需求变化程度比较小时，电商平台将进行完全信息分享来提高制造商和转卖商的决策效率。当需求变化程度比较大时，电商平台将仅同制造商分享市场需求信息来降低供应链中双重边际效应，从而提高自己的收益。该结论可以给现实中的案例提供一些潜在的管理学解释。具体来说，对于需求不确定程度比较高的产品制造商（如食品和保健等），均衡的信息分享结果应该为电商平台仅向制造商分享信息（$S3$），这也解释了现实中天猫新品创新中心和强生等制造商之间的信息合作。此外，随着电商经济的发展，越来越多的卖家入驻天猫平台，随着先进的信息及网络技术的应用，消费者可以更加容易地比较商品，从而导致市场竞争程度的加剧，由图 2.9 可知，市场均衡的信息分享结果更可能为电商平台仅向制造商分享

信息（S3），这也为阿里巴巴创立天猫新品创新中心并且帮助制造商更好地了解市场需求提供了理论上的解释。

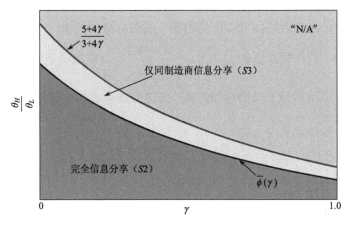

图 2.9　均衡的信息分享结果

2.6　直 观 准 则

本章的核心模型采用了 LMSE 提炼准则来提炼均衡产出。在过往的研究文献中，还有另外一种常用的提炼准则：直观准则（intuitive criterion）。本节将主要分析和探讨在直观准则下的结论。正如前文所述，直观准则在提炼均衡时会存在一些逻辑的不完备并将混同均衡剔除掉。接下来，首先证明引理 2.1 中的混同均衡不能通过直观准则的检验，其次展示出在直观准则下的相关结论。

引理 2.3　混同均衡不能通过直观准则的检验。

由引理 2.3 可知，在直观准则下，当电商平台仅同制造商分享信息时（S3），只有分散均衡存在。由于本节的分析过程同核心模型下的分析过程完全相同，在接下来的分析中，本章将仅仅给出最终的结论。

命题 2.7　在直观准则下，电商平台偏好仅同制造商分享信息的场景（S3）。

命题 2.8　制造商偏向完全信息分享场景（S2）。

命题 2.9　存在关于市场竞争系数单调递减的参数 $\tilde{\phi}(\gamma) \in \left(\overline{\phi}(\gamma), \dfrac{5+4\gamma}{3+4\gamma} \right)$，可得出以下信息。

（1）当 $\dfrac{\theta_H}{\theta_L} \leqslant \tilde{\phi}(\gamma)$ 时，转卖商偏好电商平台仅同制造商进行信息分享的场景（S3），即 $\pi_R^{S3} \geqslant \pi_R^{S4} > \max\{\pi_R^{S1}, \pi_R^{S2}\}$。

（2）当$\dfrac{\theta_H}{\theta_L} > \tilde{\phi}(\gamma)$时，转卖商偏好电商平台仅同转卖商进行信息分享的场景（$S4$），即$\pi_R^{S4} > \max\{\pi_R^{S1}, \pi_R^{S2}, \pi_R^{S3}\}$。

接下来分析在直观准则下，市场均衡下的信息分享结果。

命题 2.10　存在临界值$\breve{\phi}(\gamma) \in \left(\overline{\phi}(\gamma), \dfrac{5+4\gamma}{3+4\gamma}\right)$，可得出以下信息。

（1）当$\dfrac{\theta_H}{\theta_L} \leqslant \breve{\phi}(\gamma)$时，市场均衡下的信息分享结果为电商平台将市场需求信息分享给制造商和转卖商（$S2$）。

（2）当$\dfrac{\theta_H}{\theta_L} > \breve{\phi}(\gamma)$时，市场均衡下的信息分享结果为电商平台将市场需求信息仅分享给制造商（$S3$）。

通过上述分析可以知道，在直观准则下，混同均衡不再成立，电商平台此时将严格偏好仅同制造商分享市场需求信息的场景（$S3$）。然而，对于制造商和转卖商而言，采用不同的均衡提炼准则并不能改变其关于不同信息分享场景的偏好。最重要的是，本章发现市场均衡下的信息分享结果仍然成立，即采用不同的均衡提炼准则并不会改变本节的核心结论。

2.7　本 章 小 结

本章考虑了一个由电商平台、制造商和转卖商组成的竞合结构供应链，其中制造商既充当转卖商上游的商品提供者，也充当转卖商下游商品销售的竞争者。制造商和转卖商通过电商平台的代销渠道销售商品。基于制造商和转卖商是否接受电商平台分享的信息，本章分析了四种不同的信息分享场景：（$S1$）信息不分享；（$S2$）完全信息分享；（$S3$）仅分享给制造商；（$S4$）仅分享给转卖商。

通过分析，本章首先发现了，对于电商平台而言，完全信息分享（$S2$）并不一定带来最优的收益。在某些条件下，电商平台会偏好仅同制造商进行信息分享的场景（$S3$）。其次，本章发现制造商偏好完全信息分享场景（$S2$），有意思的结论是信息分享场景$S3$并不能给制造商带来最优的收益。这是因为，在竞合结构供应链中，制造商拥有信息优势所增加的收益并不能克服由于区分成本所减少的收益。对于转卖商而言，其会偏好信息分享场景$S3$或者$S4$。最后，通过分析电商平台的信息分享动机以及制造商和转卖商的信息接受动机，发现均衡下的信息分享结果为完全信息分享（$S2$）或者仅同制造商分享信息（$S3$）。这些结论将为现实中厂商的决策提供切实可行的建议，并且相关的结论也得到了现实案例的支撑。

本章的核心结论包含以下管理学启示。竞合结构中制造商与转卖商之间的信息不对称会导致信号博弈问题的产生，在信号博弈中，制造商会降低相应的价格决策从而可以显著地缓和供应链中的双重边际效应，最终有利于电商平台和整体供应链。除此之外，由于电商平台经济以及网络技术的发展，市场竞争变得格外激烈，与此同时，产品的需求变化程度也显著增加。在这种环境下，电商平台应该将市场需求信息仅分享给上游制造商从而降低市场价格，进而缓和供应链中的双重边际效应。这也解释了阿里巴巴创立天猫新品创新中心的必要性。

参 考 文 献

Abhishek V, Jerath K, Zhang Z J. 2016. Agency selling or reselling? Channel structures in electronic retailing[J]. Management Science, 62(8): 2259-2280.

Chen Y H, Jiang B J. 2021. Dynamic pricing and price commitment of new experience goods[J]. Production and Operations Management, 30(8): 2752-2764.

Gal-Or E, Geylani T, Dukes A J. 2008. Information sharing in a channel with partially informed retailers[J]. Marketing Science, 27(4): 642-658.

Ghoshal A, Kumar S, Mookerjee V. 2020. Dilemma of data sharing alliance: when do competing personalizing and non-personalizing firms share data[J]. Production and Operations Management, 29(8): 1918-1936.

Guo L. 2009. The benefits of downstream information acquisition[J]. Marketing Science, 28(3): 457-471.

Guo X M, Jiang B J. 2016. Signaling through price and quality to consumers with fairness concerns[J]. Journal of Marketing Research, 53(6): 988-1000.

Jiang B J, Tian L, Xu Y F, et al. 2016. To share or not to share: demand forecast sharing in a distribution channel[J]. Marketing Science, 35(5): 800-809.

Li L, Zhang H T. 2008. Confidentiality and information sharing in supply chain coordination[J]. Management Science, 54(8): 1467-1481.

Mailath G J, Okuno-Fujiwara M, Postlewaite A. 1993. Belief-based refinements in signalling games[J]. Journal of Economic Theory, 60(2): 241-276.

Miklós-Thal J, Zhang J J. 2013. (De)marketing to manage consumer quality inferences[J]. Journal of Marketing Research, 50(1): 55-69.

Schmidt W, Buell R W. 2017. Experimental evidence of pooling outcomes under information asymmetry[J]. Management Science, 63(5): 1586-1605.

Schmidt W, Gaur V, Lai R, et al. 2015. Signaling to partially informed investors in the newsvendor model[J]. Production and Operations Management, 24(3): 383-401.

Shamir N, Shin H. 2018. The perils of sharing information in a trade association under a strategic wholesale price[J]. Production and Operations Management, 27(11): 1978-1995.

Subramanian U, Rao R C. 2016. Leveraging experienced consumers to attract new consumers: an equilibrium analysis of displaying deal sales by daily deal websites[J]. Management Science,

62(12): 3555-3575.

Tian L, Vakharia A J, Tan Y L, et al. 2018. Marketplace, reseller, or hybrid: strategic analysis of an emerging E-commerce model[J]. Production and Operations Management, 27(8): 1595-1610.

Zhang F Q. 2006. Competition, cooperation, and information sharing in a two-echelon assembly system[J]. Manufacturing & Service Operations Management, 8(3): 273-291.

本 章 附 录

引理 2.1 证明　本章通过四个步骤来证明该引理。步骤一，提供了 LMSE 的相关定义。步骤二，推导出对于低类型制造商而言最优的分散均衡。步骤三，推导出对于低类型制造商而言最优的混同均衡。步骤四，通过应用 LMSE 提炼方法，推导出对于低类型制造商而言的 LMSE 均衡。

步骤一：本章采用了 LMSE 提炼准则来提炼均衡产出。正如正文中所述，LMSE 被大量的文献所应用。LMSE 提炼准则如下所示。定义信号博弈为 G；信号发出者的类型为 $i \in \{H, L\}$；信号发出者的收益函数为 $\pi_i(\cdot)$；纯策略完美贝叶斯均衡的集合为 $\text{PBE}(G)$。

定义（LMSE）：均衡 $\delta' \in \text{PBE}(G)$ 字典序占优于均衡 $\delta \in \text{PBE}(G)$ 当且仅当 $\pi_L(\delta') > \pi_L(\delta)$；或者 $\pi_L(\delta') = \pi_L(\delta)$ 并且 $\pi_H(\delta') > \pi_H(\delta)$。均衡 $\delta \in \text{PBE}(G)$ 为 LMSE 均衡当且仅当不存在其他均衡 $\delta' \in \text{PBE}(G)$ 字典序占优 δ。

本质上，LMSE 在所有分散均衡和混同均衡中提炼出对低类型制造商最有利的均衡产出。具体来说，如果混同均衡对于低类型制造商而言最有利，则混同均衡为 LMSE，反之则相反。

步骤二：为了得到相应的分散均衡，本章假设信号接收者（转卖商）拥有以下信念。当 $(w, p_M) \in \Phi$ 时，转卖商认为市场类型为低类型；否则，转卖商认为市场类型为高类型。因此集合 Φ 定义了高类型制造商没有动机去模仿的价格策略。基于上述信念，分散均衡存在当且仅当以下条件成立：

$$\begin{cases} C1: \max_{w, p_M} \pi_M \left((w, p_M) \in \Phi \mid \theta_L \right) \geqslant \max_{w, p_M} \pi_M \left((w, p_M) \notin \Phi \mid \theta_L \right) \\ C2: \max_{w, p_M} \pi_M \left((w, p_M) \in \Phi \mid \theta_H \right) \leqslant \max_{w, p_M} \pi_M \left((w, p_M) \notin \Phi \mid \theta_H \right) \end{cases}$$

在分散均衡中，高类型制造商不会模仿低类型制造商的决策，因此高类型制造商会选择其在完全信息下的决策，即 $w_H^{Se} = \dfrac{(1-\alpha)\theta_H}{2}$，$p_{MH}^{Se} = \dfrac{\theta_H}{2}$ 来最大化其收益 $\pi_M \left((w, p_M) \notin \Phi \mid \theta_H \right)$，即

$$\max_{w,p_M} \pi_M\left((w,p_M) \notin \Phi \mid \theta_H\right) = \frac{(1-\alpha)(3+4\gamma)\theta_H^2}{8(1+\gamma)}$$

对于转卖商而言，如果其认为市场类型为低类型，则最优的销售价格为

$$p_R\left(w,p_M,\theta_L\right) = \frac{w(1+\gamma) + (1-\alpha)(p_M\gamma + \theta_L)}{2(1-\alpha)(1+\gamma)}$$

因此，当高类型制造商模仿低类型制造商的决策时，高类型制造商的收益可以表示为

$$\pi_M\left((w,p_M) \in \Phi \mid \theta_H\right) = -\frac{(1+\gamma)w^2}{2(1-\alpha)} + \left(p_M\gamma + \theta_H - \frac{\theta_L}{2}\right)w$$

$$- \frac{p_M(1-\alpha)}{2(1+\gamma)}\left[p_M\left(2+4\gamma+\gamma^2\right) - 2(1+\gamma)\theta_H - \gamma\theta_L\right]$$

通过约束 (C2) 可以得到集合 $\Phi \equiv \left\{(w,p_M) : \pi_M\left((w,p_M) \in \Phi \mid \theta_H\right) \leqslant \right.$ $\left. \frac{(1-\alpha)(3+4\gamma)\theta_H^2}{8(1+\gamma)} \right\}$。由于低类型制造商在完全信息下的决策为 $w^{S2}(\theta_L) = \frac{(1-\alpha)\theta_L}{2}$，$p_M^{S2}(\theta_L) = \frac{\theta_L}{2}$。可以很容易地知道 $\left(w^{S2}(\theta_L), p_M^{S2}(\theta_L)\right) \in \Phi$ 当且仅当 $\frac{\theta_H}{\theta_L} \geqslant \frac{5+4\gamma}{3+4\gamma}$。

因此，当 $\frac{\theta_H}{\theta_L} \geqslant \frac{5+4\gamma}{3+4\gamma}$ 时，存在无成本的分散均衡，此时低类型制造商可以没有成本地将自己与高类型制造商区分开。在无成本的分散均衡中，高类型制造商和低类型制造商都会选择在完全信息下的价格决策，即 $w_L^{Se} = \frac{(1-\alpha)\theta_L}{2}$，

$p_{ML}^{Se} = \frac{\theta_L}{2}$，$w_H^{Se} = \frac{(1-\alpha)\theta_H}{2}$，$p_{MH}^{Se} = \frac{\theta_H}{2}$。

否则，当 $\frac{\theta_H}{\theta_L} < \frac{5+4\gamma}{3+4\gamma}$ 时，通过求解 $\max\limits_{w,p_M} \pi_M\left((w,p_M) \in \Phi \mid \theta_L\right)$ 可以得到在有成本的分散均衡下低类型制造商的价格决策：

$$w_L^{Se} = \frac{(1-\alpha)\left[2(2+\gamma)(3+2\gamma)\theta_H - (6+4\gamma)\theta_L - (2+\gamma)\sqrt{2T}\right]}{4(1+\gamma)(3+2\gamma)}$$

$$p_{ML}^{Se} = \frac{(6+4\gamma)\theta_H - \sqrt{2T}}{12+8\gamma}$$

其中，$T = \sqrt{(3+2\gamma)(3\theta_H^2 - 4\theta_H\theta_L + \theta_L^2)}$。显然，$w_L^{Se} < w^{S2}(\theta_L)$，$p_{ML}^{Se} < p_M^{S2}(\theta_L)$。通过验证可以知道上述决策满足约束条件 $(C1)$。因此，在分散均衡下，制造商最优的价格决策为

$$w_H^{Se} = \frac{(1-\alpha)\theta_H}{2}$$

$$p_{MH}^{Se} = \frac{\theta_H}{2}$$

$$\left(w_L^{Se}, p_{ML}^{Se}\right) = \begin{cases} \left(\dfrac{\begin{array}{c}(1-\alpha)\left[2(2+\gamma)(3+2\gamma)\theta_H\right.\\ \left.-(6+4\gamma)\theta_L - (2+\gamma)\sqrt{2}T\right]\end{array}}{4(1+\gamma)(3+2\gamma)}, \dfrac{(6+4\gamma)\theta_H - \sqrt{2}T}{12+8\gamma}\right), & \bar{\phi}(\gamma) < \dfrac{\theta_H}{\theta_L} < \dfrac{5+4\gamma}{3+4\gamma} \\[3em] \left(\dfrac{(1-\alpha)\theta_L}{2}, \dfrac{\theta_L}{2}\right), & \dfrac{\theta_H}{\theta_L} \geqslant \dfrac{5+4\gamma}{3+4\gamma} \end{cases}$$

步骤三：在步骤三中，采用如下转卖商的信念。当转卖商观察到 $(w, p_M) = \left(w^{Po}, p_M^{Po}\right)$ 时，认为市场为高类型的概率为 β；否则，转卖商将认为市场为高类型。接下来，本章将分析低类型制造商最优的混同均衡。基于上述转卖商的信念，转卖商最优的销售价格为

$$p_R\left(w, p_M, \beta\theta_H + (1-\beta)\theta_L\right) = \frac{w(1+\gamma) + (1-\alpha)\left(p_M\gamma + \left(\beta\theta_H + (1-\beta)\theta_L\right)\right)}{2(1-\alpha)(1+\gamma)}$$

在这种情况下，低类型制造商最优的批发价格和销售价格为

$$w^{Po} = \frac{(1-\alpha)\left((1+\beta+\gamma)\theta_L - \beta\theta_H\right)}{2(1+\gamma)}$$

$$p_M^{Po} = \frac{\theta_L}{2}$$

上述混同均衡存在当且仅当以下条件成立：

$$\begin{cases} C3: \pi_M\left(w^{Po}, p_M^{Po} \mid \theta_L\right) \geqslant \max_{w, p_M} \pi_M\left((w, p_M) \neq \left(w^{Po}, p_M^{Po}\right) \mid \theta_L\right) \\ C4: \pi_M\left(w^{Po}, p_M^{Po} \mid \theta_H\right) \geqslant \max_{w, p_M} \pi_M\left((w, p_M) \neq \left(w^{Po}, p_M^{Po}\right) \mid \theta_H\right) \end{cases}$$

对于高类型制造商而言，其会选择完全信息下的价格决策来最大化收益 $\pi_M\left((w, p_M) \neq \left(w^{Po}, p_M^{Po}\right) \mid \theta_H\right)$，相应的最大化收益为

$$\max_{w, p_M} \pi_M\left((w, p_M) \neq \left(w^{Po}, p_M^{Po}\right) \mid \theta_H\right) = \frac{(1-\alpha)(3+4\gamma)\theta_H^2}{8(1+\gamma)}$$

为了满足条件 $(C4)$，需要：

$$\frac{\theta_H}{\theta_L} \leqslant \frac{5+2\beta-\beta^2+4\gamma}{3+4\beta-\beta^2+4\gamma} \equiv \phi(\gamma)$$

对于低类型制造商而言：

$$\pi_M(w^{Po}, p_M^{Po} \mid \theta_L) - \max_{w,p_M} \pi_M\left((w,p_M) \neq \left(w^{Po}, p_M^{Po}\right) \mid \theta_L\right) = \frac{(1-\alpha)(1-\beta)(\theta_H-\theta_L)}{8(1+\gamma)}$$

$\left[(3+\beta)\theta_L - (1+\beta)\theta_H\right] > 0$ 对于任意的 $\frac{\theta_H}{\theta_L} \in \left(1, \phi(\gamma)\right]$ 都成立。因此约束条件

$(C3)$ 得到满足。故上述混同均衡在 $\frac{\theta_H}{\theta_L} \in \left(1, \phi(\gamma)\right]$ 时成立。相应的混同均衡下的价

格决策为

$$w^{Po} = \frac{(1-\alpha)\left[(1+\beta+\gamma)\theta_L - \beta\theta_H\right]}{2(1+\gamma)}$$

$$p_M^{Po} = \frac{\theta_L}{2}$$

步骤四：在步骤四中，本章将在分散均衡和混同均衡中分析低类型制造商最优的均衡产出。

当 $\frac{\theta_H}{\theta_L} \in \left(1, \phi(\gamma)\right]$ 时，信号博弈中存在有成本的分散均衡和混同均衡。为了方便展示，令 π_{ML}^{Se} 为低类型制造商在分散均衡下的收益；令 π_{ML}^{Po} 为低类型制造商在混同均衡下的收益。

$$\pi_{ML}^{Po} - \pi_{ML}^{Se} = \frac{(1-\alpha)(\theta_H-\theta_L)\theta_L}{8(1+\gamma)}\left[F\left(\beta,\gamma,\frac{\theta_H}{\theta_L}\right) + Q\left(\beta,\gamma,\frac{\theta_H}{\theta_L}\right)\right]$$

其中，

$$F\left(\beta,\gamma,\frac{\theta_H}{\theta_L}\right) = \left(9+\beta^2+4\gamma\right)\frac{\theta_H}{\theta_L} - \left(7+2\beta+\beta^2+4\gamma\right)$$

$$Q\left(\beta,\gamma,\frac{\theta_H}{\theta_L}\right) = -2\sqrt{2}\sqrt{(3+2\gamma)\left(3\left(\frac{\theta_H}{\theta_L}\right)^2 - 4\left(\frac{\theta_H}{\theta_L}\right)+1\right)}$$

显然，$F\left(\beta,\gamma,\frac{\theta_H}{\theta_L}\right) > 0$，$Q\left(\beta,\gamma,\frac{\theta_H}{\theta_L}\right) < 0$。比较 π_{ML}^{Po} 和 π_{ML}^{Se} 等价于比较 $F\left(\beta,\gamma,\frac{\theta_H}{\theta_L}\right)$

和 $Q\left(\beta,\gamma,\frac{\theta_H}{\theta_L}\right)$。

$$F\left(\beta,\gamma,\frac{\theta_H}{\theta_L}\right)^2 - Q\left(\beta,\gamma,\frac{\theta_H}{\theta_L}\right)^2 = A(\beta,\gamma)\left(\frac{\theta_H}{\theta_L}\right)^2 + B(\beta,\gamma)\left(\frac{\theta_H}{\theta_L}\right) + C(\beta,\gamma)$$

其中，

$$A(\beta,\gamma) = \left[\beta^4 + (3+4\gamma)^2 + 2\beta^2(9+4\gamma)\right]$$

$$B(\beta,\gamma) = -2\left[15 + 2\beta^3 + \beta^4 + 32\gamma + 16\gamma^2 + 8\beta^2(2+\gamma) + 2\beta(9+4\gamma)\right]$$

$$A(\beta,\gamma) = \left[\beta^4 + 4\beta^3 + (5+4\gamma)^2 + 4\beta(7+4\gamma) + 2\beta^2(9+4\gamma)\right]$$

通过简单分析可以知道 $F\left(\beta,\gamma,\frac{\theta_H}{\theta_L}\right)^2 - Q\left(\beta,\gamma,\frac{\theta_H}{\theta_L}\right)^2$ 关于 $\frac{\theta_H}{\theta_L}$ 单调递减。除此之外，

$$\left(F\left(\beta,\gamma,\frac{\theta_H}{\theta_L}\right)^2 - Q\left(\beta,\gamma,\frac{\theta_H}{\theta_L}\right)^2\right)\bigg|\frac{\theta_H}{\theta_L} = 1 = 4(1-\beta)^2 > 0$$

$$\left(F\left(\beta,\gamma,\frac{\theta_H}{\theta_L}\right)^2 - Q\left(\beta,\gamma,\frac{\theta_H}{\theta_L}\right)^2\right)\bigg|\frac{\theta_H}{\theta_L} = \phi(\gamma)$$

$$= -\frac{32(1-\beta)\beta\left(9 + 2\beta^2 + 18\gamma + 8\gamma^2 + \beta(7+6\gamma)\right)}{\left(3 + 4\beta + 4\gamma - \beta^2\right)^2} < 0$$

所以可以知道存在临界值 $\bar{\phi}(\gamma) \in (1, \phi(\gamma))$，使得当 $\frac{\theta_H}{\theta_L} \in (1, \bar{\phi}(\gamma)]$ 时，$F\left(\beta,\gamma,\frac{\theta_H}{\theta_L}\right)^2 > Q\left(\beta,\gamma,\frac{\theta_H}{\theta_L}\right)^2$，即 $\pi_{ML}^{Po} > \pi_{ML}^{Se}$；当 $\frac{\theta_H}{\theta_L} \in \left(\bar{\phi}(\gamma), \frac{5+4\gamma}{3+4\gamma}\right]$ 时，$F\left(\beta,\gamma,\frac{\theta_H}{\theta_L}\right)^2 < Q\left(\beta,\gamma,\frac{\theta_H}{\theta_L}\right)^2$，即 $\pi_{ML}^{Po} < \pi_{ML}^{Se}$。

因此，混同均衡为 LMSE 当且仅当 $\frac{\theta_H}{\theta_L} \in (1, \bar{\phi}(\gamma)]$；反之，有成本的分散均衡为 LMSE。

当 $\frac{\theta_H}{\theta_L} \in \left(\phi(\gamma), \frac{5+4\gamma}{3+4\gamma}\right]$ 时，由于信号博弈中仅存在有成本的分散均衡，所以此时分散均衡为 LMSE；当 $\frac{\theta_H}{\theta_L} > \frac{5+4\gamma}{3+4\gamma}$ 时，无成本的分散均衡为 LMSE。

接下来分析临界值 $\bar{\phi}(\gamma)$ 关于参数 β 和 γ 单调性，令

$$G = F\left(\beta,\gamma,\bar{\phi}(\gamma)\right)^2 - Q\left(\beta,\gamma,\bar{\phi}(\gamma)\right)^2 = A(\beta,\gamma)\left(\bar{\phi}(\gamma)\right)^2 + B(\beta,\gamma)\left(\bar{\phi}(\gamma)\right) + C(\beta,\gamma)$$

通过隐函数理论可以知道：

$$\frac{\partial \overline{\phi}(\gamma)}{\partial \gamma} = -\frac{\dfrac{\partial G}{\partial \gamma}}{\dfrac{\partial G}{\partial \overline{\phi}(\gamma)}}$$

基于本章之前的分析可以知道 $\dfrac{\partial G}{\partial \overline{\phi}(\gamma)} < 0$。此外，

$$\frac{\partial G}{\partial \gamma} = 16\beta + 8\beta^2 + 8(5 + 4\gamma) - 2\overline{\phi}(\gamma)\left(32 + 8\beta + 8\beta^2 + 32\gamma\right) + 8\overline{\phi}(\gamma)^2\left(\beta^2 + 3 + 4\gamma\right)$$

可以很容易地发现：

$$16\beta + 8\beta^2 + 8(5 + 4\gamma) - 2x\left(32 + 8\beta + 8\beta^2 + 32\gamma\right) + 8x^2\left(\beta^2 + 3 + 4\gamma\right) < 0$$

对于任意的 $x \in (1, \phi(\gamma))$ 成立。因此可以得到 $\dfrac{\partial G}{\partial \gamma} < 0$，也即 $\dfrac{\partial \overline{\phi}(\gamma)}{\partial \gamma} < 0$。应用相同

的分析过程可以得到 $\dfrac{\partial \overline{\phi}(\gamma)}{\partial \beta} < 0$。证毕。

命题 2.1 证明　分别分析制造商的批发价格、销售价格以及转卖商的销售价格。对于制造商的批发价格，基于正文的分析可以知道：

$$w^{S1} = w^{S4} = \frac{(1-\alpha)\left(\beta\theta_H + (1-\beta)\theta_L\right)}{2}$$

$$w^{S2}(\theta_L) = \frac{(1-\alpha)\theta_L}{2}$$

$$w^{S2}(\theta_H) = w^{Se}_H = \frac{(1-\alpha)\theta_H}{2}$$

$$w^{Po} = \frac{(1-\alpha)\left[(1+\beta+\gamma)\theta_L - \beta\theta_H\right]}{2(1+\gamma)}$$

$$w^{Se}_L = \frac{(1-\alpha)\left[2(2+\gamma)(3+2\gamma)\theta_H - (6+4\gamma)\theta_L - (2+\gamma)\sqrt{2T}\right]}{4(1+\gamma)(3+2\gamma)}$$

显然，

$$w^{Se}_L < w^{S2}(\theta_L)$$

$$w^{S1}\left(= w^{S4}\right) - w^{S2}(\theta_L) = \frac{1}{2}(1-\alpha)\beta(\theta_H - \theta_L) > 0$$

$$w^{S2}(\theta_H)\left(= w^{Se}_H\right) - w^{S1}\left(= w^{S4}\right) = \frac{1}{2}(1-\alpha)(1-\beta)(\theta_H - \theta_L) > 0$$

$$w^{S1} - w^{Po} = \frac{(1-\alpha)\beta(2+\gamma)(\theta_H - \theta_L)}{2(1+\gamma)} > 0$$

因此可以得到：$w_L^{Se} < w^{S2}(\theta_L) < w^{S1} = w^{S4} < w^{S2}(\theta_H) = w_H^{Se}$ 并且 $w^{Po} < w^{S1}$。

对于制造商的销售价格，基于正文的分析可以知道 $p_M^{S1} = p_M^{S4} = \frac{\beta\theta_H + (1-\beta)\theta_L}{2}$，$p_M^{S2}(\theta_L) = \frac{\theta_L}{2}$，$p_M^{S2}(\theta_H) = \frac{\theta_H}{2}$，$p_M^{Po} = \frac{\theta_L}{2}$，$p_{MH}^{Se} = \frac{\theta_H}{2}$，

$$p_{ML}^{Se} = \frac{(6+4\gamma)\theta_H - \sqrt{2}T}{12 + 8\gamma}。$$

从引理 2.1 的证明中可以知道 $p_{ML}^{Se} < p_M^{S2}(\theta_L)$，此外，

$$p_M^{S1}\left(= p_M^{S4}\right) - p_M^{S2} = \frac{1}{2}\beta(\theta_H - \theta_L) > 0$$

$$p_M^{S2}(\theta_H)\left(= p_{MH}^{Se}\right) - p_M^{S1}\left(= p_M^{S4}\right) = \frac{1}{2}(1-\beta)(\theta_H - \theta_L) > 0$$

$$p_M^{S1} - p_M^{Po} = \frac{1}{2}\beta(\theta_H - \theta_L) > 0$$

因此，可以得到 $p_{ML}^{Se} < p_M^{S2}(\theta_L) < p_M^{S1} = p_M^{S4} < p_M^{S2}(\theta_H) = p_{MH}^{Se}$ 并且 $p_M^{Po} < p_M^{S1}$。

对于转卖商的销售价格，基于正文的分析可以知道 $p_R^{S1} = \frac{(3+2\gamma)(\beta\theta_H + (1-\beta)\theta_L)}{4(1+\gamma)}$，$p_R^{S2}(\theta_L) = \frac{(3+2\gamma)\theta_L}{4(1+\gamma)}$，$p_R^{S2}(\theta_H) = p_{RH}^{Se} = \frac{(3+2\gamma)\theta_H}{4(1+\gamma)}$，

$$p_R^{S4}(\theta_L) = \frac{(\beta+2\beta\gamma)\theta_H + (3-\beta+2\gamma-2\beta\gamma)\theta_L}{4(1+\gamma)}，\quad p_R^{S4}(\theta_H) = \frac{(2+\beta+2\beta\gamma)\theta_H + (1-\beta)(1+2\gamma)\theta_L}{4(1+\gamma)}，$$

$$p_R^{Po} = \frac{\beta\theta_H + (3-\beta+2\gamma)\theta_L}{4(1+\gamma)}，\quad p_{RL}^{Se} = \frac{2(3+5\gamma+2\gamma^2)\theta_H + (3+2\gamma)\theta_L - (1+\gamma)\sqrt{2}T}{4(1+\gamma)(3+2\gamma)}。$$

通过比较可以知道：

$$p_R^{S2}(\theta_L) - p_{RL}^{Se} = \frac{-(6+4\gamma)(\theta_H - \theta_L) + \sqrt{2}T}{12 + 8\gamma}$$

可以很容易地验证 $p_R^{S2}(\theta_L) > p_{RL}^{Se}$。此外，

$$p_R^{S4}(\theta_L) - p_R^{S2}(\theta_L) = \frac{\beta(1+2\gamma)(\theta_H - \theta_L)}{4(1+\gamma)} > 0$$

$$p_R^{S1} - p_R^{S4}(\theta_L) = \frac{\beta(\theta_H - \theta_L)}{2(1+\gamma)} > 0$$

$$p_R^{S4}(\theta_H) - p_R^{S1} = \frac{(1-\beta)(\theta_H - \theta_L)}{2(1+\gamma)} > 0$$

$$p_R^{S2}(\theta_H)\left(= p_{RH}^{Se}\right) - p_R^{S4}(\theta_H) = \frac{(1-\beta)(1+2\gamma)(\theta_H - \theta_L)}{4(1+\gamma)} > 0$$

$$p_R^{S1} - p_R^{Po} = \frac{1}{2}\beta(\theta_H - \theta_L) > 0$$

因此可以得到 $p_{RL}^{Se} < p_R^{S2}(\theta_L) < p_R^{S4}(\theta_L) < p_R^{S1} < p_R^{S4}(\theta_H) < p_R^{S2}(\theta_H) = p_{RH}^{Se}$ 并且 $p_R^{Po} < p_R^{S1}$。证毕。

命题 2.2 证明 为了证明命题 2.2，需要比较电商平台在不同信息分享场景下的收益。首先证明 $\pi_I^{S2} > \max\{\pi_I^{S1}, \pi_I^{S4}\}$，其次再比较 π_I^{S2} 和 π_I^{S3} 的大小关系。显然，

$$\pi_I^{S2} - \pi_I^{S4} = \frac{\alpha\beta(1-\beta)(3+8\gamma)(\theta_H - \theta_L)^2}{16(1+\gamma)} > 0$$

$$\pi_I^{S2} - \pi_I^{S1} = \frac{\alpha\beta(1-\beta)(7+8\gamma)(\theta_H - \theta_L)^2}{16(1+\gamma)} > 0$$

因此得到 $\pi_I^{S2} > \max\{\pi_I^{S1}, \pi_I^{S4}\}$。接下来比较 π_I^{S2} 和 π_I^{S3} 的大小关系。

当 $1 < \frac{\theta_H}{\theta_L} \leqslant \bar{\phi}(\gamma)$ 时，

$$\pi_I^{S2} - \pi_I^{S3} = \frac{\alpha\beta(\theta_H - \theta_L)}{16(1+\gamma)}\left[(7+8\gamma-3\beta)\theta_H - (11-3\beta+8\gamma)\theta_L\right]$$

因此，$\pi_I^{S2} < \pi_I^{S3}$ 当且仅当 $1 < \frac{\theta_H}{\theta_L} \leqslant \min\{\hat{\phi}(\gamma), \bar{\phi}(\gamma)\}$，其中 $\hat{\phi}(\gamma) = \frac{11-3\beta+8\gamma}{7-3\beta+8\gamma}$。

否则，$\pi_I^{S2} > \pi_I^{S3}$。由引理 2.1 的证明可知，$\bar{\phi}(\gamma)$ 由 $F\left(\beta,\gamma,\bar{\phi}(\gamma)\right)^2 = Q\left(\beta,\gamma,\bar{\phi}(\gamma)\right)^2$ 求得。因此为了比较 $\hat{\phi}(\gamma)$ 和 $\bar{\phi}(\gamma)$ 的大小关系，只需要分析 $F\left(\beta,\gamma,\frac{\theta_H}{\theta_L}\right)^2 - Q\left(\beta,\gamma,\frac{\theta_H}{\theta_L}\right)^2$ 在 $\frac{\theta_H}{\theta_L} = \hat{\phi}(\gamma)$ 处的数值即可。如果数值大于零，则 $\hat{\phi}(\gamma) < \bar{\phi}(\gamma)$；否则 $\hat{\phi}(\gamma) > \bar{\phi}(\gamma)$。

$$\left(F\left(\beta,\gamma,\frac{\theta_H}{\theta_L}\right)^2 - Q\left(\beta,\gamma,\frac{\theta_H}{\theta_L}\right)^2\right)\Bigg|_{\frac{\theta_H}{\theta_L}}$$

$$= \hat{\phi}(\gamma)$$

$$= \frac{4\left(\begin{array}{l}1+25\beta^4-20(5+4\gamma)\beta^3-4\beta\left(89+156\gamma+64\gamma^2\right)\\+\beta^2\left(350+320\gamma+64\gamma^2\right)\end{array}\right)}{(7-3\beta+8\gamma)^2}$$

令

$$Z=1+25\beta^4-20(5+4\gamma)\beta^3-4\beta\left(89+156\gamma+64\gamma^2\right)+\beta^2\left(350+320\gamma+64\gamma^2\right)$$

$$\frac{\partial Z}{\partial \gamma}=-16\beta\left(39-4\beta(5+2\gamma)+5\beta^2+32\gamma\right)<0$$

即 Z 关于 γ 单调递减。因为

$$Z|_{\gamma=0}=1-356\beta+350\beta^2-100\beta^3+25\beta^4$$

$$Z|_{\gamma=1}=1-1236\beta+734\beta^2-180\beta^3+25\beta^4$$

可以得到 $Z|_{\gamma=0}>0$ 当且仅当 $0<\beta<\beta_1$；$Z|_{\gamma=1}>0$ 当且仅当 $0<\beta<\beta_2$。令 $\gamma_1(\beta)$ 为等式 $Z=0$ 的解。此时，存在临界值 $\tilde{\gamma}$，$Z>0$ 当且仅当 $0<\gamma<\tilde{\gamma}$。因此，当 $0<\gamma<\tilde{\gamma}$ 并且 $\hat{\phi}(\gamma)<\dfrac{\theta_H}{\theta_L}<\bar{\phi}(\gamma)$ 时，$\pi_I^{S2}>\pi_I^{S3}$；反之，$\pi_I^{S2}<\pi_I^{S3}$。其中，

$$\tilde{\gamma}=\begin{cases}1, & 0<\beta\leqslant\beta_2\\ \gamma_1(\beta), & \beta_2<\beta\leqslant\beta_1\\ 0, & \beta_1<\beta\leqslant 1\end{cases}$$

通过隐函数理论可以容易地发现 $\gamma_1(\beta)$ 关于参数 β 单调递减。

当 $\bar{\phi}(\gamma)<\dfrac{\theta_H}{\theta_L}\leqslant\dfrac{5+4\gamma}{3+4\gamma}$ 时，

$$\pi_I^{S2}-\pi_I^{S3}=\frac{\alpha(1-\beta)\theta_L^2}{8(1+\gamma)(3+2\gamma)}\left[2\left(9+13\gamma+4\gamma^2\right)\left(\frac{\theta_H}{\theta_L}\right)^2-2\frac{\theta_H}{\theta_L}\left(\left(13+22\gamma+8\gamma^2\right)\right.\right.$$

$$\left.\left.+2\sqrt{2}(1+\gamma)\tilde{T}\right)+2\left(4+9\gamma+4\gamma^2\right)+\sqrt{2}(3+4\gamma)\tilde{T}\right]$$

其中，

$$\tilde{T}=\sqrt{(3+2\gamma)3\left(\left(\frac{\theta_H}{\theta_L}\right)^2-4\frac{\theta_H}{\theta_L}+1\right)}$$

令

$$H=2\left(9+13\gamma+4\gamma^2\right)\left(\frac{\theta_H}{\theta_L}\right)^2-2\frac{\theta_H}{\theta_L}\left(\left(13+22\gamma+8\gamma^2\right)\right.$$

$$\left.+2\sqrt{2}(1+\gamma)\tilde{T}\right)+2\left(4+9\gamma+4\gamma^2\right)+\sqrt{2}(3+4\gamma)\tilde{T}$$

通过对函数式 H 分析得到：

$$\frac{\partial^3 H}{\partial \left(\frac{\theta_H}{\theta_L}\right)^3} = \frac{3\sqrt{2}\tilde{T}\left(-2 + \frac{\theta_H}{\theta_L} - 4\gamma + 4\gamma\frac{\theta_H}{\theta_L}\right)}{\left(1 - 4\frac{\theta_H}{\theta_L} + 3\left(\frac{\theta_H}{\theta_L}\right)^2\right)^3} > 0$$

当且仅当 $\frac{1}{4} < \gamma < 1$ 并且 $\frac{2+4\gamma}{1+4\gamma} < \frac{\theta_H}{\theta_L} < \frac{5+4\gamma}{3+4\gamma}$ ，否则 $\frac{\partial^3 H}{\partial \left(\frac{\theta_H}{\theta_L}\right)^3} < 0$ 。

当 $\frac{1}{4} < \gamma < 1$ 时，可知 $\frac{\partial^2 H}{\partial \left(\frac{\theta_H}{\theta_L}\right)^2}$ 关于 $\frac{\theta_H}{\theta_L}$ 先单调递减然后单调递增，并且

$\frac{\partial^2 H}{\partial \left(\frac{\theta_H}{\theta_L}\right)^2}$ 的最小值在 $\frac{\theta_H}{\theta_L} = \frac{2+4\gamma}{1+4\gamma}$ 处取得。

$$\frac{\partial^2 H}{\partial \left(\frac{\theta_H}{\theta_L}\right)^2}\bigg|_{\frac{\theta_H}{\theta_L}=\frac{2+4\gamma}{1+4\gamma}} = \frac{180 + 128\gamma^3 + 548\gamma + 496\gamma^2 - \left(31 + 56\gamma + 16\gamma^2\right)K}{5+8\gamma} \quad , \qquad K =$$

$\sqrt{30 + 68\gamma + 32\gamma^2}$ 。因为 $180 + 128\gamma^3 + 548\gamma + 496\gamma^2 - \left(31 + 56\gamma + 16\gamma^2\right)K > 0$ ，所以

可得 $\frac{\partial H}{\partial \left(\frac{\theta_H}{\theta_L}\right)}$ 关于 $\frac{\theta_H}{\theta_L}$ 单调递增。

因为 $\frac{\partial H}{\partial \left(\frac{\theta_H}{\theta_L}\right)}\bigg|_{\frac{\theta_H}{\theta_L} \to 1} = -\infty$ ，$\frac{\partial H}{\partial \left(\frac{\theta_H}{\theta_L}\right)}\bigg|_{\frac{\theta_H}{\theta_L} = \frac{5+4\gamma}{3+4\gamma}} = 2\gamma + \frac{3}{2} > 0$ 。所以， H 关于

$\frac{\theta_H}{\theta_L}$ 先单调递减然后单调递增。由于 $H\big|_{\frac{\theta_H}{\theta_L}=1} = H\big|_{\frac{\theta_H}{\theta_L}=\frac{5+4\gamma}{3+4\gamma}} = 0$ ，所以可以得到当

$\frac{1}{4} < \gamma < 1$ 时， $H < 0$ ，即 $\pi_I^{S2} < \pi_I^{S3}$ 。同理，当 $0 < \gamma < \frac{1}{4}$ 时，应用同样的分析方法，

同样可以得到 $\pi_I^{S2} < \pi_I^{S3}$ 。

因此，证明了当 $\bar{\phi}(\gamma) < \frac{\theta_H}{\theta_L} \leqslant \frac{5+4\gamma}{3+4\gamma}$ 时， $\pi_I^{S2} < \pi_I^{S3}$ 。

综上所述，本章得到了当 $\gamma \leqslant \tilde{\gamma}$ 并且 $\hat{\phi}(\gamma) < \frac{\theta_H}{\theta_L} \leqslant \bar{\phi}(\gamma)$ 时， $\pi_I^{S2} >$

$\max\{\pi_I^{S1}, \pi_I^{S3}, \pi_I^{S4}\}$；否则 $\pi_I^{S3} > \pi_I^{S2} > \max\{\pi_I^{S1}, \pi_I^{S4}\}$。证毕。

命题 2.3 证明 通过比较制造商在不同信息分享场景下的收益，可以得到：

$$\pi_M^{S2} - \pi_M^{S4} = \pi_M^{S2} - \pi_M^{S1} = \frac{(1-\alpha)(1-\beta)\beta(3+4\gamma)(\theta_H - \theta_L)^2}{8(1+\gamma)} > 0$$

当 $1 < \dfrac{\theta_H}{\theta_L} \leqslant \bar{\phi}(\gamma)$ 时，

$$\pi_M^{S2} - \pi_M^{S3} = \frac{(1-\alpha)\beta(3+3\beta+4\gamma)(\theta_H - \theta_L)^2}{8(1+\gamma)} > 0$$

当 $\bar{\phi}(\gamma) < \dfrac{\theta_H}{\theta_L} \leqslant \dfrac{5+4\gamma}{3+4\gamma}$ 时，

$$\pi_M^{S2} - \pi_M^{S3}$$

$$= \frac{(1-\alpha)(1-\beta)(\theta_H - \theta_L)}{8(1+\gamma)} \left[\underbrace{(9+4\gamma)\theta_H - (7+4\gamma)\theta_L}_{>0} - \underbrace{2\sqrt{2}\sqrt{(3+2\gamma)(3\theta_H^2 - 4\theta_H\theta_L + \theta_L^2)}}_{>0} \right]$$

其中，$\left[(9+4\gamma)\theta_H - (7+4\gamma)\theta_L \right] > 0$，$\left[2\sqrt{2}\sqrt{(3+2\gamma)(3\theta_H^2 - 4\theta_H\theta_L + \theta_L^2)} \right] > 0$，又因为，

$$\left[(9+4\gamma)\theta_H - (7+4\gamma)\theta_L \right]^2 - \left[2\sqrt{2}\sqrt{(3+2\gamma)(3\theta_H^2 - 4\theta_H\theta_L + \theta_L^2)} \right]^2 > 0$$

所以可得 $\pi_M^{S2} > \pi_M^{S3}$。因此得证 $\pi_M^{S2} > \max\{\pi_M^{S1}, \pi_M^{S3}, \pi_M^{S4}\}$。证毕。

命题 2.4 证明 首先证明 $\pi_R^{S4} > \max\{\pi_R^{S1}, \pi_R^{S2}\}$，其次比较 π_R^{S4} 和 π_R^{S3} 的大小关系。由于

$$\pi_R^{S4} - \pi_R^{S2} = \frac{3(1-\alpha)(1-\beta)\beta(\theta_H - \theta_L)^2}{16(1+\gamma)} > 0$$

$$\pi_R^{S4} - \pi_R^{S1} = \frac{(1-\alpha)(1-\beta)\beta(\theta_H - \theta_L)^2}{4(1+\gamma)} > 0$$

所以 $\pi_R^{S4} > \max\{\pi_R^{S1}, \pi_R^{S2}\}$。

当 $1 < \dfrac{\theta_H}{\theta_L} \leqslant \bar{\phi}(\gamma)$ 时，

$$\pi_R^{S4} - \pi_R^{S3} = \frac{(1-\alpha)\beta(\theta_H - \theta_L)}{4(1+\gamma)} \left[(1-3\beta)\theta_H - (2-3\beta)\theta_L \right] < 0$$

对于任意的 $1 < \dfrac{\theta_H}{\theta_L} \leqslant \bar{\phi}(\gamma)$ 都成立。

当 $\bar{\phi}(\gamma) < \dfrac{\theta_H}{\theta_L} \leqslant \dfrac{5+4\gamma}{3+4\gamma}$ 时，

$$
\begin{aligned}
\pi_R^{S4} - \pi_R^{S3} &= \frac{(1-\alpha)(1-\beta)\theta_L^2}{16(1+\gamma)(3+2\gamma)}\Bigg[(-18+9\beta-8\gamma+6\beta\gamma)\left(\frac{\theta_H}{\theta_L}\right)^2 + (-26+9\beta-16\gamma+6\beta\gamma) \\
&\quad -6\sqrt{2}\tilde{T} + 2\left(\frac{\theta_H}{\theta_L}\right)(22-9\beta+12\gamma-6\beta\gamma)+4\sqrt{2}\frac{\theta_H}{\theta_L}\tilde{T}\Bigg] \\
&= \frac{(1-\alpha)(1-\beta)\theta_L^2}{16(1+\gamma)(3+2\gamma)}
\end{aligned}
$$

通过分析上述表达式可得

$$
\frac{\partial^3 L}{\partial\left(\dfrac{\theta_H}{\theta_L}\right)^3} = -\frac{6\sqrt{2}\left(-4+5\dfrac{\theta_H}{\theta_L}\right)\tilde{T}}{\left(1-4\dfrac{\theta_H}{\theta_L}+3\left(\dfrac{\theta_H}{\theta_L}\right)^2\right)^3} < 0
$$

所以 $\dfrac{\partial^2 L}{\partial\left(\dfrac{\theta_H}{\theta_L}\right)^2}$ 关于 $\dfrac{\theta_H}{\theta_L}$ 单调递减，因为 $\dfrac{\partial^2 L}{\partial\left(\dfrac{\theta_H}{\theta_L}\right)^2}\bigg|_{\frac{\theta_H}{\theta_L}\to 1} = +\infty$，并且：

$$
\frac{\partial^2 L}{\partial\left(\dfrac{\theta_H}{\theta_L}\right)^2}\bigg|_{\frac{\theta_H}{\theta_L}=\frac{5+4\gamma}{3+4\gamma}} = \frac{48\beta(3+2\gamma)^2+(-1+4\gamma)(3+4\gamma)^2}{8(3+2\gamma)}
$$

由于上述函数值可正可负，故 $\dfrac{\partial L}{\partial\left(\dfrac{\theta_H}{\theta_L}\right)}$ 关于 $\dfrac{\theta_H}{\theta_L}$ 单调递增，或者先单调递增然

后单调递减。

由于 $\dfrac{\partial L}{\partial\left(\dfrac{\theta_H}{\theta_L}\right)}\bigg|_{\frac{\theta_H}{\theta_L}\to 1} = -\infty$，$\dfrac{\partial L}{\partial\left(\dfrac{\theta_H}{\theta_L}\right)}\bigg|_{\frac{\theta_H}{\theta_L}=\frac{5+4\gamma}{3+4\gamma}} = \dfrac{12\beta(3+2\gamma)+(3+4\gamma)^2}{3+4\gamma} > 0$。

所以可得 L 关于 $\dfrac{\theta_H}{\theta_L}$ 先单调递减后单调递增。由于 $L|_{\frac{\theta_H}{\theta_L}=1}=0$，$L|_{\frac{\theta_H}{\theta_L}=\frac{5+4\gamma}{3+4\gamma}} =$

$\dfrac{12\beta(3+2\gamma)}{(3+4\gamma)^2} > 0$。所以存在临界值 $\tilde{\phi}(\gamma)$，以至于当 $1 < \dfrac{\theta_H}{\theta_L} \leqslant \tilde{\phi}(\gamma)$ 时，$L<0$；否

则，$L\geqslant 0$。通过验证可知 $L|_{\frac{\theta_H}{\theta_L}=\bar{\phi}(\gamma)} < 0$，所以 $\bar{\phi}(\gamma) < \tilde{\phi}(\gamma)$。即 $\pi_R^{S4} < \pi_R^{S3}$ 当且仅当

$\bar{\phi}(\gamma) < \dfrac{\theta_H}{\theta_L} \leqslant \tilde{\phi}(\gamma)$；否则，$\pi_R^{S4} > \pi_R^{S3}$。

因此，得证当$1 < \dfrac{\theta_H}{\theta_L} \leqslant \tilde{\phi}(\gamma)$时，$\pi_R^{S4} < \pi_R^{S3}$；否则，$\pi_R^{S4} > \pi_R^{S3}$。证毕。

引理 2.2 证明 该证明分为两步，第一步证明$\dfrac{\theta_H}{\theta_L} \leqslant \bar{\phi}(\gamma)$的结果。第二步证明$\dfrac{\theta_H}{\theta_L} > \bar{\phi}(\gamma)$的结果。

第一步：当$\dfrac{\theta_H}{\theta_L} \leqslant \bar{\phi}(\gamma)$时，在信息分享场景 $S3$ 下，制造商会选择混同均衡下的价格策略。在接下来的分析中，首先证明纯策略纳什均衡不存在。其次给出相应的混合策略纳什均衡。根据制造商和转卖商的收益矩阵，给定制造商接受信息，则对于转卖商而言，最优的决策为拒绝信息，这是因为$\pi_R^{S2} < \pi_R^{S3}$。给定制造商拒绝信息，则对于转卖商而言，最优的决策为接受信息，这是因为$\pi_R^{S1} < \pi_R^{S4}$。通过相似的分析过程，给定转卖商接受信息，则对于制造商而言最优的决策为接受信息，这是因为$\pi_M^{S2} > \pi_M^{S4}$。给定转卖商拒绝信息，则对于制造商而言，最优的决策为拒绝信息，这是因为在混同均衡下$\pi_M^{S3} < \pi_M^{S1}$。因此，可以发现纯策略纳什均衡不存在。接下来将分析混合策略纳什均衡。假设制造商以概率 X 接受信息，转卖商以概率 Y 接受信息。在混合策略纳什均衡下，制造商在接受信息和拒绝信息下的期望收益是相等的，即

$$Y\pi_M^{S2} + (1-Y)\pi_M^{S3} = Y\pi_M^{S4} + (1-Y)\pi_M^{S1}$$

同样地，转卖商在接受信息和拒绝信息下的期望收益是相等的，即

$$X\pi_R^{S2} + (1-X)\pi_R^{S4} = X\pi_R^{S3} + (1-X)\pi_R^{S1}$$

因此可以得到：

$$X = \frac{4(1-\beta)(\theta_H - \theta_L)}{(3+5\beta)\theta_H + (1-5\beta)\theta_L}$$

$$Y = \frac{2\beta(3+2\gamma)}{3+3\beta+4\gamma}$$

可以很容易地验证$0 < X < 1$，$0 < Y < 1$。

第二步：当$\bar{\phi}(\gamma) < \dfrac{\theta_H}{\theta_L} \leqslant \dfrac{5+4\gamma}{3+4\gamma}$时，在信息分享场景 $S3$ 下，制造商会选择分散均衡下的价格决策。采用同第一步相同的分析过程。给定制造商接受信息，则对于转卖商而言，最优的策略为拒绝信息，这是因为$\pi_R^{S2} < \pi_R^{S3}$。给定制造商拒

绝信息，则对于转卖商而言最优的决策为接受信息，这是因为 $\pi_R^{S1} < \pi_R^{S4}$。给定转卖商接受信息，则对于制造商而言，最优的决策为接受信息，这是因为 $\pi_M^{S2} > \pi_M^{S4}$。然而当转卖商拒绝信息时，制造商需要衡量其在信息分享场景 $S1$ 和 $S3$ 下的收益来决定是否接受信息。

$$\pi_M^{S3} - \pi_M^{S1} = \frac{(1-\alpha)(1-\beta)(\theta_H - \theta_L)\theta_L}{8(1+\gamma)}\left[(7-3\beta+4\gamma-4\beta\gamma)\right.$$
$$\left.-\left(9+4\gamma-\beta(3+4\gamma)\right)\frac{\theta_H}{\theta_L}+2\sqrt{2}\tilde{T}\right]$$
$$=\frac{(1-\alpha)(1-\beta)(\theta_H-\theta_L)\theta_L}{8(1+\gamma)}M$$

因为

$$\frac{\partial^2 M}{\partial\left(\frac{\theta_H}{\theta_L}\right)^2} = \frac{-2\sqrt{2}(3+2\gamma)^2}{\left[(3+2\gamma)\left(1-4\frac{\theta_H}{\theta_L}+3\left(\frac{\theta_H}{\theta_L}\right)^2\right)\right]^{\frac{3}{2}}} < 0$$

因此，$\dfrac{\partial M}{\partial\left(\frac{\theta_H}{\theta_L}\right)}$ 关于 $\dfrac{\theta_H}{\theta_L}$ 单调递减。因为 $\dfrac{\partial M}{\partial\left(\frac{\theta_H}{\theta_L}\right)}\bigg|_{\frac{\theta_H}{\theta_L}=\frac{5+4\gamma}{3+4\gamma}}=\beta(3+4\gamma)>0$，所以

可知 M 关于 $\dfrac{\theta_H}{\theta_L}$ 单调递增。由于 $M|_{\frac{\theta_H}{\theta_L}=\frac{5+4\gamma}{3+4\gamma}}=2\beta>0$，并且：

$$M|_{\frac{\theta_H}{\theta_L}=\bar{\phi}(\gamma)} = (7-3\beta+4\gamma-4\beta\gamma)-\left(9+4\gamma-\beta(3+4\gamma)\right)\bar{\phi}(\gamma)$$
$$+2\sqrt{2}\sqrt{(3+2\gamma)\left(3\bar{\phi}(\gamma)^2-4\bar{\phi}(\gamma)+1\right)}$$

由引理 2.1 的证明可知，$\bar{\phi}(\gamma)<\dfrac{5+2\beta-\beta^2+4\gamma}{3+4\beta-\beta^2+4\gamma}$，因此可得

$$M|_{\frac{\theta_H}{\theta_L}=\bar{\phi}(\gamma)} < -\frac{4\beta^2(3+2\gamma)}{3+4\beta-\beta^2+4\gamma} < 0$$

因此可以得到存在临界值 $\breve{\phi}(\gamma)\in\left(\bar{\phi}(\gamma),\dfrac{5+4\gamma}{3+4\gamma}\right]$。当 $\bar{\phi}(\gamma)<\dfrac{\theta_H}{\theta_L}\leqslant\breve{\phi}(\gamma)$ 时，$M<0$，

因此 $\pi_M^{S3}<\pi_M^{S1}$。由此可知，此时不存在纯策略纳什均衡。然而，当 $\breve{\phi}(\gamma)<\dfrac{\theta_H}{\theta_L}\leqslant$

$\dfrac{5+4\gamma}{3+4\gamma}$ 时，$\pi_M^{S3} > \pi_M^{S1}$，由此可知，此时存在唯一的纯策略纳什均衡，即制造商接

受信息，转卖商拒绝信息（信息分享场景 $S3$）。下面分析当 $\bar{\phi}(\gamma) < \dfrac{\theta_H}{\theta_L} \leqslant \check{\phi}(\gamma)$ 时

的混合策略纳什均衡。

假设制造商以概率 X 接受信息，转卖商以概率 Y 接受信息。在混合策略纳什均衡下，制造商在接受信息和拒绝信息下的期望收益是相等的，即

$$Y\pi_M^{S2} + (1-Y)\pi_M^{S3} = Y\pi_M^{S4} + (1-Y)\pi_M^{S1}$$

同样地，转卖商在接受信息和拒绝信息下的期望收益是相等的，即

$$X\pi_R^{S2} + (1-X)\pi_R^{S4} = X\pi_R^{S3} + (1-X)\pi_R^{S1}$$

因此可以得到

$$X = \dfrac{2\beta(3+2\gamma)(\theta_H-\theta_L)^2}{\left(\begin{array}{l}(9+4\gamma+\beta(6+4\gamma))\theta_H^2 - 2\theta_H\left((11+6(\beta+\gamma)+4\beta\gamma)\theta_L + \sqrt{2}T\right) \\ +\theta_L\left((13+6\beta+8\gamma+4\beta\gamma)\theta_L + 3\sqrt{2}T\right)\end{array}\right)}$$

$$Y = \dfrac{(9+4\gamma-\beta(3+4\gamma))\theta_H - (7-3\beta+4\gamma-4\beta\gamma)\theta_L - 2\sqrt{2}T}{(9+4\gamma)\theta_H - (7+4\gamma)\theta_L - 2\sqrt{2}T}$$

可以很容易地验证此时的 $0 < X < 1$，$0 < Y < 1$。

结合上述步骤的分析，得证引理 2.2。值得注意的是，在混合策略纳什均衡下，电商平台的期望收益为

$$\pi_I^{\text{mixed}} = (1-X)(1-Y)\pi_I^{S1} + XY\pi_I^{S2} + X(1-Y)\pi_I^{S3} + (1-X)Y\pi_I^{S4}$$

证毕。

命题 2.5 证明　为了证明命题 2.5，需要比较电商平台在不同信息提供方式下的收益，从而得到电商平台最优的信息提供方式。令 Π_I^k 代表电商平台在信息提供方式 k 下的收益。其中 $k = 1,2,3,4,5$。

由命题 2.2 的证明可知，$\pi_I^{S1} < \pi_I^{S2}$。因此可以知道，$\Pi_I^5 > \Pi_I^2$。此外，由于 $\pi_I^{S4} < \pi_I^{S2}$ 并且 $\pi_I^{S4} < \pi_I^{S3}$，所以可知 $\Pi_I^5 > \Pi_I^3$。同理，显然 $\Pi_I^5 > \Pi_I^4$。接下来，将着重比较电商平台在信息提供方式 1 和信息提供方式 5 下的收益。

当 $\dfrac{\theta_H}{\theta_L} \leqslant \bar{\phi}(\gamma)$ 时，电商平台在两种信息提供方式下的收益分别为 $\Pi_I^5 = \pi_I^{S2}$ 和

$\Pi_I^1 = \Pi_I^{\text{mixed}}$。

因为 $\Pi_I^1 - \Pi_I^5 = -\dfrac{\alpha(1-\beta)\beta(\theta_H-\theta_L)^2\begin{bmatrix}(21+3\beta+24\gamma+40\beta\gamma)\theta_H\\-(9-8\gamma+\beta(3+40\gamma))\theta_L\end{bmatrix}}{16(1+\gamma)\big[(3+5\beta)\theta_H+(1-5\beta)\theta_L\big]}$ ，此时可以很容易

地验证 $\pi_I^1 < \pi_I^5$ 对于任意的 $\dfrac{\theta_H}{\theta_L} \leqslant \bar{\phi}(\gamma)$ 都成立。

当 $\bar{\phi}(\gamma) < \dfrac{\theta_H}{\theta_L} \leqslant \breve{\phi}(\gamma)$ 时，

$$\Pi_I^1 - \Pi_I^5 = -\frac{\alpha(1-\beta)\beta(\theta_H-\theta_L)^2}{16(1+\gamma)}\frac{D_1}{D_2}$$

其中，

$$D_1 = \left(27+84\gamma+32\gamma^2+4\beta(9+18\gamma+8\gamma^2)\right)\left(\frac{\theta_H}{\theta_L}\right)^2$$
$$-2\frac{\theta_H}{\theta_L}\left(\left(33+106\gamma+48\gamma^2+4\beta(9+18\gamma+8\gamma^2)\right)+(3+8\gamma)\sqrt{2}\tilde{T}\right)$$

$$D_2 = \left(9+4\gamma+\beta(6+4\gamma)\right)\left(\frac{\theta_H}{\theta_L}\right)^2-2\frac{\theta_H}{\theta_L}\left((11+6\beta+6\gamma+4\beta\gamma)+\sqrt{2}\tilde{T}\right)$$
$$+\left((13+6\beta+8\gamma+4\beta\gamma)+3\sqrt{2}\tilde{T}\right)$$

首先分析分母 D_2。$\dfrac{\partial D_2}{\partial \beta}=2\left(\dfrac{\theta_H}{\theta_L}-1\right)^2(3+2\gamma)>0$ ，因此，D_2 关于参数 β 单调递增。

则 D_2 的最小值在 $\beta=0$ 处取得。

$$D_2\big|_{\beta=0}=13+8\gamma+3\sqrt{2}\tilde{T}+(9+4\gamma)\left(\frac{\theta_H}{\theta_L}\right)^2-2\frac{\theta_H}{\theta_L}\left(11+6\gamma+\sqrt{2}\tilde{T}\right)\equiv D$$

由于

$$\frac{\partial^3 D}{\partial\left(\dfrac{\theta_H}{\theta_L}\right)^3}=\frac{3\left(5\left(\dfrac{\theta_H}{\theta_L}\right)-4\right)\sqrt{2}\tilde{T}}{\left(3\left(\dfrac{\theta_H}{\theta_L}\right)^2-4\dfrac{\theta_H}{\theta_L}+1\right)^3}>0$$

所以可知，$\dfrac{\partial^2 D}{\partial\left(\dfrac{\theta_H}{\theta_L}\right)^2}$ 关于 $\dfrac{\theta_H}{\theta_L}$ 单调递增。由于 $\dfrac{\partial^2 D}{\partial\left(\dfrac{\theta_H}{\theta_L}\right)^2}\bigg|_{\frac{\theta_H}{\theta_L}\to 1}=-\infty$ ，并且：

$$\frac{\partial^2 D}{\partial \left(\frac{\theta_H}{\theta_L}\right)^2}\Bigg|_{\theta_L}^{\theta_H} = \frac{5+4\gamma}{3+4\gamma} = \frac{(1-4\gamma)(3+4\gamma)^2}{48+32\gamma}$$

可得 $\frac{\partial D}{\partial \left(\frac{\theta_H}{\theta_L}\right)}$ 既可能关于 $\frac{\theta_H}{\theta_L}$ 单调递减,也可能关于 $\frac{\theta_H}{\theta_L}$ 先减后增。除此之外,

由于 $\frac{\partial D}{\partial \left(\frac{\theta_H}{\theta_L}\right)}\Bigg|_{\theta_L}^{\theta_H} \to 1 = +\infty$,$\frac{\partial D}{\partial \left(\frac{\theta_H}{\theta_L}\right)}\Bigg|_{\theta_L}^{\theta_H} = \frac{5+4\gamma}{3+4\gamma} = -\frac{3}{2} - 2\gamma < 0$。可得 D 关于 $\frac{\theta_H}{\theta_L}$ 先

增后减。由于 $D\big|_{\frac{\theta_H}{\theta_L} \to 1} = D\big|_{\frac{\theta_H}{\theta_L} = \frac{5+4\gamma}{3+4\gamma}} = 0$,因此 $D \geqslant 0$。由于 D 是分母 D_2 关于 β 所能

取到的最小值,所以 $D_2 \geqslant 0$ 对于 $\bar{\phi}(\gamma) < \frac{\theta_H}{\theta_L} \leqslant \breve{\phi}(\gamma)$ 恒成立。以相同的方式,可以

得到 $D_1 \geqslant 0$ 对于 $\bar{\phi}(\gamma) < \frac{\theta_H}{\theta_L} \leqslant \breve{\phi}(\gamma)$ 恒成立。因此当 $\bar{\phi}(\gamma) < \frac{\theta_H}{\theta_L} \leqslant \breve{\phi}(\gamma)$ 时,$\Pi_I^1 < \Pi_I^5$。

当 $\breve{\phi}(\gamma) < \frac{\theta_H}{\theta_L} \leqslant \frac{5+4\gamma}{3+4\gamma}$ 时,电商平台在信息提供方式1和方式5下的收益相同,

因此证明得到电商平台最优的信息提供方式为顺序地将市场需求信息先提供给转卖商,然后将市场需求信息提供给制造商。证毕。

命题 2.6 证明 通过命题 2.5 的证明过程,可以很容易地得到命题 2.6 中的结论。证毕。

引理 2.3 证明 验证均衡是否通过直观准则的检验,通常需要两个步骤。

(1)直观准则的第一步验证是否存在信号发出者有动机偏离均衡,即信号发出者在具体的非均衡(off-equilibrium)路径上的决策下最大收益高于其均衡收益。具体来说,在本章的模型假定下,假设 $(w, p_M) \neq (w^{Po}, p_M^{Po})$ 为非均衡路径上的决策。参考直观准则的第一步骤,验证对于高类型制造商和低类型制造商在非均衡路径上的最大收益是否高于其在均衡下的受益。通过此方式,可以得到关于非均衡路径策略的集合($\Phi_i, i \in \{H, L\}$),在该集合中,相应的制造商有动机偏离均衡策略。在本章模型中,制造商希望转卖商制定低的市场销售价格来增加市场销售数量。因此,对于任意给定的非均衡路径上的策略 (w, p_M),制造商最大的收益在转卖商认为市场类型为低类型的条件下取得。令 $\pi_M^{Po}(\theta_i)$ 为 i 类型制造商在混同均衡下的收益;$\pi_M(\theta_i | \theta_j)$ 为 i 类型制造商在转卖商认为市场为 j 类型的条件下的收益。对于低类型制造商而言,其在混同均衡下的收益为

$$\pi_M^{Po}(\theta_L) = \frac{1-\alpha}{8(1+\gamma)}\Big[\beta^2\theta_H^2 - 2\beta(1+\beta)\theta_H\theta_L + \big(3+2\beta+\beta^2+4\gamma\big)\theta_L^2\Big]$$

对于低类型制造商而言，偏离混同均衡时，其能取得的最大收益为

$$\pi_M(\theta_L \mid \theta_L) = -\frac{1+\gamma}{2(1-\alpha)}w^2 + \left(p_M\gamma + \frac{\theta_L}{2}\right)w - \frac{(1-\alpha)p_M\big(p_M(2+4\gamma+\gamma^2) - (2+3\gamma)\theta_L\big)}{2(1+\gamma)}$$

因此，可以得到 $\Phi_L \equiv \{(w,p_M):\pi_M(\theta_L \mid \theta_L) > \pi_M^{Po}(\theta_L)\}$，以至于当非均衡路径上的策略满足 $(w,p_M)\in\Phi_L$ 时，低类型制造商有动机偏离混同均衡。同理，对于高类型制造商而言，其在混同均衡下的收益为

$$\pi_M^{Po}(\theta_H) = \frac{1-\alpha}{8(1+\gamma)}\Big[-(4-\beta)\beta\theta_H^2 + 2\big(4+3\beta-\beta^2+4\gamma\big)\theta_H\theta_L - \big(5+2\beta-\beta^2+4\gamma\big)\theta_L^2\Big]$$

对于高类型制造商而言，偏离混同均衡时，其能取得的最大收益为

$$\pi_M(\theta_H \mid \theta_L) = -\frac{1+\gamma}{2(1-\alpha)}w^2 + \left(p_M\gamma + \theta_H - \frac{\theta_L}{2}\right)w$$

$$- \frac{(1-\alpha)p_M\big(p_M(2+4\gamma+\gamma^2) - \gamma\theta_L - 2(1+\gamma)\theta_H\big)}{2(1+\gamma)}$$

因此，可以得到 $\Phi_H \equiv \{(w,p_M):\pi_M(\theta_H \mid \theta_L) > \pi_M^{Po}(\theta_H)\}$，以至于当非均衡路径上的策略满足 $(w,p_M)\in\Phi_H$ 时，高类型制造商有动机偏离混同均衡。因为两种类型制造商都有动机偏离混同均衡，所以需要进行直观准则的第二步来验证混同均衡是否存在。

（2）直观准则的第二步验证：当信号接收者在观察到非均衡路径上的策略之后，通过第一步的验证结果更新关于市场类型的信念，在这种情况下，若仍然存在具体的信号发出者有动机偏离均衡，则均衡不能通过直观准则的检验。

在本章模型中，由于两种类型的制造商都有动机偏离混同均衡。但是，显然在偏离混同均衡时，当转卖商认为市场为低类型时，低类型制造商可以比高类型制造商偏离到更低的非均衡路径上的策略，即总是存在集合 $\Phi' = \Phi_L - \Phi_L \bigcap \Phi_H$，以至于对于高类型制造商而言，即使转卖商认为市场类型为低类型，其也不愿意偏离到非均衡路径上的策略 $(w,p_M)\in\Phi'$；但是对于低类型制造商而言，其有动机偏离到策略 $(w,p_M)\in\Phi'$，只要转卖商认为该偏离决策不是来自于高类型制造商。因此，基于直观准则的定义，可以得出结论：混同均衡不能通过直观准则的检验。证毕。

第3章 制造商信息获取和电商平台信息分享策略研究

3.1 引 言

随着网络信息技术和大数据技术的快速发展，对于供应链厂商而言，提升决策效率的关键因素就是获取和掌握市场的需求信息（其中包括市场需求预测和市场趋势等）。然而，在网络零售供应链中，上游制造商由于没有直接服务消费者，很难直接拥有并掌握市场需求信息。换句话说，电商环境下大量的销售数据通常是由电商平台所拥有（Tsay and Agrawal，2004），并且，应用先进的大数据技术，电商平台可以很容易地通过这些销售数据获得有关市场需求的信息（Zhang et al.，2019）。

在这种情况下，上游制造商可以通过雇用第三方咨询公司或建立完善的信息收集科技等方式来获取市场信息（主动信息获取策略）。举例来说，中国家电龙头企业海尔曾雇用咨询公司中怡康收集消费者偏好信息；世界领先的硬盘制造公司希捷科技，在开发新硬盘之前，曾雇用埃信华迈（IHS Markit）获取诸如市场预期和竞争环境等市场信息。此外，像英特尔、海尔、Sport Obermeyer 和 Timberland 这样的电子、时尚与消费品行业的制造商，在复杂的信息收集和需求预测系统上进行了大量的投资，以获得准确的需求预测。

上游制造商还可以依赖下游电商平台（零售商）主动分享市场信息（经国国等，2020）。然而，大量的研究表明，下游零售商通常不愿与上游制造商分享需求信息，因为它们担心失去信息优势和潜在的信息泄露风险。Anand 和 Goyal（2009）提供了下游零售商不愿分享私有信息的证据；Adewole（2005）提出下游零售商由于担心上游制造商会泄露已分享的市场信息给市场竞争者，因此选择拒绝分享市场信息。在英国服装业，大量的零售商都不会主动分享私有的市场信息给上游制造商。在这种情况下，制造商通过提供信息补贴来弥补下游零售商由于分享信息造成的损失是一个可行的方案。Li 和 Zhang（2008）研究表明，提供补贴在某些条件下的确可以激励下游零售商主动分享私有信息。现实中，海尔便是应用了该策略来鼓励下游零售商在其电子商店系统中分享销售数据，并通过该系统获得返利（提供补贴策略）。

基于上述背景，本章同时考虑了上游制造商的两种策略：主动信息获取策略和提供信息补贴策略。此外，本章同样考虑了下游电商平台之间的竞争。本章旨在回答以下核心问题：①制造商的直接信息获取策略如何影响电商平台的信息分享策略。②制造商应该如何综合利用上述两种策略来有效激励下游电商平台分享信息并且最优化自己的收益。

3.2 平台供应链结构

本章考虑了由一个制造商和两个相互竞争的电商平台组成的供应链。竞争性电商平台同时销售制造商的同种商品，并在终端市场进行竞争。市场的反需求函数表示为

$$p_i = a + \theta - q_i - \gamma q_{3-i}, \quad i = 1, 2 \tag{3.1}$$

其中，$a + \theta$ 为市场的潜在需求；$0 < \gamma < 1$ 为电商平台之间的竞争系数；q_i 为电商平台 i 的订货数量；p_i 为其相应的市场价格。这种反需求函数被广泛应用于供应链管理领域的相关研究中（Li，2002；Zhang，2002；Ha et al.，2011；Jain and Sohoni，2015）。

对于潜在的市场需求，a 是一个常数，并且被所有厂商已知；θ 是一个均值为 0 方差为 σ^2 的不确定参数。由于电商平台相对于制造商拥有信息优势，本章假定，每个电商平台都可以无成本地拥有一个私有的市场信号 Y_i（电商平台 1 拥有信号 Y_1，电商平台 2 拥有信号 Y_2）。对于制造商而言，如果主动付出一定的信息获取成本 c，其将会获得私有信号 Y_0。以上假设符合现实中制造商和电商平台之间的信息不对称现象：由于处在信息劣势，制造商主动获取信息将要付出更显著的成本（雇用第三方咨询公司或者建立自己的信息收集系统）。例如，海尔不但通过第三方咨询公司中怡康收集市场需求信息，海尔也鼓励下游零售商在其电子商店系统中分享销售数据，并通过该系统获得返利；英特尔则通过其自有的 CRM（customer relationship management，客户关系管理）系统鼓励下游零售商分享销售信息。同 Li（2002）、Zhang（2002）与 Li 和 Zhang（2008）一样，本章对厂商拥有的市场需求信号做出以下假设。

假设 1，每个信号都是关于参数 θ 的无偏估计，也就是说 $E[Y_i|\theta] = \theta$。(θ, Y_0, Y_1, Y_2) 的联合概率分布是常识（common knowledge）。

假设 2，$E[\theta|Y_0, \cdots, Y_2] = \alpha + \sum_{i=0}^{2} \alpha_i Y_i$，其中 α_i 是常数，并且对于任意给定的参数 θ，Y_i 之间是相互独立的。

假设 3，Y_i 之间独立同分布。

具体来说，假设 2 表示 θ 的条件期望是关于厂商可用信号呈线性的。对于厂商而言，如果三个信号都是可用的，那么该厂商通过信号来预测参数 θ 的期望就

是关于这三个信号呈线性的。需要说明的是，假设 2 通常适用于各种重要的共轭分布，如 Normal-Normal（正态–正态）分布、Gamma-Poisson（伽马–泊松）分布和 Beta- Binomial（贝塔–二项）分布。假设 3 表明通过信号预测参数 θ 时，不同的信号具有相同的预测效率。图 3.1 展示了本章的博弈顺序。第一阶段，制造商决定是否主动获取信息。第二阶段，制造商决定是否提供补贴给电商平台（在 3.4 节，本章会考虑其他两种类型的补贴策略）。第三阶段，两个电商平台决定是否接受制造商提供的补贴。如果接受制造商提供的补贴，电商平台需要如实地分享私有的市场信息。第四阶段，制造商决定批发价格。根据电商平台的信息分享情况，制造商更新其对市场需求的预期，并且制定相应的批发价格 w。第五阶段，两个电商平台同时决定订货数量。最后市场需求实现，厂商获得各自相应的收益。

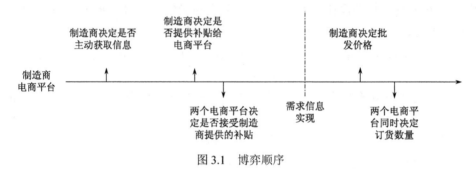

图 3.1　博弈顺序

本章假设所有的厂商都是风险中立的，并且目标为最大化各自的收益。为了使研究简化，假定厂商的生产和运作成本为 0。应用逆向归纳法可以推导相应的均衡产出。表 3.1 归纳了本章所采用的模型符号。

表 3.1　模型符号解释

符号	解释
a	市场需求中常数部分
θ	市场需求中随机部分
σ^2	随机变量 θ 的方差
p_i	电商平台 i 的市场价格
q_i	电商平台 i 的订货数量
γ	市场竞争系数
c	制造商信息获取成本
Y_i	市场预测信号
w	批发价格
s	市场需求信号不精确程度

续表

符号	解释
$\Pi_M(k)$	当有 k 个电商平台分享信息时制造商的收益
$\Pi_R^S(k)$	电商平台信息分享下的收益（市场中信息分享的 k 个电商平台）
$\Pi_R^N(k)$	电商平台信息不分享下的收益（市场中信息分享的电商平台 k）

3.3　制造商信息获取和信息补贴策略分析

本节将会分析制造商最优的信息获取、信息补贴策略以及电商平台最优的信息分享策略。应用逆向归纳法，首先，给定制造商的信息获取策略；其次，分析两个竞争性电商平台相应的信息分享策略；最后，返回第一阶段，通过比较制造商在不同信息获取策略下的收益确定制造商最优的信息获取策略。

3.3.1　制造商不采用信息获取策略

当不主动获取信息时，制造商只能依靠提供补贴的方式激励电商平台分享私有信息（Huang et al.，2018）。根据两个竞争性电商平台可能的信息分享策略，有三种不同的信息分享情景：①两个电商平台都接受补贴；②两个电商平台都不接受补贴；③只有一个电商平台接受补贴。表 3.2 给出了电商平台在不同信息分享情景下的收益矩阵。

表 3.2　电商平台收益矩阵

项目	信息分享	信息不分享
信息分享	$[\Pi_R^S(2)]^{NA}$，$[\Pi_R^S(2)]^{NA}$	$[\Pi_R^S(1)]^{NA}$，$[\Pi_R^N(1)]^{NA}$
信息不分享	$[\Pi_R^N(1)]^{NA}$，$[\Pi_R^S(1)]^{NA}$	$[\Pi_R^N(0)]^{NA}$，$[\Pi_R^N(0)]^{NA}$

本章采用 Li（2002）和 Zhang（2002）的符号表示方法：$\Pi_R^N(k)$，$k=0,1$ 表示电商平台在不分享市场需求信息并且市场中有其他 k 个电商平台分享市场需求信息时的收益。$\Pi_R^S(k)$，$k=1,2$ 表示电商平台在分享市场需求信息并且市场中总共有 k 个电商平台分享信息时的收益。$\Pi_M(k)$，$k=0,1,2$ 表示制造商在市场有 k 个电商平台分享信息情况下的收益。上角标 A 和 NA 分别指代制造商采用信息获取策略与不采用信息获取策略时的情况。

需要注意的是，制造商在决定市场批发价格时，应取决于其所拥有的市场信息（电商平台分享的需求信号和自己主动获取的需求信号）。具体来说，制造商所制定的最优批发价格是一个包含其所拥有信号的函数方程。进而，当观察到制造商所制定的批发价格后，一个理性的电商平台会反向推测包含在批发价格中的市场需求信号。因此，一旦制造商确定了市场批发价格，拥有信号 Y_i 的电商平台 i 就可以推断包含在批发价格中的其他市场需求信号 Y_j，$j \neq i$。这种现象被定义为"信息泄露"（information leakage）。这种由批发价格导致的信息泄露现象已经被大量的文献所研究（Li，2002；Zhang，2002；Jain et al.，2011）。

　　两个电商平台都接受补贴：在这种情况下，两个电商平台同时分享私有的市场需求信息。制造商所制定的批发价格就是关于市场信号 Y_1 和 Y_2 的函数方程。由前面的讨论可以知道，制造商的批发价格会反映其拥有的市场需求信息。因此，在这种情况下，两个电商平台知晓全部的市场需求信号 Y_1 和 Y_2。

　　对于电商平台 1 而言，期望收益为

$$E[\Pi_{R1} \mid Y_1, Y_2] = \left(a + E[\theta \mid Y_1, Y_2] - q_1 - \gamma E[q_2 \mid Y_1, Y_2] - w \right) q_1 \tag{3.2}$$

电商平台 1 最优的订货数量需满足一阶条件：

$$2q_1^* = a + \frac{Y_1 + Y_2}{2 + s} - \gamma E[q_2 \mid Y_1, Y_2] - w \tag{3.3}$$

　　对于电商平台 2 而言，期望收益为

$$E[\Pi_{R2} \mid Y_1, Y_2] = \left(a + E[\theta \mid Y_1, Y_2] - q_2 - \gamma E[q_1 \mid Y_1, Y_2] - w \right) q_2 \tag{3.4}$$

电商平台 2 最优的订货数量需满足一阶条件：

$$2q_2^* = a + \frac{Y_1 + Y_2}{2 + s} - \gamma E[q_1 \mid Y_1, Y_2] - w \tag{3.5}$$

　　通过联立式（3.3）和式（3.5）可以得到电商平台最优的订货数量：

$$q_i^* = \frac{1}{2 + \gamma} \left[a - w + \frac{1}{2 + s} (Y_1 + Y_2) \right], \quad i = 1, 2 \tag{3.6}$$

由此可以得到制造商的期望收益为

$$E[\Pi_M \mid Y_1, Y_2] = w \cdot \frac{2}{2 + \gamma} \left[a - w + \frac{1}{2 + s} (Y_1 + Y_2) \right] \tag{3.7}$$

显然，当两个电商平台同时接受补贴时，制造商最优的批发价格为

$$w^* = \frac{a}{2} + \frac{1}{2(2 + s)} (Y_1 + Y_2) \tag{3.8}$$

将最优的批发价格代入制造商和电商平台的条件期望收益中，可以得到：

$$E[\Pi_M \mid Y_1, Y_2] = \frac{2}{2 + \gamma} \left[\frac{a}{2} + \frac{1}{2(2 + s)} (Y_1 + Y_2) \right]^2 \tag{3.9}$$

$$E[\Pi_{Ri}|Y_1, Y_2]\frac{1}{(2+\gamma)^2}\left[\frac{a}{2}+\frac{1}{2(2+s)}(Y_1+Y_2)\right]^2, \quad i=1,2 \qquad (3.10)$$

两个电商平台都不接受补贴：由于不存在批发价格的信息泄露现象，电商平台在选择订货数量时仅根据其私有的市场信号 Y_i。在这种情况下，电商平台 1 的条件期望收益为

$$E[\Pi_{R1}|Y_1]=\left(a+E[\theta|Y_1]-q_1-\gamma E[q_2|Y_1]-w\right)q_1 \qquad (3.11)$$

电商平台 1 最优的订货数量应满足一阶条件：

$$2q_1^*=a+\frac{Y_1}{1+s}-\gamma E[q_2|Y_1]-w \qquad (3.12)$$

电商平台 2 的条件期望收益为

$$E[\Pi_{R2}|Y_2]=\left(a+E[\theta|Y_2]-q_2-\gamma E[q_1|Y_2]-w\right)q_2 \qquad (3.13)$$

电商平台 2 最优的订货数量应满足一阶条件：

$$2q_2^*=a+\frac{Y_2}{1+s}-\gamma E[q_1|Y_2]-w \qquad (3.14)$$

通过联立式（3.12）和式（3.14），可以得到电商平台最优的订货数量：

$$q_i^*=\frac{1}{2+\gamma}\left[a-w+\frac{2+\gamma}{2+\gamma+2s}Y_i\right], \quad i=1,2 \qquad (3.15)$$

将最优的订货数量代入制造商的期望收益中可得

$$E[\Pi_M]=\frac{2}{2+\gamma}w(a-w) \qquad (3.16)$$

显然，当没有电商平台接受补贴时，制造商最优的批发价格为：$w^*=\dfrac{a}{2}$。厂商相应的条件期望收益为

$$E[\Pi_M]=\frac{2}{2+\gamma}\left(\frac{a^2}{4}\right) \qquad (3.17)$$

$$E[\Pi_{Ri}|Y_i]\frac{1}{(2+\gamma)^2}\left[\frac{a}{2}+\frac{2+\gamma}{2+\gamma+2s}Y_i\right]^2, \quad i=1,2 \qquad (3.18)$$

只有一个电商平台接受补贴：在这种情况下，只有一个电商平台接受补贴并且分享私有的市场需求信号给制造商。由于两个电商平台是同质的，因此以电商平台 1 作为基准。假设电商平台 1 分享市场需求信号，而电商平台 2 不分享市场需求信号。由于信息泄露现象，制造商的批发价格就会体现出电商平台 1 分享的市场需求信号 Y_1。因此，在决定订货数量时，电商平台 1 将根据其私有市场需求

信号 Y_1 做出相应的决策；电商平台 2 将根据其私有的市场需求信号 Y_2 和通过制造商批发价格中推断的信号 Y_1 做出相应的决策。

对于电商平台 1，其条件期望收益为

$$E[\Pi_{R1}|Y_1] = (a + E[\theta|Y_1] - w - q_1 - \gamma E[q_2|Y_1])q_1 \tag{3.19}$$

电商平台 1 最优的订货数量应满足一阶条件：

$$2q_1^* = a + \frac{Y_1}{1+s} - \gamma E[q_2|Y_1] - w \tag{3.20}$$

对于电商平台 2，其条件期望收益为

$$E[\Pi_{R2}|Y_1,Y_2] = (a + E[\theta|Y_1,Y_2] - q_2 - \gamma E[q_1|Y_1,Y_2] - w)q_2 \tag{3.21}$$

电商平台 2 最优的订货数量需满足一阶条件：

$$2q_2^* = a + \frac{Y_1+Y_2}{2+s} - \gamma E[q_1|Y_1,Y_2] - w \tag{3.22}$$

通过联立式（3.20）和式（3.22），可以得到电商平台最优的订货数量：

$$q_1^* = \frac{1}{2+\gamma}\left[a - w + \frac{1}{1+s}Y_1\right] \tag{3.23}$$

$$q_2^* = \frac{1}{2+\gamma}\left[a - w + \frac{2-\gamma+2s}{2(1+s)(2+s)}Y_1 + \frac{2+\gamma}{2(2+s)}Y_2\right] \tag{3.24}$$

由此可以得到制造商的期望收益为

$$E[\Pi_M|Y_1]\frac{2}{2+\gamma}w\left[a - w + \frac{1}{1+s}Y_1\right] \tag{3.25}$$

显然，当只有一个电商平台接受补贴时，制造商最优的批发价格为 $w^* = \dfrac{a}{2} + \dfrac{1}{2(1+s)}Y_1$。厂商相应的条件期望收益为

$$E[\Pi_M|Y_1]\frac{2}{2+\gamma}\left[\frac{a}{2} + \frac{1}{2(1+s)}Y_1\right]^2 \tag{3.26}$$

$$E[\Pi_{R1}|Y_1]\frac{1}{(2+\gamma)^2}\left[\frac{a}{2} + \frac{1}{2(1+s)}Y_1\right]^2 \tag{3.27}$$

$$E[\Pi_{R2}|Y_1,Y_2]\frac{1}{(2+\gamma)^2}\left[\frac{a}{2} + \frac{s-\gamma}{2(1+s)(2+s)}Y_1 + \frac{2+\gamma}{2(2+s)}Y_2\right]^2 \tag{3.28}$$

至此，分析得到了厂商在不同信息分享情况下的收益。接下来，本章将分析电商平台最优的信息分享（接受补贴）策略。表 3.3 总结了厂商在不同信息分享

情景下的期望收益情况。

表 3.3　制造商不获取信息下厂商的期望收益

制造商期望收益	电商平台期望收益
$[\Pi_M(0)]^{NA} = \dfrac{2}{2+\gamma}\left[\dfrac{1}{4}a^2 + u_0\sigma^2\right]$	$[\Pi_R^N(0)]^{NA} = \dfrac{1}{(2+\gamma)^2}\left[\dfrac{1}{4}a^2 + v_0\sigma^2\right]$
$[\Pi_M(1)]^{NA} = \dfrac{2}{2+\gamma}\left[\dfrac{1}{4}a^2 + u_1\sigma^2\right]$	$[\Pi_R^S(1)]^{NA} = \dfrac{1}{(2+\gamma)^2}\left[\dfrac{1}{4}a^2 + v_{1S}\sigma^2\right]$
$[\Pi_M(2)]^{NA} = \dfrac{2}{2+\gamma}\left[\dfrac{1}{4}a^2 + u_2\sigma^2\right]$	$[\Pi_R^N(1)]^{NA} = \dfrac{1}{(2+\gamma)^2}\left[\dfrac{1}{4}a^2 + v_{1N}\sigma^2\right]$
	$[\Pi_R^S(2)]^{NA} = \dfrac{1}{(2+\gamma)^2}\left[\dfrac{1}{4}a^2 + v_2\sigma^2\right]$

其中，$u_0 = 0$，$u_1 = \dfrac{1}{4(1+s)}$，$u_2 = \dfrac{1}{2(2+s)}$，$v_0 = \dfrac{(2+\gamma)^2(1+s)}{(2+\gamma+2s)^2}$，$v_{1S} = \dfrac{1}{4(1+s)}$，

$v_{1N} = \dfrac{2+(2+\gamma)^2 s+s}{4(1+s)(2+s)}$，$v_2 = \dfrac{1}{2(2+s)}$。$s \equiv E\big[\mathrm{Var}[Y_i \mid \theta]\big] / \mathrm{Var}[\theta]$ 代表市场需求信

号的不准确程度，s 的数值越大表示市场需求信号越不准确。

通过表 3.3，可以很容易地知道 $\big[\Pi_R^S(1)\big]^{NA} < \big[\Pi_R^N(0)\big]^{NA}$，$\big[\Pi_R^S(2)\big]^{NA} <$ $\big[\Pi_R^N(1)\big]^{NA}$。这两个不等式表明，电商平台没有动机分享市场需求信息。这是因为，由于信息泄露现象的存在，不分享信息的电商平台可以通过制造商制定的批发价格推断其他电商平台已经分享的市场需求信号。因此，分享信息会增加其他电商平台的信号拥有程度，进而损害自己的信息优势。此外，$\big[\Pi_M(2)\big]^{NA} >$ $\big[\Pi_M(1)\big]^{NA} > \big[\Pi_M(0)\big]^{NA}$，这意味着电商平台的信息分享可以增加制造商的收益，并且制造商的收益随着分享市场需求信号的电商平台数量的增加而增加。这是因为，拥有市场需求信息可以提高制造商的决策效率，从而增加其收益。

正如前文所言，由于电商平台没有动机主动分享市场需求信息，但是制造商受益于电商平台的信息分享策略，因此对于制造商而言，通过提供补贴的方式激励电商平台分享信息是可行的。直观地，只有当供应链在信息分享下的收益大于在信息不分享下的收益时，提供补贴策略才会变得可行；否则，制造商没有动机提供补贴激励电商平台分享市场需求信号，这是因为制造商通过信息分享增加的收益无法抵消提供给电商平台的补贴。因此，为了使得补贴策略可行，需要满足以下条件：

$$\big[\Pi_M(2)\big]^{NA} + 2\big[\Pi_R^S(2)\big]^{NA} > \big[\Pi_M(0)\big]^{NA} + 2\big[\Pi_R^N(0)\big]^{NA} \tag{3.29}$$

用符号 δ 表示制造商提供给电商平台的补贴。值得注意的是，由于两个竞争性电商平台同时决定是否接受制造商提供的补贴并且电商平台是事前完全同质的，以电商平台 1 作为研究对象。如果电商平台 2 选择接受制造商提供的补贴（信息分享），则电商平台 1 选择接受制造商提供的补贴时的收益为 $\delta + \left[\Pi_S^R(2) \right]^{NA}$；否则，电商平台 1 拒绝制造商提供的补贴时的收益为 $\left[\Pi_R^N(1) \right]^{NA}$。由此可以知道电商平台 1 选择接受补贴当且仅当：

$$\delta > \left[\Pi_R^N(1) \right]^{NA} - \left[\Pi_R^S(2) \right]^{NA} \tag{3.30}$$

下面分析制造商提供补贴策略的动机。如果两个电商平台同时接受补贴并且进行信息分享，那么制造商相应的收益为 $\left[\Pi_M(2) \right]^{NA} - 2\delta$；相反地，如果电商平台拒绝接受补贴，则制造商相应的收益为 $\left[\Pi_M(0) \right]^{NA}$。因此对于制造商而言，当以下条件成立时，其会选择提供补贴并且激励电商平台信息分享：

$$\left[\Pi_M(2) \right]^{NA} - 2\delta > \left[\Pi_M(0) \right]^{NA} \tag{3.31}$$

由条件（3.30）和条件（3.31）可得，为了使得 δ 存在，需要以下条件成立：

$$\left[\Pi_M(2) \right]^{NA} - \left[\Pi_M(0) \right]^{NA} > 2\left(\left[\Pi_R^N(1) \right]^{NA} - \left[\Pi_R^S(2) \right]^{NA} \right) \tag{3.32}$$

当条件（3.32）成立时，对于制造商而言，其愿意同时给两个电商平台提供补贴 δ，并且激励电商平台进行信息分享（为了表述清晰，将两个电商平台都分享信息的均衡定义为完全信息分享均衡）。然而，从供应链的角度来看，当且仅当条件（3.29）和条件（3.32）同时成立时，电商平台完全信息分享策略帕累托（Pareto）占优信息不分享策略。这也意味着，完全信息分享均衡只有当信息共享增加了供应链的整体利润，并且制造商有足够的收益去弥补电商平台因信息共享造成的损失时才会成立。基于以上分析，可以直接得到，当不主动获取市场需求信息时，制造商最优的补贴策略。

引理 3.1　当制造商不主动获取市场需求信息时，最优的信息补贴值以及制造商收益分别为

$$\left[\delta \right]^{NA} = \frac{\left(3 + 4\gamma + \gamma^2 \right) s\sigma^2}{4(1+s)(2+s)(2+\gamma)^2}$$

$$\left[\Pi_M \right]^{NA} = \frac{a^2}{2(2+\gamma)} + \frac{\left[4 + s + 2\gamma - 2s\gamma - s\gamma^2 \right]\sigma^2}{2(1+s)(2+s)(2+\gamma)^2}$$

引理 3.1 表明，制造商可以通过向电商平台提供补贴的方式激励完全信息分享，从而获得更高的收益。在这种情况下，制造商向每个电商平台提供的最优补

贴值恰好可以使得电商平台对于接受补贴和拒绝补贴的偏好是无差别的。接下来研究制造商主动获取需求信息时的最佳补贴策略。

3.3.2　制造商采用信息获取策略

当制造商主动获取市场需求信息时，制造商需要付出一定的获取成本 c 来获取一个市场需求信号 Y_0。此时，制造商在设定批发价格时，将会参考主动获取的市场需求信号 Y_0 和电商平台分享的信号。由于批发价格的信息泄露现象，电商平台可以通过批发价格来推断制造商主动获取的市场需求信号 Y_0。

根据两个电商平台可能的信息分享策略，仍然有三种不同的信息分享情景：①两个电商平台都接受补贴；②两个电商平台都不接受补贴；③只有一个电商平台接受补贴。

两个电商平台都接受补贴：如果两个电商平台都分享其私有的市场需求信号，那么制造商的批发价格就是关于全部市场需求信号（Y_0、Y_1 和 Y_2）的函数方程。通过信息泄露现象，电商平台可以通过批发价格来推断全部的市场需求信号。

对于电商平台 1 而言，其条件期望收益为

$$E[\Pi_{R1}|Y_0,Y_1,Y_2] = \left(a + E[\theta|Y_0,Y_1,Y_2] - q_1 - \gamma E[q_2|Y_0,Y_1,Y_2] - w\right)q_1 \tag{3.33}$$

电商平台 1 最优的订货数量需满足一阶条件：

$$2q_1^* = a + \frac{Y_0+Y_1+Y_2}{3+s} - \gamma E[q_2|Y_0,Y_1,Y_2] - w \tag{3.34}$$

对于电商平台 2 而言，其条件期望收益为

$$E[\Pi_{R2}|Y_0,Y_1,Y_2] = \left(a + E[\theta|Y_0,Y_1,Y_2] - q_2 - \gamma E[q_1|Y_0,Y_1,Y_2] - w\right)q_2 \tag{3.35}$$

电商平台 2 最优的订货数量需满足一阶条件：

$$2q_2^* = a + \frac{Y_0+Y_1+Y_2}{3+s} - \gamma E[q_1|Y_0,Y_1,Y_2] - w \tag{3.36}$$

通过联立式（3.34）和式（3.36），可以得到电商平台最优的订货数量：

$$q_i^* = \frac{1}{2+\gamma}\left[a - w + \frac{1}{3+s}(Y_0+Y_1+Y_2)\right], \ i=1,2 \tag{3.37}$$

由此可以得到制造商的条件期望收益为

$$E[\Pi_M|Y_0,Y_1,Y_2] = w\frac{2}{2+\gamma}\left[a - w + \frac{1}{3+s}(Y_0+Y_1+Y_2)\right] - c \tag{3.38}$$

当两个电商平台都接受补贴时，制造商最优的批发价格为

$$w^* = \frac{a}{2} + \frac{1}{2(3+s)}(Y_0+Y_1+Y_2) \tag{3.39}$$

将最优的批发价格代入制造商和电商平台的条件期望收益中，可以得到：

$$E[\Pi_M \mid Y_0, Y_1, Y_2] = \frac{[a(3+s) + Y_0 + Y_1 + Y_2]^2}{2(2+\gamma)(3+s)^2} - c \qquad (3.40)$$

$$E[\Pi_{Ri} \mid Y_0, Y_1, Y_2] = \frac{[a(3+s) + Y_0 + Y_1 + Y_2]^2}{4(2+\gamma)^2(3+s)^2} \qquad (3.41)$$

两个电商平台都不接受补贴：如果两个电商平台都不分享市场需求信号，电商平台通过批发价格仅能推断出制造商主动获取的市场需求信号 Y_0。也就是说，电商平台 i 在选择订货数量时将根据市场需求信号 Y_0 和 Y_i。

对于电商平台 1 而言，其条件期望收益为

$$E[\Pi_{R1} \mid Y_0, Y_1] = (a + E[\theta \mid Y_0, Y_1] - w - q_1 - \gamma E[q_2 \mid Y_0, Y_1]) q_1 \qquad (3.42)$$

电商平台 1 最优的订货数量需满足一阶条件：

$$2q_1^* = a + \frac{1}{2+s}(Y_0 + Y_1) - w - \gamma E[q_2 \mid Y_0, Y_1] \qquad (3.43)$$

对于电商平台 2 而言，其条件期望收益为

$$E[\Pi_{R2} \mid Y_0, Y_2] = (a + E[\theta \mid Y_0, Y_2] - q_2 - \gamma E[q_1 \mid Y_0, Y_2] - w) q_2 \qquad (3.44)$$

电商平台 2 最优的订货数量需满足一阶条件：

$$2q_2^* = a + \frac{1}{2+s}(Y_0 + Y_2) - w - \gamma E[q_1 \mid Y_0, Y_2] \qquad (3.45)$$

通过联立式（3.43）和式（3.45），可以得到电商平台最优的订货数量：

$$q_i^* = \frac{1}{2+\gamma}\left[a - w + \frac{2}{4+2s+\gamma}Y_0 + \frac{2+\gamma}{4+2s+\gamma}Y_i\right], \quad i = 1, 2 \qquad (3.46)$$

由此可以得到制造商的期望收益为

$$E[\Pi_M \mid Y_0] = \frac{2}{2+\gamma} \cdot w \cdot \left(a - w + \frac{1}{1+s}Y_0\right) - c \qquad (3.47)$$

当两个电商平台都不接受补贴时，制造商最优的批发价格为 $w^* = \dfrac{a}{2} + \dfrac{1}{2(1+s)}Y_0$。

将最优的批发价格代入到制造商和电商平台的条件期望收益中，可以得到：

$$E[\Pi_M \mid Y_0] = \frac{[a(1+s) + Y_0]^2}{2(1+s)^2(2+\gamma)} - c \qquad (3.48)$$

$$E[\Pi_{Ri} \mid Y_0, Y_i] = \frac{1}{(2+\gamma)^2}\left[\frac{a(1+s) - Y_0}{2(1+s)} + \frac{2}{4+2s+\gamma}Y_0 + \frac{2+\gamma}{4+2s+\gamma}Y_i\right]^2 \qquad (3.49)$$

只有一个电商平台接受补贴：为了表述简单，仍然假设电商平台 1 分享市场需求信号，而电商平台 2 保留市场需求信号。批发价格为包含市场需求信号 Y_0 和

Y_1 的函数方程。由于信息泄露现象，电商平台 1 将根据市场需求信号 Y_0 和 Y_1 决定订货数量；然而，电商平台 2 将根据全部的市场需求信号 Y_0、Y_1 和 Y_2 决定订货数量。

对于电商平台 1 而言，其条件期望收益为

$$E[\Pi_{R1}\,|\,Y_0,Y_1] = \big(a + E[\theta\,|\,Y_0,Y_1] - w - q_1 - \gamma E[q_2\,|\,Y_0,Y_1]\big)q_1 \tag{3.50}$$

电商平台 1 最优的订货数量需满足一阶条件：

$$2q_1^* = a + \frac{1}{2+s}(Y_0 + Y_1) - w - \gamma E[q_2\,|\,Y_0,Y_1] \tag{3.51}$$

对于电商平台 2 而言，其条件期望收益为

$$E[\Pi_{R2}\,|\,Y_0,Y_1,Y_2] = \big(a + E[\theta\,|\,Y_0,Y_1,Y_2] - q_2 - \gamma E[q_1\,|\,Y_0,Y_1,Y_2] - w\big)q_2 \tag{3.52}$$

电商平台 2 最优的订货数量需满足一阶条件：

$$2q_2^* = a + \frac{1}{3+s}(Y_0 + Y_1 + Y_2) - w - \gamma E[q_1\,|\,Y_0,Y_1,Y_2] \tag{3.53}$$

通过联立式（3.51）和式（3.53），可以得到电商平台最优的订货数量：

$$q_1^* = \frac{1}{2+\gamma}\left[a - w + \frac{1}{2+s}(Y_0 + Y_1)\right] \tag{3.54}$$

$$q_2^* = \frac{1}{2+\gamma}\left[a - w + \frac{4+2s-\gamma}{2(2+s)(3+s)}(Y_0 + Y_1) + \frac{2+\gamma}{2(3+s)}Y_2\right] \tag{3.55}$$

当只有一个电商平台分享市场需求信号时，制造商的条件期望收益为

$$E[\Pi_M\,|\,Y_0,Y_1] = \frac{2}{2+\gamma}\cdot w\cdot\left(a - w + \frac{Y_0+Y_1}{2+s}\right) - c \tag{3.56}$$

通过一阶条件可以知道，制造商最优的批发价格为 $w^* = \dfrac{a(2+s)+Y_0+Y_1}{2(2+s)}$。

将最优的批发价格代入制造商和电商平台的条件期望收益中，可以得到：

$$E[\Pi_M\,|\,Y_0,Y_1] = \frac{[a(2+s)+Y_0+Y_1]^2}{2(2+s)^2(2+\gamma)} - c \tag{3.57}$$

$$E[\Pi_{R1}\,|\,Y_0,Y_1] = \frac{1}{(2+\gamma)^2}\left[\frac{a}{2} + \frac{1}{2(2+s)}(Y_0+Y_1)\right]^2 \tag{3.58}$$

$$E[\Pi_{R2}\,|\,Y_0,Y_1,Y_2] = \frac{1}{(2+\gamma)^2}\left[\frac{a}{2} + \frac{1+s-\gamma}{2(2+s)(3+s)}(Y_0+Y_1) + \frac{4+2\gamma+s(2+\gamma)}{2(2+s)(3+s)}Y_2\right]^2$$
$$\tag{3.59}$$

通过对制造商和电商平台的条件期望收益进行积分运算可以得到厂商在不同信息分享情况下的期望收益，见表 3.4。

表 3.4　制造商获取信息下厂商的期望收益

制造商期望收益	电商平台期望收益
$[\Pi_M(0)]^A = \dfrac{2}{2+\gamma}\left[\dfrac{1}{4}a^2 + u_0'\sigma^2\right] - c$	$[\Pi_R^N(0)]^A = \dfrac{1}{(2+\gamma)^2}\left[\dfrac{1}{4}a^2 + v_0'\sigma^2\right]$
$[\Pi_M(1)]^A = \dfrac{2}{2+\gamma}\left[\dfrac{1}{4}a^2 + u_1'\sigma^2\right] - c$	$[\Pi_R^S(1)]^A = \dfrac{1}{(2+\gamma)^2}\left[\dfrac{1}{4}a^2 + v_{1S}'\sigma^2\right]$
$[\Pi_M(2)]^A = \dfrac{2}{2+\gamma}\left[\dfrac{1}{4}a^2 + u_2'\sigma^2\right] - c$	$[\Pi_R^N(1)]^A = \dfrac{1}{(2+\gamma)^2}\left[\dfrac{1}{4}a^2 + v_{1N}'\sigma^2\right]$
	$[\Pi_R^S(2)]^A = \dfrac{1}{(2+\gamma)^2}\left[\dfrac{1}{4}a^2 + v_2'\sigma^2\right]$

通过表 3.4，可以知道：$[\Pi_M(2)]^A > [\Pi_M(1)]^A > [\Pi_M(0)]^A$，$[\Pi_R^N(0)]^A >$ $[\Pi_R^S(1)]^A$，$[\Pi_R^N(1)]^A > [\Pi_R^S(2)]^A$ 并且 $[\Pi_R^S(2)]^A < [\Pi_R^N(0)]^A$。因此，当采用信息获取策略时，制造商仍有动机激励下游电商平台分享私有的市场需求信号。然而，对于竞争性电商平台而言，由于信息泄露现象的产生，分享私有市场需求信息并不能给电商平台带来额外的收益。由此可见，制造商主动信息获取策略并不能激励电商平台主动分享私有的市场需求信息。下面分析制造商如何通过提供补贴的方式激励电商平台分享其私有市场需求信息。

引理 3.2　当制造商主动获取市场需求信息时，最优的信息补贴值以及制造商的收益分别为

$$[\delta]^A = \frac{s(3+4\gamma+\gamma^2)\sigma^2}{4(2+s)(3+s)(2+\gamma)^2}$$

$$[\Pi_M]^A = \frac{a^2}{2(2+\gamma)} + \frac{6(2+\gamma) - s(-3+\gamma+\gamma^2)}{2(2+s)(3+s)(2+\gamma)^2}\sigma^2 - c$$

引理 3.2 表明，在制造商主动获取市场需求信息的前提下，其同样可以通过给电商平台提供补贴的方式激励完全信息分享，从而获得更高的收益。至此，本章分析了制造商在不同信息获取策略下最优的补贴策略，为了更好地对比补贴策略的变化，本章比较了制造商在不同信息获取策略下的补贴值（$[\delta]^{NA}$ 和 $[\delta]^A$）。其中，$u_0' = \dfrac{1}{4(1+s)}$，$u_1' = \dfrac{1}{2(2+s)}$，$u_2' = \dfrac{3}{4(3+s)}$，$v_{1S}' = \dfrac{1}{2(2+s)}$，$v_{1N}' =$ $\dfrac{6+s(6+4\gamma+\gamma^2)}{4(2+s)(3+s)}$，$v_0' = \dfrac{(4+\gamma)^2 + 4s^2(5+4\gamma+\gamma^2)+4s(12+9\gamma+2\gamma^2)}{4(1+s)(4+2s+\gamma)^2}$，$v_2' = \dfrac{3}{4(3+s)}$。

引理 3.3　制造商在获取信息策略下的补贴值小于其在不获取信息策略下的

补贴值，即 $[\delta]^A < [\delta]^{NA}$。

引理 3.3 揭示了制造商信息获取策略对提供补贴策略的影响。具体来说，首先，主动的信息获取可以让制造商收获额外的市场需求信号，从而提高制造商制定批发价格时的决策效率。其次，信息获取策略可以帮助制造商弥补其与电商平台之间的信息劣势，从而帮助制造商通过更低的补贴值激励电商平台分享私有的市场需求信息。

接下来，返回到博弈第一阶段，通过比较制造商在不同信息获取策略下的收益分析制造商最优的信息获取策略。

命题 3.1　存在信息获取成本临界值 $\hat{c}$，当 $0 < c \leqslant \hat{c}$ 时，制造商主动获取市场需求信息，同时提供补贴 $[\delta]^A$ 给两个电商平台；否则，制造商不会主动获取市场需求信息，同时提供补贴 $[\delta]^{NA}$ 给两个电商平台。

命题 3.1 表明，制造商最优的信息获取策略呈现出分段的结构，信息获取策略可以帮助制造商增加市场信息，从而更好地预测市场需求；也可以帮助制造商降低提供给电商平台的补贴值。因此，当获取信息成本较小时，获取额外信息带来的收益大于所付出的成本，制造商选择主动获取市场需求信息；否则，制造商不会主动获取市场需求信息。

3.4　顺序补贴策略和部分补贴策略

在基本模型中，本章假设制造商同时向电商平台提供补贴（simultaneous subsidy，同时补贴）。这个假设在基本模型中是合理的，因为两个电商平台事前是相同的，并且这种模型也被 Zhang（2002）采纳。尽管如此，目前文献对于同时提供补贴策略是否始终是制造商最优的方案仍然没有一个明确的认知，因为制造商仍然可以选择一些其他提供补贴的策略。本节将考虑两种替代方案，顺序补贴策略（sequential subsidy）和部分补贴策略（partial subsidy），并且在三种补贴策略中分析制造商最优的补贴策略。

3.4.1　顺序补贴策略

顺序补贴策略是指制造商首先提供补贴 $\tilde{\delta}_1$ 给电商平台 1，其次根据电商平台 1 是否接受补贴，制造商再决定是否提供补贴 $\tilde{\delta}_2$ 给电商平台 2。其他假定与基本模型相同。本章用上标"～"指代顺序补贴策略。需要注意的是，补贴策略的改变并不影响表 3.3 和表 3.4 中厂商在不同信息分享情景下的收益。在顺序补贴策略和部分补贴策略中，制造商仍然根据表 3.3 和表 3.4 中厂商的收益来决定如何提供补贴。

本节仍然通过逆向归纳法求得博弈均衡。当制造商不主动获取市场需求信息时，电商平台 2 是否接受补贴取决于电商平台 1 的决策。当电商平台 1 接受补贴时，电商平台 2 在接受补贴下的收益为 $\left[\Pi_R^S(2)\right]^{NA} + \tilde{\delta}_2$；电商平台 2 在不接受补贴下的收益为 $\left[\Pi_R^N(1)\right]^{NA}$。对于制造商而言，假设电商平台 1 接受补贴，制造商最优的收益为 $\max\left(\left[\Pi_M(2)\right]^{NA} - \tilde{\delta}_2, \left[\Pi_M(1)\right]^{NA}\right)$；相反地，如果电商平台 1 拒绝接受补贴，电商平台 2 在接受补贴和不接受补贴下的收益分别为 $\left[\Pi_R^S(1)\right]^{NA} + \tilde{\delta}_2$ 与 $\left[\Pi_R^N(0)\right]^{NA}$。类似地，对于制造商而言，假设电商平台 1 不接受补贴，制造商最优的收益为 $\max\left(\left[\Pi_M(1)\right]^{NA} - \tilde{\delta}_2, \left[\Pi_M(0)\right]^{NA}\right)$。因此，为了确保电商平台 2 的信息分享动机，以下条件需要成立：

$$\left[\Pi_M(2)\right]^{NA} - \left[\Pi_M(1)\right]^{NA} - \left(\left[\Pi_R^N(1)\right]^{NA} - \left[\Pi_R^S(2)\right]^{NA}\right) > 0 \qquad (3.60)$$

$$\left[\Pi_M(1)\right]^{NA} - \left[\Pi_M(0)\right]^{NA} - \left(\left[\Pi_R^N(0)\right]^{NA} - \left[\Pi_R^S(1)\right]^{NA}\right) > 0 \qquad (3.61)$$

如果条件（3.60）和条件（3.61）都成立，则不论电商平台 1 是否接受补贴，制造商都会给电商平台 2 提供补贴并激励电商平台 2 分享其私有的市场需求信号。如果电商平台 2 接受补贴并且分享其私有的市场需求信号，本节将回到补贴博弈的第一阶段来分析电商平台 1 最优的信息分享策略。给定电商平台 2 接受补贴，则电商平台 1 在接受补贴下的收益为 $\left[\Pi_R^S(2)\right]^{NA} + \tilde{\delta}_1$；相反地，电商平台 1 在不接受补贴下的收益为 $\left[\Pi_R^N(1)\right]^{NA}$。相应地，制造商的收益为 $\max\left(\left[\Pi_M(2)\right]^{NA} - \tilde{\delta}_1, \left[\Pi_M(1)\right]^{NA}\right)$。当条件（3.60）和条件（3.61）都成立时，电商平台 1 接受补贴并且分享信息当且仅当 $\tilde{\delta}_1 > \left[\Pi_R^N(1)\right]^{NA} - \left[\Pi_R^S(2)\right]^{NA}$；电商平台 1 接受补贴后，电商平台 2 接受补贴并且分享信息当且仅当 $\tilde{\delta}_2 > \left[\Pi_R^N(1)\right]^{NA} - \left[\Pi_R^S(2)\right]^{NA}$。因此，为了使两个电商平台都接受补贴并且分享私有的市场需求信号，制造商所提供的补贴不能小于 $\left[\Pi_R^N(1)\right]^{NA} - \left[\Pi_R^S(2)\right]^{NA}$。对于理性的制造商而言，其会将提供给电商平台的补贴值定为 $\left[\Pi_R^N(1)\right]^{NA} - \left[\Pi_R^S(2)\right]^{NA}$，使得电商平台对于接受补贴和拒绝补贴的偏好是无差别的。条件（3.29）、条件（3.32）、条件（3.60）和条件（3.61）保证了完全信息分享均衡在顺序补贴策略下存在。

　　引理3.4　在顺序补贴策略下，制造商会顺序地提供给两个电商平台相同的补贴（$\tilde{\delta}_1 = \tilde{\delta}_2$）来激励信息分享。

本节用 $\left[\tilde{\delta}\right]^{NA}$ 代表制造商在不主动获取信息下提供的补贴；$\left[\tilde{\delta}\right]^{A}$ 代表制造商在获取信息下提供的补贴。在顺序补贴策略下，尽管两个电商平台处在博弈的不同位置，但是制造商提供的补贴是相同的，因此当完全信息分享均衡存在时，两个电商平台所获得的收益也是相同的。也就是说，对于制造商和电商平台而言提供补贴策略时的博弈顺序并不能改变博弈的均衡产出。

命题 3.2　当完全信息分享均衡存在时，顺序补贴策略和同时补贴策略导致相同的均衡结果。

进一步地，通过比较同时补贴策略和顺序补贴策略下的均衡存在条件可以发现，顺序补贴策略下，均衡存在需要满足额外的两个条件（3.60）和条件（3.61）。因此，顺序补贴策略下均衡存在的条件比同时补贴策略下均衡存在的条件更严格。这是因为，当制造商顺序地给电商平台提供补贴时，不但需要完全信息分享能够增加所有厂商的收入，而且要确保制造商在顺序补贴策略中的每一个补贴动作都能使所有厂商盈利。否则，制造商和电商平台没有动机去维持顺序补贴策略下的完全信息分享均衡。因此，当条件（3.29）、条件（3.32）、条件（3.60）和条件（3.61）都成立时，制造商总是可以通过同时补贴策略或者顺序补贴策略激励电商平台完全信息共享。在这种情况下，均衡结果是相同的。

3.4.2　部分补贴策略

部分补贴策略是指制造商只提供补贴 $\bar{\delta}$ 给一个电商平台。为了叙述简单，假设制造商给电商平台 1 提供补贴。符号"–"代表部分补贴策略。

当制造商不主动获取信息时，电商平台 1 在接受补贴时的收益为 $\left[\Pi_R^S(1)\right]^{NA}+\bar{\delta}$；在不接受补贴时的收益为 $\left[\Pi_R^N(0)\right]^{NA}$。因此，电商平台 1 接受制造商提供的补贴并且分享私有市场信息当且仅当 $\bar{\delta}>\left[\Pi_R^N(0)\right]^{NA}-\left[\Pi_R^S(1)\right]^{NA}$。

制造商在提供补贴和不提供补贴下的收益分别为 $\left[\Pi_M(1)\right]^{NA}-\bar{\delta}$ 和 $\left[\Pi_M(0)\right]^{NA}$。因此，制造商选择给电商平台 1 提供补贴当且仅当 $\left[\Pi_M(1)\right]^{NA}-\bar{\delta}>\left[\Pi_M(0)\right]^{NA}$。

显然，当

$$\left[\Pi_M(1)\right]^{NA}-\left[\Pi_M(0)\right]^{NA}-\left(\left[\Pi_R^N(0)\right]^{NA}-\left[\Pi_R^S(1)\right]^{NA}\right)>0 \qquad (3.62)$$

制造商会提供补贴 $\left[\bar{\delta}\right]^{NA}=\left[\Pi_R^N(0)\right]^{NA}-\left[\Pi_R^S(1)\right]^{NA}$ 给电商平台 1 并且有效激励电商平台 1 分享私有的市场需求信号。在这种情况下，电商平台信息分享策略不再是完全信息分享均衡而是部分信息分享均衡。同理，当制造商选择主动获取信息时，其会提供补贴 $[\overline{\delta}]^A = [\Pi_R^N(0)]^A - [\Pi_R^S(1)]^A$ 给电商平台 1 来激励部分信息分享。

命题 3.3 存在成本临界值 $\overline{c}$，当 $0 < c \leqslant \overline{c}$ 时，制造商选择主动获取市场需求信息，仅提供补贴 $[\overline{\delta}]^A$ 给电商平台 1；否则，制造商不会选择主动获取市场需求信息，仅提供补贴 $[\overline{\delta}]^{NA}$ 给电商平台 1。

直观地，在部分补贴策略下，制造商最优的信息获取策略仍呈现出分段形式。当主动获取信息的成本比较小时，制造商会主动获取信息并且提供补贴给电商平台 1 来激励部分信息分享。命题 3.3 中的成本临界值 $\overline{c}$ 刻画了制造商主动获取信息的动机。当 $\overline{c}$ 很大时，制造商有较高的动机主动获取信息，这是因为信息获取带来的收益足够大，可以抵消较高的信息获取成本；反之，制造商有较低的动机去主动获取信息。

因此，通过比较成本临界值 $\hat{c}$ 和 $\overline{c}$，可以得到制造商在不同补贴策略下的信息获取动机。

命题 3.4 制造商在部分补贴策略下的信息获取动机高于其在同时（顺序）补贴策略下的信息获取动机。

值得注意的是，信息获取可以增加制造商的收益同时降低用于激励下游信息共享的补贴支出。这种由于信息获取而增加的收益衡量了制造商的信息获取动机，该收益越大，制造商有越高的动机去主动获取市场需求信息。在部分补贴策略中，由于制造商只能从一个电商平台获取市场需求信号（部分信息分享），因此制造商有更高的动机主动获取市场需求信号。相反，在同时（顺序）补贴策略中，制造商可以通过提供补贴的方式激励两个电商平台分享市场需求信号（完全信息分享），从而降低其主动获取信息的动机。

至此，已经分析了制造商和电商平台在三种不同补贴策略下最优的决策。最后分析制造商如何在这三种不同的补贴策略中选择最优的补贴策略。回顾命题 3.2，由于制造商在同时补贴策略和顺序补贴策略下的收益是相同的；因此，为了得到制造商最优的补贴策略，本节仅需比较其在同时（顺序）补贴策略和部分补贴策略下的收益即可。

命题 3.5 当 (s, γ) 落入图 3.2 中的区域 I 时，制造商选择同时（顺序）补贴策略。当 (s, γ) 落入图 3.2 中的区域 II 时，制造商选择同时补贴策略。当 (s, γ) 落入图 3.2 中的区域 III 时，制造商选择部分补贴策略。当 (s, γ) 落入图 3.2 中的区域 IV 时，制造商不会选择任何补贴策略。

图 3.2 展示了市场竞争程度 γ 和信号不准确程度 s 对制造商最优的补贴策略的影响。首先，当市场需求信号的准确程度很高时（s 很小），制造商偏向于部分补贴策略（区域 III）。这是因为，当市场需求信号很精确时，制造商通过部分补贴

策略从一个电商平台获取市场需求信号就足以很好地预测市场需求并做出有效率的批发价格决策。因此，在这种情况下，制造商没有必要向第二个电商平台提供额外的补贴来激励完全信息分享。其次，当市场需求信号准确率较低时（区域Ⅰ和Ⅱ），制造商需要从电商平台获取更多的市场需求信号来更好地预测市场需求，从而提高决策效率。因此，在这种情况下，制造商会选择给两个电商平台提供补贴来激励完全信息分享。此外，当参数(s,γ)处在区域Ⅱ时，同时补贴策略将会优于顺序补贴策略。这是因为，相比于同时补贴策略，完全信息分享在顺序补贴策略下需要更严格的条件才可以成立。随着电商平台之间竞争程度的增加，顺序补贴策略无法保证制造商和电商平台在每一步博弈中都有动机去维持均衡；因此，在区域Ⅱ中，制造商不会选择顺序补贴策略。最后，当市场竞争程度很高时（区域Ⅳ），制造商不会提供补贴给电商平台。这是因为，当电商平台面临激烈的竞争时，由于批发价格信息泄露现象的存在，电商平台将更不愿意分享其私有的市场需求信号给制造商。在这种情况下，对于制造商而言，激励电商平台信息分享所增加的收益无法抵消其需要付出的补贴支出，因此，制造商将不会选择任何补贴策略。

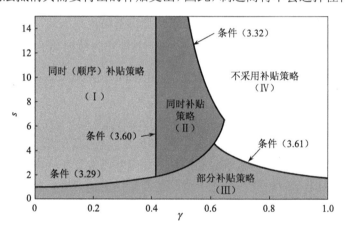

图 3.2　制造商对于三种补贴策略的偏好

现将三种补贴策略下的主要结论总结在表 3.5 中。

表 3.5　主要结论总结

补贴策略	均衡存在条件	信息获取决策
同时补贴	式（3.29）和式（3.32）	$0<c\leqslant\hat{c}$：信息获取 $c>\hat{c}$：信息不获取
顺序补贴	式（3.29）、式（3.32）、式（3.60）和式（3.61）	$0<c\leqslant\hat{c}$：信息获取 $c>\hat{c}$：信息不获取
部分补贴	式（3.61）	$0<c\leqslant\bar{c}$：信息获取 $c>\bar{c}$：信息不获取

为了更好地表达和展示表 3.5 中的结果，本节进行了几组简单的数值实验。在第一组数值实验中假设 $s=8$，$\gamma=0.2$，$\sigma=1$，$a=1$。很容易验证该组参数满足表 3.5 中的所有条件。在这组参数下，制造商将会选择同时（顺序）补贴策略。具体实验数据结果如下：$[\delta]^{NA}=0.018$，$[\delta]^{A}=0.014$，$[\Pi_M]^{NA}=0.237$，$[\Pi_M]^{A}=0.260$，$\hat{c}=0.023$，$[\bar{\Pi}_M]^{NA}=0.231$，$[\bar{\Pi}_M]^{A}=0.256$。显然，制造商在部分补贴策略下的收益严格小于其在同时（顺序）补贴策略下的收益。

在第二组参数中，假设 $s=8$，$\gamma=0.5$，$\sigma=1$，$a=1$，在这组实验参数下，表 3.5 中的条件（3.60）将不再满足。因此，顺序补贴策略下的完全信息分享均衡将不存在，从而制造商将会选择同时补贴策略激励电商平台完全信息分享。具体的实验数据如下：$[\delta]^{NA}=0.019$，$[\delta]^{A}=0.015$，$[\Pi_M]^{NA}=0.203$，$[\Pi_M]^{A}=0.224$，$\hat{c}=0.021$，$[\bar{\Pi}_M]^{NA}=0.2$，$[\bar{\Pi}_M]^{A}=0.222$。显然，制造商在部分补贴策略下的收益严格小于其在同时补贴策略下的收益。

在第三组参数中，假设 $s=3$，$\gamma=0.6$，$\sigma=1$，$a=1$，在该组实验参数下，条件（3.29）、条件（3.32）和条件（3.60）都将不满足，因此，制造商只能通过部分补贴策略来激励电商平台部分信息分享。具体实验数据如下：$[\bar{\delta}]^{NA}=0.045$，$[\bar{\delta}]^{A}=0.028$，$[\bar{\Pi}_M]^{NA}=0.196$，$[\bar{\Pi}_M]^{A}=0.241$，$\bar{c}=0.045$。

3.5　本章小结

本章研究了制造商的信息获取和信息补贴策略以及竞争性电商平台相应的信息分享策略。由于下游电商平台比上游制造商更接近消费者，因此电商平台相比于制造商拥有市场需求信息优势。为了刻画制造商和电商平台之间的信息不对称，本章假设电商平台可以无成本地获得市场需求信号来预测真实的市场需求；制造商可以选择主动获取市场需求信息，但要付出一定的成本。制造商也可以通过给电商平台提供补贴的方式激励电商平台分享其私有的市场需求信息，从而弥补制造商和电商平台之间的信息不对称。

本章发现，不论制造商是否选择主动获取信息，竞争性电商平台都没有动机分享私有的市场需求信息。这是因为，由于制造商的批发价格会反映拥有的市场信息。当电商平台分享信息时，批发价格会将分享的信息"泄露"给另外的电商平台。因此，为了维持自身的信息优势，电商平台不会主动分享私有的市场需求信息。此外，本章还发现，电商平台的信息分享策略可以增加制造商的收益，并且制造商的收益随着分享信息的电商平台数量的增加而增加，即制造商可以选择通过提供补贴的方式激励电商平台分享信息。除此之外，当主动获取信息的成本较小时，制造商会选择主动获取市场需求信息，从而更好地预测真实的市场需求来提高决策效率。

对于制造商而言，可以同时采用两种策略弥补其与电商平台之间的信息不对称。具体来说，当信息获取成本较小时，制造商会选择主动获取信息并且提供相应的补贴给电商平台来激励后者分享市场需求信息；当信息获取成本较高时，制造商会放弃主动获取信息，仅通过提供补贴的方式来激励电商平台分享信息。此外，信息获取策略不但可以帮助制造商获得额外的市场需求信息也可以帮助制造商降低提供给电商平台的信息补贴。本章同样考虑了其他两种不同的补贴方式，顺序补贴策略和部分补贴策略。结论表明，当三种补贴策略同时存在时，同时补贴策略和顺序补贴策略会导致相同的均衡产出，并且该均衡产出优于在部分补贴策略下的均衡产出。

本章的核心结论包含以下管理学启示：当需求信息准确度较低并且市场竞争不太激烈时，通过同时（顺序）补贴策略激励电商平台完全信息分享是制造商最优的决策；但是，当市场需求信息足够准确或者市场竞争非常激烈时，部分补贴策略将会是制造商的最优选择。因此，本章从信息获取和信息补贴策略的角度出发，为制造商在激励电商平台信息分享的问题上提供了切实可行的指导意见。

参 考 文 献

经有国, 刘震, 李胜男. 2020. 不确定需求下制造商渠道入侵与信息收集披露激励[J]. 工业工程与管理, 25(2): 109-117.

Adewole A. 2005. Developing a strategic framework for efficient and effective optimisation of information in the supply chains of the UK clothing manufacture industry[J]. Supply Chain Management, 10(5): 357-366.

Anand K S, Goyal M. 2009. Strategic information management under leakage in a supply chain[J]. Management Science, 55(3): 438-452.

Chen Y J, Shum S, Xiao W Q. 2012. Should an OEM retain component procurement when the CM produces competing products?[J]. Production and Operations Management, 21(5): 907-922.

Ha A Y, Tong S L, Zhang H T. 2011. Sharing demand information in competing supply chains with production diseconomies[J]. Management Science, 57(3): 566-581.

Huang S, Guan X, Chen Y J. 2018. Retailer information sharing with supplier encroachment[J]. Production and Operations Management, 27(6): 1133-1147.

Jain A, Seshadri S, Sohoni M. 2011. Differential pricing for information sharing under competition[J]. Production and Operations Management, 20(2): 235-252.

Jain A, Sohoni M. 2015. Should firms conceal information when dealing with common suppliers?[J]. Naval Research Logistics, 62(1): 1-15.

Li L. 2002. Information sharing in a supply chain with horizontal competition[J]. Management

Science, 48(9): 1196-1212.

Li L, Zhang H T. 2008. Confidentiality and information sharing in supply chain coordination[J]. Management Science, 54(8): 1467-1481.

Tsay A A, Agrawal N. 2004. Channel conflict and coordination in the E-commerce age[J]. Production and Operations Management, 13(1): 93-110.

Zhang H T. 2002. Vertical information exchange in a supply chain with duopoly retailers[J]. Production and Operations Management, 11(4): 531-546.

Zhang J X, Li S, Zhang S C, et al. 2019. Manufacturer encroachment with quality decision under asymmetric demand information[J]. European Journal of Operational Research, 273(1): 217-236.

第4章　制造商渠道入侵和电商平台信息分享策略研究

4.1　引　　言

电商平台经济的快速发展将上游制造商和消费者更加紧密地联系在一起（范小军和刘艳，2016）。尤其是代销渠道的出现，使得上游制造商可以在网络销售中直接地服务消费者，这样不但丰富了制造商的销售选择，也间接协同了供应链厂商之间的销售动机，从而缓和供应链中存在的双重边际效应等问题。现实中，大量的电商平台（京东和亚马逊等）开始允许制造商采用代销渠道来销售商品（浦徐进等，2016）。因此，对于上游制造商而言，如何在传统的零售渠道和新兴的代销渠道中做出合理的渠道建立策略变得尤为重要。现实案例表明，制造商对于销售渠道建立策略并没有一个统一的结论。例如，家电制造商美的、服装制造商阿迪达斯、耐克等既通过传统的零售渠道也采用代销渠道在京东上销售商品；然而，仍然有一些制造商（华为和苹果等）仅通过零售渠道销售商品。阻碍制造商开辟代销渠道的因素可能是相应的渠道建立成本，制造商通常需要向电商平台支付一定比例的销售收入和一个固定的费用。举例来说，制造商如果在亚马逊建立代销渠道，需要支付一定的相关费用（Jiang et al., 2016）。在电商平台环境下，制造商渠道建立策略值得进一步地研究和分析。

另一个影响制造商渠道建立的因素可能是制造商和电商平台之间的信息不对称。在电商平台经济下，大量的原始销售数据通常是被电商平台所保留。通过应用先进的信息分析和大数据等技术，电商平台可以轻易地将大量的销售数据加工成未来需求的预测信息（Ghoshal et al., 2020）。因此，为了打消制造商对于建立代销渠道的顾虑，电商平台可以选择同制造商分享私有的市场需求信息（王玖河等，2019）。例如，电商平台京东和家电制造商美的在2015年达成了一项信息交互合作协议，京东将其拥有的市场预测和消费者偏好等信息分享给美的，帮助美的合理地安排商品生产，降低京东相应的缺货概率。在双方达成信息分享协议后，美的在京东上开辟了代销渠道。因此，本章也能在理论上验证电商平台的信息分享策略对制造商的渠道建立策略的影响。

本章的剩余部分结构安排如下。4.2节为模型构建。4.3节着重研究制造商的渠道建立策略和电商平台的信息分享策略之间的交互作用。4.4节探讨不同决策顺序下电商平台的信息分享动机。4.5节同时考虑内点解和边界解的情况，验证基本模型中的核心结论仍然成立。4.6 节为本章小结。

4.2　模　型　构　建

本章构建了一个由制造商和电商平台组成的供应链。其中制造商已经在电商平台中通过零售渠道转卖自己的商品，即电商平台首先通过批发价契约从制造商购买商品，其次电商平台再将商品转卖给消费者。制造商先决定是否建立代销渠道，即通过支付给电商平台一定比例（α）的销售收益和一个固定的进入成本（c）直接将自己的商品销售给消费者。现实中，固定的进入成本可能包括软件维护、订阅费和保证金等形式。这种收费模式被大量的文献所研究（Kwark et al., 2017；Shen et al., 2019）。

在市场销售中，当制造商建立了代销渠道，制造商和电商平台通过古诺模型进行市场销售博弈。现实中基于服务质量和渠道声誉等因素，消费者对于不同的销售渠道通常拥有不同的偏好。因此，市场中的反需求函数为

$$p_M = a + \Theta - q_M - \gamma q_R$$
$$p_R = a + \Theta - q_R - \gamma q_M$$

(4.1)

其中，M 为制造商；R 为电商平台；$a + \Theta$ 为产品的市场需求；$0 < \gamma < 1$ 为零售渠道和代销渠道之间的市场竞争程度；$q_M (q_R)$ 为制造商（电商平台）在代销渠道（零售渠道）中销售的商品数量；$p_M (p_R)$ 为相应的市场价格。上述市场反需求函数被量文献所采用（Li，2002；Zhang，2002；Ha et al.，2011；Jain and Sohoni，2015；Huang et al.，2018）。

对于市场需求 $a + \Theta$，$a > 0$ 是市场需求中的固定部分，被制造商和电商平台已知；Θ 是市场需求中的随机部分，代表了市场需求中的不确定性，本章假设随机需求满足 $\Theta \sim U[0, 2d]$。随机变量 Θ 的分布是被制造商和电商平台已知的。但是具体的实现值 θ 只能被电商平台所观察到。这种信息不对称假设同样被 Guo（2009）与 Arya 和 Mittendorf（2011）等文献所采用。

图 4.1 展示了本章的博弈顺序：在第一阶段，电商平台事前决定将私有的市场需求信息分享给制造商（S）或者保留市场需求信息（K）。然后，随着市场销售季节的来临，电商平台观察到市场需求信息 θ，并且根据之前的信息分享决策对所观察到的市场需求信息进行信息共享或者不共享。在第二阶段，制造商根据电商平台的信息分享决策决定建立代销渠道（E）或者不建立代销渠道（N）。在第三阶段，制造商首先决定市场批发价格，其次制造商和电商平台同时决定各自的市场销售数量（q_M 和 q_R）。

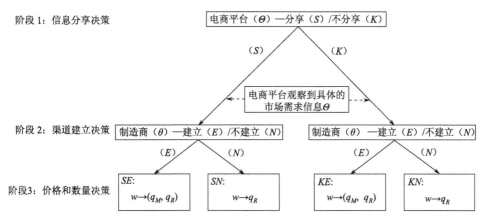

图 4.1　博弈顺序

Θ 或者 θ 代表了厂商所拥有的市场信息水平

制造商和电商平台的目标都是最大化自身的收益。本章假设制造商和电商平台其他的运营成本为0。本章中的信息分享是完全真实可信的（truth-telling），并且信息分享决策一旦确立是不能改变和废止的。本章通过应用逆向归纳法求得博弈均衡。表 4.1 总结归纳了本章采用的模型符号。

表 4.1　模型符号解释

符号	解释
a	市场需求中常数部分
Θ	市场需求中随机部分
d	市场需求不确定程度
θ	随机变量 Θ 实现值
c	代销渠道固定进入成本
α	代销渠道收益分享比例
q_M	制造商商品销售数量
q_R	电商平台商品销售数量
γ	市场竞争系数
w	批发价格
$T(y,\alpha,\gamma)$	制造商渠道建立策略临界值
$\Pi_R^S\left(\Pi_R^K\right)$	不同信息分享策略下电商平台期望收益
π	电商平台实际收益

为了更好地进行本章的核心研究，首先考虑只有单一渠道（零售渠道或者代销渠道）存在时，电商平台最优的信息分享策略。这将作为基准情景和本章核心

结论作对比。

命题 4.1　当仅有代销渠道存在时，电商平台将与制造商分享私有的市场需求信息；当仅有零售渠道存在时，电商平台不会与制造商分享私有的市场需求信息。

上述命题表明，不同的渠道类型对电商平台的信息分享策略产生了完全相反的影响。具体来说，在传统的零售渠道中，信息分享将有利于制造商制定更加精确的批发价格，从而对下游电商平台的收益产生消极的影响。因此，当仅有零售渠道存在时，电商平台没有动机主动分享私有的市场需求信息。相反地，在代销渠道下，由于制造商直接将商品销售给下游消费者，并且电商平台仅抽取制造商一定比例的销售收入作为佣金；因此，代销渠道有效地协同了制造商和电商平台的销售动机。在这种情况下，电商平台有动机同制造商分享市场需求信息，从而提高制造商的决策效率，最终增加制造商和电商平台的收益。

4.3　电商平台信息分享策略分析

本节将着重研究制造商的渠道建立策略和电商平台的信息分享策略之间的交互作用。值得注意的是，代销渠道的建立帮助制造商扩大了其销售范围，从而帮助制造商进一步地入侵下游市场，因此渠道建立也被大量的文献定义为"渠道入侵"（channel encroachment）。在本章中，为了叙述方便，"渠道建立"和"渠道入侵"具有相同的含义。应用逆向归纳法，本章首先给定电商平台的信息分享策略（S 或者 K），其次在此假设下研究制造商最优的渠道建立策略，最后返回博弈第一阶段研究电商平台最优的信息分享策略。

4.3.1　电商平台不进行信息分享（K）

当电商平台不进行信息分享时，如果制造商不建立代销渠道（KN），市场中仅有传统的零售渠道存在。制造商作为斯塔克尔伯格模型的领导者，解决以下问题：

$$\operatorname*{Max}_{w} E_{\Theta}\left[\pi_{M}\left(\Theta, w, q_{R}^{KN}\left(\Theta, w\right)\right)\right]$$
$$\text{s.t.}\quad q_{R}^{KN}\left(\theta, w\right) = \arg\max_{q_{R}} \pi_{R}\left(\theta, w, q_{R}\right) \tag{4.2}$$

其中，

$$\pi_{R}\left(\theta, w, q_{R}\right) = \left(a + \theta - q_{R} - w\right)q_{R}, \quad \pi_{M}\left(\theta, w, q_{R}\right) = wq_{R} \tag{4.3}$$

通过求解可知，

$$w^{KN} = \frac{a+d}{2}, \quad q_R^{KN}\left(\theta, w^{KN}\right) = \frac{a+\theta-w^{KN}}{2} \tag{4.4}$$

将市场最优的批发价格和销售数量决策代入厂商的收益函数中，可知制造商和电商平台的期望收益为

$$\Pi_R^{KN} = \frac{(a+d)^2}{16} + \frac{d^2}{12}$$

$$\Pi_M^{KN} = \frac{(a+d)^2}{8} \tag{4.5}$$

当制造商选择建立代销渠道时（KE），制造商首先决定市场批发价格，其次制造商和电商平台根据批发价格选择各自的销售数量来最大化各自的收益。由于在 KE 情景下，电商平台不会分享私有的市场需求信息，因此，作为斯塔克尔伯格模型的领导者，制造商要解决以下问题：

$$\underset{w}{\text{Max}}\, E_\Theta\left[\pi_M\left(\Theta, w, q_R^{KE}\left(\Theta, w\right), q_M^{KE}\left(w\right)\right)\right]$$

$$\text{s.t.}\begin{cases} q_R^{KE}\left(\theta, w\right) = \arg\max_{q_R} \pi_R\left(\theta, w, q_R, q_M^{KE}\left(w\right)\right), \quad \forall\theta\in[0, 2d] \\ q_M^{KE}\left(w\right) = \arg\max_{q_M} E_\Theta\left[\pi_M\left(\Theta, w, q_R^{KE}\left(\Theta, w\right), q_M\right)\right] \end{cases} \tag{4.6}$$

其中，

$$\pi_R\left(\theta, w, q_R, q_M\right) = \left(a+\theta-q_R-\gamma q_M-w\right)q_R + \alpha\left(a+\theta-q_M-\gamma q_R\right)q_M + c$$

$$\pi_M\left(\theta, w, q_R, q_M\right) = wq_R + \left(1-\alpha\right)\left(a+\theta-q_M-\gamma q_R\right)q_M - c$$

以下引理刻画了厂商之间最优的价格和数量决策。

引理 4.1　如果电商平台不进行信息分享并且制造商不建立代销渠道（KN），厂商最优的订货数量为

$$q_R^{KN}\left(\theta, w\right) = \frac{(a+d)\left(2-\gamma(1+\alpha)\right)-2w}{4-(1+\alpha)\gamma^2} + \frac{\theta-d}{2}$$

$$q_M^{KN}\left(w\right) = \frac{(2-\gamma)(a+d)+\gamma w}{4-(1+\alpha)\gamma^2}$$

制造商最优的批发价格为

$$w^{KN} = \frac{(a+d)\left((1+\alpha)^2\gamma^3 - 8\alpha\gamma - 4\gamma^2 + 8\right)}{16 - 2(\alpha+3)\gamma^2}$$

通过引理 4.1，将厂商最优的价格和数量决策代入到各自的收益函数中，可得厂商在 KN 情景下的期望收益：

$$\Pi_R^{KN} = \frac{(1-\gamma)^2 (4-\alpha\gamma^2)(a+d)^2}{\left(8-(\alpha+3)\gamma^2\right)^2} + \frac{3\alpha(a+d)^2+d^2}{12} + c$$

$$\Pi_M^{KN} = \frac{\left((1+\alpha)^2\gamma^2 - 8\alpha - 8\gamma + 12\right)(a+d)^2}{32-4(\alpha+3)\gamma^2} - c \tag{4.7}$$

值得注意的是，为了避免偏离本章主要的研究兴趣，在基本模型中本章假定市场需求中的常数部分（a）足够大来保证对于任意的 $\theta \in [0, 2d]$，电商平台最优的销售数量 $q_R^{KN}(\theta, w)$ 为内点解。具体来说，为了保证内点解成立，本章需要额外假设

$$\frac{d}{a} \leqslant \frac{4(1-\gamma)}{(2-\gamma)(2+3\gamma)-\alpha\gamma^2} \tag{4.8}$$

当假设（4.8）不成立时，电商平台最优的销售数量将为边界解，即对于一些具体的 θ，$q_R^{KN}(\theta, w)=0$。保证内点解的假设可以简化模型推导并且得到本章简洁整齐的解析结论。本章的 4.5 节，将放松假设（4.8），同样考虑边界解的情况，旨在通过数值分析的方法验证本章的主要结论仍然成立，即本章的核心结论并不受假设（4.8）的限制和影响。

当电商平台不进行信息分享时，为了更好地刻画制造商最优的渠道建立决策，定义：

$$T(y,\alpha,\gamma) = \frac{(a+y)^2}{8}\left[\frac{2\left(12-8\gamma-8\alpha+\gamma^2(1+\alpha)^2\right)}{8-(3+\alpha)\gamma^2} - 1\right]$$

显然，该函数关于市场竞争系数 γ 单调递减。

引理 4.2　当电商平台不进行信息分享时，当 $c \leqslant T(d,\alpha,\gamma)$ 时，制造商建立代销渠道；否则，制造商不会建立代销渠道。

引理 4.2 阐述了制造商只有在固定成本比较低时才会选择建立代销渠道。这是因为当建立代销渠道所带来的收益高过其所付出的成本时，制造商才会选择建立代销渠道。除此之外，由于成本临界值关于市场竞争系数单调递减，因此，随着市场竞争的加剧，制造商更加不愿意建立代销渠道。

本章用 Π_R^K 代表电商平台在不进行信息分享时的期望收益，即

$$\Pi_R^K = \begin{cases} \Pi_R^{KE}, & c \leqslant T(d,\alpha,\gamma) \\ \Pi_R^{KN}, & c > T(d,\alpha,\gamma) \end{cases} \tag{4.9}$$

4.3.2　电商平台进行信息分享（S）

如果电商平台将其私有的市场需求信息分享给制造商，厂商将根据市场需求信息的实现值 θ 决定市场最优的批发价格、销售数量决策。当制造商不建立代销渠道时（SN），通过推导可以知道，对于任意给定的 θ，电商平台和制造商的收益为

$$\pi_R^{SN} = \frac{(a+\theta)^2}{16}, \quad \pi_M^{SN} = \frac{(a+\theta)^2}{8} \tag{4.10}$$

当制造商建立代销渠道时（SE），基于市场需求信息 θ，制造商作为斯塔克尔伯格模型的领导者将解决以下问题：

$$\operatorname*{Max}_{w} \pi_M\left(\theta, w, q_R^{SE}(\theta, w), q_M^{SE}(\theta, w)\right)$$
$$\text{s.t.} \begin{cases} q_R^{SE}(\theta, w) = \arg\max_{q_R} \pi_R\left(\theta, w, q_R, q_M^{SE}(\theta, w)\right) \\ q_M^{SE}(\theta, w) = \arg\max_{q_M} \pi_M\left(\theta, w, q_R^{SE}(\theta, w), q_M\right) \end{cases} \tag{4.11}$$

引理 4.3 给出了在 SE 情景下，制造商和电商平台最优的批发价格和销售数量决策。

引理 4.3　如果电商平台进行信息分享并且制造商建立代销渠道（SE），厂商最优的订货数量为

$$q_R^{SE}(\theta, w) = \frac{(2-(1+\alpha)\gamma)(a+\theta) - 2w}{4-(1+\alpha)\gamma^2}$$

$$q_M^{SE}(\theta, w) = \frac{(2-\gamma)(a+\theta) + \gamma w}{4-(1+\alpha)\gamma^2}$$

制造商最优的批发价格为

$$w^{SE}(\theta) = \frac{(a+\theta)\left((1+\alpha)^2\gamma^3 - 8\alpha\gamma - 4\gamma^2 + 8\right)}{16 - 2(\alpha+3)\gamma^2}$$

将最优的批发价格和市场销售数量代入厂商的收益函数中，针对具体市场需求实现值，可得电商平台和制造商在 SE 情景下的收益：

$$\pi_R^{SE} = \frac{\left(\alpha\left((1+\alpha)(5+\alpha)\gamma^4 - 4(4\alpha+13)\gamma^2 + 8\gamma^3 + 64\right) + 16(1-\gamma^2)\right)(a+\theta)^2}{4\left(8-(\alpha+3)\gamma^2\right)^2} + c$$

$$\pi_M^{SE} = \frac{\left((1+\alpha)^2\gamma^2 - 8\alpha - 8\gamma + 12\right)(a+\theta)^2}{32 - 4(\alpha+3)\gamma^2} - c$$

$$\tag{4.12}$$

为了得到制造商最优的渠道建立策略，需要比较制造商在不同渠道建立策略下的收益。引理 4.4 刻画了当电商平台分享信息时，制造商最优的渠道建立策略。

引理 4.4 当电商平台进行信息分享时，制造商建立代销渠道[当 $c \leqslant T(\theta,\alpha,\gamma)$]；否则，制造商不会建立代销渠道。

在信息分享决策下，制造商最优的渠道建立策略仍然呈现临界值结构：制造商只有在进入成本小于临界值时才会建立代销渠道。由于电商平台进行了信息分享，此时制造商拥有更加精确的市场信息来更好地评估建立代销渠道带来的收益。因此，制造商最优的渠道建立策略将取决于具体的市场需求信息 θ。

令 Π_R^S 表示电商平台在信息分享下的期望收益。为了阐述的简洁性，定义 $\hat{\theta}$ 满足等式：$T(\hat{\theta},\alpha,\gamma)=c$。电商平台在信息分享下的期望收益可以表示为

$$
\Pi_R^S = \begin{cases}
E_\Theta\left[\pi_R^{SE}\right], & c \leqslant T(0,\alpha,\gamma) \\
\int_0^{\hat{\theta}} \pi_R^{SN} \dfrac{1}{2d}\mathrm{d}\theta + \int_{\hat{\theta}}^{2d} \pi_R^{SE} \dfrac{1}{2d}\mathrm{d}\theta, & c \in \left(T(0,\alpha,\gamma),\ T(2d,\alpha,\gamma)\right] \\
E_\Theta\left[\pi_R^{SN}\right], & c > T(2d,\alpha,\gamma)
\end{cases}
$$

至此，本章已经分析了制造商在不同的信息分享策略下最优的代销渠道建立策略，接下来，返回博弈的第一阶段分析电商平台最优的信息分享策略。

4.3.3　电商平台最优的信息分享策略

为了得到电商平台最优的信息分享策略，需要比较其在不同信息分享策略下的期望收益（即 Π_R^S 和 Π_R^K）。图 4.2 描述了电商平台最优的信息分享策略。

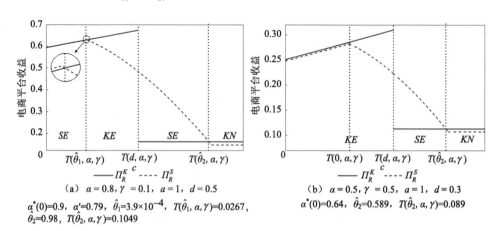

图 4.2　电商平台最优的信息分享策略

命题 4.2　电商平台进行信息分享当且仅当以下条件成立：①$\alpha \geqslant \alpha'$，$\gamma \leqslant \gamma^*$ 并且 $c \in \left[0, T\left(\hat{\theta}_1, \alpha, \gamma\right)\right]$；②$c \in \left(T(d, \alpha, \gamma), T\left(\hat{\theta}_2, \alpha, \gamma\right)\right]$。

命题 4.2 说明了电商平台会在两种不同的条件下进行信息分享。首先，当市场进入成本比较小时，制造商不论电商平台是否进行信息分享，一定会建立代销渠道。在这种情况下，电商平台的信息分享策略可以帮助制造商更好地进行批发价格和销售数量决策，这也给电商平台的收益带来两种截然不同的影响。在传统的零售渠道中，制造商更加精确的批发价格决策会进一步地压榨电商平台在零售渠道中的边际利润，从而对电商平台的收益造成负面影响。相反地，在代销渠道下，制造商通过精确的市场需求信息可以更加有效率地进行市场销量决策，从而增加制造商在代销渠道中的收益。由于电商平台收取制造商一定比例的代销渠道收益，因此，信息分享将会间接增加电商平台在代销渠道中的收益。综合考量这两种不同的影响，当代理费比例很高（$\alpha \geqslant \alpha'$）并且渠道之间的竞争程度比较低时（$\gamma \leqslant \gamma^*$），电商平台会选择在渠道建立成本较低时进行信息分享，此时信息分享对电商平台在代销渠道中收益的增加优于在零售渠道中收益的减少。命题 4.1 曾表明，当市场仅有零售渠道存在时，电商平台不会进行信息分享，因为信息分享会帮助制造商制定更有效率的批发价格决策，从而损害电商平台的收益。然而，当制造商可以同时通过代销渠道和零售渠道销售商品时，电商平台存在信息分享的动机帮助制造商更好地进行批发价格和销售数量决策；也就是说，代销渠道的出现改变了电商平台对于信息分享策略的偏好。

其次，当市场进入成本处在中间水平时，即 $c \in \left(T(d, \alpha, \gamma), T\left(\hat{\theta}_2, \alpha, \gamma\right)\right]$，电商平台也会选择进行信息分享。值得注意的是，此时的信息分享可以促进制造商建立代销渠道。这是因为，当电商平台不进行信息分享时，由于市场进入成本过大（$c > T(d, \alpha, \gamma)$），制造商不会选择建立代销渠道。相反地，当电商平台进行信息分享时，制造商可以利用精确的市场需求信息更好地进行批发价格和销售数量决策，从而增加制造商的整体收益，进而帮助制造商克服较高的市场进入成本。尽管信息分享会让电商平台在零售渠道中的收益受损，但是会增加电商平台在代销渠道中的收益。这两种相反的影响效果决定了当市场进入成本处在中间水平时，电商平台有动机进行信息分享并且促进制造商建立代销渠道。该结论也证实了京东和美的之间的信息分享协议原则上促进了美的在京东建立代销渠道的决策。本章把信息分享促进制造商建立代销渠道的影响机制定义为"诱导效应"（inducement effect），该诱导效应与以往文献研究的结论"信息分享阻碍制造商渠道入侵"形成了鲜明的对比。背后的原因取决于代销渠道的独特运营机制。在代销渠道中，电商平台的收益取决于制造商的销售利润。因此，在代销渠道中电商平台和制造商的收益最大化动机被有效地协同在一起；也就是说，在代销渠道中，电商平台有动机同制造商分享其私有的市场需求信息。这也是本章得到和以往研究完全不同的结论的原因。

基于电商平台最优的信息分享决策，接下来本章会进一步地分析市场进入成本和市场竞争系数对供应链厂商收益的影响。

命题 4.3　市场进入成本 c 和市场竞争系数 γ 对厂商收益的影响如下。

（1）电商平台的收益关于市场进入成本 c 不单调；关于市场竞争系数 γ 单调递减。

（2）制造商的收益关于市场进入成本 c 不单调；关于市场竞争系数 γ 不单调。

（3）供应链的整体收益关于市场进入成本 c 单调递减；关于市场竞争系数 γ 单调递减。

命题 4.3 刻画了市场进入成本和市场竞争系数对供应链厂商收益的影响。当制造商建立代销渠道时，需要支付给电商平台一个固定的进入成本。有趣的是，随着市场进入成本的增加，制造商（电商平台）的收益并不一定是减少的（增加的）。这是由于电商平台的信息分享策略和制造商的渠道建立策略之间的交互作用。具体来说，当市场进入成本比较低时，制造商一定会建立代销渠道，此时电商平台的收益将随着进入成本的增加而增加。当市场进入成本处于中间水平时，市场进入成本的增加会降低制造商建立代销渠道的动机，从而减少电商平台在代销渠道中的收益，此时电商平台的收益随着市场进入成本的增加而减少。对于制造商而言，当市场进入成本在 $c=T(d,\alpha,\gamma)$ 附近时，如图 4.3 所示（图 4.3 中下标 SC 特指供应链），制造商的收益将会有一个向上的跳跃（upward jump）；因此，其收益关于市场进入成本非单调。这是因为，在 $c=T(d,\alpha,\gamma)$ 处，电商平台会转换信息分享策略。当 $c \to T(d,\alpha,\gamma)^-$ 时，电商平台不会选择信息分享；然而，当 $c \to T(d,\alpha,\gamma)^+$ 时，电商平台会选择信息分享来帮助制造商更好地进行渠道建立决策，从而增加制造商的收益。对于整体供应链而言，市场进入成本为制造商和电商平台之间的内部转移支付。因此，直观上讲，市场进入成本不会对供应链的整体收益产生影响。然而，由命题 4.3 可知，当市场进入成本处在中间水平时，制造商和电商平台的收益都随着市场进入成本的增加而减少，因此导致供应链的整体收益关于市场进入成本单调递减。同样地，当市场竞争系数处于 $\gamma_1 : c=T(d,\alpha,\gamma_1)$ 时，制造商的收益关于参数 γ 同样有一个向上的跳跃，即制造商的收益关于市场竞争系数非单调。显然，随着市场竞争程度的增加，电商平台和供应链的收益都将减少。

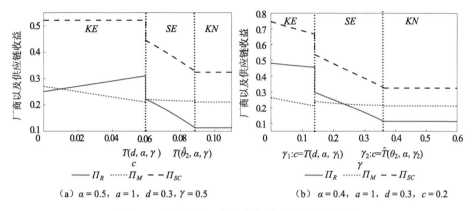

（a）$\alpha = 0.5,\ a = 1,\ d = 0.3,\ \gamma = 0.5$　　　　（b）$\alpha = 0.4,\ a = 1,\ d = 0.3,\ c = 0.2$

图 4.3　电商平台、制造商和供应链的最优收益

4.4　制造商先决定渠道建立决策

在基本模型中，本章假设电商平台先进行信息分享决策，然后制造商根据电商平台的信息分享决策决定是否建立代销渠道。本节将考虑一个完全相反的决策顺序：制造商先决定渠道建立策略，然后电商平台决定是否分享市场需求信息。其他假定同基本模型中的一样。本节的研究旨在验证电商平台是否还有动机分享市场需求信息。

通过应用逆向归纳法，在给定制造商渠道建立策略的基础上，先分析电商平台最优的信息分享策略，然后返回博弈第一阶段分析制造商最优的渠道建立策略。如果制造商不建立代销渠道，市场中仅有传统的零售渠道。通过命题 4.1 可知，电商平台不会进行信息分享。当制造商建立代销渠道后，电商平台在不同的信息分享策略下的期望收益为

$$\Pi_R^{SE} = \frac{\left[16 + 64\alpha + 4\gamma^2\left(4 - 13\alpha - 4\alpha^2\right) - 32\gamma + 8\gamma^3\alpha + \gamma^4\alpha\left(5 + 6\alpha + \alpha^2\right)\right]}{12\left[8 - (3 + \alpha)\gamma^2\right]^2} \times \left[3(a + d)^2 + d^2\right] + c \tag{4.13}$$

$$\Pi_R^{KE} = \frac{(a + d)^2(1 - \gamma)^2\left(4 - \alpha\gamma^2\right)}{\left[8 - (3 + \alpha)\gamma^2\right]^2} + \frac{3\alpha(a + d)^2 + d^2}{12} + c$$

命题 4.4　当制造商建立代销渠道时，电商平台分享市场需求信息当且仅当 $\alpha \geqslant \alpha'$，$\gamma \leqslant \gamma^*$。

当制造商建立代销渠道后，电商平台的信息分享决策将取决于代销渠道中代理费的比例和渠道之间的竞争程度。因为在电商平台决定信息分享决策时，制造

商已经进行了渠道建立决策；因此，在 MR 中，信息分享的诱导效应将不再存在。此时电商平台的信息分享策略仅为了提高制造商的价格和销售数量的决策效率。一方面，在零售渠道中，由于制造商提高了其批发价格决策的效率，因此信息分享将损害电商平台在零售渠道中的收益；另一方面，在代销渠道中，信息分享同样帮助制造商提高了销售数量决策的效率，从而增加了制造商在代销渠道中的收益，进而间接增加电商平台在代销渠道中的收益。结合信息分享对电商平台的收益带来的这两种不同的效果，当代销渠道中代理费比例很大并且渠道之间的竞争程度较小时，电商平台才会选择进行信息分享。下面返回博弈的第一阶段分析，在 MR 下制造商最优的渠道建立策略。

命题 4.5　当 $\gamma \leqslant \gamma^*$，$\alpha < \alpha'$ 或者 $\gamma > \gamma^*$ 时，制造商建立代销渠道当且仅当 $c \leqslant T(d,\alpha,\gamma)$，此时电商平台不进行信息分享；当 $\gamma \leqslant \gamma^*$，$\alpha \geqslant \alpha'$ 时，制造商建立代销渠道当且仅当

$$c \leqslant T(d,\alpha,\gamma) + \frac{d^2 \left[12 - 8(\alpha + \gamma) + (1 + \alpha)^2 \gamma^2 \right]}{12 \left[8 - (3 + \alpha)\gamma^2 \right]}$$

此时电商平台选择信息分享。

以上命题刻画了制造商在 MR 模型下最优的渠道建立策略。同基本模型中的结论类似。制造商只有当市场进入成本较低时才会建立代销渠道，但是进入成本的临界值将随着代理费比例和市场竞争系数的改变而改变。具体来说，当代理费比例比较高并且市场竞争系数比较低时，制造商建立代销渠道可以促进电商平台进行信息分享，从而增加制造商的收益。因此，在这种情况下，制造商有更多的收益克服较高的市场进入成本。如图 4.4 所示，当代理费比例比较高并且市场竞争系数比较低时，制造商有更高的代销渠道建立动机。

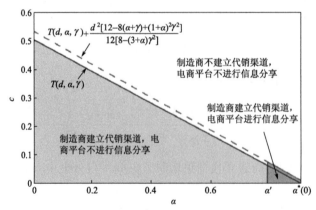

图 4.4　MR 下制造商最优的渠道建立策略

$\gamma = 0.1$，$\alpha' = 0.79$，$\alpha^*(0) = 0.91$

接下来，本章将探讨制造商、电商平台以及供应链对于不同模型的偏好。为了表述清晰，令 RM 代表本章的基本模型，即电商平台先决定信息分享策略，然后制造商决定渠道建立策略。令

$$c^* = T(d,\alpha,\gamma) + \frac{d^2\left[12 - 8(\alpha+\gamma) + (1+\alpha)^2\gamma^2\right]}{12\left[8 - (3+\alpha)\gamma^2\right]}$$

命题 4.6　当 $\gamma \leqslant \gamma^*$，$\alpha \geqslant \alpha'$ 时：①制造商偏好 MR 当且仅当 $c \in \left(T(\hat{\theta}_1,\alpha,\gamma), T(d,\alpha,\gamma)\right]$，否则制造商偏好 RM；②电商平台和供应链偏好 RM 当且仅当 $c \in \left(c^*, T(\hat{\theta}_2,\alpha,\gamma)\right]$，否则它们偏好 MR。当 $\gamma \leqslant \gamma^*$，$\alpha < \alpha'$ 或者 $\gamma > \gamma^*$ 时：①制造商偏好 RM；②电商平台和供应链偏好 RM 当且仅当 $c \in \left(T(d,\alpha,\gamma), T(\hat{\theta}_2,\alpha,\gamma)\right]$，否则它们对于两种模型的偏好是无差别的。

首先，在 RM 中制造商作为斯塔克伯格模型的跟随者，在博弈中拥有后动优势，即制造商可以在观察到电商平台的决策后进行自己的渠道建立决策。因此，直观上讲，相比于 MR，制造商应该偏好 RM。然而，如图 4.5 所示，当代理费比例比较高并且市场进入成本和竞争程度都比较低时，制造商会偏好 MR。原因是当市场进入成本比较低时，制造商在两个模型中都会建立代销渠道。但是在 RM 中，电商平台会选择分享市场需求信息，因此制造商在这种情况下会偏好 RM；也就是说，制造商偏向于信息共享程度比较高的模型。

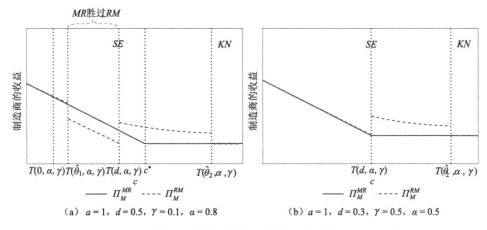

图 4.5　制造商对于不同模型的偏好

其次，如图 4.6 和图 4.7 所示（图 4.7 中的下标 SC 特指供应链），对于电商平台和整体供应链而言，当市场进入成本比较高时，RM 表现好于 MR。这是因为，当市场进入成本相对较高时，在 RM 中，电商平台可以通过主动的信息分享策略

促进制造商建立代销渠道,从而扩大电商平台以及供应链的销售渠道,进而增加电商平台以及供应链的整体收益。然而,在 MR 下,电商平台的信息分享策略和制造商的渠道建立策略之间的交互作用消失了;显然,当市场进入成本相对高时,电商平台和供应链都会偏好 RM。

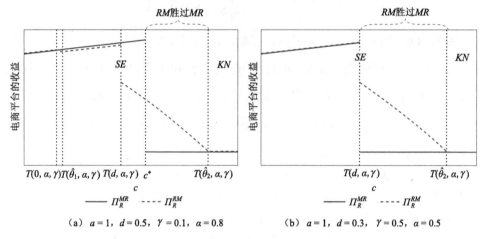

（a）$a=1$,$d=0.5$,$\gamma=0.1$,$\alpha=0.8$　　　　（b）$a=1$,$d=0.3$,$\gamma=0.5$,$\alpha=0.5$

图 4.6　电商平台对于不同模型的偏好

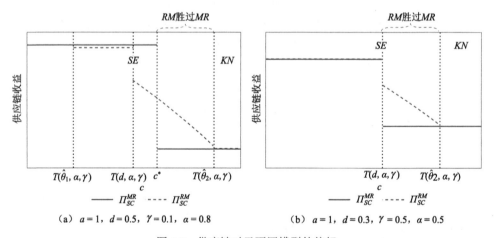

（a）$a=1$,$d=0.5$,$\gamma=0.1$,$\alpha=0.8$　　　　（b）$a=1$,$d=0.3$,$\gamma=0.5$,$\alpha=0.5$

图 4.7　供应链对于不同模型的偏好

本节的结论也可以为现实中的厂商提供相应的管理学建议。比如,在代销渠道中,电商平台京东对不同类别的制造商收取不同的市场进入费用。京东平台《2020 年开放平台各类目资费一览表》中显示,家电制造商或者手机制造商需要缴纳的市场进入成本要高于内衣品牌或者儿童玩具制造商。因此,对于电商平台而言,当与拥有高进入成本的制造商谈判时,应首先将私有的市场需求信息分享给制造商来激发诱导效应的产生，从而激励制造商在电商平台中开辟代销渠道；然而，当与拥有较低市场进入成本的制造商谈判时，电商平台应先搁置自己信息分享策略，根据制造商渠道建立决策来进一步地决定是否进行信息分享。通过类似的方式，本节的结论也可以为现实中制造商在和电商平台协商时提供相应的指导建议。

4.5　边界解的情况

在基本模型中，本章通过假设（4.9）将研究重点放到销售数量的内点解上，并且通过模型推导发现电商平台的信息分享策略可以促进制造商建立代销渠道。本节将放松假设（4.9）同时考虑内点解和边界解的情况，旨在验证基本模型中的核心结论仍然成立。

为了叙述简洁，本章将详细的推导过程归纳到本章附录中。同基本模型中的推导思路相同，应用逆向归纳法，首先分析制造商在不同信息分享策略下最优的渠道建立策略；其次返回博弈的第一阶段分析电商平台最优的信息分享决策。

4.5.1　电商平台不进行信息分享（K）

如果制造商不建立代销渠道，制造商最优的批发价格以及电商平台最优的销售数量可以表示为

$$w^{KN} = \begin{cases} \dfrac{a+d}{2}, & a > d \\[2mm] \dfrac{a+2d}{3}, & a \leqslant d \end{cases} \tag{4.14}$$

$$q_R^N = \begin{cases} \dfrac{a+2\theta-d}{4}, & a > d \\[2mm] \dfrac{(2a-2d+3\theta)^+}{6}, & a \leqslant d \end{cases} \tag{4.15}$$

如果制造商建立代销渠道，对于任意给定的批发价格 w，制造商和电商平台最优的销售数量可以表示为

$$q_M^{KE}(w) = \begin{cases} \dfrac{(2-\gamma)(a+d)+w\gamma}{4-(1+\alpha)\gamma^2}, & w \leqslant w_1 \\[3mm] \dfrac{-8d+\gamma^2(a+2d-w)(1+\alpha)+2\sqrt{2d}G(w)}{\gamma^3(1+\alpha)^2}, & w_1 < w \leqslant w_2 \\[3mm] \dfrac{a+d}{2}, & w > w_2 \end{cases} \tag{4.16}$$

$$q_R^{KE}(\theta,w) = \begin{cases} \dfrac{(a+d)(2-(1+\alpha)\gamma)-2w}{4-(1+\alpha)\gamma^2} + \dfrac{\theta-d}{2}, & w \leqslant w_1 \\[3mm] \left(\dfrac{8d-(1+\alpha)\gamma^2(2d-\theta)-2\sqrt{2}G(w)}{2\gamma^2(1+\alpha)}\right)^+, & w_1 < w \leqslant w_2 \\[3mm] 0, & w > w_2 \end{cases} \tag{4.17}$$

其中，

$$G(w) = \sqrt{8d-(1+\alpha)\gamma^2\left[2(a+2d-w)-(a+d)(1+\alpha)\gamma\right]}$$

$$w_1 = \frac{1}{4}\left[(2-\gamma)(1+\alpha)(2a-d\gamma)-4a\alpha\right] \tag{4.18}$$

$$w_2 = \frac{1}{2}\left[2a+4d-(a+d)(1+\alpha)\gamma\right]$$

式（4.16）～式（4.18）表明，制造商和电商平台最优的销售数量为分段结构。具体来说，当批发价格比较低时，对于任意的市场信息实现值 $\theta \in [0,2d]$，电商平台可以选择严格为正的销售数量，也就是 $q_R^{KE}(\theta,w)>0$，这也对应了基本模型中的内点解情况。当批发价格非常大时，过高的批发价格攫取了全部的边际收益，因此在这种情况下电商平台不会选择销售制造商商品，即 $q_R^{KE}(\theta,w)=0$。当批发价格处于中间程度时，电商平台在决定销售数量时就需要利用市场需求信息来充分评估市场状态。此时电商平台只有当市场状态比较乐观时，也就是 θ 较大时，才会选择销售制造商商品，即 $q_R^{KE}(\theta,w)>0$；否则，$q_R^{KE}(\theta,w)=0$，此时的结果对应了边界解的情况。在预期了电商平台最优的销售数量决策后，制造商作为斯塔克尔伯格模型的领导者将通过选择最优的批发价格最大化期望收益，即

$$\max_w E_\Theta\left[\pi_M\left(\Theta,w,q_R^{KE}(\Theta,w),q_M^{KE}(w)\right)\right] \tag{4.19}$$

4.5.2 电商平台进行信息分享（S）

当电商平台分享信息时，制造商可以利用市场信息提高自己批发价格以及销售数量决策的效率。因此，由引理 4.4 可知，此时制造商建立代销渠道当且仅当 $c \leqslant T(\theta,\alpha,\gamma)$。

需要说明的是，放松假设（4.9）使得推导过程变得十分复杂，以至于在边界解的情况下得不到最优解的解析形式。接下来，通过数值分析的方法研究电商平台最优的信息分享策略，旨在验证基本模型中的核心结论仍然成立。为了达到这个目的，本节选取了两组参数。在第一组参数中，假设 $\gamma=1$，$a=1$，$d=0.3$，$\alpha=0.3$，来刻画市场存在完全竞争的情况。在第二组数中，假设 $\gamma=0.5$，$a=1$，

$d=1.3$，$\alpha=0.3$，来刻画市场需求存在较高不确定性的情况。需要指出的是，两组参数设定都将与基本模型中的假设（4.9）产生矛盾，因此在这两组参数中，KE情况下电商平台最优的销售数量将会在边界解处取得。

首先考虑在第一组参数下的情况，当市场存在完全竞争时，图 4.8 描述了当电商平台不进行信息分享时，制造商和电商平台最优的批发价格以及销售数量决策。当电商平台销售数量处在边界解时，只有当市场需求比较乐观时，即 θ 比较大时，电商平台才会选择严格为正的销售数量；当市场需求比较悲观时，即 θ 比较小时，电商平台的销售利润不能抵消激烈的市场竞争以及高昂的批发价格带来的利润损失，因此电商平台不会选择销售商品。

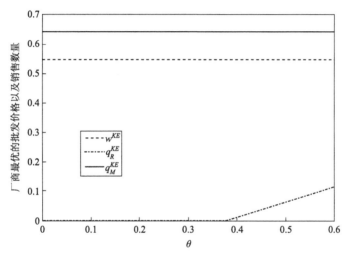

图 4.8   完全竞争市场下最优的批发价格和销售数量

$\gamma=1$，$a=1$，$d=0.3$，$\alpha=0.3$

图 4.9 展示了完全竞争市场中电商平台最优的信息分享决策仍然呈现出与基本模型中相似的结论及性质。此时，当市场进入成本比较低或者处于中间水平时，电商平台仍然有动机主动分享市场需求信息。值得注意的是，当市场进入成本处于中间水平时，电商平台仍然可以通过主动的信息分享促进制造商建立代销渠道。这也证明了，基本模型中的核心结论在市场处于完全竞争状态时仍然成立。

对于市场需求存在很高波动性的情况，图 4.10 和图 4.11 展示了厂商最优的批发价格和销售数量决策以及电商平台最优的信息分享决策。同样地，当电商平台不进行信息分享时，电商平台最优的销售数量取决于具体的市场需求信息实现值 θ。电商平台只有在市场需求比较乐观的情况下，才会选择销售制造商商品。相应地，在这种情况下，电商平台只有当市场进入成本处于中间范围时才会选择进行信息分享，并且此时信息分享策略可以促进制造商建立代销渠道。

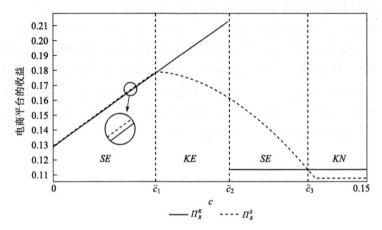

图4.9　完全竞争市场下电商平台最优的信息分享策略

$\gamma = 1$，$a = 1$，$d = 0.3$，$\alpha = 0.3$

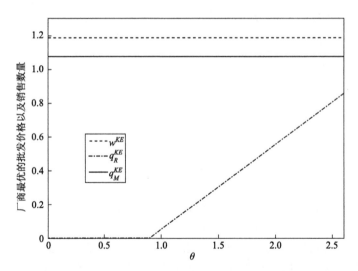

图4.10　需求不确定性较高时最优的批发价格和销售数量

$d = 1.3$，$a = 1$，$\alpha = 0.3$，$\gamma = 0.5$

通过本节的分析，本章运用数值分析的方法验证了：即使基本模型中假设（4.9）不成立，在边界解的情况下，本章核心结论仍然成立。

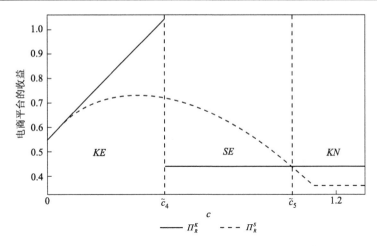

图 4.11 需求不确定性较高时电商平台最优的信息分享策略

$d = 1.3$， $a = 1$， $\alpha = 0.3$， $\gamma = 0.5$

4.6 本 章 小 结

在电商平台经济中，电商平台通过收取代理费以及市场进入成本的方式向制造商提供代销渠道，从而使得制造商可以直接销售商品给下游消费者。本章研究了电商平台的信息分享策略和制造商的渠道建立策略之间的交互作用。本章发现，在两种条件下，电商平台会主动地分享私有的市场需求信息给制造商。

首先，当市场进入成本比较低时，不论电商平台是否进行信息分享，制造商都会选择建立代销渠道。在这种情况下，只有当代理费比例比较高并且市场竞争程度比较低时电商平台才会选择进行信息分享。此时信息分享可以帮助制造商更好地进行批发价格和销售数量决策。由于电商平台可以收取很高比例的代理费，制造商销售数量决策效率的提升可以增加电商平台在代销渠道中的收益。尽管信息分享同样使得传统零售渠道中的批发价格更为精确，但是代销渠道中收益的增加可以抵消零售渠道中收益的减少，因此电商平台选择进行信息分享。其次，当市场进入成本处于中间水平时，电商平台的信息分享策略可以促进制造商建立代销渠道。这是因为，当电商平台不进行信息分享时，由于相对较高的进入成本，制造商不会建立代销渠道。反之，如果电商平台进行信息分享，可以增加制造商决策的效率从而帮助制造商克服相对较高的进入成本,进而促进代销渠道的建立；由于代销渠道的建立可以增加电商平台的收益，因此电商平台此时愿意进行信息分享。

除此之外，本章也考虑了一个相反的博弈顺序，即制造商先进行渠道建立决策，然后电商平台再进行信息分享决策。研究表明，在这种博弈顺序下，尽管基本模型中电商平台信息分享的诱导效应消失，但是其仍然会进行信息分享来提高制造商决策效率。本章还发现，相比于基本模型，尽管制造商丧失了后动优势，但是其仍然会偏向于新的博弈顺序（MR 模型）。对于电商平台和整体供应链而言，其对于不同模型的偏好取决于市场进入成本、代理费比例以及市场竞争系数。本章同样验证了，基本模型中的核心结论在边界解情况下（完全竞争市场，高需求不确定性市场）仍然成立。

本章的核心结论包含以下管理学启示：电商平台在进行信息分享策略时应该充分评估上游制造商的类型并且合理把握信息分享时机。当与市场进入成本较高的制造商谈判时，电商平台应首先将私有的市场需求信息分享给制造商来触发诱导效应，从而激励制造商在电商平台中开辟代销渠道；然而，当与市场进入成本较低的制造商谈判时，电商平台应根据制造商渠道建立决策来进一步地决定是否进行信息分享。

参 考 文 献

范小军, 刘艳. 2016. 制造商引入在线渠道的双渠道价格与服务竞争策略[J]. 中国管理科学, 24(7): 143-148.

浦徐进, 刘伟, 杨浩. 2016. 互联网环境下双渠道供应链的渠道模式和定价决策[J]. 营销科学学报, 12(4): 76-88.

王玖河, 赵慧, 张宁宁. 2019. 自有品牌零售商与制造商竞合策略演化博弈分析[J]. 经济与管理, 33(6): 27-33.

Arya A, Mittendorf B. 2011. Disclosure standards for vertical contracts[J]. The RAND Journal of Economics, 42(3): 595-617.

Ghoshal A, Kumar S, Mookerjee V. 2020. Dilemma of data sharing alliance: when do competing personalizing and non-personalizing firms share data[J]. Production and Operations Management, 29(8): 1918-1936.

Guo L. 2009. The benefits of downstream information acquisition[J]. Marketing Science, 28(3): 457-471.

Ha A Y, Tong S L, Zhang H T. 2011. Sharing demand information in competing supply chains with production diseconomies[J]. Management Science, 57(3): 566-581.

Huang S, Guan X, Chen Y J. 2018. Retailer information sharing with supplier encroachment[J]. Production and Operations Management, 27(6): 1133-1147.

Jain A, Sohoni M. 2015. Should firms conceal information when dealing with common suppliers?[J]. Naval Research Logistics, 62(1): 1-15.

Jiang B J, Tian L, Xu Y F, et al. 2016. To share or not to share: demand forecast sharing in a distribution channel[J]. Marketing Science, 35(5): 800-809.

Kwark Y, Chen J Q, Raghunathan S. 2017. Platform or wholesale? A strategic tool for online retailers to benefit from third-party information[J]. MIS Quarterly, 41(3): 763-785.

Li L. 2002. Information sharing in a supply chain with horizontal competition[J]. Management Science, 48(9): 1196-1212.

Shen Y L, Willems S P, Dai Y. 2019. Channel selection and contracting in the presence of a retail platform[J]. Production and Operations Management, 28(5): 1173-1185.

Zhang H T. 2002. Vertical information exchange in a supply chain with duopoly retailers[J]. Production and Operations Management, 11(4): 531-546.

本 章 附 录

命题 4.1 证明 在唯一的零售渠道下，电商平台首先通过批发价契约从制造商购得商品，其次电商平台将商品转卖给下游消费者。令 KR 表示电商平台不分享信息并且市场仅存零售渠道的情况。当电商平台不进行信息分享时，制造商作为斯塔克尔伯格模型的领导者将解决以下问题：

$$\max_{w} E_{\Theta}\left[\pi_M^{KR}\left(\Theta, w, q_R^{KR}(\Theta, w)\right)\right]$$

$$\text{s.t.} \quad q_R^{KR}(\theta, w) = \arg\max_{q_R} \pi_R^{KR}(\theta, w, q_R)$$

其中，

$$\pi_R^{KR}(\theta, w, q_R) = (a + \theta - q_R - w) q_R$$

$$\pi_M^{KR}(\theta, w, q_R) = w q_R$$

通过逆向归纳法，可以得到：

$$q_R^{KR}(\theta, w) = \frac{a + \theta - w}{2}$$

预期电商平台最优的反应函数，制造商最优的批发价格为

$$w^{KR} = \frac{a + d}{2}$$

因此，当电商平台不进行信息分享时，电商平台和制造商在零售渠道下的期望收益为

$$\Pi_R^{KR} = \frac{(a+d)^2}{16} + \frac{d^2}{12}$$

$$\Pi_M^{KR} = \frac{(a+d)^2}{8}$$

令 SR 表示电商平台进行信息分享并且市场仅存零售渠道的情况。同理，运

用逆向归纳法可以得到电商平台进行信息分享时,电商平台和制造商的期望收益:

$$\Pi_R^{SR} = \frac{(a+d)^2}{16} + \frac{d^2}{48}$$

$$\Pi_M^{SR} = \frac{(a+d)^2}{8} + \frac{d^2}{24}$$

通过比较 Π_R^{KR} 以及 Π_R^{SR} 可以知道当市场仅存在零售渠道时,电商平台没有动机进行信息分享。

当市场仅存在代销渠道时,如果电商平台不进行信息分享,制造商决定代销渠道中的销售数量 q_M^{KC},其中 "KC" 指代这种情况。通过逆向归纳法,可以得到在 "KC" 情况下,电商平台和制造商的期望收益:

$$\Pi_R^{KC} = \frac{\alpha(a+d)^2}{4} + c$$

$$\Pi_M^{KC} = \frac{(1-\alpha)(a+d)^2}{4} - c$$

通过类似的方法,当电商平台进行信息分享并且市场仅存在代销渠道时(SC 情况),电商平台和制造商的期望收益为

$$\Pi_R^{SC} = \frac{\alpha(a+d)^2}{4} + \frac{\alpha d^2}{12} + c$$

$$\Pi_M^{SC} = \frac{(1-\alpha)(a+d)^2}{4} + \frac{(1-\alpha)d^2}{12} - c$$

通过比较 Π_R^{KC} 和 Π_R^{SC} 可以得知,当市场仅存在代销渠道时,电商平台有动机进行信息分享策略。证毕。

引理 4.1 证明　通过逆向归纳法可以求得相应的市场均衡。对于任意给定的市场批发价格 w,博弈的最优市场销售数量可以由以下方程求得

$$\begin{cases} \dfrac{\partial}{\partial q_R} \pi_R^{KN}\left(\theta, w, q_R, q_M^{KN}(w)\right)\big|_{q_R = q_R^{KN}(\theta, w)} = 0, & \forall \theta \in [0, 2d] \\ \dfrac{\partial}{\partial q_M} \left(\displaystyle\int_0^{2d} \pi_M^{KN}\left(\theta, w, q_R^{KN}(\theta, w), q_M\right) \dfrac{1}{2d}\,\mathrm{d}\theta \right)\big|_{q_M = q_M^{KN}(w)} = 0 \end{cases}$$

从而,

$$\begin{cases} a + \theta - 2q_R^{KN}(\theta, w) - \gamma(1+\alpha)q_M^{KN}(w) - w = 0, & \forall \theta \in [0, 2d] \\ (1-\alpha)\displaystyle\int_0^{2d} \left[a + \theta - 2q_M^{KN}(w) - \gamma q_R^{KN}(\theta, w) \right]\mathrm{d}\theta = 0 \end{cases}$$

因此可以得到:

$$q_R^{KN}(\theta,w) = \frac{(a+d)(2-\gamma(1+\alpha))-2w}{4-(1+\alpha)\gamma^2} + \frac{\theta-d}{2}$$

$$q_M^{KN}(w) = \frac{(2-\gamma)(a+d)+\gamma w}{4-(1+\alpha)\gamma^2}$$

预期到市场最优的订货数量，制造商决定批发价格时需要解决以下问题：

$$\frac{\mathrm{d}}{\mathrm{d}w}\left(\int_0^{2d} \pi_M^{KN}\left(\theta,w,q_R^{KN}(\theta,w),q_M^{KN}(w)\right)\frac{1}{2d}\mathrm{d}\theta\right)\Big|_{w=w^{KN}} = 0$$

显然市场最优的批发价格为

$$w^{KN} = \frac{(a+d)\left((\alpha+1)^2\gamma^3-8\alpha\gamma-4\gamma^2+8\right)}{16-2(\alpha+3)\gamma^2}$$

将市场最优的批发价格以及相应的市场销售数量代入厂商收益函数中，可以容易地得到：

$$\Pi_R^{KN} = \frac{(1-\gamma)^2\left(4-\alpha\gamma^2\right)(a+d)^2}{\left(8-(\alpha+3)\gamma^2\right)^2} + \frac{3\alpha(a+d)^2+d^2}{12} + c$$

$$\Pi_M^{KN} = \frac{\left((1+\alpha)^2\gamma^2-8\alpha-8\gamma+12\right)(a+d)^2}{32-4(\alpha+3)\gamma^2} - c$$

证毕。

引理 4.2 证明 分析制造商在电商平台不进行信息分享时最优的渠道建立决策，只需比较 Π_M^{KN} 和 Π_M^{KE} 即可：

$$\Pi_M^{KN} = \frac{(a+d)^2}{8}$$

$$\Pi_M^{KE} = \frac{\left((1+\alpha)^2\gamma^2-8\alpha-8\gamma+12\right)(a+d)^2}{32-4(\alpha+3)\gamma^2} - c$$

显然制造商选择建立代销渠道当且仅当

$$\Pi_M^{KE} - \Pi_M^{KN} = T(d,\alpha,\gamma) - c \geqslant 0$$

值得注意的是，上述条件也可以等价地表示为：$\alpha \leqslant \alpha^*(c)$，其中 $\alpha^*(c)$ 为确保制造商建立代销渠道时，电商平台可以选取的最大代理费比例，即制造商建立代销渠道当且仅当市场进入成本比较低（或者等价为代销渠道代理费比例比较低）；否则制造商不会建立代销渠道。特别地，当市场进入成本为 0 时，

$$\alpha \leqslant \alpha^*(0) = \frac{16 - 5\gamma^2 - \sqrt{256 - 288\gamma^2 + 128\gamma^3 - 15\gamma^4}}{4\gamma^2}$$

为了排除不重要（trivial）的情况发生：即使市场进入成本为 0，制造商也不建立代销渠道。本章对代销渠道中的代理费比例作如下假设：$\alpha \leqslant \alpha^*(0)$。

此外，可以很容易地验证：

$$\frac{\partial T(d, \alpha, \gamma)}{\partial \gamma} < 0$$

对于任意的 $\gamma \in (0,1)$ 都成立。因此，临界值 $T(d, \alpha, \gamma)$ 关于市场竞争系数单调递减。证毕。

引理 4.3 证明　应用逆向归纳法可以得到博弈的均衡结果。对于任意给定的批发价格 w 和市场需求信息实现值 θ，可以通过以下方程组得到电商平台和制造商最优的市场销售数量：

$$\begin{cases} \frac{\partial}{\partial q_R} \pi_R^{SE}\left(\theta, w, q_R, q_M^{SE}(\theta, w)\right)\big|_{q_R = q_R^{SE}(\theta, w)} = 0 \\ \frac{\partial}{\partial q_M} \pi_M^{SE}\left(\theta, w, q_R^{SE}(\theta, w), q_M\right)\big|_{q_M = q_M^{SE}(\theta, w)} = 0 \end{cases}$$

即

$$\begin{cases} a + \theta - 2q_R^{SE}(\theta, w) - \gamma(1 + \alpha)q_M^{SE}(\theta, w) - w = 0 \\ (1 - \alpha)\left(a + \theta - 2q_M^{SE}(\theta, w) - \gamma q_R^{SE}(\theta, w)\right) = 0 \end{cases}$$

通过联立上述方程组可以得到对于任意给定的批发价格和市场需求实现值，电商平台和制造商最优的销售数量为

$$q_R^{SE}(\theta, w) = \frac{(a + \theta)(2 - \gamma(1 + \alpha)) - 2w}{4 - (1 + \alpha)\gamma^2}$$

$$q_M^{SE}(\theta, w) = \frac{(2 - \gamma)(a + \theta) + \gamma w}{4 - (1 + \alpha)\gamma^2}$$

将电商平台和制造商最优的销售数量代入制造商的收益函数中，通过以下方程可以得到市场最优的批发价格：

$$\frac{\mathrm{d}}{\mathrm{d}w}\left(\pi_M^{SE}\left(\theta, w, q_R^{SE}(\theta, w), q_M^{SE}(\theta, w)\right)\right)\big|_{w = w^{SE}(\theta)} = 0$$

即

$$w^{SE}(\theta) = \frac{(a + \theta)\left((\alpha + 1)^2 \gamma^3 - 8\alpha\gamma - 4\gamma^2 + 8\right)}{16 - 2(\alpha + 3)\gamma^2}$$

将市场最优的批发价格以及相应的市场销售数量代入厂商收益函数中，可以容易地得到：

$$\pi_R^{SE} = \frac{\left(\alpha\left((1+\alpha)(5+\alpha)\gamma^4 - 4(4\alpha+13)\gamma^2 + 8\gamma^3 + 64\right) + 16(1-\gamma)^2\right)(a+\theta)^2}{4\left(8-(\alpha+3)\gamma^2\right)^2} + c$$

$$\pi_M^{SE} = \frac{\left((1+\alpha)^2\gamma^2 - 8\alpha - 8\gamma + 12\right)(a+\theta)^2}{32 - 4(\alpha+3)\gamma^2} - c$$

证毕。

引理 4.4 证明　当电商平台进行信息分享时，制造商在不同渠道建立策略下的收益分别为

$$\pi_M^{SN} = \frac{(a+\theta)^2}{8}$$

$$\pi_M^{SE} = \frac{\left((1+\alpha)^2\gamma^2 - 8\alpha - 8\gamma + 12\right)(a+\theta)^2}{32 - 4(\alpha+3)\gamma^2} - c$$

因此，制造商选择建立代销渠道当且仅当

$$\pi_M^{SE} - \pi_M^{SN} = T(\theta,\alpha,\gamma) - c \geqslant 0$$

即 $c \leqslant T(\theta,\alpha,\gamma)$。证毕。

命题 4.2 证明　为了得到电商平台最优的信息分享策略，首先需要得到电商平台在不同信息分享策略下的期望收益 Π_R^S 和 Π_R^K。

当电商平台不进行信息分享时，通过引理 4.2 可得，制造商建立代销渠道当且仅当 $c \leqslant T(d,\alpha,\gamma)$，在这种情况下，电商平台相应的收益为 Π_R^{KE}；否则，当制造商不建立代销渠道时，电商平台的期望收益为 Π_R^{KN}。因此，电商平台在不进行信息分享下的期望收益可以表示为

$$\Pi_R^K = \begin{cases} \Pi_R^{KE}, & c \leqslant T(d,\alpha,\gamma) \\ \Pi_R^{KN}, & c > T(d,\alpha,\gamma) \end{cases}$$

当电商平台进行信息分享策略时，当市场进入成本比较低时 $c \leqslant T(0,\alpha,\gamma)$，制造商一定会建立代销渠道，则在此情况下，电商平台的期望收益为 $E_\Theta\left[\pi_R^{SE}\right]$。当市场进入成本足够大时 $c > T(2d,\alpha,\gamma)$，制造商一定不会建立代销渠道，此时电商平台的期望收益为 $E_\Theta\left[\pi_R^{SN}\right]$。当市场进入成本满足 $c \in \left(T(0,\alpha,\gamma), T(2d,\alpha,\gamma)\right]$ 时，通过引理 4.2 可以知道制造商建立代销渠道当且仅当 $c \leqslant T(\theta,\alpha,\gamma)$。令

$\hat{\theta}: c = T\left(\hat{\theta}, \alpha, \gamma\right)$，因此电商平台期望收益为

$$\int_0^{\hat{\theta}} \pi_R^{SN} \frac{1}{2d} \mathrm{d}\theta + \int_{\hat{\theta}}^{2d} \pi_R^{SE} \frac{1}{2d} \mathrm{d}\theta$$

因此得到电商平台在信息分享下的期望收益：

$$\Pi_R^S = \begin{cases} E_\Theta\left[\pi_R^{SE}\right], & c \leqslant T(0, \alpha, \gamma) \\ \int_0^{\hat{\theta}} \pi_R^{SN} \frac{1}{2d} \mathrm{d}\theta + \int_{\hat{\theta}}^{2d} \pi_R^{SE} \frac{1}{2d} \mathrm{d}\theta, & c \in \left(T(0, \alpha, \gamma), T(2d, \alpha, \gamma)\right] \\ E_\Theta\left[\pi_R^{SN}\right], & c > T(2d, \alpha, \gamma) \end{cases}$$

接下来将证明过程分为两步，第一步证明在 $c = 0$ 时的结论。第二步证明在 $c \in \left(T(0, \alpha, \gamma), T(2d, \alpha, \gamma)\right]$ 时的结论。

第一步：当 $c = 0$ 时，

$$\Pi_R^S - \Pi_R^K = \frac{td^2}{12\left[8 - (3 + \alpha)\gamma^2\right]^2}$$

其中，

$$t = -48 - 32\gamma + 64\alpha + 8\alpha\gamma^3 + 4\gamma^2\left(16 - 9\alpha - 4\alpha^2\right) - \gamma^4\left(9 + \alpha - 5\alpha^2 - \alpha^3\right)$$

接下来将证明 t 关于参数 $\alpha \in \left(0, \alpha^*(0)\right]$ 是单调递增的。因为 $\frac{\partial^3 t}{\partial \alpha^3} = 6\gamma^4 > 0$，因此可以知道 $\frac{\partial^2 t}{\partial \alpha^2}$ 关于 α 单调递增。由于 $\frac{\partial^2 t}{\partial \alpha^2}\big|_{\alpha = \alpha^*(0)} < 0$，因此 $\frac{\partial t}{\partial \alpha}$ 关于参数 α 单调递减。此外由于 $\frac{\partial t}{\partial \alpha}\big|_{\alpha = \alpha^*(0)} > 0$，可以知道 t 关于参数 $\alpha \in \left(0, \alpha^*(0)\right]$ 是单调递增的。通过简单的代数运算可以知道 $t|_{\alpha = 0} = -48 - 32\gamma + 64\gamma^2 - 9\gamma^4 < 0$。对于任意 $\gamma \in (0, 1)$ 恒成立。然而 $t|_{\alpha = \alpha^*(0)} > 0$ 当且仅当 $\gamma \in \left(0, \gamma^*\right)$，其中 $\gamma^* \approx 0.192$。因此，存在 $\alpha' \in \left(0, \alpha^*(0)\right)$，当 $c = 0$ 时，$\Pi_R^S \geqslant \Pi_R^K$ 当且仅当 $\gamma \leqslant \gamma^*$ 并且 $\alpha \geqslant \alpha'$。

由于当 $c \in \left[0, T(0, \alpha, \gamma)\right]$ 时，电商平台在不同信息分享策略下的期望收益关于市场进入成本单调递增，并且斜率都为 1。因此，证明了当 $c \in \left[0, T(0, \alpha, \gamma)\right]$ 时，$\Pi_R^S \geqslant \Pi_R^K$ 当且仅当 $\gamma \leqslant \gamma^*$ 和 $\alpha \geqslant \alpha'$ 成立。

第二步：当市场进入成本处于 $c \in \left(T(0, \alpha, \gamma), T(2d, \alpha, \gamma)\right]$ 时，首先分析电商平台在信息分享下的期望收益关于市场进入成本的单调性。因为分析 Π_R^S 关于成本 c 的单调性等价于分析其关于 $\hat{\theta}$ 的单调性。

当 $c \in \left(T(0,\alpha,\gamma), T(2d,\alpha,\gamma) \right]$ 时，Π_R^S 也可以等价地表示为

$$\Pi_R^S = \frac{16 + 64\alpha + 4\gamma^2\left(4 - 13\alpha - 4\alpha^2\right) - 32\gamma + 8\gamma^3\alpha + \gamma^4\alpha\left(5 + 6\alpha + \alpha^2\right)}{24d\left[8 - (3+\alpha)\gamma^2\right]^2}$$

$$\times \left[(a+2d)^3 - \left(a+\hat{\theta}\right)^3 \right] + \frac{\left(a+\hat{\theta}\right)^3 - a^3}{96d} + T\left(\hat{\theta},\alpha,\gamma\right)\frac{2d - \hat{\theta}}{2d}$$

需要注意的是：$\dfrac{\partial^2 \Pi_R^S}{\partial \hat{\theta}^2} < 0$ 并且 $\dfrac{\partial \Pi_R^S}{\partial \hat{\theta}}|_{\hat{\theta}=2d} < 0$ 对于任意的 $\alpha \in \left(0, \alpha^*(0)\right]$ 和 $\gamma \in (0,1)$ 都成立。然而对于 $\dfrac{\partial \Pi_R^S}{\partial \hat{\theta}}|_{\hat{\theta}=0}$ 的符号则取决于具体的参数 α 和 γ。换句话说，Π_R^S 关于参数 $\hat{\theta}$ 的单调性只能存在两种情况：① Π_R^S 关于参数 $\hat{\theta}$ 单调递减；② Π_R^S 关于参数 $\hat{\theta}$ 先递增后递减。由于 $\dfrac{\partial \Pi_R^S}{\partial \hat{\theta}}|_{\hat{\theta}=d} < 0$，因此当 $c \in \left(T(d,\alpha,\gamma), T(2d,\alpha,\gamma) \right]$ 时，Π_R^S 关于市场进入成本单调递减。

接下来分析电商平台在不进行信息分享时的期望收益 Π_R^K 关于市场进入成本 c 的单调性。通过 Π_R^K 的表达式，可以很容易地发现当 $c \in \left(T(0,\alpha,\gamma), T(d,\alpha,\gamma) \right]$ 时，Π_R^K 关于参数 c 单调递增；当 $c \in \left(T(d,\alpha,\gamma), T(2d,\alpha,\gamma) \right]$ 时，Π_R^K 与市场进入成本无关。

通过常规但是烦琐的代数运算，可以得知：

$$\left(\Pi_R^S - \Pi_R^K\right)|_{c=T(d,\alpha,\gamma)} < 0$$

对于任意的 $\dfrac{d}{a} \leqslant \dfrac{4(1-\gamma)}{(2-\gamma)(2+3\gamma) - \alpha\gamma^2}$ 都成立。此外，$\left(\Pi_R^S - \Pi_R^K\right)|_{c \to T(d,\alpha,\gamma)^+} > 0$，$\left(\Pi_R^S - \Pi_R^K\right)|_{c=T(2d,\alpha,\gamma)} < 0$。

因此，结合这两步的证明过程以及电商平台期望收益关于市场进入成本的单调性可以知道当 $\alpha \geqslant \alpha'$，$\gamma \leqslant \gamma^*$ 时，存在唯一的 $\hat{\theta}_1 \in (0,d)$，当 $c \in \left[0, T\left(\hat{\theta}_1,\alpha,\gamma\right)\right]$ 时，电商平台选择进行信息分享。此外，存在唯一的 $\hat{\theta}_2 \in (d,2d)$，当 $c \in \left(T(d,\alpha,\gamma), T\left(\hat{\theta}_2,\alpha,\gamma\right)\right]$ 时，电商平台也会选择进行信息分享。

综上所述电商平台选择进行信息分享 $\Pi_R^S \geqslant \Pi_R^K$ 存在两种情况：① $\alpha \geqslant \alpha'$，$\gamma \leqslant \gamma^*$ 并且 $c \in \left[0, T\left(\hat{\theta}_1,\alpha,\gamma\right)\right]$；② $c \in \left(T(d,\alpha,\gamma), T\left(\hat{\theta}_2,\alpha,\gamma\right)\right]$。证毕。

命题 4.3 证明　首先给出电商平台、制造商和供应链事前的期望收益，其次

分析市场进入成本和市场竞争系数对厂商收益的影响。

当 $\gamma \leqslant \gamma^*, \alpha \geqslant \alpha'$ 时，通过电商平台最优的信息分享策略以及制造商相应的渠道建立策略可以知道：

$$\Pi_R = \begin{cases} \dfrac{16+64\alpha+4\gamma^2(4-13\alpha-4\alpha^2)-32\gamma+8\gamma^3\alpha+\gamma^4\alpha(5+6\alpha+\alpha^2)}{12[8-(3+\alpha)\gamma^2]^2}[3(a+d)^2+d^2]+c, \\ \hspace{8cm} c \leqslant T(0,\alpha,\gamma) \\[2mm] \dfrac{16+64\alpha+4\gamma^2(4-13\alpha-4\alpha^2)-32\gamma+8\gamma^3\alpha+\gamma^4\alpha(5+6\alpha+\alpha^2)}{24d[8-(3+\alpha)\gamma^2]^2}[(a+2d)^3-(a+\hat{\theta})^3] \\[2mm] +\dfrac{(a+\hat{\theta})^3-a^3}{96d}+T(\hat{\theta},\alpha,\gamma)\dfrac{2d-\hat{\theta}}{2d}, \hspace{1.5cm} c\in(T(0,\alpha,\gamma),T(\hat{\theta}_1,\alpha,\gamma)] \\[2mm] \dfrac{(a+d)^2(1-\gamma)^2(4-\alpha\gamma^2)}{[8-(3+\alpha)\gamma^2]^2}+\dfrac{3a(a+d)^2+d^2}{12}+c, \hspace{0.8cm} c\in(T(\hat{\theta}_1,\alpha,\gamma),T(d,\alpha,\gamma)] \\[2mm] \dfrac{16+64\alpha+4\gamma^2(4-13\alpha-4\alpha^2)-32\gamma+8\gamma^3\alpha+\gamma^4\alpha(5+6\alpha+\alpha^2)}{24d[8-(3+\alpha)\gamma^2]^2}[(a+2d)^3-(a+\hat{\theta})] \\[2mm] +\dfrac{(a+\hat{\theta})^3-a^3}{96d}+T(\hat{\theta},\alpha,\gamma)\dfrac{2d-\hat{\theta}}{2d}, \hspace{1.5cm} c\in(T(d,\alpha,\gamma),T(\hat{\theta}_2,\alpha,\gamma)] \\[2mm] \dfrac{(a+d)^2}{16}+\dfrac{d^2}{12}, \hspace{4cm} c>T(\hat{\theta}_2,\alpha,\gamma) \end{cases}$$

$$\Pi_M = \begin{cases} \dfrac{12-8\alpha-8\gamma+\gamma^2(1+\alpha)^2}{12[8-(3+\alpha)\gamma^2]}[3(a+d)^2+d^2], \hspace{1cm} c\leqslant T(0,\alpha,\gamma) \\[2mm] \dfrac{12-8\alpha-8\gamma+\gamma^2(1+\alpha)^2}{12[8-(3+\alpha)\gamma^2]}[(a+2d)^3-(a+\hat{\theta})^3] \\[2mm] +\dfrac{(a+\hat{\theta})^3-a^3}{48d}-T(\hat{\theta},\alpha,\gamma)\dfrac{2d-\hat{\theta}}{2d}, \hspace{1.5cm} c\in(T(0,\alpha,\gamma),T(\hat{\theta}_1,\alpha,\gamma)] \\[2mm] \dfrac{(a+d)^2(12-8\gamma-8\alpha+\gamma^2(1+\alpha)^2)}{4[8-(3+\alpha)\gamma^2]^2}-c, \hspace{1cm} c\in(T(\hat{\theta}_1,\alpha,\gamma),T(d,\alpha,\gamma)] \\[2mm] \dfrac{12-8\alpha-8\gamma+\gamma^2(1+\alpha)^2}{12[8-(3+\alpha)\gamma^2]}[(a+2d)^3-(a+\hat{\theta})^3] \\[2mm] +\dfrac{(a+\hat{\theta})^3-a^3}{48d}-T(\hat{\theta},\alpha,\gamma)\dfrac{2d-\hat{\theta}}{2d}, \hspace{1.5cm} c\in(T(d,\alpha,\gamma),T(\hat{\theta}_2,\alpha,\gamma)] \\[2mm] \dfrac{(a+d)^2}{8}, \hspace{5cm} c>T(\hat{\theta}_2,\alpha,\gamma) \end{cases}$$

对于供应链的整体收益可以直接通过 $\Pi_{SC}=\Pi_R+\Pi_M$ 得到。需要说明的是，因为在不同参数情况下的分析过程大体相似，因此仅仅给出最复杂情况的推导过程，也就是当 $\gamma \leqslant \gamma^*$，$\alpha \geqslant \alpha'$ 时。其他情况下的推导过程此处略去。

市场进入成本的影响：通过命题 4.2 可以直接得出电商平台的收益关于市场进入成本非单调，请参考图 4.2。对于制造商的收益而言，当 $c \in \left(0, T\left(0, \alpha, \gamma\right)\right]$
$\bigcup\left(T\left(\hat{\theta}_1, \alpha, \gamma\right), T\left(d, \alpha, \gamma\right)\right]$ 时，通过 Π_M 的表达式可以显然地知道制造商的收益关于市场进入成本单调递减。当 $c > T\left(\hat{\theta}_2, \alpha, \gamma\right)$ 时，制造商建立代销渠道，因此 Π_M 与市场进入成本无关。当 $c \in \left(T(0, \alpha, \gamma), T\left(\hat{\theta}_1, \alpha, \gamma\right)\right]\bigcup\left(T\left(d, \alpha, \gamma\right), T\left(\hat{\theta}_2, \alpha, \gamma\right)\right]$ 时，验证 Π_M 关于参数 c 的单调性等价于验证 Π_M 关于参数 $\hat{\theta}$ 的单调性。通过与命题 4.2 证明中类似的过程，可以验证此时 Π_M 关于市场进入成本 c 单调递减。需要注意的是，当市场进入成本处于 $c = T(d, \alpha, \gamma)$ 时，Π_M 在 $c = T(d, \alpha, \gamma)$ 两侧的数值不同。具体来说，

$$\Pi_M \big|_{c = T(d, \alpha, \gamma)} = \frac{(a+d)^2 \left(12 - 8\gamma - 8\alpha + \gamma^2 (1+\alpha)^2\right)}{4\left[8 - (3+\alpha)\gamma^2\right]} - T(d, \alpha, \gamma)$$

$$\Pi_M \big|_{c \to T(d, \alpha, \gamma)^+} = \frac{12 - 8\alpha - 8\gamma + \gamma^2 (1+\alpha)^2}{12\left[8 - (3+\alpha)\gamma^2\right]}\left[(a+2d)^3 - (a+d)^3\right]$$

$$+ \frac{(a+d)^3 - a^3}{48d} - T(d, \alpha, \gamma)\frac{2d - d}{2d}$$

通过验证可以知道 $\Pi_M \big|_{c = T(d, \alpha, \gamma)} < \Pi_M \big|_{c \to T(d, \alpha, \gamma)^+}$。因此可以知道制造商的收益关于市场进入成本非单调，因为当 $c = T(d, \alpha, \gamma)$ 时，Π_M 有一个向上的跳跃。应用相同的方法可以验证供应链的整体收益关于市场进入成本单调递减。

市场竞争系数的影响：通过简单的代数运算可以分析电商平台和供应链的收益关于市场竞争系数单调递减。但是对于制造商而言，当市场竞争系数处在 $\gamma_1 : c = T(d, \alpha, \gamma_1)$ 时，Π_M 同样会有一个向上的跳跃。这是因为在 γ_1 附近电商平台将会转换其信息分享策略：从不进行信息分享转换到进行信息分享，从而给制造商收益带来一个向上的提升。由此，制造商收益关于市场竞争系数非单调。证毕。

命题 4.4 证明　在 MR 模式下，当制造商不建立代销渠道时，市场中仅存在传统的零售渠道。此时，电商平台在不同信息分享策略下的期望收益分别为

$$\Pi_R^{KN} = \frac{(a+d)^2}{16} + \frac{d^2}{12}$$

$$\Pi_R^{SN} = \frac{(a+d)^2}{16} + \frac{d^2}{48}$$

显然，当制造商不建立代销渠道时，电商平台没有动机进行信息分享。

当制造商首先建立了代销渠道时，电商平台在不同信息分享策略下的期望收

益为

$$\Pi_R^{SE} = \frac{\left[16 + 64\alpha + 4\gamma^2\left(4 - 13\alpha - 4\alpha^2\right) - 32\gamma + 8\gamma^3\alpha + \gamma^4\alpha\left(5 + 6\alpha + \alpha^2\right)\right]}{12\left[8 - (3+\alpha)\gamma^2\right]^2}$$

$$\times \left[3(a+d)^2 + d^2\right] + c$$

$$\Pi_R^{KE} = \frac{(a+d)^2(1-\gamma)^2\left(4 - \alpha\gamma^2\right)}{\left[8 - (3+\alpha)\gamma^2\right]^2} + \frac{3\alpha(a+d)^2 + d^2}{12} + c$$

通过比较，得

$$\Pi_R^{SE} - \Pi_R^{KE} = \frac{d^2\left[-48 - 32\gamma + 64\alpha + 8\alpha\gamma^3 + 4\gamma^2\left(16 - 9\alpha - 4\alpha^2\right) - \gamma^4\left(9 + \alpha - 5\alpha^2 - \alpha^3\right)\right]}{12\left[8 - (3+\alpha)\gamma^2\right]^2}$$

通过命题 4.2 证明中的第二步过程可以知道，$\Pi_R^{SE} \geqslant \Pi_R^{KE}$ 当且仅当 $\gamma \leqslant \gamma^*$，$\alpha \geqslant \alpha'$。在这种情况下，当制造商首先建立代销渠道时，电商平台会选择进行信息分享。证毕。

命题 4.5 证明　令 Π_M^N 和 Π_M^E 表示制造商在 MR 下，不建立代销渠道和建立代销渠道下的期望收益。当 $\gamma \leqslant \gamma^*$，$\alpha \geqslant \alpha'$ 时，

$$\Pi_M^N = \frac{(a+d)^2}{8}$$

$$\Pi_M^E = \frac{12 - 8\alpha - 8\gamma + \gamma^2(1+\alpha)^2}{12\left[8 - (3+\alpha)\gamma^2\right]}\left[3(a+d)^2 + d^2\right] - c$$

显然，在这种情况下，制造商选择建立代销渠道当且仅当

$$\Pi_M^E \geqslant \Pi_M^N \Leftrightarrow c \leqslant T(d,\alpha,\gamma) + \frac{d^2\left[12 - 8(\alpha+\gamma) + (1+\alpha)^2\gamma^2\right]}{12\left[8 - (3+\alpha)\gamma^2\right]}$$

当条件 $\gamma \leqslant \gamma^*$，$\alpha \geqslant \alpha'$ 不成立时，此时电商平台不会进行信息分享。预期电商平台不实施信息分享策略，制造商在不同渠道建立策略下的期望收益为

$$\Pi_M^N = \frac{(a+d)^2}{8}$$

$$\Pi_M^E = \frac{\left[12 - 8\alpha - 8\gamma + \gamma^2(1+\alpha)^2\right](a+d)^2}{4\left[8 - (3+\alpha)\gamma^2\right]} - c$$

显然，在这种情况下，制造商选择建立代销渠道当且仅当

$$c \leqslant T(d, \alpha, \gamma)$$

证毕。

命题 4.6 证明 由于在不同情况下的证明过程高度类似，本章仅仅给出最复杂的 $\gamma \leqslant \gamma^*$，$\alpha \geqslant \alpha'$ 情况下的证明过程，其他情况下的证明过程在此处略去。

当 $\gamma \leqslant \gamma^*$，$\alpha \geqslant \alpha'$ 时，在 RM 模型下电商平台和制造商的最优收益由命题 4.3 证明给出。在 MR 下，电商平台和制造商最优的收益可以表示为

$$
\Pi_R^{MR} =
\begin{cases}
\dfrac{\begin{array}{c} 16 + 64\alpha + 4\gamma^2\left(4 - 13\alpha - 4\alpha^2\right) \\[4pt] -32\gamma + 8\gamma^3\alpha + \gamma^4\alpha\left(5 + 6\alpha + \alpha^2\right) \end{array}}{12\left[8 - (3+\alpha)\gamma^2\right]^2} \\[20pt]
\times\left[3(a+d)^2 + d^2\right] + c, & c \leqslant c^* \\[12pt]
\dfrac{(a+d)^2}{16} + \dfrac{d^2}{12}, & c > c^*
\end{cases}
$$

$$
\Pi_M^{MR} =
\begin{cases}
\dfrac{12 - 8\alpha - 8\gamma + \gamma^2(1+\alpha)^2}{12\left[8 - (3+\alpha)\gamma^2\right]}\left[3(a+d)^2 + d^2\right] - c, & c \leqslant c^* \\[12pt]
\dfrac{(a+d)^2}{8}, & c > c^*
\end{cases}
$$

对于制造商而言，当 $c \in \left(T\left(\hat{\theta}_1, \alpha, \gamma\right), T(d, \alpha, \gamma)\right]$ 时，制造商在两种模型下都会选择建立代销渠道；然而，电商平台会在 MR 下进行信息分享。因此在这种情况下，制造商会偏向于 MR；否则，制造商会偏向于 RM，这是因为在 RM 下，制造商可以根据电商平台的信息分享决策来制定更有效率的渠道建立决策，这种策略上的后动优势确保了制造商偏好于 RM。

对于电商平台而言，当 $\gamma \leqslant \gamma^*$，$\alpha \geqslant \alpha'$ 时，其会偏向于 RM 当且仅当 $c \in \left(c^*, T\left(\hat{\theta}_2, \alpha, \gamma\right)\right]$。这是因为，在 RM 下，由于诱导效应的存在，此时电商平台会选择进行信息分享并且制造商会选择建立代销渠道。但是在 MR 下，由于过高的市场进入成本，制造商不会建立代销渠道，相应地，电商平台也不会进行信息分享。显然，在这种情况下，电商平台会偏向于 RM。整体供应链的偏好可通过相同的方式求得。证毕。

边界解的情况下结论证明 在此主要给出边界解存在的情况下，电商平台和制造商在不同情景下的批发价格与销售数量决策。

在 KN 的情况下，制造商作为斯塔克尔伯格模型的领导者，将解决以下问题：

$$\max_{w} E_{\Theta}\left[\pi_M\left(\Theta, w, q_R^{KN}(\Theta, w)\right)\right]$$

$$\text{s.t.} \quad q_R^{KN}(\theta, w) = \arg\max_{q_R \geqslant 0} \pi_R(\theta, w, q_R)$$

其中，

$$\pi_R(\theta, w, q_R) = (a + \theta - q_R - w)q_R$$

$$\pi_M(\theta, w, q_R) = wq_R$$

可以验证，对于任意给定的批发价格 w，电商平台最优的销售数量为

$$q_R^{KN} = \begin{cases} \dfrac{a + \theta - w}{2}, & a + \theta \geqslant w \\[2mm] 0, & a + \theta < w \end{cases}$$

预期到电商平台最优的销售数量决策，制造商的期望收益为

$$E_{\Theta}\left[\pi_M\left(\Theta, w, q_R^{KN}(\Theta, w)\right)\right] = \begin{cases} \displaystyle\int_0^{2d} wq_R^{KN}(\theta, w)\dfrac{1}{2d}\mathrm{d}\theta, & w \leqslant a \\[3mm] \displaystyle\int_{w-a}^{2d} wq_R^{KN}(\theta, w)\dfrac{1}{2d}\mathrm{d}\theta, & a < w \leqslant a + 2d \\[3mm] 0, & w > a + 2d \end{cases}$$

下面从制造商可能的三种批发价格决策中找到最优的批发价格。在 $w \leqslant a$ 时，可以得到制造商在此情况下最优的批发价格：

$$w_1^* = \begin{cases} \dfrac{a+d}{2}, & a > d \\[2mm] a, & a \leqslant d \end{cases}$$

此时，制造商的期望收益为

$$E_{\Theta}\left[\pi_M\left(\Theta, w_1^*, q_R^{KN}(\Theta, w_1^*)\right)\right] = \begin{cases} \dfrac{(a+d)^2}{8}, & a > d \\[3mm] \dfrac{ad}{2}, & a \leqslant d \end{cases}$$

当 $a < w \leqslant a + 2d$ 时，制造商最优的批发价格为

$$w_2^* = \begin{cases} a, & a > d \\[2mm] \dfrac{a+2d}{3}, & a \leqslant d \end{cases}$$

制造商相应的最优收益为

$$E_{\Theta}\left[\pi_M\left(\Theta,w_2^*,q_R^{KN}\left(\Theta,w_2^*\right)\right)\right]=\begin{cases}\dfrac{ad}{2}, & a>d \\[3mm] \dfrac{(a+2d)^3}{54d}, & a\leqslant d\end{cases}$$

当 $w>a+2d$ 时，由于过高的批发价格，电商平台不会销售制造商的商品，因此制造商在此时的期望收益为 0。

可以很容易地验证出：

$$\frac{(a+d)^2}{8}-\frac{ad}{2}=\frac{(a-d)^2}{8}\geqslant 0$$

$$\frac{(a+2d)^3}{54}-\frac{ad}{2}=\frac{(a-d)^2(a+8d)}{54d}\geqslant 0$$

因此，在 KN 情况下，制造商最优的批发价格以及电商平台相应的销售数量为

$$w^{KN}=\begin{cases}\dfrac{a+d}{2}, & a>d \\[3mm] \dfrac{a+2d}{3}, & a\leqslant d\end{cases}$$

$$q_R^N=\begin{cases}\dfrac{a+2\theta-d}{4}, & a>d \\[3mm] \dfrac{(2a-2d+3\theta)^+}{6}, & a\leqslant d\end{cases}$$

在 KE 情况下，即电商平台不进行信息分享但是制造商选择建立代销渠道时，制造商作为斯塔克尔伯格模型的领导者，将解决以下问题：

$$\max_{w} E_{\Theta}\left[\pi_M\left(\Theta,w,q_R^{KE}\left(\Theta,w\right),q_M^{KE}\left(w\right)\right)\right]$$

$$\text{s.t.}\begin{cases}q_R^{KE}\left(\theta,w\right)=\arg\max\limits_{q_R\geqslant 0}\pi_R\left(\theta,w,q_R,q_M^{KE}\left(w\right)\right), & \forall\theta\in[0,2d] \\[3mm] q_M^{KE}\left(w\right)=\arg\max\limits_{q_M\geqslant 0}E_{\Theta}\left[\pi_M\left(\Theta,w,q_R^{KE}\left(\Theta,w\right),q_M\right)\right]\end{cases}$$

其中，

$$\pi_R\left(\theta,w,q_R,q_M\right)=\left(a+\theta-q_R-\gamma q_M-w\right)q_R+\alpha\left(a+\theta-q_M-\gamma q_R\right)q_M+c$$

$$\pi_M\left(\theta,w,q_R,q_M\right)=wq_R+(1-\alpha)\left(a+\theta-q_M-\gamma q_R\right)q_M-c$$

通过求解上述纳什均衡，可以得到：

$$q_R(\theta, w) = \begin{cases} \dfrac{1}{2}\big(a+\theta-(1+\alpha)\gamma q_M - w\big), & a+\theta > w+(1+\alpha)\gamma q_M \\ 0, & a+\theta \leqslant w+(1+\alpha)\gamma q_M \end{cases}$$

$$q_M(w) = \begin{cases} \dfrac{1}{2}E_\Theta\big[a+\theta-\gamma q_R\big], & E_\Theta\big[a+\theta-\gamma q_R\big] \geqslant 0 \\ 0, & E_\Theta\big[a+\theta-\gamma q_R\big] < 0 \end{cases}$$

$$= \begin{cases} \dfrac{a+d}{2}-\dfrac{\gamma}{2}E_\Theta\big[q_R\big], & E_\Theta\big[q_R\big] \leqslant \dfrac{a+d}{\gamma} \\ 0, & E_\Theta\big[q_R\big] > \dfrac{a+d}{\gamma} \end{cases}$$

通过联立上述两个方程可以得到对于任意给定的批发价格 w，电商平台和制造商最优的市场销售数量：

$$q_M^{KE}(w) = \begin{cases} \dfrac{(2-\gamma)(a+d)+w\gamma}{4-(1+\alpha)\gamma^2}, & w \leqslant w_1 \\[3mm] \dfrac{-8d+\gamma^2(a+2d-w)(1+\alpha)+2\sqrt{2d}G(w)}{\gamma^3(1+\alpha)^2}, & w_1 < w \leqslant w_2 \\[3mm] \dfrac{a+d}{2}, & w > w_2 \end{cases}$$

$$q_R^{KE}(\theta, w) = \begin{cases} \dfrac{(a+d)(2-(1+\alpha)\gamma)-2w}{4-(1+\alpha)\gamma^2}+\dfrac{\theta-d}{2}, & w \leqslant w_1 \\[3mm] \left(\dfrac{8d-(1+\alpha)\gamma^2(2d-\theta)-2\sqrt{2}G(w)}{2\gamma^2(1+\alpha)}\right)^+, & w_1 < w \leqslant w_2 \\[3mm] 0, & w > w_2 \end{cases}$$

其中，

$$G(w) = \sqrt{8d-(1+\alpha)\gamma^2\big[2(a+2d-w)-(a+d)(1+\alpha)\gamma\big]}$$

$$w_1 = \dfrac{1}{4}\big[(2-\gamma)(1+\alpha)(2a-d\gamma)-4a\alpha\big]$$

$$w_2 = \dfrac{1}{2}\big[2a+4d-(a+d)(1+\alpha)\gamma\big]$$

证毕。

第5章 电商平台信息分享和风险管理策略研究

5.1 引 言

面对快速发展的经济全球化，供应风险和相关的供应中断等情况日益严峻，越来越多的公司因此受到严重影响。一项调查显示，2016 年，亚太地区 60%的企业至少遭遇过一次供应中断。2020 年 2 月，许多公司（如日产和现代汽车）宣布，其零部件供应链正面临新冠疫情造成的大规模中断。实际上，供应可靠性提升策略已经被许多供应商广泛采用，以缓解供应中断的情况，提高供应链的可持续性。例如，本田和丰田的零部件制造商都投入了大量的资源来提高供应的可靠性。然而，实现这样的提升可能会产生巨大的成本，这往往成为制造商的困境。许多下游商家（如 Altera、大宇等），为了减轻成本所带来的压力，往往选择通过补贴成本的方式参与上游制造商的可靠性提升过程。

除了与制造商合作提高可靠性，很多下游企业选择采用双源采购策略，以缓解供应中断的风险。有证据表明，许多电商平台（如京东、亚马逊）普遍采用多源采购策略。上述讨论促使本章思考：为什么企业会采用不同的策略来降低供应风险?这两种策略背后的潜在机制是本质上不同的，因此探索企业应该如何在可靠性成本补贴策略和双源采购策略间进行选择以降低供应风险是具有理论与实践意义的。

通常情况下，为了更好地提高供应可靠性，制造商应该对市场特征，特别是市场需求有更全面的了解。但由于距离消费市场较远，制造商很难观察到需求信息。相反，电商平台更接近消费市场且掌握着大量的一手消费数据，它们更容易获得更精准的市场需求信息。有证据表明，电商平台是有动机主动通过区块链、人工智能等技术构建信息共享系统，从而与上游制造商分享信息。然而传统观点认为，电商平台应该保留需求信息，以避免制造商制定更具效率的批发价格。现实证据与传统观念之间的矛盾促使本章去探索：考虑供应中断风险，电商平台是否有动机分享信息。除此之外，有证据表明，采用补贴策略的电商平台更有可能分享需求信息。这促使本章探讨补贴策略（双源采购策略）与信息分享之间的交互机制。

基于上述背景，本章构建一个电商平台从制造商采购的供应链，其中，电商平台拥有比制造商更准确的市场需求信息，其可事先决定是否与制造商共享私人需求信息，而制造商存在供应中断风险，其可内生性决定自身供应可靠性水平。具体地，电商平台首先决定是采用可靠性提升成本补贴策略还是双源采购策略激励制造商提高供应可靠性水平；其次，给定两种中断风险管理策略，电商平台事先决定是否与制造商共享市场需求信息；最后，制造商根据电商平台的策略决定自身供应可靠性水平。基于此，本章主要回答以下研究问题：①制造商的内生性供应可靠性提升决策如何影响电商平台的需求信息分享策略？②电商平台如何综合利用需求信息分享与可靠性提升成本补贴（双源采购）策略管理上游制造商的供应中断风险？③多种中断风险管理策略的组合使用是否比单一策略更有效？

本章的剩余部分结构安排如下。5.2 节介绍了模型设置。5.3 节分析了两种风险管理策略与电商平台信息分享决策之间的相互作用。5.4 节比较了均衡结果。5.5 节为本章小结。证明过程见本章附录。

5.2　平台供应链结构

本章考虑一个制造商（用 M 表示）以批发价 w 向电商平台（用 R 表示）分销产品的供应链，其中制造商的供应过程存在随机完全中断风险：即当中断发生时，对于电商平台的订单数量 x，制造商仅能供应输出为 ρx，其中，$\rho = \begin{cases} 1, z \\ 0, 1-z \end{cases}$，$z \in (0,1]$ 表示发生概率，可视为供应可靠性水平。Li 等（2016）和 Freeman 等（2018）都采用了此假设。在本章中，制造商以固定成本 $\beta z^2 / 2$ 确定供应可靠性水平 z，其中 β 表示制造商的可靠性提升效率，大（或小）的 β 代表制造商的低（或高）可靠性提升效率。类似的成本结构广泛存在 Moorthy（1988）、Li（2013）、Li 和 Shou（2021）等文献中。

为了减轻供应可靠性的风险，电商平台可以选择可靠性提升成本补贴策略或双源采购策略。具体来说，本章考虑可靠性提升成本补贴策略，即电商平台主动支付制造商可靠性提升成本的 γ 比例，即 $\gamma(\beta z^2 / 2)$。在实践中，补贴策略是企业长期决策，固定补贴比例 γ 是由供应链企业事先在外部协商确定的；并且本章关注的是补贴比例如何影响电商平台对可靠性提升成本补贴和双源采购的策略选择。因此，本章假设补贴策略中的补贴比例 γ 是一个外生参数[①]。对于双源采购策略，本章考虑电商平台采购于两个制造商，其中每个制造商的供应可靠性提升过程是相互独立的。正如 Wang 等（2010）、Dong 等（2022）和 Shan 等（2022）

---

① 为了保证可靠性提升成本补贴策略的有效性和企业的非负收益，补贴比例满足 $0 < \gamma \leqslant \dfrac{5\theta_h^2 - 6\theta_h\theta_l + 5\theta_l^2}{6\theta_h^2 - 4\theta_h\theta_l + 6\theta_l^2}$

（见命题 5.2 的证明）。

等文献的研究，本章假设两个制造商的供应可靠性提升效率是对称的（即 $\beta_1 = \beta_2$）。

　　市场中的反需求函数为：$p = \theta_i - q$，如 Nagarajan 和 Sošić（2009）的研究。其中，θ_i 表示随机市场需求，市场需求有 1/2 概率为高类型（$\theta_i = \theta_h$），1/2 概率为低类型（$\theta_i = \theta_l$）（Jiang et al.，2016；Jung and Kouvelis，2022）。本章假设电商平台可以准确地获得具体的市场需求类型 θ_i，而制造商只知道市场需求的具体分布。相似的假设被广泛应用于 Guo（2009）、Arya 和 Mittendorf（2013）等文献中。

　　图 5.1 描述了本章具体的博弈顺序。第一阶段，电商平台决定采用双源采购策略还是可靠性提升成本补贴策略。接着，电商平台事前决定是否分享市场需求信息，具体可分成以下六种情况：①既不采用可靠性提升成本补贴策略也不采用双源采购策略并且隐瞒需求信息（表示为 NK）；②既不采用可靠性提升成本补贴策略也不采用双源采购策略并且分享需求信息（表示为 NS）；③采用可靠性提升成本补贴策略并且隐瞒需求信息（表示为 SK）；④采用可靠性提升成本补贴策略并且分享需求信息（表示为 SS）；⑤采用双源采购策略并且隐瞒需求信息（表示为 DK）；⑥采用双源采购策略并且分享信息（表示为 DS）。第二阶段，需求信息实现。随着销售季节的来临，电商平台观察到具体的市场需求信息，并且进行相应的信息分享。接着，制造商决定批发价 w 和供应可靠性水平 z。最后，电商平台决定订货数量 q。

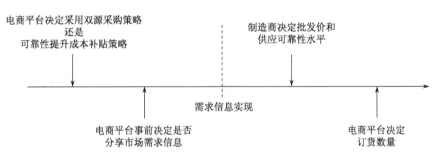

图 5.1　模型决策顺序示意图

　　企业是风险中性和利润最大化者。在不丧失一般性的情况下，本章将其他运营成本假设为零。本章所采用的模型符号汇总在表 5.1 中。

表 5.1　模型符号解释

符号	定义
θ	随机市场需求
θ_h	高类型市场需求

符号	定义
θ_l	低类型市场需求
q	电商平台的订货量
w	批发价
z	供应可靠性水平
$\gamma \in (0,1)$	制造商可靠性提升成本的补贴比例
β	可靠性提升效率
$\pi_R^{AB}\left(\pi_M^{AB}\right)$	在 AB 策略下，电商平台（制造商）的收益，$AB \in \{NK,NS,SK,SS,DK,DS\}$
$\Pi_R^{AB}\left(\Pi_M^{AB}\right)$	电商平台（制造商）的事先收益

5.3　电商平台策略分析

5.3.1　既不选择补贴也不选择双源采购策略（N）

在电商平台既不选择补贴策略也不选择双源采购策略下，本章探究电商平台的信息分享策略。

在策略 NK 下，电商平台获得具体的市场需求类型，而制造商仅获得市场需求的具体分布。通过应用逆向归纳法，对于任意给定的制造商的批发价 w 以及供应可靠性水平 z，电商平台根据市场需求实现值 $\theta_i = \{\theta_h, \theta_l\}$ 推导出最优的订货量 q_i。

电商平台的收益函数为

$$\pi_R\left(q_i\right) = zq_i\left(\theta_i - q_i - w\right) \tag{5.1}$$

最优的订货量为

$$q_i^{NK}\left(w,z\right) = \max\left\{\frac{\theta_i - w}{2}, 0\right\}$$

然而由于制造商对 θ_i 不清楚，它决定根据事先收益函数来决定 z 和 w：

$$\Pi_M\left(w,z\right) = z\left(\frac{1}{2}q_h + \frac{1}{2}q_l\right)w - \frac{\beta z^2}{2} \tag{5.2}$$

引理 5.1 描述了电商平台和制造商的均衡结果。

引理 5.1　在策略 NK 下，电商平台的最优订货量以及制造商的最优批发价和供应可靠性水平如下。

（1）当 $1 < \dfrac{\theta_h}{\theta_l} \leqslant 1 + \sqrt{2}$ 时，$w^{NK} = \dfrac{\theta_h + \theta_l}{4}$，$z^{NK} = \min\left\{\dfrac{(\theta_h + \theta_l)^2}{32\beta}, 1\right\}$，$q_h^{NK} = \dfrac{3\theta_h - \theta_l}{8}$，$q_l^{NK} = \dfrac{3\theta_l - \theta_h}{8}$。

（2）当 $\dfrac{\theta_h}{\theta_l} > 1 + \sqrt{2}$ 时，$w^{NK} = \dfrac{\theta_h}{2}$，$z^{NK} = \min\left\{\dfrac{\theta_h^2}{16\beta}, 1\right\}$，$q_h^{NK} = \dfrac{\theta_h}{4}$，$q_l^{NK} = 0$。

引理 5.1 表明，企业的最优决策取决于高类型市场需求与低类型市场需求的比值 $\dfrac{\theta_h}{\theta_l}$。为了便于说明，本章将高类型市场需求与低类型市场需求之比（$\dfrac{\theta_h}{\theta_l}$）定义为需求异质性，越大的需求异质性表明高类型市场需求与低类型市场需求间的差距越大。当需求异质性较小时，制造商将兼顾两种市场。当需求异质性较高时，制造商有足够的动机放弃低类型市场需求，直接根据高类型市场需求实现值决定最优利润，即制造商只根据高类型市场需求来确定 $w^{NK} = \dfrac{\theta_h}{2}$，从而迫使电商平台在低类型市场需求中的订货量为零（即 $q_l^{NK} = 0$）。引理 5.1 也揭示了可靠性提升效率越低，供应可靠性水平 z^{NK} 越低。

在策略 NS 下，电商平台主动分享需求信息，而制造商和电商平台均获得具体的市场需求类型，电商平台的收益函数为

$$\pi_{R-i}(q_i) = z_i q_i(\theta_i - q_i - w_i) \tag{5.3}$$

制造商的收益函数为

$$\pi_{M-i}^{NS}(z_i, w_i) = z_i q_i w_i - \dfrac{\beta z_i^2}{2} \tag{5.4}$$

采用逆向归纳法，推导出企业的最优决策，如引理 5.2。

引理 5.2　在策略 NS 下，电商平台和制造商的最优决策为：$w_i^{NS} = \dfrac{\theta_i}{2}$，$z_i^{NS} = \min\left\{\dfrac{\theta_i^2}{8\beta}, 1\right\}$，$q_i^{NS} = \dfrac{\theta_i}{4}$，其中 $\theta_i = \{\theta_h, \theta_l\}$。

基于引理 5.1 和引理 5.2，本章接着探讨在策略 N 下，电商平台的需求信息分享是否能激励制造商提高供应可靠性水平。通过比较策略 NS 和 NK 下电商平台的收益，命题 5.1 给出了电商平台在既不采用可靠性提升成本补贴策略和双源采购策略下的最优需求信息分享决策。

命题 5.1

（1）当 $1 < \dfrac{\theta_h}{\theta_l} \leqslant 1 + \sqrt{2}$，$\beta > \bar{\beta}$ 时，电商平台分享需求信息；否则，电商平台

隐瞒需求信息，其中 $\overline{\beta} = \dfrac{5\theta_h^4 + 4\theta_h^3\theta_l - 2\theta_h^2\theta_l^2 + 4\theta_h\theta_l^3 - 3\theta_l^4}{64\theta_h^2}$。

（2）当 $\dfrac{\theta_h}{\theta_l} > 1 + \sqrt{2}$ 时，电商平台分享需求信息。

　　直观地，隐瞒市场需求信息有助于保持信息优势，从而有利于电商平台。然而，命题 5.1 揭示了面对制造商的供应可靠性决策时，电商平台有可能分享需求信息。这是因为，当电商平台与制造商分享需求信息时，在高类型市场需求 θ_h 下制造商将制定较高的批发价和较高的供应可靠性水平，或在低类型市场需求 θ_l 下制造商将制定较低的批发价和较低的供应可靠性水平。因此，电商平台通过权衡更有效率的批发价和供应可靠性提升决策对其收益的好处来决定最优信息分享决策。

　　具体地，命题 5.1（1）表明，在较小的需求异质性下，电商平台分享需求信息在可靠性提升效率较高时成立，如图 5.2 所示。这是因为，当可靠性提升效率较高时，制造商有足够的动机提升更高的供应可靠性水平；在这种情况下，需求信息分享对提升供应可靠性的作用是有限的，反而受到失去信息优势的损害，因此电商平台隐瞒需求信息。然而，当可靠性提升效率较低时，制造商主动提升供应可靠性的初始动机减弱；此时，信息分享对供应可靠性提升的激励作用更显著，电商平台从分享信息的激励作用获得好处超过失去信息优势的坏处，因此电商平台分享需求信息。命题 5.1（2）表明，在较大的需求异质性下，如果电商平台隐瞒市场需求信息，制造商将仅根据高类型市场需求制定最优批发价和供应可靠性水平，进而放弃低类型市场，有损于电商平台。因此，在这种情况下，电商平台会主动分享需求信息，从而诱导制造商制定更有效率的批发价和供应可靠性水平。

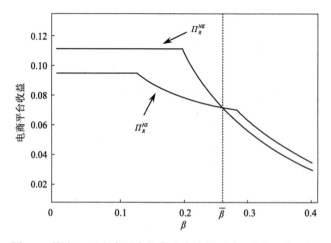

图 5.2　策略 N 下电商平台信息分享决策（$\theta_h = 1.6$，$\theta_l = 1$）

5.3.2　可靠性提升成本补贴策略（*S*）

在电商平台采用可靠性提升成本补贴策略下，本章先探究电商平台隐瞒市场需求信息的情况，再探究电商平台主动分享需求信息的情况。

在策略 *SK* 下，电商平台的收益函数为

$$\pi_R(q_i) = zq_i(\theta_i - q_i - w) - \gamma \frac{\beta z^2}{2} \tag{5.5}$$

制造商的事先收益函数为

$$\Pi_M(w,z) = z\left(\frac{1}{2}q_h + \frac{1}{2}q_l\right)w - (1-\gamma)\frac{\beta z^2}{2} \tag{5.6}$$

引理 5.3　在策略 *SK* 下，电商平台和制造商的最优决策如下。

（1）当 $1 < \dfrac{\theta_h}{\theta_l} \leqslant 1 + \sqrt{2}$ 时，$w^{SK} = \dfrac{\theta_h + \theta_l}{4}$，$z^{SK} = \min\left\{\dfrac{(\theta_h + \theta_l)^2}{32(1-\gamma)\beta}, 1\right\}$，$q_h^{SK} = \dfrac{3\theta_h - \theta_l}{8}$，$q_l^{SK} = \dfrac{3\theta_l - \theta_h}{8}$。

（2）当 $\dfrac{\theta_h}{\theta_l} > 1 + \sqrt{2}$ 时，$w^{SK} = \dfrac{\theta_h}{2}$，$z^{SK} = \min\left\{\dfrac{\theta_h^2}{16(1-\gamma)\beta}, 1\right\}$，$q_h^{SK} = \dfrac{\theta_h}{4}$，$q_l^{SK} = 0$。

引理 5.3 揭示了在策略 *SK* 下，当需求异质性较小时，制造商未获得具体的市场需求信息，其将根据期望需求确定最优的期望批发价和供应可靠性水平；当需求异质性较大时，策略 *SK* 下的批发价（$w^{SK} = \dfrac{\theta_h}{2}$）与引理 5.1 下策略 *NK* 的批发价设定一致。

在策略 *SS* 下，电商平台和制造商均获得具体的市场需求信息 $\theta_i = \{\theta_h, \theta_l\}$。电商平台的收益函数为

$$\pi_{R-i}^{SS}(q_i) = z_i q_i(\theta_i - q_i - w_i) - \gamma \frac{\beta z_i^2}{2} \tag{5.7}$$

制造商的收益函数为

$$\pi_{M-i}^{SS}(z_i, w_i) = z_i q_i w_i - (1-\gamma)\frac{\beta z_i^2}{2} \tag{5.8}$$

引理 5.4　在策略 *SS* 下，电商平台和制造商的最优决策为：$w_i^{SS} = \dfrac{\theta_i}{2}$，$z_i^{SS} = \min\left\{\dfrac{\theta_i^2}{8(1-\gamma)\beta}, 1\right\}$，$q_i^{SS} = \dfrac{\theta_i}{4}$，其中 $\theta_i \in \{\theta_h, \theta_l\}$。

引理 5.4 表明企业的均衡决策依赖于市场需求实现值，即当电商平台在补贴策略下分享需求信息时，制造商会做出与市场需求类型相对应的更有效率的批发价和供应可靠性水平。

接着，通过比较策略 SK 和策略 SS 下的电商平台利润，命题 5.2 给出了电商平台在采用可靠性提升成本补贴策略下最优的信息分享决策。

命题 5.2　电商平台采用可靠性提升成本补贴策略，可得出以下信息。

（1）当 $1 < \dfrac{\theta_h}{\theta_l} \leqslant 1 + \sqrt{2}$ 时，可得出以下信息。

（a）对于 $0 < \gamma \leqslant \dfrac{3\theta_h^2 + 2\theta_h\theta_l + 3\theta_l^2}{10\theta_h^2 + 12\theta_h\theta_l + 10\theta_l^2}$，当 $0 < \beta \leqslant \beta''$ 时电商平台隐瞒需求信息，当 $\beta > \beta''$ 时电商平台分享信息。

（b）对于 $\dfrac{3\theta_h^2 + 2\theta_h\theta_l + 3\theta_l^2}{10\theta_h^2 + 12\theta_h\theta_l + 10\theta_l^2} < \gamma \leqslant \dfrac{6\theta_h^3 + 6\theta_h^2\theta_l - 2\theta_h\theta_l^2 + 6\theta_l^3}{7\theta_h^3 + 11\theta_h^2\theta_l + 9\theta_h\theta_l^2 + 21\theta_l^3}$，电商平台总是隐瞒需求信息。

（c）对于 $\gamma > \dfrac{6\theta_h^3 + 6\theta_h^2\theta_l - 2\theta_h\theta_l^2 + 6\theta_l^3}{7\theta_h^3 + 11\theta_h^2\theta_l + 9\theta_h\theta_l^2 + 21\theta_l^3}$，当且仅当 $\beta' < \beta < \beta'''$ 时，电商平台分享信息；否则，电商平台隐瞒需求信息。

（2）当 $\dfrac{\theta_h}{\theta_l} > 1 + \sqrt{2}$ 时，电商平台总是分享信息。

命题 5.2 提出了在可靠性提升成本补贴策略下，电商平台的最优信息分享决策取决于补贴比例 γ 和可靠性提升效率 β。命题 5.2（1）表明，当补贴比例和可靠性提升效率均较低时，电商平台分享需求信息。这是因为在低补贴比例和低可靠性提升效率下，制造商提升供应可靠性的初始动机较弱，分享需求信息可以激励制造商进一步提升供应可靠性水平，如图 5.3 中区域 I 所示。反之，当补贴比例较高或者可靠性提升效率较高时，可靠性提升成本补贴策略已经为制造商提供了足够的可靠性提升动机；在这种情况下，分享需求信息对提升供应可靠性的激励作用有限，因此电商平台隐瞒需求信息，如图 5.3 中区域Ⅲ所示。

特别地，命题 5.2 揭示了一个有趣的结果：当补贴比例特别高时，电商平台反而会在中等的可靠性提升效率（ $\beta' < \beta < \beta'''$ ）下分享需求信息，如图 5.3 中区域Ⅱ所示。这是因为，在 $\beta \in (\beta', \beta''']$ 下，如果电商平台隐瞒需求信息，供应可靠性水平将从 1 下降到 $\dfrac{(\theta_h + \theta_l)^2}{32(1-\gamma)\beta}$。相反地，电商平台分享需求时，高类型市场需求下规避中断风险带来的利润好处（即 $z_h^{SS} = 1$）明显高于低类型市场需求（即

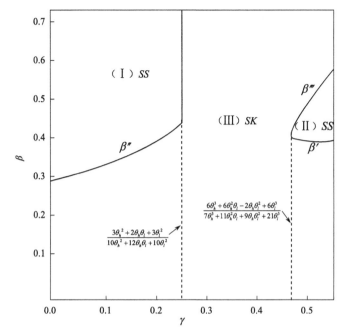

图 5.3　可靠性提升成本补贴策略下均衡信息分享决策（$\theta_h = 1.6$，$\theta_l = 1$）

$z_l^{SS} = \dfrac{\theta_l^{\,2}}{8(1-\gamma)\beta}$ ）下信息分享带来的利润损失；因此，当补贴比例较高时，当且仅当信息分享能诱导制造商在高类型市场需求下制定完美供应时，电商平台才会主动分享需求信息。另外，通过比较策略 S 和策略 N 下电商平台分享需求信息的阈值点，$\beta'' > \overline{\beta}$ 和 $\beta' > \overline{\beta}$ 揭示了可靠性提升成本补贴策略阻碍了电商平台的需求信息分享。

最后，在较大的需求异质性下（即 $\dfrac{\theta_h}{\theta_l} > 1 + \sqrt{2}$ ），电商平台会主动分享需求信息。这是因为需求信息分享能阻止制造商放弃低类型市场需求。

5.3.3　双源采购策略（D）

在双源采购策略下，本节研究电商平台是否分享需求信息。值得注意的是，本节重点研究电商平台与两个制造商的信息完全隐瞒和信息完全分享的情形，而忽略仅与一个制造商分享而与另外一个制造商不分享信息的情形[①]。

---

① 双源采购中，如果需求信息只与一个制造商分享，那么另一个制造商会因为"信息歧视"而感到来自电商平台的不公平待遇。为了减轻这种感知的不公平，本章表明电商平台同时向两个制造商提供信息共享，也可以同时不向任何制造商共享信息。

在策略 DK 下，电商平台的收益函数为

$$\pi_{R-i}\left(q_{1i}, q_{2i}\right) = z_1 z_2 \left\{\left(q_{1i} + q_{2i}\right)\left(\theta_i - q_{1i} - q_{2i}\right) - w_1 q_{1i} - w_2 q_{2i}\right\}$$
$$+ \sum_{j=1,2} z_j \left(1 - z_{3-j}\right)\left\{q_{ji}\left(\theta_i - q_{ji} - w_j\right)\right\} \tag{5.9}$$

其中，$i = \{h, l\}$。

制造商 $j \in \{1, 2\}$ 的事先收益函数为

$$\Pi_{M-j}\left(z_j, w_j\right) = E_{\theta_i}\left\{z_j q_{ji} w_j - \frac{\beta z_j^2}{2}\right\} \tag{5.10}$$

引理 5.5　在策略 DK 下，电商平台和制造商的最优决策如下。

（1）当 $1 < \dfrac{\theta_h}{\theta_l} \leqslant 1 + \sqrt{2}$ 时，$w_j^{DK} = \dfrac{\theta_h + \theta_l}{4}$，$z_j^{DK} = \min\{\bar{z}, 1\}$，$q_{jh}^{DK} = \dfrac{3\theta_h - \theta_l}{8\left(1 + z_j^{DK}\right)}$，

$q_{jl}^{DK} = \dfrac{3\theta_l - \theta_h}{8\left(1 + z_j^{DK}\right)}$，其中 $\bar{z}$ 满足 $\left(\theta_h + \theta_l\right)^2 - 32\bar{z}\left(1 + \bar{z}\right)^2 \beta = 0$。

（2）当 $\dfrac{\theta_h}{\theta_l} > 1 + \sqrt{2}$ 时，$w_j^{DK} = \dfrac{\theta_h}{2}$，$z_j^{DK} = \min\{\bar{\bar{z}}, 1\}$，$q_{jh}^{DK} = \dfrac{\theta_h}{4\left(1 + z_j^{DK}\right)}$，$q_{jl}^{DK} = $

0，其中 $\bar{\bar{z}}$ 满足 $\theta_h^2 - 16\bar{\bar{z}}\left(1 + \bar{\bar{z}}\right)^2 \beta = 0$。

引理 5.5 表明电商平台和制造商的最优决策取决于需求异质性与可靠性提升效率。在策略 DK 中，制造商的供应可靠性水平 z_j^{DK} 随着 β 的增加而减少，但是电商平台的销量 q_j^{DK} 随着 β 的增加而增加。

在策略 DS 下，电商平台的收益函数为

$$\pi_{R-i}\left(q_{1i}, q_{2i}\right) = z_{1i} z_{2i} \left\{\left(q_{1i} + q_{2i}\right)\left(\theta_i - q_{1i} - q_{2i}\right) - w_{1i} q_{1i} - w_{2i} q_{2i}\right\}$$
$$+ \sum_{j=1,2} z_{ji}\left(1 - z_{(3-j)i}\right)\left\{q_{ji}\left(\theta_i - q_{ji} - w_{ji}\right)\right\} \tag{5.11}$$

制造商的收益函数为

$$\pi_{M-ji}\left(z_{ji}, w_{ji}\right) = z_{ji} q_{ji} w_{ji} - \frac{\beta z_{ji}^2}{2} \tag{5.12}$$

引理 5.6　在策略 DS 下，电商平台和制造商 $j \in \{1, 2\}$ 的最优决策为：

$w_{ji}^{DS} = \dfrac{\theta_i}{2}$，$z_{ji}^{DS} = \min\{\hat{z}_i, 1\}$，$q_{ji}^{DS} = \dfrac{\theta_i}{4\left(1 + z_i^{DS}\right)}$，其中 $\hat{z}_i$ 满足 $\theta_i^2 - 8\hat{z}_i\left(1 + \hat{z}_i\right)^2 \beta = 0$。

引理 5.6 表明在双源采购策略下，当电商平台分享需求信息时，制造商会制定更有效的批发价和供应可靠性水平。接着，比较策略 DK 和策略 DS 下电商平台的事先收益，命题 5.3 给出了电商平台的最优信息分享决策。

命题 5.3　电商平台采用双源采购策略可得出以下信息。

（1）当 $1 < \dfrac{\theta_h}{\theta_l} \leqslant 1 + \sqrt{2}$ 时，如果 $\beta \leqslant \hat{\beta}$，电商平台隐瞒信息，如果 $\beta > \hat{\beta}$，电商

平台分享信息，其中 $\hat{\beta} = \dfrac{\theta_h^2}{8\hat{z}_h(1 + \hat{z}_h)^2}$。

（2）当 $\dfrac{\theta_h}{\theta_l} > 1 + \sqrt{2}$ 时，电商平台总是分享信息。

命题 5.3 揭示了双源采购策略下电商平台的均衡信息分享决策。具体而言，当可靠性提升效率较高时，制造商有足够的动机来提升供应可靠性水平。在这种情况下，如果电商平台分享需求信息，更有效率的批发价反而损害电商平台利润，因此电商平台隐瞒需求信息。相反地，当可靠性提升效率较低时，由于制造商提升供应可靠性水平的动机有限，电商平台的信息分享会激励制造商制定更有效率的供应可靠性水平，因此电商平台会主动分享需求信息。更多的是，命题 5.3（2）表明了当需求异质性较大时，电商平台有动机分享需求信息，这是因为信息分享能阻止制造商放弃低类型需求市场。此外，通过比较策略 S 和策略 N 下电商平台分享需求信息的阈值点，$\hat{\beta} > \overline{\beta}$ 揭示了双源采购策略阻碍电商平台分享需求信息。

5.4　信息分享策略分析

上述已经分析了在策略 N、策略 S 和策略 D 下，电商平台的最优信息分享决策。接着本节通过比较电商平台的事先收益来探讨电商平台对这三种策略的偏好以及相应的信息分享决策。在探究电商平台对策略 N、策略 S 和策略 D 的偏好之前，本节首先比较策略 N 和策略 S，得出以下有趣的结论。

命题 5.4　当 $1 < \dfrac{\theta_h}{\theta_l} \leqslant 1 + \sqrt{2}$ 时，随着可靠性提升效率降低，电商平台首先采用策略 SK，其次采用策略 NS。

电商平台的需求信息分享能促使制造商依据市场需求类型制定一个更有效的供应可靠性水平（即 $z_l^{NS} < z^{NK} \leqslant z_h^{NS}$）。相似地，电商平台的可靠性提升成本补贴策略能激励制造商提升供应可靠性水平（即 $z^{NK} \leqslant z^{SK}$）。因此，从电商平台的角度看，信息分享与可靠性提升成本补贴策略之间存在替代效应。然而，由于两个策略的替代性，信息分享和可靠性提升成本补贴策略的联合使用（即策略 SS）不但对供应可靠性提升产生无用的重复激励，还会产生显著的叠加成本。基于此原因，命题 5.4 揭示了电商平台不会同时采用信息分享和可靠性提升成本补贴策略（即策略 SS），而是更喜欢采用单一策略（即策略 NS 或策略 SK）。更多的是，随

着可靠性提升效率降低，电商平台先选择可靠性提升成本补贴策略（策略 *SK*）再选择信息分享策略（策略 *NS*）。这是因为随着可靠性提升效率的降低，虽然策略 *SK* 和策略 *NS* 下电商平台的收益均会降低（即 $\dfrac{\partial \Pi_R^{SK}}{\partial \beta} < \dfrac{\partial \Pi_R^{NS}}{\partial \beta} \leqslant 0$），但策略 *SK* 的激励效应的降低幅度高于策略 *NS*。

接着，命题 5.5 表明了电商平台对可靠性提升成本补贴策略与双源采购策略的均衡偏好以及其最优信息分享决策。

命题 5.5　电商平台的均衡联合策略如下。

（1）当 $1 < \dfrac{\theta_h}{\theta_l} \leqslant 1 + \sqrt{2}$ 时，有如下结论。

（a）对于 $\beta \leqslant \tilde{\beta}$，当 $\gamma > 0$ 和 $\beta \leqslant \breve{\beta}$ 时，电商平台偏好策略 *NK*；当

$$\gamma \leqslant \frac{4\theta_h^2 - 8\theta_h\theta_l + 4\theta_l^2}{5\theta_h^2 - 6\theta_h\theta_l + 5\theta_l^2} \text{ 和 } \breve{\beta} < \beta \leqslant \min\left\{ \widehat{\beta}, \frac{1}{64\gamma}\left(\begin{array}{c} \sqrt{\left(3\theta_h^2 - 6\theta_h\theta_l + 5\theta_l^2\right)^2 - 32\gamma\theta_l^4} \\ +3\theta_h^2 - 6\theta_h\theta_l + 5\theta_l^2 \end{array} \right) \right\} \text{ 时},$$

偏好策略 *SK*；否则，其偏好策略 *NS*，其中 $\breve{\beta} = \begin{cases} \min\left\{ \overline{\beta}, \breve{\beta} \right\}, & \gamma \leqslant \dfrac{4\theta_h^2 - 8\theta_h\theta_l + 4\theta_l^2}{5\theta_h^2 - 6\theta_h\theta_l + 5\theta_l^2} \\ \overline{\beta}, & \gamma > \dfrac{4\theta_h^2 - 8\theta_h\theta_l + 4\theta_l^2}{5\theta_h^2 - 6\theta_h\theta_l + 5\theta_l^2} \end{cases}$。

（b）对于 $\beta > \tilde{\beta}$，电商平台偏好双源采购策略，即电商平台偏好策略 *DK*。当 $\tilde{\beta} < \beta \leqslant \hat{\beta}$ 时，电商平台偏好策略 *DS*。

（2）当 $\dfrac{\theta_h}{\theta_l} > 1 + \sqrt{2}$ 时，电商平台不会选择可靠性提升成本补贴策略，其更偏好策略 *NS* 或策略 *DS*。

命题 5.5（a）展示了低需求异质性和高供应可靠性提升效率（即 $1 < \dfrac{\theta_h}{\theta_l} \leqslant 1 + \sqrt{2}$ 和 $\beta \leqslant \tilde{\beta}$）下电商平台的最优风险管理策略。首先，当供应可靠性提升效率极高（即 $\beta \leqslant \breve{\beta}$）时，制造商有足够的动机提升供应可靠性水平，因此电商平台不需要采用可靠性提升成本补贴策略或双源采购策略助力制造商提升供应可靠性水平，如图 5.4 中的区域 I.A 所示。其次，随着可靠性提升效率的降低，制造商提升供应可靠性水平的初始动机略有减弱，这会导致可靠性提升水平较低。此时，电商平台会主动采用可靠性提升成本补贴策略（策略 *SK*）或需求信息分享（策略 *NS*）激励制造商提升供应可靠性水平。具体地，当可靠性提升成本的补贴比例较低时（即 $\gamma \leqslant \dfrac{4\theta_h^2 - 8\theta_h\theta_l + 4\theta_l^2}{5\theta_h^2 - 6\theta_h\theta_l + 5\theta_l^2}$），随着供应可靠性提升效率降低，电商平台首先偏好策

略 SK（即图 5.4 中的区域Ⅱ），然后偏好策略 NS（即图 5.4 中的区域Ⅰ.B）。这是因为，虽然可靠性提升成本补贴策略（策略 SK）与信息分享（策略 NS）均是通过承担额外成本来激励制造商提升供应可靠性水平，但在较低的补贴比例下，随着可靠性提升效率的降低，策略 SK 的补贴成本逐渐高于策略 NS 的信息优势损失成本（如命题 5.4）。然而，当可靠性提升成本的补贴比例较高时（即 $\gamma > \dfrac{4\theta_h^2 - 8\theta_h\theta_l + 4\theta_l^2}{5\theta_h^2 - 6\theta_h\theta_l + 5\theta_l^2}$），无论可靠性提升效率的大小，电商平台均不会采用可靠性提升成本补贴策略（策略 SK）。这是因为相较于信息分享策略（策略 NS），较高的补贴比例会让电商平台承担很高的补贴成本才能激励制造商提升供应可靠性水平。

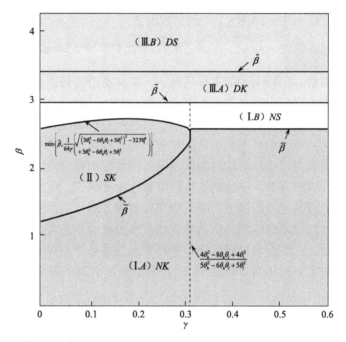

图 5.4　电商平台对风险管理策略的偏好（$\theta_h = 2$，$\theta_l = 1$）

命题 5.5（1）展示了当可靠性提升效率较高（即 $\beta \leqslant \tilde{\beta}$），电商平台不愿意采用双源采购策略；然而当可靠性提升效率较低（即 $\beta > \tilde{\beta}$），电商平台会采用双源采购策略。为了解释这一结果，我们首先阐述风险管理策略的运营机理：可靠性提升成本补贴策略是电商平台通过补贴额外成本直接激励制造商提高供应可靠性水平；双源采购策略是电商平台通过削弱制造商提高供应可靠性水平的初始动机来间接分散供应中断风险。当可靠性提升效率较高时，制造商提升供应可靠性水平的成本较小；在这种情况下，如果电商平台采用双源采购策略，其造成的订单分散反而大大削弱制造商提升供应可靠性水平的动机，因此电商平台不会采用双源采购策略。相反地，当可靠性提升效率较低，制造商提升供应可靠性水平的初始动机较小，供应中断风险（$1-z^{NK}$）变得更大；此时，双源采购策略的风险分散效应能很好地降低供应中断风险。其次，基于上述的分析，命题5.5（b）展示了当可靠性提升效率较低（即 $\beta > \tilde{\beta}$），电商平台更偏好双源采购策略；在这种情况下，随着可靠性提升效率的降低，电商平台先选择策略 DK 再选择策略 DS。这是因为，当可靠性提升效率满足 $\tilde{\beta} < \beta \leqslant \hat{\beta}$，单一的双源采购策略（策略 DK）足够分散供应中断风险（即图5.4中的区域Ⅲ.A）；而当可靠性提升效率极其低（即 $\beta > \hat{\beta}$）时，制造商提升供应可靠性水平的动机极小，此时双源采购和信息分享的联合使用（策略 DS）不但能分散供应中断风险，还能进一步激励制造商制定更有效的供应可靠性水平（即图5.4中的区域Ⅲ.B）。

最后，命题5.5（2）展示了在高需求异质性（即 $\dfrac{\theta_h}{\theta_l} > 1 + \sqrt{2}$）下电商平台的最优风险管理策略。在较大的需求异质性下，即高类型市场需求远高于低类型的市场需求，如果电商平台隐瞒其私人需求信息，制造商有动机只根据高类型市场需求设定批发价而不是根据期望市场需求。这种批发价制定策略会导致低类型市场需求下订货量为零，明显不利于电商平台。为了避免这种价格策略，电商平台会自愿分享需求信息以诱导制造商根据不同市场类型而设定对应的批发价，并且，随着可靠性提升效率降低，制造商的供应可靠性水平降低，电商平台会同时采用双源采购策略分散制造商的供应中断风险（即策略 DS）。值得注意的是，由于可靠性提升成本补贴策略和信息分享的替代性，电商平台不会采用可靠性提升成本补贴策略。因此，在高需求异质性下，电商平台总是分享需求信息，但其不会采用可靠性提升成本补贴策略（策略 SS），反而更偏好双源采购策略（策略 DS）。

5.5　本章小结

本章构建一个电商平台从制造商采购产品的供应链，其中，电商平台拥有比制造商更准确的市场需求信息，其可事先决定风险管理策略以及是否与制造商分享私人需求信息，而制造商存在供应中断风险，其可内生性决定自身供应可靠性提升水平。基于此，本章探究了风险管理策略［采用（不采用）可靠性提升成本补贴策略和双源采购策略］与需求信息分享决策（隐瞒信息、分享信息）在降低供应中断风险的战略效应。

首先，本章揭示了需求信息分享起到了激励制造商提升供应可靠性水平的作用。需求信息分享一方面导致电商平台失去信息优势，另一方面准确的需求信息激励制造商制定更精准的供应可靠性水平。因此，电商平台会战略性地分享需求信息以提升供应可靠性水平。

其次，本章揭示了可靠性提升成本补贴策略（双源采购策略）与需求信息分享之间的交互机制。从降低供应中断风险的角度看，可靠性提升成本补贴策略是通过电商平台的成本补贴直接激励制造商提升可靠性水平；双源采购策略是通过降低制造商提升供应可靠性水平的动机从而分散供应中断风险；需求信息分享是通过牺牲电商平台信息优势来诱导制造商制定更精准的供应可靠性水平。基于上述策略的效应，我们发现双源采购策略和可靠性提升成本补贴策略均能抑制电商平台分享需求信息。

最后，本章揭示了电商平台对可靠性提升成本补贴策略和双源采购策略的偏好。在低需求异质性下，当可靠性提升效率足够高时，电商平台不采用风险管理策略，这是因为制造商有足够的原始动机来提升供应可靠性水平；当可靠性提升效率中等时，电商平台可以通过可靠性提升成本补贴策略或需求信息分享为制造商提供额外的可靠性提升激励效应；当可靠性提升效率较低时，电商平台更偏好双源采购策略。更多的是，当需求异质性较大时，电商平台不会采用可靠性提升成本补贴策略，而是主动分享需求信息。

参 考 文 献

Arya A, Mittendorf B. 2013. Discretionary disclosure in the presence of dual distribution channels[J]. Journal of Accounting and Economics, 55(2/3): 168-182.

Dong L X, Geng X, Xiao G, et al. 2022. Procurement strategies with unreliable suppliers under correlated random yields[J]. Manufacturing & Service Operations Management, 24(1): 179-195.

Freeman N, Mittenthal J, Keskin B, et al. 2018. Sourcing strategies for a capacitated firm subject to supply and demand uncertainty[J]. Omega, 77: 127-142.

Guo L. 2009. The benefits of downstream information acquisition[J]. Marketing Science, 28(3): 457-471.

Jiang B J, Tian L, Xu Y F, et al. 2016. To share or not to share: demand forecast sharing in a distribution channel[J]. Marketing Science, 35(5): 800-809.

Jung S H, Kouvelis P. 2022. On co-opetitive supply partnerships with end-product rivals: information asymmetry, dual sourcing and supply market efficiency[J]. Manufacturing & Service Operations Management, 24(2): 1040-1055.

Li C H. 2013. Sourcing for supplier effort and competition: design of the supply base and pricing mechanism[J]. Management Science, 59(6): 1389-1406.

Li G, Zhang L J, Guan X, et al. 2016. Impact of decision sequence on reliability enhancement with supply disruption risks[J]. Transportation Research Part E: Logistics and Transportation Review, 90: 25-38.

Li Y, Shou B Y. 2021. Managing supply risk: robust procurement strategy for capacity improvement[J]. Omega, 102: 102352.

Liu H, Özer Ö. 2010. Channel incentives in sharing new product demand information and robust contracts[J]. European Journal of Operational Research, 207(3): 1341-1349.

Moorthy K S. 1988. Product and price competition in a duopoly[J]. Marketing Science, 7(2): 141-168.

Nagarajan M, Sošić G. 2009. Coalition stability in assembly models[J]. Operations Research, 57(1): 131-145.

Shan X, Li T, Sethi S P. 2022. A responsive-pricing retailer sourcing from competing suppliers facing disruptions[J]. Manufacturing & Service Operations Management, 24(1): 196-213.

Wang Y M, Gilland W, Tomlin B. 2010. Mitigating supply risk: dual sourcing or process improvement?[J]. Manufacturing & Service Operations Management, 12(3): 489-510.

本 章 附 录

引理 5.1 和引理 5.2 的证明：策略 NK（NS）可以看作策略 SK（SS）的一个特例。该证明类似于引理 5.3 和引理 5.4 的证明。

命题 5.1 证明　本章计算了策略 N 下的均衡期望利润。

对于策略 NK：①当 $1 < \dfrac{\theta_h}{\theta_l} \leqslant 1+\sqrt{2}$ 时

$$\Pi_R^{NK} = \begin{cases} \dfrac{\left(\theta_h + \theta_l\right)^2 \left(5\theta_h^2 - 6\theta_h\theta_l + 5\theta_l^2\right)}{2048\beta}, & \dfrac{\left(\theta_h + \theta_l\right)^2}{32} < \beta \\[4mm] \dfrac{5\theta_h^2 - 6\theta_h\theta_l + 5\theta_l^2}{64}, & \beta \leqslant \dfrac{\left(\theta_h + \theta_l\right)^2}{32} \end{cases}$$

②当 $\dfrac{\theta_h}{\theta_l} > 1+\sqrt{2}$ 时

$$\Pi_R^{NK} = \begin{cases} \dfrac{\theta_h^4}{512\beta}, & \dfrac{\theta_h^2}{16} < \beta \\[4mm] \dfrac{\theta_h^2}{32}, & \beta \leqslant \dfrac{\theta_h^2}{16} \end{cases}$$

对于 NS 策略：$\Pi_R^{NS} = \begin{cases} \dfrac{\theta_h^4 + \theta_l^4}{256\beta}, & \dfrac{\theta_h^2}{8} < \beta \\[4mm] \dfrac{1}{256}\left(8\theta_h^2 + \dfrac{\theta_l^4}{\beta}\right), & \dfrac{\theta_l^2}{8} < \beta \leqslant \dfrac{\theta_h^2}{8} \\[4mm] \dfrac{\theta_h^2 + \theta_l^2}{32}, & \beta \leqslant \dfrac{\theta_l^2}{8} \end{cases}$

我们接着比较 Π_R^{NK} 和 Π_R^{NS}。当 $1 < \dfrac{\theta_h}{\theta_l} \leqslant 1+\sqrt{2}$ 时，很容易比较出：当

$\beta > \dfrac{5\theta_h^4 + 4\theta_h^3\theta_l - 2\theta_h^2\theta_l^2 + 4\theta_h\theta_l^3 - 3\theta_h^4}{64\theta_h^2}$ 时，我们得到 $\Pi_R^{NS} > \Pi_R^{NK}$，当 $\beta \leqslant$

$\dfrac{5\theta_h^4 + 4\theta_h^3\theta_l - 2\theta_h^2\theta_l^2 + 4\theta_h\theta_l^3 - 3\theta_h^4}{64\theta_h^2}$ 时，我们得到 $\Pi_R^{NS} \leqslant \Pi_R^{NK}$。当 $\dfrac{\theta_h}{\theta_l} > 1+\sqrt{2}$ 时，

我们得到 $\Pi_R^{NS} > \Pi_R^{NK}$。 证毕。

引理 5.3 证明　将 q_i^{SK} 代入函数（5.6），本章可以得到三种情况。

（1）当 $\dfrac{\theta_h - w}{2} > \dfrac{\theta_l - w}{2} > 0$ 时，最优订货量为 $q_h^{SK} = \dfrac{\theta_h - w}{2}$，$q_l^{SK} = \dfrac{\theta_l - w}{2}$，制

造商的期望收益为 $\Pi_M^{SK}(z,w) = \dfrac{1}{2} z\left(\dfrac{\theta_h + \theta_l}{2} - w\right)w - (1-\gamma)\dfrac{\beta z^2}{2}$。然后，Hessian 矩

阵 $H = \begin{bmatrix} \dfrac{\partial^2 \pi_S}{\partial z^2} & \dfrac{\partial^2 \pi_S}{\partial z \partial w} \\ \dfrac{\partial^2 \pi_S}{\partial w \partial z} & \dfrac{\partial^2 \pi_S}{\partial w^2} \end{bmatrix} = \begin{bmatrix} (\gamma-1)\beta & \dfrac{\theta_h + \theta_l}{4} - w \\ \dfrac{\theta_h + \theta_l}{4} - w & -z \end{bmatrix}$ 揭示了它的最优批发价和供应

可靠性水平，$w_1 = \dfrac{\theta_h + \theta_l}{4}$，$z_1 = \min\left\{\dfrac{(\theta_h + \theta_l)^2}{32(1-\gamma)\beta}, 1\right\}$。根据 $\dfrac{\theta_l - w_1}{2} > 0$，得到约束

条件 $\theta_l < \theta_h \leqslant 3\theta_l$。

（2）当 $\dfrac{\theta_h - w}{2} > 0 \geqslant \dfrac{\theta_l - w}{2}$ 时，订货量和制造商的预期收益为 $q_h = \dfrac{\theta_h - w}{2}$，

$q_l = 0$，$\Pi_M^{SK}(z,w) = \dfrac{1}{2} zw\left(\dfrac{\theta_h - w}{2}\right) - (1-\gamma)\dfrac{\beta z^2}{2}$。同样，本章得到了最优决策

$w_2 = \dfrac{\theta_h}{2}$，$z_2 = \min\left\{\dfrac{\theta_h^2}{16(1-\gamma)\beta}, 1\right\}$ 以及约束条件 $2\theta_l \leqslant \theta_h$。

（3）当 $0 \geqslant \dfrac{\theta_h - w}{2}$ 时，因为 $\theta_h > \theta_l > 0$，这种情况不存在。

最后，为了得到 $2\theta_l < \theta_h \leqslant 3\theta_l$ 下制造商的最优批发价和可靠性水平，我们比较情况

（1）和情况（2）下制造商的期望收益。具体地，当 $2\theta_l < \theta_h \leqslant (1+\sqrt{2})\theta_l$ 时，本章证明

$\Pi_M^{SK}(z_1, w_1) \geqslant \Pi_M^{SK}(z_2, w_2)$；当 $(1+\sqrt{2})\theta_l < \theta_h \leqslant 3\theta_l$ 时，$\Pi_M^{SK}(z_1, w_1) < \Pi_M^{SK}(z_2, w_2)$。

因此，本章得到
$$
\begin{cases}
w^{SK} = \dfrac{\theta_h + \theta_l}{4}, \ z^{SK} = \min\left\{\dfrac{(\theta_h + \theta_l)^2}{32(1-\gamma)\beta}, 1\right\}, & \theta_l < \theta_h \leqslant (1+\sqrt{2})\theta_l \\[3mm]
w^{SK} = \dfrac{\theta_h}{2}, \ z^{SK} = \min\left\{\dfrac{\theta_h^2}{16(1-\gamma)\beta}, 1\right\}, & (1+\sqrt{2})\theta_l < \theta_h
\end{cases}
$$
。

电商平台的事先收益如下。

当 $1 < \dfrac{\theta_h}{\theta_l} \leqslant 1+\sqrt{2}$ 时，

$$
\Pi_R^{SK} = \begin{cases}
\dfrac{(\theta_h + \theta_l)^2\left((5-6\gamma)(\theta_h^2 + \theta_l^2) - 2(3-2\gamma)\theta_h\theta_l\right)}{2048(1-\gamma)^2\beta}, & \dfrac{(\theta_h + \theta_l)^2}{32(1-\gamma)} < \beta \\[4mm]
\dfrac{-32\gamma\beta + 5\theta_h^2 - 6\theta_h\theta_l + 5\theta_l^2}{64}, & \beta \leqslant \dfrac{(\theta_h + \theta_l)^2}{32(1-\gamma)}
\end{cases}
$$

当 $\dfrac{\theta_h}{\theta_l} > 1+\sqrt{2}$ 时，

$$
\Pi_R^{SK} = \begin{cases}
\dfrac{(1-2\gamma)\theta_h^4}{512(1-\gamma)^2\beta}, & \dfrac{\theta_h^2}{16(1-\gamma)} < \beta \\[4mm]
\dfrac{-16\gamma\beta + \theta_h^2}{32}, & \beta \leqslant \dfrac{\theta_h^2}{16(1-\gamma)}
\end{cases}
$$

证毕。

引理 5.4 证明　将 q_i^{SS} 代入函数（5.8），本章得到 $\dfrac{\partial^2 \pi_{S-i}^{SS}}{\partial z_i^2} = (\gamma - 1)\beta < 0$ 和

$\dfrac{\partial^2 \pi_{S-i}^{SS}}{\partial w_i^2} = -z_i < 0$。策略 SS 下的最优决策为 $w_i^{SS} = \dfrac{\theta_i}{2}$，$z_i^{SS} = \min\left\{\dfrac{\theta_i^2}{8(1-\gamma)\beta}, 1\right\}$。然

后，本章得到制造商的期望收益为

$$
\Pi_R^{SS} = \frac{1}{2}\left(\pi_{R-h}^{SS} + \pi_{R-l}^{SS}\right) = \begin{cases}
\dfrac{(1-2\gamma)(\theta_h^4 + \theta_l^4)}{256(1-\gamma)^2\beta}, & \dfrac{\theta_h^2}{8(1-\gamma)} < \beta \\[4mm]
\dfrac{1}{256}\left(8\theta_h^2 - 64\gamma\beta + \dfrac{(1-2\gamma)\theta_l^4}{(1-\gamma)^2\beta}\right), & \dfrac{\theta_l^2}{8(1-\gamma)} < \beta \leqslant \dfrac{\theta_h^2}{8(1-\gamma)} \\[4mm]
\dfrac{-16\gamma\beta + \theta_h^2 + \theta_l^2}{32}, & \beta \leqslant \dfrac{\theta_l^2}{8(1-\gamma)}
\end{cases}
$$

证毕。

命题 5.2 证明　通过比较 Π_R^{SS} 和 Π_R^{SK}，我们探究可靠性提升成本补贴策略下

的最优信息分享决策。

当 $1 < \dfrac{\theta_h}{\theta_l} \leqslant 1 + \sqrt{2}$ 时，本章得到

$\Pi_R^{SS} - \Pi_R^{SK}$

$$
= \begin{cases}
-\dfrac{(\theta_h - \theta_l)^2 \left((-3 + 10\gamma)(\theta_h^2 + \theta_l^2) + 2(-1 + 6\gamma)\theta_h\theta_l \right)}{2048\beta(-1+\gamma)^2}, & \dfrac{\theta_h^2}{8(1-\gamma)} < \beta \\[4mm]
\dfrac{-64\gamma\beta + 8\theta_h^2 + \dfrac{(1-2\gamma)\theta_l^4}{(1-\gamma)^2\beta}}{256} - \dfrac{(\theta_h + \theta_l)^2 \left((5-6\gamma)(\theta_h^2 + \theta_l^2) - 2(3-2\gamma)\theta_h\theta_l \right)}{2048(1-\gamma)^2\beta}, & \\[2mm]
& \dfrac{(\theta_h + \theta_l)^2}{32(1-\gamma)} < \beta \leqslant \dfrac{\theta_h^2}{8(1-\gamma)} \\[4mm]
\dfrac{1}{256}\left(64\beta\gamma - 12\theta_h^2 + 24\theta_h\theta_l - 20\theta_l^2 + \dfrac{(1-2\gamma)\theta_l^4}{\beta(-1+\gamma)^2} \right), & \dfrac{\theta_l^2}{8(1-\gamma)} < \beta \leqslant \dfrac{(\theta_h + \theta_l)^2}{32(1-\gamma)} \\[4mm]
-\dfrac{3}{64}(\theta_h - \theta_l)^2, & 0 < \beta \leqslant \dfrac{\theta_l^2}{8(1-\gamma)}
\end{cases}
$$

（1）当 $0 < \gamma < \dfrac{5\theta_h^2 - 6\theta_h\theta_l + 5\theta_l^2}{6\theta_h^2 - 4\theta_h\theta_l + 6\theta_l^2}$ 且 $\dfrac{\theta_h^2}{8(1-\gamma)} < \beta$ 时，　$\Pi_R^{SS} - \Pi_R^{SK} =$

$\dfrac{1}{\beta}\left(\dfrac{(\theta_h - \theta_l)^2 \left((3 - 10\gamma)(\theta_h^2 + \theta_l^2) + 2(1 - 6\gamma)\theta_h\theta_l \right)}{2048(1-\gamma)^2} \right)$，其中 γ 决定了 $\Pi_R^{SS} - \Pi_R^{SK}$ 的正

或负。然后，本章很容易证明 $\dfrac{\partial \left(\Pi_R^{SS} - \Pi_R^{SK} \right)}{\partial \gamma} < 0$，$\left(\Pi_R^{SS} - \Pi_R^{SK} \right)|_{\gamma=0} > 0$ 和

$\left(\Pi_R^{SS} - \Pi_R^{SK} \right)\Big|_{\gamma = \frac{5\theta_h^2 - 6\theta_h\theta_l + 5\theta_l^2}{6\theta_h^2 - 4\theta_h\theta_l + 6\theta_l^2}} < 0$。很明显，本章推导出 $\gamma = \dfrac{3\theta_h^2 + 2\theta_h\theta_l + 3\theta_l^2}{2\left(5\theta_h^2 + 6\theta_h\theta_l + 5\theta_l^2 \right)}$ 是

$\Pi_R^{SS} - \Pi_R^{SK} = 0$ 的解。因此，如果 $0 < \gamma \leqslant \dfrac{3\theta_h^2 + 2\theta_h\theta_l + 3\theta_l^2}{2\left(5\theta_h^2 + 6\theta_h\theta_l + 5\theta_l^2 \right)}$ 和 $\dfrac{\theta_h^2}{8(1-\gamma)} < \beta$，

$\Pi_R^{SS} > \Pi_R^{SK}$。

（2）当 $0 < \gamma < \dfrac{5\theta_h^2 - 6\theta_h\theta_l + 5\theta_l^2}{6\theta_h^2 - 4\theta_h\theta_l + 6\theta_l^2}$ 且 $\dfrac{(\theta_h + \theta_l)^2}{32(1-\gamma)} < \beta \leqslant \dfrac{\theta_h^2}{8(1-\gamma)}$ 时，由于 $\Pi_R^{SS} -$

$\Pi_R^{SK} = \dfrac{1}{256}\left(-64\gamma\beta + 8\theta_h^2 + \dfrac{(1-2\gamma)\theta_l^4}{(1-\gamma)^2\beta} \right) - \dfrac{(\theta_h + \theta_l)^2 \begin{pmatrix} (5-6\gamma)\theta_h^2 - 2(3-2\gamma)\theta_h\theta_l \\ + (5-6\gamma)\theta_l^2 \end{pmatrix}}{2048(1-\gamma)^2\beta}$，

本章得到 $\dfrac{\partial^2\left(\Pi_R^{SS}-\Pi_R^{SK}\right)}{\partial\beta^2}<0$；具体地，① 当 $\dfrac{10\theta_h^4+8\theta_h^3\theta_l-4\theta_h^2\theta_l^2+8\theta_h\theta_l^3-6\theta_l^4}{13\theta_h^4+20\theta_h^3\theta_l+14\theta_h^2\theta_l^2+20\theta_h\theta_l^3-19\theta_l^4}$

$<\gamma<\dfrac{5\theta_h^2-6\theta_h\theta_l+5\theta_l^2}{6\theta_h^2-4\theta_h\theta_l+6\theta_l^2}$ 时，本章证明了 $\dfrac{\partial\left(\Pi_R^{SS}-\Pi_R^{SK}\right)}{\partial\beta}<0$ 和 $\left(\Pi_R^{SS}-\Pi_R^{SK}\right)\big|_{\beta=\frac{\theta_h^2}{8(1-\gamma)}}$

<0。依据 $\left(\Pi_R^{SS}-\Pi_R^{SK}\right)\big|_{\beta=\frac{(\theta_h+\theta_l)^2}{32(1-\gamma)}}<0$，本章得到了 $\Pi_R^{SS}-\Pi_R^{SK}<0$ $\Bigg[$当

$\dfrac{10\theta_h^4+8\theta_h^3\theta_l-4\theta_h^2\theta_l^2+8\theta_h\theta_l^3-6\theta_l^4}{13\theta_h^4+20\theta_h^3\theta_l+14\theta_h^2\theta_l^2+20\theta_h\theta_l^3-19\theta_l^4}<\gamma\leqslant\dfrac{6\theta_h^3+6\theta_h^2\theta_l-2\theta_h\theta_l^2+6\theta_l^3}{7\theta_h^3+11\theta_h^2\theta_l+9\theta_h\theta_l^2+21\theta_l^3}$ 且

$\dfrac{(\theta_h+\theta_l)^2}{32(1-\gamma)}<\beta\leqslant\dfrac{\theta_h^2}{8(1-\gamma)}\Bigg]$。同样地，当 $\dfrac{6\theta_h^3+6\theta_h^2\theta_l-2\theta_h\theta_l^2+6\theta_l^3}{7\theta_h^3+11\theta_h^2\theta_l+9\theta_h\theta_l^2+21\theta_l^3}<\gamma<$

$\dfrac{5\theta_h^2-6\theta_h\theta_l+5\theta_l^2}{6\theta_h^2-4\theta_h\theta_l+6\theta_l^2}$ 时，依据 $\left(\Pi_R^{SS}-\Pi_R^{SK}\right)\big|_{\beta=\frac{(\theta_h+\theta_l)^2}{32(1-\gamma)}}>0$，得出 $\Pi_R^{SS}-\Pi_R^{SK}>0$ $\Bigg[$当

$\dfrac{(\theta_h+\theta_l)^2}{32(1-\gamma)}<\beta\leqslant\beta'''$时$\Bigg]$，$\Pi_R^{SS}-\Pi_R^{SK}<0$ $\Bigg[$当$\beta'''<\beta\leqslant\dfrac{\theta_h^2}{8(1-\gamma)}$时$\Bigg]$，$\beta'''=\dfrac{\theta_h^2}{16\gamma}+$

$\dfrac{\sqrt{\left(2-9\gamma+8\gamma^2\right)\theta_h^4+4\gamma(2\gamma-1)\left(\theta_h^3\theta_l+\theta_h\theta_l^3\right)+2\gamma(1+2\gamma)\theta_h^2\theta_l^2+(3-10\gamma)\gamma\theta_l^4}}{16\sqrt{2}(1-\gamma)\gamma}$。② 当

$\dfrac{5\theta_h^4+4\theta_h^3\theta_l-2\theta_h^2\theta_l^2+4\theta_h\theta_l^3-3\theta_l^4}{14\theta_h^4+8\theta_h^3\theta_l+4\theta_h^2\theta_l^2+8\theta_h\theta_l^3-10\theta_l^4}<\gamma\leqslant\dfrac{10\theta_h^4+8\theta_h^3\theta_l-4\theta_h^2\theta_l^2+8\theta_h\theta_l^3-6\theta_l^4}{13\theta_h^4+20\theta_h^3\theta_l+14\theta_h^2\theta_l^2+20\theta_h\theta_l^3-19\theta_l^4}$

时，本章得到 $\dfrac{\partial^2\left(\Pi_R^{SS}-\Pi_R^{SK}\right)}{\partial\beta^2}<0$、$\dfrac{\partial\left(\Pi_R^{SS}-\Pi_R^{SK}\right)}{\partial\beta}\big|_{\beta=\frac{(\theta_h+\theta_l)^2}{32(1-\gamma)}}>0$ 和

$\dfrac{\partial\left(\Pi_R^{SS}-\Pi_R^{SK}\right)}{\partial\beta}\big|_{\beta=\frac{\theta_h^2}{8(1-\gamma)}}<0$。我们得到 $\dfrac{\partial\left(\Pi_R^{SS}-\Pi_R^{SK}\right)}{\partial\beta}>0$

$\Bigg[$当$\dfrac{(\theta_h+\theta_l)^2}{32(1-\gamma)}<\beta<\overline{\overline{\beta}}$时$\Bigg]$，$\dfrac{\partial\left(\Pi_R^{SS}-\Pi_R^{SK}\right)}{\partial\beta}<0$ $\Bigg[$当$\overline{\overline{\beta}}<\beta<\dfrac{\theta_h^2}{8(1-\gamma)}$时$\Bigg]$，其中 $\overline{\overline{\beta}}$ 是

$\dfrac{\partial\left(\Pi_R^{SS}-\Pi_R^{SK}\right)}{\partial\beta}\big|_{\beta=\overline{\overline{\beta}}}=0$ 的解。对于 $\dfrac{\partial\left(\Pi_R^{SS}-\Pi_R^{SK}\right)}{\partial\beta}$，我们得到随着 β 的增加，

$\Pi_R^{SS}-\Pi_R^{SK}$ 先增加后减少。根据 $\left(\Pi_R^{SS}-\Pi_R^{SK}\right)\big|_{\beta=\overline{\overline{\beta}}}<0$，本章得到 $\Pi_R^{SS}<\Pi_R^{SK}$

$$\left[当 \frac{\left(\theta_h + \theta_l\right)^2}{32\left(1-\gamma\right)} < \beta \leqslant \frac{\theta_h^2}{8\left(1-\gamma\right)} \right. \qquad 和$$

$$\frac{5\theta_h^4 + 4\theta_h^3\theta_l - 2\theta_h^2\theta_l^2 + 4\theta_h\theta_l^3 - 3\theta_l^4}{14\theta_h^4 + 8\theta_h^3\theta_l + 4\theta_h^2\theta_l^2 + 8\theta_h\theta_l^3 - 10\theta_l^4} < \gamma \leqslant \frac{10\theta_h^4 + 8\theta_h^3\theta_l - 4\theta_h^2\theta_l^2 + 8\theta_h\theta_l^3 - 6\theta_l^4}{13\theta_h^4 + 20\theta_h^3\theta_l + 14\theta_h^2\theta_l^2 + 20\theta_h\theta_l^3 - 19\theta_l^4} 时 \left.\right];$$

③当 $0 < \gamma \leqslant \dfrac{5\theta_h^4 + 4\theta_h^3\theta_l - 2\theta_h^2\theta_l^2 + 4\theta_h\theta_l^3 - 3\theta_l^4}{14\theta_h^4 + 8\theta_h^3\theta_l + 4\theta_h^2\theta_l^2 + 8\theta_h\theta_l^3 - 10\theta_l^4}$ 时，本章证明了 $\dfrac{\partial\left(\Pi_R^{SS} - \Pi_R^{SK}\right)}{\partial\beta} > 0$

和 $\left(\Pi_R^{SS} - \Pi_R^{SK}\right)\Big|_{\beta = \frac{\left(\theta_h + \theta_l\right)^2}{32\left(1-\gamma\right)}} < 0$。然后，当 $\dfrac{3\theta_h^2 + 2\theta_h\theta_l + 3\theta_l^2}{10\theta_h^2 + 12\theta_h\theta_l + 10\theta_l^2} <$

$\gamma \leqslant \dfrac{5\theta_h^4 + 4\theta_h^3\theta_l - 2\theta_h^2\theta_l^2 + 4\theta_h\theta_l^3 - 3\theta_l^4}{14\theta_h^4 + 8\theta_h^3\theta_l + 4\theta_h^2\theta_l^2 + 8\theta_h\theta_l^3 - 10\theta_l^4}$ 和 $\left(\Pi_R^{SS} - \Pi_R^{SK}\right)\Big|_{\beta = \frac{\theta_h^2}{8\left(1-\gamma\right)}} < 0$ 时，本章得到

$\Pi_R^{SS} < \Pi_R^{SK}$。当 $0 < \gamma \leqslant \dfrac{3\theta_h^2 + 2\theta_h\theta_l + 3\theta_l^2}{10\theta_h^2 + 12\theta_h\theta_l + 10\theta_l^2}$ 和 $\left(\Pi_R^{SS} - \Pi_R^{SK}\right)\Big|_{\beta = \frac{\theta_h^2}{8\left(1-\gamma\right)}} > 0$ 时，本章得

到 $\Pi_R^{SS} < \Pi_R^{SK}\left[当 \dfrac{\left(\theta_h + \theta_l\right)^2}{32\left(1-\gamma\right)} < \beta \leqslant \beta'' 时\right]$，$\Pi_R^{SS} > \Pi_R^{SK}\left[当 \beta'' < \beta \leqslant \dfrac{\theta_h^2}{8\left(1-\gamma\right)} 时 \right]$，

其中 $\beta'' = \dfrac{\theta_h^2}{16\gamma} - \dfrac{\sqrt{\begin{array}{l}\left(2 - 9\gamma + 8\gamma^2\right)\theta_h^4 + 4\gamma\left(2\gamma - 1\right)\left(\theta_h^3\theta_l + \theta_h\theta_l^3\right) \\ + 2\gamma\left(1 + 2\gamma\right)\theta_h^2\theta_l^2 + \left(3 - 10\gamma\right)\gamma\theta_l^4\end{array}}}{16\sqrt{2}\left(1-\gamma\right)\gamma}$。

（3）当 $0 < \gamma < \dfrac{5\theta_h^2 - 6\theta_h\theta_l + 5\theta_l^2}{6\theta_h^2 - 4\theta_h\theta_l + 6\theta_l^2}$ 且 $\dfrac{\theta_l^2}{8\left(1-\gamma\right)} < \beta \leqslant \dfrac{\left(\theta_h + \theta_l\right)^2}{32\left(1-\gamma\right)}$ 时，本章得到

$$\Pi_R^{SS} - \Pi_R^{SK} = \dfrac{64\beta\gamma - 12\theta_h^2 + 24\theta_h\theta_l - 20\theta_l^2 + \dfrac{\left(1 - 2\gamma\right)\theta_l^4}{\beta\left(-1 + \gamma\right)^2}}{256}。$$ 采用与上述证明（1）和

（2）相同的分析，当 $\dfrac{6\theta_h^3 + 6\theta_h^2\theta_l - 2\theta_h\theta_l^2 + 6\theta_l^3}{7\theta_h^3 + 11\theta_h^2\theta_l + 9\theta_h\theta_l^2 + 21\theta_l^3} < \gamma < \dfrac{5\theta_h^2 - 6\theta_h\theta_l + 5\theta_l^2}{6\theta_h^2 - 4\theta_h\theta_l + 6\theta_l^2}$ 且

$\beta' < \beta \leqslant \dfrac{\left(\theta_h + \theta_l\right)^2}{32\left(1-\gamma\right)}$ 时，本章得到 $\Pi_R^{SS} > \Pi_R^{SK}$；当 $0 < \gamma \leqslant \dfrac{6\theta_h^3 + 6\theta_h^2\theta_l - 2\theta_h\theta_l^2 + 6\theta_l^3}{7\theta_h^3 + 11\theta_h^2\theta_l + 9\theta_h\theta_l^2 + 21\theta_l^3}$

且 $\dfrac{\theta_l^2}{8\left(1-\gamma\right)} < \beta \leqslant \dfrac{\left(\theta_h + \theta_l\right)^2}{32\left(1-\gamma\right)}$，或 $\dfrac{6\theta_h^3 + 6\theta_h^2\theta_l - 2\theta_h\theta_l^2 + 6\theta_l^3}{7\theta_h^3 + 11\theta_h^2\theta_l + 9\theta_h\theta_l^2 + 21\theta_l^3} < \gamma < \dfrac{5\theta_h^2 - 6\theta_h\theta_l + 5\theta_l^2}{6\theta_h^2 - 4\theta_h\theta_l + 6\theta_l^2}$

且 $\dfrac{\theta_l^2}{8\left(1-\gamma\right)} < \beta \leqslant \beta'$ 时，$\Pi_R^{SS} < \Pi_R^{SK}$，其中

$$\beta' = \frac{3\theta_h^2 - 6\theta_h\theta_l + 5\theta_l^2 + \sqrt{9\theta_h^4 - 36\theta_h^3\theta_l + 66\theta_h^2\theta_l^2 - 60\theta_h\theta_l^3 + \dfrac{\left(25 - 66\gamma + 57\gamma^2\right)\theta_l^4}{\left(-1+\gamma\right)^2}}}{32\gamma}$$

（4）当 $0 < \gamma < \dfrac{5\theta_h^2 - 6\theta_h\theta_l + 5\theta_l^2}{6\theta_h^2 - 4\theta_h\theta_l + 6\theta_l^2}$ 且 $0 < \beta < \dfrac{\theta_l^2}{8(1-\gamma)}$ 时，本章得到 $\Pi_R^{SS} - \Pi_R^{SK} = -\dfrac{3}{64}\left(\theta_h - \theta_l\right)^2 < 0$。

综上所述，本章得到了基于上述情况（1）～（4）的最优分享决策，Π_R^S 是策略 S 下的最优预期收益。对于 $1 < \dfrac{\theta_h}{\theta_l} \leqslant 1+\sqrt{2}$ 有如下结论。

（1）当 $0 < \gamma \leqslant \dfrac{3\theta_h^2 + 2\theta_h\theta_l + 3\theta_l^2}{10\theta_h^2 + 12\theta_h\theta_l + 10\theta_l^2}$ 时，

$$\Pi_R^S = \begin{cases} \Pi_R^{SK} = \dfrac{-32\gamma\beta + 5\theta_h^2 - 6\theta_h\theta_l + 5\theta_l^2}{64}, & \beta \leqslant \dfrac{\left(\theta_h + \theta_l\right)^2}{32(1-\gamma)} \\[3mm] \Pi_R^{SK} = \dfrac{\left(\theta_h + \theta_l\right)^2\left(\begin{array}{c}\left(5 - 6\gamma\right)\theta_h^2 - 2\left(3-2\gamma\right)\theta_h\theta_l \\ +\left(5-6\gamma\right)\theta_l^2\end{array}\right)}{2048(1-\gamma)^2\beta}, & \dfrac{\left(\theta_h + \theta_l\right)^2}{32(1-\gamma)} < \beta \leqslant \beta'' \\[5mm] \Pi_R^{SS} = \dfrac{1}{256}\left(-64\gamma\beta + 8\theta_h^2 + \dfrac{\left(1-2\gamma\right)\theta_l^4}{\left(1-\gamma\right)^2\beta}\right), & \beta'' < \beta \leqslant \dfrac{\theta_h^2}{8(1-\gamma)} \\[5mm] \Pi_R^{SS} = \dfrac{\left(1-2\gamma\right)\left(\theta_h^4 + \theta_l^4\right)}{256(1-\gamma)^2\beta}, & \dfrac{\theta_h^2}{8(1-\gamma)} < \beta \end{cases}$$

（2）当 $\dfrac{3\theta_h^2 + 2\theta_h\theta_l + 3\theta_l^2}{10\theta_h^2 + 12\theta_h\theta_l + 10\theta_l^2} < \gamma \leqslant \dfrac{6\theta_h^3 + 6\theta_h^2\theta_l - 2\theta_h\theta_l^2 + 6\theta_l^3}{7\theta_h^3 + 11\theta_h^2\theta_l + 9\theta_h\theta_l^2 + 21\theta_l^3}$ 时，

$$\Pi_R^S = \begin{cases} \Pi_R^{SK} = \dfrac{-32\gamma\beta + 5\theta_h^2 - 6\theta_h\theta_l + 5\theta_l^2}{64}, & \beta \leqslant \dfrac{\left(\theta_h + \theta_l\right)^2}{32(1-\gamma)} \\[3mm] \Pi_R^{SK} = \dfrac{\left(\theta_h + \theta_l\right)^2\left(\left(5 - 6\gamma\right)\theta_h^2 - 2\left(3-2\gamma\right)\theta_h\theta_l + \left(5-6\gamma\right)\theta_l^2\right)}{2048(1-\gamma)^2\beta}, & \dfrac{\left(\theta_h + \theta_l\right)^2}{32(1-\gamma)} < \beta \end{cases}$$

（3）当 $\dfrac{6\theta_h^3 + 6\theta_h^2\theta_l - 2\theta_h\theta_l^2 + 6\theta_l^3}{7\theta_h^3 + 11\theta_h^2\theta_l + 9\theta_h\theta_l^2 + 21\theta_l^3} < \gamma \leqslant \dfrac{5\theta_h^2 - 6\theta_h\theta_l + 5\theta_l^2}{6\theta_h^2 - 4\theta_h\theta_l + 6\theta_l^2}$ 时，

$$\Pi_R^S = \begin{cases} \Pi_R^{SK} = \dfrac{-32\gamma\beta + 5\theta_h^2 - 6\theta_h\theta_l + 5\theta_l^2}{64}, & \beta \leqslant \beta' \\[3mm] \Pi_R^{SS} = \dfrac{1}{256}\left(-64\gamma\beta + 8\theta_h^2 + \dfrac{(1-2\gamma)\theta_l^4}{(1-\gamma)^2\beta}\right), & \beta' < \beta \leqslant \beta''' \\[3mm] \Pi_R^{SK} = \dfrac{(\theta_h + \theta_l)^2\left((5-6\gamma)\theta_h^2 - 2(3-2\gamma)\theta_h\theta_l + (5-6\gamma)\theta_l^2\right)}{2048(1-\gamma)^2\beta}, & \beta''' < \beta \end{cases}$$

对于 $\dfrac{\theta_h}{\theta_l} > 1 + \sqrt{2}$，本章得到 $\Pi_R^{SS} > \Pi_R^{SK}$。推导与核心模型中的相当相似，所以本章在这里省略了详细的步骤。证毕。

引理 5.5 证明　为了得到更有价值的分析结果，本章假设 $q_{1i}^{DK} = q_{2i}^{DK} = q_i^{DK}$，$w_1^{DK} = w_2^{DK} = w^{DK}$，$z_1^{DK} = z_2^{DK} = z^{DK}$。此外，从对称平衡中得到的主要结论通常足够稳健，对问题的非对称平衡仍然有效。从式（5.9）中可知，π_{R-i}^{DK} 对 q_{1i} 和 q_{2i} 的二阶偏导数分别为 $\dfrac{\partial^2 \pi_{R-i}^{DK}}{\partial q_{1i}^2} = -2z_1(1-z_2) - 2z_1z_2 < 0$ 和 $\dfrac{\partial^2 \pi_{R-i}^{DK}}{\partial q_{2i}^2} = -2z_2(1-z_1) - 2z_1z_2 < 0$。本章可以得到最优订货量 $q_{1i}^{DK} = q_{2i}^{DK} = q_i^{DK} = \max\left\{\dfrac{\theta_i - w}{2(1+z)}, 0\right\}$。将 q_i^{DK} 代入式（5.10），本章可以得到两种情况：①当 $\dfrac{\theta_l - w}{2(1+z)} > 0$，$q_h^{DK} = \dfrac{\theta_h - w}{2(1+z)}$，$q_l^{DK} = \dfrac{\theta_l - w}{2(1+z)}$；②当 $\dfrac{\theta_h - w}{2(1+z)} > 0 > \dfrac{\theta_l - w}{2(1+z)}$，$q_h^{DK} = \dfrac{\theta_h - w}{2(1+z)}$，$q_l^{DK} = 0$。其中，最优批发价和供应可靠性水平的证明与引理 5.1 相似。首先，本章证明了制造商的期望收益函数在 w 中是凹的。基于一阶最优性条件（$\dfrac{\partial \Pi_{M-j}^{DK}}{\partial z_j}$）和 $z \in [0, 1]$，可以给出平衡可靠性水平。其次，通过比较①和②两种情况下制造商的最优收益函数，得到了最优 w^{DK}，z^{DK}，证毕。

引理 5.6 证明　该证明与引理 5.4 的证明相似，因此为了简洁而略去。证毕。

命题 5.3 证明　通过对最优目标函数 Π_R^{DK} 和 Π_R^{DS} 的比较，得出双源采购策略下的最优信息分享决策。

（1）当 $1 < \dfrac{\theta_h}{\theta_l} \leqslant 1 + \sqrt{2}$ 时，本章得到：

$$\Pi_R^{DS} - \Pi_R^{DK} = \begin{cases} \dfrac{\hat{z}_h \theta_h^2}{16(1+\hat{z}_h)} + \dfrac{\hat{z}_l \theta_l^2}{16(1+\hat{z}_l)} - \dfrac{\overline{z}\left(5\theta_h^2 - 6\theta_h\theta_l + 5\theta_l^2\right)}{32(1+\overline{z})}, & \dfrac{\theta_h^2}{32} < \beta \\[3mm] \dfrac{\theta_h^2}{32} + \dfrac{\hat{z}_l \theta_l^2}{16(1+\hat{z}_l)} - \dfrac{\overline{z}\left(5\theta_h^2 - 6\theta_h\theta_l + 5\theta_l^2\right)}{32(1+\overline{z})}, & \dfrac{(\theta_h + \theta_l)^2}{128} < \beta \leqslant \dfrac{\theta_h^2}{32} \\[3mm] \dfrac{\theta_h^2}{32} + \dfrac{\hat{z}_l \theta_l^2}{16(1+\hat{z}_l)} - \dfrac{5\theta_h^2 - 6\theta_h\theta_l + 5\theta_l^2}{64}, & \dfrac{\theta_l^2}{32} < \beta \leqslant \dfrac{(\theta_h + \theta_l)^2}{128} \\[3mm] \dfrac{\theta_h^2 + \theta_l^2}{32} - \dfrac{5\theta_h^2 - 6\theta_h\theta_l + 5\theta_l^2}{64}, & \beta \leqslant \dfrac{\theta_l^2}{32} \end{cases}$$

从上面的收益表达式可知,当 $0 < \beta \leqslant \dfrac{\theta_h^2}{32}$ 时,可以很容易地计算出函数 $\Pi_R^{DS} - \Pi_R^{DK}$,它是非正的。当 $\beta > \dfrac{\theta_h^2}{32}$ 时,约束条件 $\begin{cases} (\theta_h + \theta_l)^2 - 32\overline{z}(1+\overline{z})^2\beta = 0 \\ \theta_i^2 - 8\hat{z}_i(1+\hat{z}_i)^2\beta = 0, & i \in \{h,l\} \end{cases}$ 可

改写为 $\begin{cases} \hat{z}_h(1+\hat{z}_h)^2 = \dfrac{\overline{z}(1+\overline{z})^2}{\left(\dfrac{\theta_h + \theta_l}{2\theta_h}\right)^2} \\[4mm] \hat{z}_l(1+\hat{z}_l)^2 = \dfrac{\overline{z}(1+\overline{z})^2}{\left(\dfrac{\theta_h + \theta_l}{2\theta_l}\right)^2} \end{cases}$,这可视为问题 $\Pi_R^{DS} - \Pi_R^{DK} = f(\hat{z}_h) = \dfrac{\hat{z}_h \theta_h^2}{16(1+\hat{z}_h)} +$

$\dfrac{\hat{z}_l \theta_l^2}{16(1+\hat{z}_l)} - \dfrac{\overline{z}\left(5\theta_h^2 - 6\theta_h\theta_l + 5\theta_l^2\right)}{32(1+\overline{z})}$ 的约束条件。通过解决该问题,存在唯一阈值 $\hat{z}_h^*$,使得 $\Pi_R^{DS} - \Pi_R^{DK} > 0$ 当且仅当 $0 < \hat{z}_h \leqslant \hat{z}_h^*$; 否则,如果是 $\Pi_R^{DS} - \Pi_R^{DK} < 0$,则为 $\hat{z}_h^* < \hat{z}_h \leqslant 1$。根据 $\hat{\beta}$ 和 $\hat{z}_h$ 之间的反比关系,本章在 $\beta > \hat{\beta} = \dfrac{\theta_h^2}{8\hat{z}_h^*\left(1+\hat{z}_h^*\right)^2}$ 时得到

$\Pi_R^{DS} - \Pi_R^{DK} > 0$,在 $\dfrac{\theta_h^2}{32} < \beta \leqslant \dfrac{\theta_h^2}{8\hat{z}_h^*\left(1+\hat{z}_h^*\right)^2}$ 时得到 $\Pi_R^{DS} - \Pi_R^{DK} < 0$。加在一起,本章得到如果 $0 < \beta \leqslant \hat{\beta}$, $\Pi_R^{DS} < \Pi_R^{DK}$;如果 $\beta > \hat{\beta}$, $\Pi_R^{DS} \geqslant \Pi_R^{DK}$。

(2)当 $\dfrac{\theta_h}{\theta_l} > 1 + \sqrt{2}$ 时, $\begin{cases} \theta_h^2 - 16\overline{z}(1+\overline{z})^2\beta = 0 \\ \theta_i^2 - 8\hat{z}_i(1+\hat{z}_i)^2\beta = 0, & i \in \{h,l\} \end{cases}$ 可简化为 $0 < \hat{z}_l$

$< \overline{z} < \hat{z}_h < 1$。下面的差值可以很容易地计算出来: $\dfrac{\overline{\overline{z}}\theta_h^2}{16(1+\overline{\overline{z}})} < \dfrac{\hat{z}_h \theta_h^2}{16(1+\hat{z})} \leqslant \dfrac{\theta_h^2}{32}$。因此, $\Pi_R^{DS} \geqslant \Pi_R^{DK}$。证毕。

命题 5.4 证明　基于引理 5.1～引理 5.6 证明过程，本章可以得到 $\Pi_R^{SS} - \Pi_R^{NS} =$

$$\frac{1}{2}\sum_{i=h,l}\left(\underbrace{\left(z_i^{SS} - z_i^{NS}\right)\left(\frac{\theta_i}{4}\right)^2}_{\text{激励效应}} - \underbrace{\gamma\frac{\beta\left(z_i^{SS}\right)^2}{2}}_{\text{成本}}\right) < 0$$。相关结果的证明可以在命题 5.5 中获得，

证毕。

命题 5.5 证明　基于命题 5.1～命题 5.3，本章可以计算出企业在 N、S 和 D 策略下的均衡策略。在这个证明中，本章首先对 N 和 S 策略的比较给出了严格的计算证明，其次对 N 和 D 策略进行了比较，最后结合上述比较导出了均衡结果。

（1）本章首先证明了 Π_R^N 和 Π_R^S 之间的比较。

对于 $1 < \dfrac{\theta_h}{\theta_l} \leqslant 1 + \sqrt{2}$，本章得到了任意给定的 γ 和 β 在策略 N 下的电商平台收益函数：

$$\Pi_R^N =$$
$$\begin{cases}
\Pi_R^{NK} = \dfrac{5\theta_h^2 - 6\theta_h\theta_l + 5\theta_l^2}{64}, & 0 < \beta \leqslant \dfrac{(\theta_h + \theta_l)^2}{32} \\[3mm]
\Pi_R^{NK} = \dfrac{(\theta_h + \theta_l)^2\left(5\theta_h^2 - 6\theta_h\theta_l + 5\theta_l^2\right)}{2048\beta}, & \dfrac{(\theta_h + \theta_l)^2}{32} < \beta \leqslant \dfrac{5\theta_h^4 + 4\theta_h^3\theta_l - 2\theta_h^2\theta_l^2 + 4\theta_h\theta_l^3 - 3\theta_l^4}{64\theta_h^2} \\[3mm]
\Pi_R^{NS} = \dfrac{1}{256}\left(8\theta_h^2 + \dfrac{\theta_l^4}{\beta}\right), & \dfrac{5\theta_h^4 + 4\theta_h^3\theta_l - 2\theta_h^2\theta_l^2 + 4\theta_h\theta_l^3 - 3\theta_l^4}{64\theta_h^2} < \beta \leqslant \dfrac{\theta_h^2}{8} \\[3mm]
\Pi_R^{NS} = \dfrac{\theta_h^4 + \theta_l^4}{256\beta}, & \dfrac{\theta_h^2}{8} < \beta
\end{cases}$$

接下来，本章展示了 Π_R^N 和 Π_R^S 在以下三种情况下的比较。

（i）当 $0 < \gamma \leqslant \dfrac{3\theta_h^2 + 2\theta_h\theta_l + 3\theta_l^2}{10\theta_h^2 + 12\theta_h\theta_l + 10\theta_l^2}$ 时，本章在策略 S 下得到电商平台的收益为

$$\Pi_R^S = \begin{cases}
\Pi_R^{SK} = \dfrac{-32\gamma\beta + 5\theta_h^2 - 6\theta_h\theta_l + 5\theta_l^2}{64}, & \beta \leqslant \dfrac{(\theta_h + \theta_l)^2}{32(1-\gamma)} \\[3mm]
\Pi_R^{SK} = \dfrac{(\theta_h + \theta_l)^2\left((5-6\gamma)\theta_h^2 - 2(3-2\gamma)\theta_h\theta_l + (5-6\gamma)\theta_l^2\right)}{2048(1-\gamma)^2\beta}, & \dfrac{(\theta_h + \theta_l)^2}{32(1-\gamma)} < \beta \leqslant \beta'' \\[3mm]
\Pi_R^{SS} = \dfrac{1}{256}\left(-64\gamma\beta + 8\theta_h^2 + \dfrac{(1-2\gamma)\theta_l^2}{(1-\gamma)^2\beta}\right), & \beta'' < \beta \leqslant \dfrac{\theta_h^2}{8(1-\gamma)} \\[3mm]
\Pi_R^{SS} = \dfrac{(1-2\gamma)\left(\theta_h^4 + \theta_l^4\right)}{256(1-\gamma)^2\beta}, & \dfrac{\theta_h^2}{8(1-\gamma)} < \beta
\end{cases}$$

（i.a）当 $0 < \gamma \leqslant \dfrac{3\theta_h^2 + 2\theta_h\theta_l + 3\theta_l^2}{10\theta_h^2 + 12\theta_h\theta_l + 10\theta_l^2}$ 且 $0 < \beta \leqslant \dfrac{(\theta_h + \theta_l)^2}{32}$ 时，本章得到

$$\Pi_R^{NK} = \frac{5\theta_h^2 - 6\theta_h\theta_l + 5\theta_l^2}{64} > \Pi_R^{SK} = \frac{-32\gamma\beta + 5\theta_h^2 - 6\theta_h\theta_l + 5\theta_l^2}{64}。$$

（i.b）当 $0 < \gamma \leqslant \dfrac{3\theta_h^2 + 2\theta_h\theta_l + 3\theta_l^2}{10\theta_h^2 + 12\theta_h\theta_l + 10\theta_l^2}$ 且 $\dfrac{(\theta_h + \theta_l)^2}{32} < \beta \leqslant \dfrac{(\theta_h + \theta_l)^2}{32(1-\gamma)}$ 时，本章有

$$\Pi_R^S = \Pi_R^{SK} = \frac{-32\gamma\beta + 5\theta_h^2 - 6\theta_h\theta_l + 5\theta_l^2}{64}。$$

第一，当 $0 < \gamma \leqslant \dfrac{3\theta_h^2 + 2\theta_h\theta_l + 3\theta_l^2}{10\theta_h^2 + 12\theta_h\theta_l + 10\theta_l^2}$ 和 $\dfrac{(\theta_h + \theta_l)^2}{32} < \beta \leqslant \min$

$\left\{ \dfrac{5\theta_h^4 + 4\theta_h^3\theta_l - 2\theta_h^2\theta_l^2 + 4\theta_h\theta_l^3 - 3\theta_l^4}{64\theta_h^2}, \dfrac{(\theta_h + \theta_l)^2}{32(1-\gamma)} \right\}$ 时，本章有 $\Pi_R^N = \Pi_R^{NK} =$

$\dfrac{(\theta_h + \theta_l)^2 (5\theta_h^2 - 6\theta_h\theta_l + 5\theta_l^2)}{2048\beta}$，其中 $\Pi_R^{SK} - \Pi_R^{NK} > 0$ 可以看作 $G(\beta) = -1024\gamma\beta^2 +$

$\left(32\beta - (\theta_h + \theta_l)^2\right)\left(5\theta_h^2 - 6\theta_h\theta_l + 5\theta_l^2\right) > 0$；$\Pi_R^{SK} - \Pi_R^{NK} < 0$ 可以看作 $G(\beta) = -1024\gamma\beta^2 +$

$\left(32\beta - (\theta_h + \theta_l)^2\right)\left(5\theta_h^2 - 6\theta_h\theta_l + 5\theta_l^2\right) < 0$。具体地说，对于 $G(\beta)$，在 $\gamma \in$

$\left(0, \dfrac{3\theta_h^2 + 2\theta_h\theta_l + 3\theta_l^2}{10\theta_h^2 + 12\theta_h\theta_l + 10\theta_l^2} \right]$ 时，本章得到 $\Delta = 1024\left(5\theta_h^2 - 6\theta_h\theta_l + 5\theta_l^2\right)\left(5\theta_h^2 - 6\theta_h\theta_l + \right.$

$\left. 5\theta_l^2 - 4\gamma(\theta_h + \theta_l)^2 \right) > 0$。因此，本章得到当 $\bar{\beta} < \beta \leqslant \min$

$\left\{ \dfrac{5\theta_h^4 + 4\theta_h^3\theta_l - 2\theta_h^2\theta_l^2 + 4\theta_h\theta_l^3 - 3\theta_l^4}{64\theta_h^2}, \dfrac{(\theta_h + \theta_l)^2}{32(1-\gamma)} \right\}$ 时，$\Pi_R^{SK} > \Pi_R^{NK}$；当 $\dfrac{(\theta_h + \theta_l)^2}{32} <$

$\beta \leqslant \min \left\{ \bar{\beta}, \dfrac{5\theta_h^4 + 4\theta_h^3\theta_l - 2\theta_h^2\theta_l^2 + 4\theta_h\theta_l^3 - 3\theta_l^4}{64\theta_h^2}, \dfrac{(\theta_h + \theta_l)^2}{32(1-\gamma)} \right\}$ 时，$\Pi_R^{SK} < \Pi_R^{NK}$，其中

$\bar{\beta} = \dfrac{5\theta_h^2 - 6\theta_h\theta_l + 5\theta_l^2 - \sqrt{\left(5\theta_h^2 - 6\theta_h\theta_l + 5\theta_l^2\right)\left((5 - 4\gamma)(\theta_h^2 + \theta_l^2) - 2(3 + 4\gamma)\theta_h\theta_l\right)}}{64\gamma}$ 是

$G(\breve{\beta}) = 0$ 的最小根。

第二，当 $0 < \gamma \leqslant \dfrac{3\theta_h^2 + 2\theta_h\theta_l + 3\theta_l^2}{10\theta_h^2 + 12\theta_h\theta_l + 10\theta_l^2}$ 和 $\dfrac{5\theta_h^4 + 4\theta_h^3\theta_l - 2\theta_h^2\theta_l^2 + 4\theta_h\theta_l^3 - 3\theta_l^4}{64\theta_h^2} <$

$\beta \leqslant \min\left\{\dfrac{\left(\theta_h + \theta_l\right)^2}{32\left(1-\gamma\right)}, \dfrac{\theta_h^2}{8}\right\}$ 时，本章有 $\varPi_R^N = \varPi_R^{NS} = \dfrac{1}{256}\left(8\theta_h^2 + \dfrac{\theta_l^4}{\beta}\right)$ ；同样地，

$\varPi_R^{SK} - \varPi_R^{NS} > 0$ 可以看作 $-128\gamma\beta^2 - \theta_l^4 + \beta\left(12\theta_h^2 - 24\theta_h\theta_l + 20\theta_l^2\right) > 0$ ，$\varPi_R^{SK} - \varPi_R^{NS} < 0$ 可以看作 $-128\gamma\beta^2 - \theta_l^4 + \beta\left(12\theta_h^2 - 24\theta_h\theta_l + 20\theta_l^2\right) < 0$ 。对于 $\varDelta = 16$

$\left(-32\gamma\theta_l^4 + \left(3\theta_h^2 - 6\theta_h\theta_l + 5\theta_l^2\right)^2\right)$ ，当 $\dfrac{\left(3\theta_h^2 - 6\theta_h\theta_l + 5\theta_l^2\right)^2}{32\theta_l^4} < \gamma \leqslant \dfrac{3\theta_h^2 + 2\theta_h\theta_l + 3\theta_l^2}{10\theta_h^2 + 12\theta_h\theta_l + 10\theta_l^2}$

时，本章证明 $\varDelta < 0$ ，本章得到 $-128\gamma\beta^2 + \beta\left(12\theta_h^2 - 24\theta_h\theta_l + 20\theta_l^2\right) - \theta_l^4 < 0$ 和

$\varPi_R^{SK} - \varPi_R^{NS} < 0$ 。当 $0 < \gamma \leqslant \dfrac{\left(3\theta_h^2 - 6\theta_h\theta_l + 5\theta_l^2\right)^2}{32\theta_l^4}$ 时，本章得到 $\varDelta > 0$ ，本章很容

易得到 $\min\left\{\dfrac{\left(\theta_h + \theta_l\right)^2}{32\left(1-\gamma\right)}, \dfrac{\theta_h^2}{8}\right\} < \ddot{\beta}$ ，其中 $\ddot{\beta}$ 是 $-128\gamma\ddot{\beta}^2 + \ddot{\beta}\left(12\theta_h^2 - 24\theta_h\theta_l + 20\theta_l^2\right)$

$-\theta_l^4 = 0$ 的解。因此，当 $0 < \gamma \leqslant \dfrac{3\theta_h^2 + 2\theta_h\theta_l + 3\theta_l^2}{10\theta_h^2 + 12\theta_h\theta_l + 10\theta_l^2}$ 和 $\dfrac{5\theta_h^4 + 4\theta_h^3\theta_l - 2\theta_h^2\theta_l^2 + 4\theta_h\theta_l^3 - 3\theta_l^4}{64\theta_h^2}$

$< \beta \leqslant \min\left\{\dfrac{\left(\theta_h + \theta_l\right)^2}{32\left(1-\gamma\right)}, \dfrac{\theta_h^2}{8}\right\}$ 时，本章得到 $\varPi_R^{SK} < \varPi_R^{NS}$ 。

第三，当 $0 < \gamma \leqslant \dfrac{3\theta_h^2 + 2\theta_h\theta_l + 3\theta_l^2}{10\theta_h^2 + 12\theta_h\theta_l + 10\theta_l^2}$ 和 $\dfrac{\theta_h^2}{8} < \beta \leqslant \dfrac{\left(\theta_h + \theta_l\right)^2}{32\left(1-\gamma\right)}$ 时，本章有 $\varPi_R^N =$

$\varPi_R^{NS} = \dfrac{\theta_h^4 + \theta_l^4}{256\beta}$ 。在这种情况下，本章可以证明 $\varPi_R^S = \varPi_R^{SK} = \dfrac{5\theta_h^2 - 6\theta_h\theta_l + 5\theta_l^2 - 32\gamma\beta}{64} < \varPi_R^N$ 。

（i.c）对于 $0 < \gamma \leqslant \dfrac{3\theta_h^2 + 2\theta_h\theta_l + 3\theta_l^2}{10\theta_h^2 + 12\theta_h\theta_l + 10\theta_l^2}$ 和 $\dfrac{\left(\theta_h + \theta_l\right)^2}{32\left(1-\gamma\right)} < \beta \leqslant \beta''$ ，本章有

$\varPi_R^S = \varPi_R^{SK} = \dfrac{\left(\theta_h + \theta_l\right)^2\left(\left(5-6\gamma\right)\theta_h^2 - 2\left(3-2\gamma\right)\theta_h\theta_l + \left(5-6\gamma\right)\theta_l^2\right)}{2048\left(1-\gamma\right)^2\beta}$ 。在这种情况下，

本章展开以下分析。

第一，当 $0 < \gamma \leqslant \dfrac{3\theta_h^2 + 2\theta_h\theta_l + 3\theta_l^2}{10\theta_h^2 + 12\theta_h\theta_l + 10\theta_l^2}$ 和 $\dfrac{\left(\theta_h + \theta_l\right)^2}{32\left(1-\gamma\right)} < \beta \leqslant \dfrac{5\theta_h^4 + 4\theta_h^3\theta_l - 2\theta_h^2\theta_l^2 + 4\theta_h\theta_l^3 - 3\theta_l^4}{64\theta_h^2}$

时，本章有 $\Pi_R^N = \Pi_R^{NK} = \dfrac{\left(\theta_h + \theta_l\right)^2 \left(5\theta_h^2 - 6\theta_h\theta_l + 5\theta_l^2\right)}{2048\beta}$。$\Pi_R^{SK} - \Pi_R^{NK} > 0$ 可视为

$\gamma^2\left(-5\theta_h^2 + 6\theta_h\theta_l - 5\theta_l^2\right) + 4\left(\theta_h - \theta_l\right)^2\gamma > 0$；同样，$\Pi_R^{SK} - \Pi_R^{NK} < 0$ 也可以看作

$\gamma^2\left(-5\theta_h^2 + 6\theta_h\theta_l - 5\theta_l^2\right) + 4\left(\theta_h - \theta_l\right)^2\gamma < 0$。显然，当 $0 < \gamma \leqslant \min$

$\left\{\dfrac{4\theta_h^2 - 8\theta_h\theta_l + 4\theta_l^2}{5\theta_h^2 - 6\theta_h\theta_l + 5\theta_l^2}, \dfrac{3\theta_h^2 + 2\theta_h\theta_l + 3\theta_l^2}{10\theta_h^2 + 12\theta_h\theta_l + 10\theta_l^2}\right\}$ 和 $\dfrac{\left(\theta_h + \theta_l\right)^2}{32\left(1-\gamma\right)} < \beta \leqslant \dfrac{\left(\begin{array}{c}5\theta_h^4 + 4\theta_h^3\theta_l - 2\theta_h^2\theta_l^2 \\ + 4\theta_h\theta_l^3 - 3\theta_l^4\end{array}\right)}{64\theta_h^2}$

时，本章可以得到 $\Pi_R^{SK} > \Pi_R^{NK}$，当 $\dfrac{4\theta_h^2 - 8\theta_h\theta_l + 4\theta_l^2}{5\theta_h^2 - 6\theta_h\theta_l + 5\theta_l^2} < \gamma \leqslant \dfrac{3\theta_h^2 + 2\theta_h\theta_l + 3\theta_l^2}{10\theta_h^2 + 12\theta_h\theta_l + 10\theta_l^2}$ 和

$\dfrac{\left(\theta_h + \theta_l\right)^2}{32\left(1-\gamma\right)} < \beta \leqslant \dfrac{5\theta_h^4 + 4\theta_h^3\theta_l - 2\theta_h^2\theta_l^2 + 4\theta_h\theta_l^3 - 3\theta_l^4}{64\theta_h^2}$ 时，本章可以得到 $\Pi_R^{SK} < \Pi_R^{NK}$。

第二，在这种情况下，当 $\dfrac{\left(\theta_h + \theta_l\right)^2}{32\left(1-\gamma\right)} < \beta \leqslant \beta''$ 和 $\dfrac{5\theta_h^4 + 4\theta_h^3\theta_l - 2\theta_h^2\theta_l^2 + 4\theta_h\theta_l^3 - 3\theta_l^4}{64\theta_h^2} < \beta \leqslant \dfrac{\theta_h^2}{8}$

时，本章有 $\Pi_R^N = \Pi_R^{NS} = \dfrac{1}{256}\left(8\theta_h^2 + \dfrac{\theta_l^4}{\beta}\right)$。很明显地，$\Pi_R^{SK} - \Pi_R^{NS} > 0$ 可以看作 $\beta < \bar{\beta}$，

即 当 $0 < \gamma \leqslant \dfrac{3\theta_h^2 + 2\theta_h\theta_l + 3\theta_l^2}{10\theta_h^2 + 12\theta_h\theta_l + 10\theta_l^2}$ 和 $\max\left\{\dfrac{\begin{array}{c}5\theta_h^4 + 4\theta_h^3\theta_l - 2\theta_h^2\theta_l^2 \\ + 4\theta_h\theta_l^3 - 3\theta_l^4\end{array}}{64\theta_h^2}, \dfrac{\left(\theta_h + \theta_l\right)^2}{32\left(1-\gamma\right)}\right\} < \beta \leqslant$

$\min\left\{\beta'', \dfrac{\theta_h^2}{8}, \bar{\beta}\right\}$ 时，$\Pi_R^{SK} - \Pi_R^{NS} > 0$。此外，本章还证明了 $\beta'' > \bar{\beta}$、$\dfrac{\theta_h^2}{8} > \bar{\beta}$ 以及

$\dfrac{\left(\theta_h + \theta_l\right)^2}{32\left(1-\gamma\right)} < \dfrac{5\theta_h^4 + 4\theta_h^3\theta_l - 2\theta_h^2\theta_l^2 + 4\theta_h\theta_l^3 - 3\theta_l^4}{64\theta_h^2}$。因此，当 $0 < \gamma \leqslant$

$\dfrac{3\theta_h^2 + 2\theta_h\theta_l + 3\theta_l^2}{10\theta_h^2 + 12\theta_h\theta_l + 10\theta_l^2}$ 和 $\dfrac{5\theta_h^4 + 4\theta_h^3\theta_l - 2\theta_h^2\theta_l^2 + 4\theta_h\theta_l^3 - 3\theta_l^4}{64\theta_h^2} < \beta \leqslant \bar{\beta}$ 时，$\Pi_R^{SK} > \Pi_R^{NS}$，

否则，本章得到 $\Pi_R^{SK} < \Pi_R^{NS}$，其中 $\bar{\beta} = \dfrac{\left(\begin{array}{c}\left(5-6\gamma\right)\theta_h^4 + 4\left(1-2\gamma\right)\theta_h^3\theta_l - 2\left(1+2\gamma\right)\theta_h^2\theta_l^2 \\ + 4\left(1-2\gamma\right)\theta_h\theta_l^3 + \left(-3 + 10\gamma - 8\gamma^2\right)\theta_l^4\end{array}\right)}{64\left(-1+\gamma\right)^2\theta_h^2}$。

第三，当 $0 < \gamma \leqslant \dfrac{3\theta_h^2 + 2\theta_h\theta_l + 3\theta_l^2}{10\theta_h^2 + 12\theta_h\theta_l + 10\theta_l^2}$ 和 $\min\left\{\dfrac{\theta_h^2}{8}, \dfrac{\left(\theta_h + \theta_l\right)^2}{32\left(1-\gamma\right)}\right\} < \beta \leqslant \beta''$ 时，本

章有 $\Pi_R^N = \Pi_R^{NS} = \dfrac{\theta_h^4 + \theta_l^4}{256\beta}$。本章可以证明 $\Pi_R^S = \Pi_R^{SK} = \dfrac{\left(\theta_h + \theta_l\right)^2 \begin{pmatrix} \left(5-6\gamma\right)\left(\theta_h^2 + \theta_l^2\right) \\ -2(3-2\gamma)\theta_h\theta_l \end{pmatrix}}{2048\left(1-\gamma\right)^2\beta}$

$< \Pi_R^N = \Pi_R^{NS} = \dfrac{\theta_h^4 + \theta_l^4}{256\beta}$。

（i.d）当 $0 < \gamma \leqslant \dfrac{3\theta_h^2 + 2\theta_h\theta_l + 3\theta_l^2}{10\theta_h^2 + 12\theta_h\theta_l + 10\theta_l^2}$ 和 $\beta'' < \beta \leqslant \dfrac{\theta_h^2}{8(1-\gamma)}$ 时，本章有 $\Pi_R^S =$

$\Pi_R^{SS} = \dfrac{1}{256}\left(-64\gamma\beta + 8\theta_h^2 + \dfrac{\left(1-2\gamma\right)\theta_l^4}{\left(1-\gamma\right)^2\beta}\right)$。在这种情况下，本章进行以下分析：第

一， 当 $0 < \gamma \leqslant \dfrac{3\theta_h^2 + 2\theta_h\theta_l + 3\theta_l^2}{10\theta_h^2 + 12\theta_h\theta_l + 10\theta_l^2}$ 和 $\beta'' < \beta \leqslant \dfrac{\theta_h^2}{8}$ 时，有 $\Pi_R^N = \Pi_R^{NS} =$

$\dfrac{1}{256}\left(8\theta_h^2 + \dfrac{\theta_l^4}{\beta}\right)$。 对于任何 γ 和 β 都获得 $\Pi_R^{NS} > \Pi_R^{SS}$。第二，当 $0 < \gamma \leqslant$

$\dfrac{3\theta_h^2 + 2\theta_h\theta_l + 3\theta_l^2}{10\theta_h^2 + 12\theta_h\theta_l + 10\theta_l^2}$ 和 $\max\left\{\beta'', \dfrac{\theta_h^2}{8}\right\} < \beta \leqslant \dfrac{\theta_h^2}{8(1-\gamma)}$ 时，有 $\Pi_R^N = \Pi_R^{NS} = \dfrac{\theta_h^4 + \theta_l^4}{256\beta}$。

很明显，本章证明了 $\Pi_R^{NS} > \Pi_R^{SS}$。

（i.e ）当 $0 < \gamma \leqslant \dfrac{3\theta_h^2 + 2\theta_h\theta_l + 3\theta_l^2}{10\theta_h^2 + 12\theta_h\theta_l + 10\theta_l^2}$ 和 $\beta > \dfrac{\theta_h^2}{8(1-\gamma)}$ 时， $\Pi_R^S = \Pi_R^{SS} =$

$\dfrac{\left(1-2\gamma\right)\left(\theta_h^4 + \theta_l^4\right)}{256\left(1-\gamma\right)^2\beta}$。在 $\dfrac{\theta_h^2}{8} < \dfrac{\theta_h^2}{8(1-\gamma)} < \beta$ 下，有 $\Pi_R^N = \Pi_R^{NS} = \dfrac{\theta_h^4 + \theta_l^4}{256\beta}$，本章很容易

证明 $\Pi_R^{NS} > \Pi_R^{SS}$。

（ii）当 $\dfrac{3\theta_h^2 + 2\theta_h\theta_l + 3\theta_l^2}{10\theta_h^2 + 12\theta_h\theta_l + 10\theta_l^2} < \gamma \leqslant \dfrac{6\theta_h^3 + 6\theta_h^2\theta_l - 2\theta_h\theta_l^2 + 6\theta_l^3}{7\theta_h^3 + 11\theta_h^2\theta_l + 9\theta_h\theta_l^2 + 21\theta_l^3}$ 时，本章得到策

略 S 下的电商平台收益函数如下。

$$\Pi_R^S = \begin{cases} \Pi_R^{SK} = \dfrac{-32\gamma\beta + 5\theta_h^2 - 6\theta_h\theta_l + 5\theta_l^2}{64}, & 0 < \beta \leqslant \dfrac{\left(\theta_h + \theta_l\right)^2}{32(1-\gamma)} \\[3mm] \dfrac{\left(\theta_h + \theta_l\right)^2\left(\left(5-6\gamma\right)\theta_h^2 - 2(3-2\gamma)\theta_h\theta_l + \left(5-6\gamma\right)\theta_l^2\right)}{2048\left(1-\gamma\right)^2\beta}, & \beta > \dfrac{\left(\theta_h + \theta_l\right)^2}{32(1-\gamma)} \end{cases}$$

（ii.a）当 $0 < \beta \leqslant \dfrac{\left(\theta_h + \theta_l\right)^2}{32(1-\gamma)}$ 时，本章有 $\Pi_R^S = \Pi_R^{SK} = \dfrac{-32\gamma\beta + 5\theta_h^2 - 6\theta_h\theta_l + 5\theta_l^2}{64}$，

证明与（i.a）和（i.b）相似。本章省略了证明。

（ii.b）当 $\beta > \dfrac{\left(\theta_h + \theta_l\right)^2}{32(1-\gamma)}$ 时，$\varPi_R^S = \varPi_R^{SK} = \dfrac{\left(\theta_h + \theta_l\right)^2 \begin{pmatrix} (5-6\gamma)\theta_h^2 - 2(3-2\gamma) \\ \theta_h\theta_l + (5-6\gamma)\theta_l^2 \end{pmatrix}}{2048(1-\gamma)^2 \beta}$，证

明与（i.c）相似。本章省略了证明。

（iii）当 $\dfrac{6\theta_h^3 + 6\theta_h^2\theta_l - 2\theta_h\theta_l^2 + 6\theta_l^3}{7\theta_h^3 + 11\theta_h^2\theta_l + 9\theta_h\theta_l^2 + 21\theta_l^3} < \gamma \leqslant \dfrac{5\theta_h^2 - 6\theta_h\theta_l + 5\theta_l^2}{6\theta_h^2 - 4\theta_h\theta_l + 6\theta_l^2}$ 时，本章得到策略 S

下电商平台的收益函数如下。

$$\varPi_R^S = \begin{cases} \varPi_R^{SK} = \dfrac{-32\gamma\beta + 5\theta_h^2 - 6\theta_h\theta_l + 5\theta_l^2}{64}, & 0 < \beta \leqslant \beta' \\[3mm] \varPi_R^{SS} = \dfrac{1}{256}\left(-64\gamma\beta + 8\theta_h^2 + \dfrac{(1-2\gamma)\theta_l^4}{(1-\gamma)^2\beta}\right), & \beta' < \beta \leqslant \beta''' \\[3mm] \varPi_R^{SK} = \dfrac{\left(\theta_h + \theta_l\right)^2\left((5-6\gamma)\theta_h^2 - 2(3-2\gamma)\theta_h\theta_l + (5-6\gamma)\theta_l^2\right)}{2048(1-\gamma)^2\beta}, & \beta''' < \beta \end{cases}$$

其中，

$$\beta' = \dfrac{3\theta_h^2 - 6\theta_h\theta_l + 5\theta_l^2 + \sqrt{9\theta_h^4 - 36\theta_h^3\theta_l + 66\theta_h^2\theta_l^2 - 60\theta_h\theta_l^3 + \dfrac{(25-66\gamma+57\gamma^2)\theta_l^4}{(-1+\gamma)^2}}}{32\gamma}$$

$$\varPi_R^N = \begin{cases} \varPi_R^{NK} = \dfrac{5\theta_h^2 - 6\theta_h\theta_l + 5\theta_l^2}{64}, & 0 < \beta \leqslant \dfrac{\left(\theta_h + \theta_l\right)^2}{32} \\[3mm] \varPi_R^{NK} = \dfrac{\left(\theta_h + \theta_l\right)^2\left(5\theta_h^2 - 6\theta_h\theta_l + 5\theta_l^2\right)}{2048\beta}, & \dfrac{\left(\theta_h + \theta_l\right)^2}{32} < \beta \leqslant \dfrac{5\theta_h^4 + 4\theta_h^3\theta_l - 2\theta_h^2\theta_l^2 + 4\theta_h\theta_l^3 - 3\theta_l^4}{64\theta_h^2} \\[3mm] \varPi_R^{NS} = \dfrac{1}{256}\left(8\theta_h^2 + \dfrac{\theta_l^4}{\beta}\right), & \dfrac{5\theta_h^4 + 4\theta_h^3\theta_l - 2\theta_h^2\theta_l^2 + 4\theta_h\theta_l^3 - 3\theta_l^4}{64\theta_h^2} < \beta \leqslant \dfrac{\theta_h^2}{8} \\[3mm] \varPi_R^{NS} = \dfrac{\theta_h^4 + \theta_l^4}{256\beta}, & \dfrac{\theta_h^2}{8} < \beta \end{cases}$$

当 $\dfrac{6\theta_h^3 + 6\theta_h^2\theta_l - 2\theta_h\theta_l^2 + 6\theta_l^3}{7\theta_h^3 + 11\theta_h^2\theta_l + 9\theta_h\theta_l^2 + 21\theta_l^3} < \gamma \leqslant \dfrac{5\theta_h^2 - 6\theta_h\theta_l + 5\theta_l^2}{6\theta_h^2 - 4\theta_h\theta_l + 6\theta_l^2}$ 时，本章在 $0 < \beta \leqslant \overline{\beta}$ 时

得到 $\varPi_R^S < \varPi_R^N = \varPi_R^{NK}$，在 $\beta > \bar{\beta}$ 时得到 $\varPi_R^S < \varPi_R^N = \varPi_R^{NS}$。本章省略了证明。

（2）其次本章给出关于 $\varPi_R^N$ 和 $\varPi_R^D$ 之间比较的证明。

$$\varPi_R^D = \begin{cases} \varPi_R^{DK} = \dfrac{5\theta_h^2 - 6\theta_h\theta_l + 5\theta_l^2}{64}, & 0 < \beta \leqslant \dfrac{(\theta_h + \theta_l)^2}{128} \\[3mm] \varPi_R^{DK} = \dfrac{\bar{z}\left(5\theta_h^2 - 6\theta_h\theta_l + 5\theta_l^2\right)}{32(1+\bar{z})}, & \dfrac{(\theta_h + \theta_l)^2}{128} < \beta \leqslant \hat{\beta} \\[3mm] \varPi_R^{DS} = \dfrac{\hat{z}_h\theta_h^2}{16(1+\hat{z}_h)} + \dfrac{\hat{z}_l\theta_l^2}{16(1+\hat{z}_l)}, & \hat{\beta} < \beta \end{cases}$$

$$\varPi_R^N = \begin{cases} \varPi_R^{NK} = \dfrac{5\theta_h^2 - 6\theta_h\theta_l + 5\theta_l^2}{64}, & 0 < \beta \leqslant \dfrac{(\theta_h + \theta_l)^2}{32} \\[3mm] \varPi_R^{NK} = \dfrac{(\theta_h + \theta_l)^2\left(5\theta_h^2 - 6\theta_h\theta_l + 5\theta_l^2\right)}{2048\beta}, & \dfrac{(\theta_h + \theta_l)^2}{32} < \beta \leqslant \dfrac{5\theta_h^4 + 4\theta_h^3\theta_l - 2\theta_h^2\theta_l^2 + 4\theta_h\theta_l^3 - 3\theta_l^4}{64\theta_h^2} \\[3mm] \varPi_R^{NS} = \dfrac{1}{256}\left(8\theta_h^2 + \dfrac{\theta_l^4}{\beta}\right), & \dfrac{5\theta_h^4 + 4\theta_h^3\theta_l - 2\theta_h^2\theta_l^2 + 4\theta_h\theta_l^3 - 3\theta_l^4}{64\theta_h^2} < \beta \leqslant \dfrac{\theta_h^2}{8} \\[3mm] \varPi_R^{NS} = \dfrac{\theta_h^4 + \theta_l^4}{256\beta}, & \dfrac{\theta_h^2}{8} < \beta \end{cases}$$

当 $0 < \gamma < \dfrac{5\theta_h^2 - 6\theta_h\theta_l + 5\theta_l^2}{6\theta_h^2 - 4\theta_h\theta_l + 6\theta_l^2}$ 和 $0 < \beta \leqslant \tilde{\beta}$ 时，本章得到 $\varPi_R^N \geqslant \varPi_R^D$，当 $0 < \gamma \leqslant$

$\dfrac{5\theta_h^2 - 6\theta_h\theta_l + 5\theta_l^2}{6\theta_h^2 - 4\theta_h\theta_l + 6\theta_l^2}$ 和 $\beta > \tilde{\beta}$ 时，$\varPi_R^N < \varPi_R^D$，其中 $\tilde{\beta}$ 满足 $\dfrac{\theta_h^4 + \theta_l^4}{256\tilde{\beta}} =$

$\dfrac{\bar{z}\left(5\theta_h^2 - 6\theta_h\theta_l + 5\theta_l^2\right)}{32(1+\bar{z})}$。

（3）基于 $\varPi_R^N$ 和 $\varPi_R^S$ 的比较以及 $\varPi_R^N$ 和 $\varPi_R^D$ 的比较，本章得到了 S、N 和 D 的最优策略。

（i）当 $0 < \gamma \leqslant \dfrac{5\theta_h^2 - 6\theta_h\theta_l + 5\theta_l^2}{6\theta_h^2 - 4\theta_h\theta_l + 6\theta_l^2}$ 且 $0 < \beta \leqslant \tilde{\beta}$ 时，本章证明了 $\varPi_R^N > \varPi_R^D$。然后，

电商平台在三种策略下的最优策略取决于 $\varPi_R^N$ 和 $\varPi_R^S$ 之间的比较。

（ii）当 $0 < \gamma \leqslant \dfrac{5\theta_h^2 - 6\theta_h\theta_l + 5\theta_l^2}{6\theta_h^2 - 4\theta_h\theta_l + 6\theta_l^2}$ 且 $\beta > \tilde{\beta}$ 时，本章得到 $\varPi_R^S < \varPi_R^N = \varPi_R^{NS} <$

$\varPi_R^D$。本章在 $\varPi_R^N$ 和 $\varPi_R^S$ 之间的比较条件下得到 $\varPi_R^S < \varPi_R^N = \varPi_R^{NS}$，在 $\varPi_R^N$ 和 $\varPi_R^D$

之间的比较条件下得到 $\Pi_R^N = \Pi_R^{NS} < \Pi_R^D$。然后，本章在 $0 < \gamma \leqslant \dfrac{5\theta_h^2 - 6\theta_h\theta_l + 5\theta_l^2}{6\theta_h^2 - 4\theta_h\theta_l + 6\theta_l^2}$ 和 $\beta > \tilde{\beta}$ 时结合上述比较得出 $\Pi_R^S < \Pi_R^N = \Pi_R^{NS} < \Pi_R^D$。

小结如下。

（1）当 $1 < \dfrac{\theta_h}{\theta_l} \leqslant 1 + \sqrt{2}$ 和 $\gamma \leqslant \dfrac{4\theta_h^2 - 8\theta_h\theta_l + 4\theta_l^2}{5\theta_h^2 - 6\theta_h\theta_l + 5\theta_l^2}$ 时，我们得到 $0 < \gamma \leqslant \dfrac{4\theta_h^2 - 8\theta_h\theta_l + 4\theta_l^2}{5\theta_h^2 - 6\theta_h\theta_l + 5\theta_l^2}$ 和 $0 < \beta \leqslant \min\{\bar{\beta}, \breve{\beta}\}$ 下的均衡策略为 NK；$\gamma \leqslant \dfrac{4\theta_h^2 - 8\theta_h\theta_l + 4\theta_l^2}{5\theta_h^2 - 6\theta_h\theta_l + 5\theta_l^2}$

和 $\breve{\beta} < \beta \leqslant \min\left\{\hat{\beta}, \dfrac{1}{64\gamma}\left(\begin{array}{l} 3\theta_h^2 - 6\theta_h\theta_l + 5\theta_l^2 + \\ \sqrt{\begin{array}{l} 9\theta_h^4 - 36\theta_h^3\theta_l + 66\theta_h^2\theta_l^2 \\ -60\theta_h\theta_l^3 + 25\theta_l^4 - 32\gamma\theta_l^4 \end{array}} \end{array}\right)\right\}$ 下的均衡策略为 SK；$\gamma \leqslant \min$

$\left\{\dfrac{3\theta_h^2 + 2\theta_h\theta_l + 3\theta_l^2}{10\theta_h^2 + 12\theta_h\theta_l + 10\theta_l^2}, \dfrac{4\theta_h^2 - 8\theta_h\theta_l + 4\theta_l^2}{5\theta_h^2 - 6\theta_h\theta_l + 5\theta_l^2}\right\}$ 和 $\hat{\beta} < \beta \leqslant \tilde{\beta}$、$\dfrac{3\theta_h^2 + 2\theta_h\theta_l + 3\theta_l^2}{10\theta_h^2 + 12\theta_h\theta_l + 10\theta_l^2} < \gamma \leqslant$

$\dfrac{4\theta_h^2 - 8\theta_h\theta_l + 4\theta_l^2}{5\theta_h^2 - 6\theta_h\theta_l + 5\theta_l^2}$ 和 $\max\left\{\bar{\beta}, \dfrac{1}{64\gamma}\left(\begin{array}{l} 3\theta_h^2 - 6\theta_h\theta_l + 5\theta_l^2 \\ +\sqrt{\begin{array}{l} 9\theta_h^4 - 36\theta_h^3\theta_l + 66\theta_h^2\theta_l^2 \\ -60\theta_h\theta_l^3 + 25\theta_l^4 - 32\gamma\theta_l^4 \end{array}} \end{array}\right)\right\} < \beta \leqslant \dfrac{(\theta_h + \theta_l)^2}{32(1-\gamma)}$ 或

$n\left\{\dfrac{(\theta_h + \theta_l)^2}{32(1-\gamma)}, \bar{\beta}\right\} < \beta \leqslant \tilde{\beta}$ 下的均衡策略为 NS；$0 < \gamma$ 和 $\tilde{\beta} < \beta \leqslant \hat{\beta}$ 下的均衡策略为 DK；$0 < \gamma$ 和 $\hat{\beta} < \beta$ 下的均衡策略为 DS。

（2）当 $1 < \dfrac{\theta_h}{\theta_l} \leqslant 1 + \sqrt{2}$ 和 $\gamma > \dfrac{4\theta_h^2 - 8\theta_h\theta_l + 4\theta_l^2}{5\theta_h^2 - 6\theta_h\theta_l + 5\theta_l^2}$ 时，我们得到 $\beta \leqslant \bar{\beta}$ 下的均衡策略为 NK；$\bar{\beta} < \beta \leqslant \tilde{\beta}$ 下的均衡策略为 NS；$\tilde{\beta} < \beta \leqslant \hat{\beta}$ 下的均衡策略为 DK；$\beta > \hat{\beta}$ 下的均衡策略为 DS。

（3）当 $\dfrac{\theta_h}{\theta_l} > 1 + \sqrt{2}$ 时，推导过程与核心模型中相当相似，所以本章在这里省略了详细的步骤。

证毕。

第6章 制造商质量提升和电商平台信息获取策略研究

6.1 引　　言

随着数字化技术的飞速发展，制造商近年来能够更好地利用先进的生产技术来提高产品质量。消费者的偏好是提高产品质量的重要市场驱动因素。然而，考虑到消费者偏好的快速变化，制造商的产品质量提升努力可能无法取得令人满意的结果。在这种情况下，为了促进有效的运营决策，企业需要与市场的不确定性作抗衡，并进一步了解消费者的质量偏好（Guan and Chen，2017）。实际上，与下游零售商相比，上游制造商往往对消费者的偏好了解较少（Desiraju and Moorthy，1997；Ha et al.，2011；Jiang et al.，2023）。直接为消费者服务的零售商能够以各种方式获取与消费者偏好相关的优质信息。此外，零售商与制造商传递此类优势信息非常重要。例如，在美国，为了帮助提升符合消费者偏好的产品设计，超过60%的零售商与制造商共享消费者偏好信息（Guo，2009；Xiao et al.，2020）。在电子商务中，由于配备了先进的数字化技术和数据分析工具，在线零售商在获取消费者偏好信息方面变得非常熟练，从而允许上游制造商进行有针对性的产品质量提升。例如，中国电子商务零售巨头京东与上游企业合作，通过构建数字智能供应链，帮助许多制造商准确定位消费者的偏好。另一个例子是，苏宁利用大数据分析挖掘和匹配用户数据，帮助上游制造商实现双赢合作。

上述讨论阐明了两个战略决策的重要性，即质量提升和信息获取。在分散的供应链中，上游制造商和下游零售商之间的决策时间差异对其利润有重要影响（Liu et al.，2015；Xiao et al.，2023）。例如，知名服装制造商VF（Vanity Fair）公司与其下游零售商建立了供应链联盟以共享消费者信息（Arya and Mittendorf，2013）。在这个联盟中，下游零售商同意使用先进的信息技术来收集和分析消费者的偏好信息，并与VF公司共享。在这种情况下，零售商获取消费者偏好信息的承诺无疑提高了VF公司的销售业绩。因此，VF公司致力于投资和优化其品牌产品的质量，以增加其市场潜力并获得更多利润。但由于产品质量或信息获取成本的不确定性，有时下游零售商不愿意承诺在初始阶段获取消费者的偏好信息，因为信息获取需要一些成本，如购买数据传输设备和处理收集的信息。因此，在实践中，下游零售商倾向于在观察产品质量水平后决定是否获取消费者的偏好信息，这可能导致两种决策，即相机获取和承诺获取。在实践观察的基础上，这种情况产生了以下问题：①在不同的决策下，平台供应链厂商的均衡收益是什么？②信息获取能否刺激上游制造商提高其产品质量水平？③对于不同的决策，电商平台的信息获取激励将如何转变？④企业对不同决策的偏好是什么？

　　本章剩余部分的结构安排如下。6.2 节介绍了模型设置。6.3 节分析了两种策略下制造商产品质量提升与电商平台信息获取决策之间的相互作用。6.4 节比较了均衡结果。6.5 节为本章小结。

6.2　平台供应链结构

　　如上所述，本章考虑了一个电商供应链，其中制造商通过下游电商平台以单位批发价格通过转销渠道销售其产品。制造商还可以通过下游电商平台建立直销渠道，以在消费者市场上直接销售其产品。在这种情况下，制造商将按佣金率 α（$0<\alpha<1$）支付交易佣金。市场中的消费者群体为 1，并且每个消费者最多需要购买 1 单位的产品。我们假设，在不失一般性的情况下，下游电商平台和制造商都是风险中性的。此外，我们还将生产成本和销售成本标准化为零。

　　消费者从转销和直销渠道购买商品的效用为 $V_1 = \theta m - p_r$ 和 $V_2 = \rho \theta m - p_s$，其中 $\rho \in (0,1)$ 表示消费者从直销渠道获得的效用折扣系数（Mantin et al.，2014；Yan et al.，2018）。随着 ρ 的下降，转销渠道销售的产品为消费者提供的效用大于直销渠道购买的产品，这意味着直销渠道相对于转销渠道而言零售效率更低。因此，我们假设 $0<\rho<1$，代表消费者在两个渠道的产品以相同价格销售的情况下通过转销渠道购买产品（Ru et al.，2015）。m 代表产品的质量水平，θ 表示消费者对产品的偏好。θ 服从均匀分布，θ 以 $1/2$ 概率服从 $(0,1)$ 上的均匀分布，以 $1/2$ 概率服从 $(1,2)$ 上的均匀分布。

　　基于上述效用表达式，我们根据个体理性约束（IR）和激励相容约束（IC）得出消费者的购买决策。具体而言，如果满足以下条件，消费者通过转销渠道购买：

$$\begin{cases} \theta m - p_r \geqslant 0 \Rightarrow \theta \geqslant \dfrac{p_r}{m} \\[3mm] \theta m - p_r \geqslant \rho \theta m - p_s \Rightarrow \theta \geqslant \dfrac{p_r - p_s}{m(1-\rho)} \end{cases} \tag{6.1}$$

同样，如果满足以下条件，消费者可以通过直销渠道购买：

$$\begin{cases} \rho \theta m - p_s \geqslant 0 \Rightarrow \theta \geqslant \dfrac{p_s}{m\rho} \\[3mm] \rho \theta m - p_s \geqslant \theta m - p_r \Rightarrow \theta \leqslant \dfrac{p_r - p_s}{m(1-\rho)} \end{cases} \tag{6.2}$$

在本章的研究中，我们只关注 $\dfrac{p_r - p_s}{m(1-\rho)} > \dfrac{p_s}{m\rho}$ 的情况（Yan et al.，2018），这

个条件等价于 $\rho > \dfrac{p_s}{p_r}$，确保产品在转销渠道和直销渠道中共存。此外，我们还证

明了对于 $0 < \rho < 1$，结论 $p_r > p_s$ 始终成立。因此，我们推导需求函数如下。

（1）如果消费者偏好低质量产品并且下游电商平台将消费者偏好信息分享给上游制造商（即 $\theta \sim U[0,1]$），转销渠道与直销渠道的需求函数分别为

$$q_r = 1 - \frac{p_r - p_s}{m(1-\rho)}$$

$$q_s = \frac{p_r - p_s}{m(1-\rho)} - \frac{p_s}{m\rho}$$

（2）如果消费者偏好高质量产品并且下游电商平台将消费者偏好信息分享给上游制造商（即 $\theta \sim U[1,2]$），转销渠道与直销渠道的需求函数分别为

$$q_r = 2 - \frac{p_r - p_s}{m(1-\rho)}$$

$$q_s = \frac{p_r - p_s}{m(1-\rho)} - \frac{p_s}{m\rho}$$

（3）如果下游电商平台没有将消费者偏好信息分享给上游制造商（即 $\theta \sim U[0,2]$），转销渠道与直销渠道的需求函数分别为

$$q_r = 1 - \frac{p_r - p_s}{2m(1-\rho)}$$

$$q_s = \frac{p_r - p_s}{2m(1-\rho)} - \frac{p_s}{2m\rho}$$

为了提高产品质量水平，上游制造商需要投入资金进行产品研发。在本章中，我们假设制造商的质量提升成本可以表示为质量提升水平的二次函数，即 $km^2 / 2$，其中 $k > 0$ 是质量提升成本系数，m 为质量提升水平（Banker et al.，1998；Li et al.，2019；Markopoulos and Hosanagar，2018）。此外，为了解决质量偏好信息的不确定性并制定有效的定价决策，下游电商平台能够通过样本测试、问卷调查等方式获得消费者的偏好信息。鉴于这些活动通常需要一定的资金投入，我们将获取信息成本定义为 c。在这种情况下，电商平台在选择获取昂贵信息时，可以确认消费者的质量偏好的准确范围。

基于上述假设，我们研究了两种备选获取策略，即承诺获取策略与相机获取策略。决策顺序图如图 6.1 所示。这些策略下的决策序列描述如下。

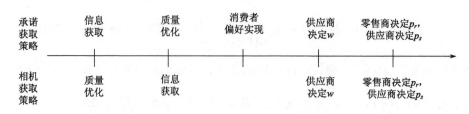

图 6.1　决策顺序图

承诺获取策略。第一，电商平台向制造商承诺是否获取消费者偏好信息。第二，在观察下游电商平台的获取信息决策后，上游制造商确定产品质量水平 m。第三，电商平台进行相应的信息获取决策，一旦其获取信息，将同制造商分享。第四，上游制造商决定其批发价格。第五，制造商和下游电商平台同时决定零售价格。

相机获取策略。与承诺获取策略不同，上游制造商首先决定相机策略下的产品质量水平 m，其次下游电商平台决定是否获取信息。其余部分与承诺获取策略下的相同。

在这两种策略下，假设下游电商平台选择获取消费者的偏好信息，消费者偏好 $\theta_i (i \in \{H, L\})$ 在供应链定价决策之前被观测到。给定产品零售价格和质量提升水平，消费者需求为 $q_i (i \in \{H, L, N\})$。表 6.1 总结了本章的主要符号。

表 6.1　模型符号解释

符号	解释
ρ	直销渠道的效用折扣系数，$0 < \rho < 1$
α	平台抽成比例，$0 < \alpha < 1$
m	产品质量水平
k	质量提升成本系数，$k > 0$
w	批发价格
p_r	转销渠道零售价格
p_s	直销渠道零售价格
c	电商平台信息获取成本
q_r	转销渠道需求
q_s	直销渠道需求
Π_r	电商平台利润
Π_s	制造商利润
$D(N)$	上标，表示电商平台获取（不获取）信息
#	上标，表示相机获取下的最优解

6.3 承诺获取策略与相机获取策略

在本节中，我们重点讨论电商供应链中上游制造商的产品质量提升与下游电商平台的信息获取决策之间的相互作用。首先，我们分析在承诺获取策略和相机获取策略下的均衡结果。其次，通过比较电商平台在不同信息获取策略下的收益，得出最优的信息获取策略。

6.3.1 承诺获取策略

在该策略中，电商平台信息获取策略先于制造商质量提升策略。具体地，电商平台首先决定信息获取决策，随后上游制造商根据下游电商平台的信息获取决策确定其产品质量提升水平。

当电商平台没有获取信息时：在这种情况下，电商平台和制造商均通过先验信息进行相关决策，即消费者的偏好服从[0,1]或[1,2]的均匀分布，概率各为1/2。因此，制造商和下游电商平台的利润分别为

$$\Pi_s^N(w, p_s) = w\left(1 - \frac{p_r - p_s}{2m(1-\rho)}\right) + (1-\alpha)p_s\left(\frac{p_r - p_s}{2m(1-\rho)} - \frac{p_s}{2m\rho}\right) - \frac{km^2}{2} \quad (6.3)$$

$$\Pi_r^N(p_r) = (p - w)\left(1 - \frac{p_r - p_s}{2m(1-\rho)}\right) + \alpha p_s\left(\frac{p_r - p_s}{2m(1-\rho)} - \frac{p_s}{2m\rho}\right) \quad (6.4)$$

根据逆序归纳法，均衡批发价格和零售价格可以推导为

$$w(m) = \frac{(1-\alpha)\left(\rho^2\alpha^2 - 2\rho(4-\rho)\alpha + \rho^2 + 8\right)}{(1+\alpha)^2 \rho - 8\alpha + 8}m \quad (6.5)$$

$$p_s(m) = \frac{\rho^2\alpha^2 - 6\rho\alpha - \rho^2 + 10\rho}{(1+\alpha)^2 \rho - 8\alpha + 8}m \quad (6.6)$$

$$p_r(m) = \frac{\rho(2-\rho)\alpha^2 - 2\left(\rho^2 - 4\rho + 6\right)\alpha - \rho^2 - 2\rho + 12}{(1+\alpha)^2 \rho - 8\alpha + 8}m \quad (6.7)$$

显然，批发价格和零售价格随 m 单调递增，因为产品质量的提高增加了市场潜力，从而提高了批发价格和零售价格。预期在后续定价决策中，制造商选择的水平 m 以最大化收益。因此，可求得最佳产品质量水平为 $m^N = \dfrac{(1-\alpha)\left(\rho^2\alpha^2 - 2\rho(4-\rho)\alpha + (\rho+2)^2\right)}{2k\left((1+\alpha)^2 \rho - 8\alpha + 8\right)}$。基于上述均衡结果，上游制造商和

下游电商平台的期望利润如下：

$$\Pi_s^N = \frac{(1-\alpha)^2\left((1+\alpha)^2\rho^2+4(1-2\alpha)\rho+4\right)^2}{8k\left((1+\alpha)^2\rho-8\alpha+8\right)^2} \tag{6.8}$$

$$\Pi_r^N = \frac{(1-\alpha)T(\alpha,\rho)}{4k\left((1+\alpha)^2\rho-8\alpha+8\right)^3} \tag{6.9}$$

其中，

$$\begin{aligned}
T(\alpha,\rho) &= \rho^5\alpha^7 - 6\rho^4(4-\rho)\alpha^6 + \rho^3\left(11\rho^2-68\rho+192\right)\alpha^5 \\
&\quad + 4\rho^2\left(5\rho^2-8\rho-132\right)\alpha^4 - \rho\left(25\rho^4-200\rho^3+624\rho^2-1552\rho-112\right)\alpha^3 \\
&\quad - 2\left(17\rho^5-80\rho^4+32\rho^3+616\rho^2+176\rho-32\right)\alpha^2 \\
&\quad - (2+\rho)^2\left(19\rho^3-72\rho^2-60\rho+32\right)\alpha + 4(1-\rho)(2+\rho)^4
\end{aligned}$$

当电商平台进行信息获取时：制造商将基于获取的消费者偏好信息制定最优的定价策略。因此，给定消费者偏好信息 θ_H（θ_L）、产品质量水平 m、下游电商平台和制造商的利润分别为

$$\Pi_r^D(p_r,\theta_H) = (p-w)\left(2-\frac{p_r-p_s}{m(1-\rho)}\right) + \alpha p_s\left(\frac{p_r-p_s}{m(1-\rho)}-\frac{p_s}{m\rho}\right) - c \tag{6.10}$$

$$\Pi_s^D(w,p_s,\theta_H) = w\left(2-\frac{p_r-p_s}{m(1-\rho)}\right) + (1-\alpha)p_s\left(\frac{p_r-p_s}{m(1-\rho)}-\frac{p_s}{m\rho}\right) - \frac{km^2}{2} \tag{6.11}$$

$$\Pi_r^D(p_r,\theta_L) = (p-w)\left(1-\frac{p_r-p_s}{m(1-\rho)}\right) + \alpha p_s\left(\frac{p_r-p_s}{m(1-\rho)}-\frac{p_s}{m\rho}\right) - c \tag{6.12}$$

$$\Pi_s^D(w,p_s,\theta_L) = w\left(1-\frac{p_r-p_s}{m(1-\rho)}\right) + (1-\alpha)p_s\left(\frac{p_r-p_s}{m(1-\rho)}-\frac{p_s}{m\rho}\right) - \frac{km^2}{2} \tag{6.13}$$

当消费者偏好较高（即 $\theta=\theta_H$）时，最优零售价格和批发价格为

$$w(m,\theta_H) = \frac{(1-\alpha)\left(\rho^2\alpha^2-2\rho(4-\rho)\alpha+\rho^2+8\right)}{(1+\alpha)^2\rho-8\alpha+8}m \tag{6.14}$$

$$p_s(m,\theta_H) = \frac{\rho^2\alpha^2-6\rho\alpha-\rho^2+10\rho}{(1+\alpha)^2\rho-8\alpha+8}m \tag{6.15}$$

$$p_r(m,\theta_H) = \frac{\rho(2-\rho)\alpha^2-2\left(\rho^2-4\rho+6\right)\alpha-\rho^2-2\rho+12}{(1+\alpha)^2\rho-8\alpha+8}m \tag{6.16}$$

然而当消费者偏好较低（即 $\theta = \theta_L$）时，最优零售价格和批发价格为

$$w\left(m,\theta_L\right) = \frac{\left(1-\alpha\right)\left(\rho^2\alpha^2 - 2\rho(4-\rho)\alpha + \rho^2 + 8\right)}{2\left(\left(1+\alpha\right)^2\rho - 8\alpha + 8\right)}m \qquad (6.17)$$

$$p_s\left(m,\theta_L\right) = \frac{\rho^2\alpha^2 - 6\rho\alpha - \rho^2 + 10\rho}{2\left(\left(1+\alpha\right)^2\rho - 8\alpha + 8\right)}m \qquad (6.18)$$

$$p_r\left(m,\theta_L\right) = \frac{\rho(2-\rho)\alpha^2 - 2\left(\rho^2 - 4\rho + 6\right)\alpha - \rho^2 - 2\rho + 12}{2\left(\left(1+\alpha\right)^2\rho - 8\alpha + 8\right)}m \qquad (6.19)$$

预期到上述均衡结果，制造商通过设置质量水平 m，以最大化其期望利润：

$$\frac{1}{2}\Pi_s^D\left[m, p_s(m,\theta_H), p_r(m,\theta_H), w(m,\theta_H)\right] + \frac{1}{2}\Pi_s^D\left[m, p_s(m,\theta_L), p_r(m,\theta_L), w(m,\theta_L)\right]$$

因此，最优的质量水平可导出为 $m^D = \dfrac{5(1-\alpha)\left(\rho^2\alpha^2 - 2\rho(4-\rho)\alpha + (\rho+2)^2\right)}{8k\left((1+\alpha)^2\rho - 8\alpha + 8\right)}$。

相应地，上游制造商和下游电商平台的期望利润分别为

$$\Pi_s^D = \frac{25(1-\alpha)^2\left((1+\alpha)^2\rho^2 + 4(1-2\alpha)\rho + 4\right)^2}{128k\left((1+\alpha)^2\rho - 8\alpha + 8\right)^2} \qquad (6.20)$$

$$\Pi_r^D = \frac{25(1-\alpha)\left((1+\alpha)^2\rho^2 + 4(1-2\alpha)\rho + 4\right)K(\alpha,\rho)}{64k\left((1+\alpha)^2\rho - 8\alpha + 8\right)^3} - c \qquad (6.21)$$

其中，

$$\begin{aligned}
K(\alpha,\rho) = {} & \rho^3\alpha^5 - 4\rho^2(4-\rho)\alpha^4 + 2\rho\left(\rho^2 - 4\rho + 30\right)\alpha^3 \\
& - 4\left(2\rho^3 - 13\rho^2 + 42\rho - 4\right)\alpha^2 \\
& - \left(11\rho^3 - 32\rho^2 - 92\rho + 32\right)\alpha + 4(1-\rho)(2+\rho)^2
\end{aligned}$$

此外，我们的研究表明在 $\alpha \in \left(\dfrac{1}{3},1\right)$ 且 $\rho \in \left(0, \dfrac{6\alpha-2}{(1+\alpha)^2}\right]$ 时，无法保证转销渠道

和直销渠道共存。因此，在整个研究中我们假设 $\alpha \in \left(0, \dfrac{1}{3}\right]$ 且 $\rho \in \left(\dfrac{6\alpha - 2}{(1+\alpha)^2}, 1\right)$。

命题 6.1　电商平台信息获取策略提高了产品质量水平。

与下游电商平台不选择获取偏好信息的情况相比，如果下游电商平台选择获取消费者的偏好信息，上游制造商将积极提升其产品质量。在这两种信息获取策略下，上游制造商必须在观察消费者偏好信息之前就对产品质量水平做出决定。然而，这些策略的结果是不同的，因为如果下游电商平台承诺事先获得消费者的偏好信息，那么上游制造商可以确认消费者的质量偏好信息，从而做出更合理的定价决策并增加其利润。这种可预测的利润增加将促使上游制造商提升产品质量水平。

基于上述观察，我们发现上游制造商在产品质量提升方面的投资并非由高度准确的偏好信息驱动。相反，上游制造商更积极地提升产品质量仅仅是因为它确保下游电商平台会承诺获得消费者的质量偏好信息。这一发现可归因于上游制造商获得更准确的消费者偏好信息，这可以促使其制定高度准确的定价决策，并随后从市场获得更多的利润。这一趋势将间接刺激制造商投入更多资本，以提高其产品质量水平并扩大其市场潜力。

命题 6.2　在比较电商平台在不同信息获取策略下的期望收益时，发现：①如果 $c \leqslant \tilde{c}_1(\alpha, \rho, k)$，则下游电商平台选择获取消费者的偏好信息；②如果 $c > \tilde{c}_1(\alpha, \rho, k)$，则下游电商平台选择不获取消费者的偏好信息。

命题 6.2 揭示了下游电商平台的获取信息的决策。结果表明，获取信息的决策仅由获取信息的成本决定。具体而言，如果获取成本相对较低，则下游电商平台更倾向于获取信息。然而，如果获取成本相对较高，电商平台将放弃获取信息。从下游电商平台的角度来看，如果获取成本相对较低，则通过更好地获取消费者偏好信息所带来的好处超过了获取成本带来的损失。因此，在这种情况下，下游电商平台更喜欢获取策略。

推论 6.1　下游电商平台对获取信息的动机［即 $\tilde{c}_1(\alpha, \rho, k)$］关于折扣因子（即 ρ）不单调，即如果 $\alpha \in \left(0, \dfrac{1}{3}\right)$ 和 $\rho \in (0, \rho_1(\alpha))$，则 $\tilde{c}_1(\alpha, \rho, k)$ 随着 ρ 单调递增；

如果 $\alpha \in \left(\dfrac{1}{3}, \tilde{\alpha}\right]$ 和 $\rho \in \left(0, \dfrac{6\alpha - 2}{(1+\alpha)^2}\right)$，或者 $\alpha \in (\tilde{\alpha}, 1)$ 及 $\rho \in \left(\rho_2(\alpha), \dfrac{6\alpha - 2}{(1+\alpha)^2}\right)$，则 $\tilde{c}_1(\alpha, \rho, k)$ 随着 ρ 单调递减。

推论 6.1 给出了消费者从直销渠道获得的效用折扣系数如何影响下游电商平

台的获取信息动机。结果表明，当佣金较低或较高时增加折扣因子（即 ρ），会从两个方面影响下游电商平台的利润。具体而言，当佣金较低时，$\tilde{c}_1(\alpha,\rho,k)$ 最初随着 ρ 增长，然后随着 ρ 下降。这一发现可以解释如下：一方面，更多消费者将通过直销渠道购买产品，这间接增加了下游电商平台的利润（因为佣金率）。另一方面，由于直销渠道为消费者所接受，市场竞争进一步加剧，这将损害下游电商平台的利润。这些潜在效应表明，下游电商平台对获取信息的激励最初会随着折扣系数的增加而增加，然后降低。当佣金率较高时，情况正好相反。然而，当佣金适中时，下游电商平台的获取信息激励随着折扣系数单调增加。

推论 6.2　在承诺获取策略下，制造商和下游电商平台的利润随着获取成本的增加而减少。

推论 6.2 研究了获取信息成本如何影响下游电商平台和制造商的利润。结果表明，制造商和下游电商平台的利润随着采购成本的增加而降低，这一结论是直观的。随着采购成本的增加，下游电商平台的采购动机降低，这直接影响制造商产品质量水平的提高。这一发现解释了为什么制造商和下游电商平台的利润随着获取成本的增加而下降。

6.3.2　相机获取策略

与承诺获取策略不同，下游电商平台不承诺在条件策略下事先获得偏好信息，而是在知道产品质量提升水平后做出决定。然而，制造商必须根据下游电商平台的获取信息的决策预测预先设定产品质量提升水平。定价阶段的决策时间与承诺获取策略下的决策时间相同。与承诺获取策略类似，均衡产品质量水平和信息收集决策是按照相应原则确定的。命题 6.3 给出了这种情况下制造商和下游电商平台的均衡策略。

命题 6.3　在相机获取策略下，可得出以下信息。

（1）如果 $c \leqslant \tilde{c}_2(\alpha,\rho,k)$，则下游的电商平台选择获取消费者偏好信息，此时均衡质量优化水平为 $m^{\#} = \dfrac{5(1-\alpha)\left(\rho^2\alpha^2 - 2\rho(4-\rho)\alpha + (\rho+2)^2\right)}{8k\left((1+\alpha)^2\rho - 8\alpha + 8\right)}$，电商平台的利

润为 $\Pi_r^{\#} = \dfrac{25(1-\alpha)\left((1+\alpha)^2\rho^2 + 4(1-2\alpha)\rho + 4\right)K(\alpha,\rho)}{64k\left((1+\alpha)^2\rho - 8\alpha + 8\right)^3} - c$，且制造商的利润为

$$\Pi_S^{\#} = \dfrac{25(1-\alpha)^2\left((1+\alpha)^2\rho^2 + 4(1-2\alpha)\rho + 4\right)^2}{128k\left((1+\alpha)^2\rho - 8\alpha + 8\right)^2}。$$

（2）如果 $\tilde{c}_2(\alpha,\rho,k) < c \le \tilde{c}_3(\alpha,\rho,k)$，则下游的电商平台选择获取消费者偏好信息，此时均衡质量优化水平为 $m^{\#} = \dfrac{(1+\alpha)^2\rho - 8\alpha + 8}{K(\alpha,\rho)}c$，电商平台的利润为 $\Pi_r^{\#} = 4c$，

制造商的利润为 $\Pi_S^{\#} = \dfrac{\left((1+\alpha)^2\rho - 8\alpha + 8\right)\begin{pmatrix} 5(1-\alpha)\left((1-\alpha)^2\rho^2 + 4(1-2\alpha)\rho + 4\right) \\ \cdot K(\alpha,\rho) - 32ck\left((1+\alpha)^2\rho - 8\alpha + 8\right)^3 \end{pmatrix}}{\left(K(\alpha,\rho)\right)^2}c$。

（3）如果 $c > \tilde{c}_3(\alpha,\rho,k)$，则下游的电商平台选择不获取消费者偏好信息，此时均衡质量优化水平为 $m^{\#} = \dfrac{(1-\alpha)\left(\rho^2\alpha^2 - 2\rho(4-\rho)\alpha + (\rho+2)^2\right)}{2k\left((1+\alpha)^2\rho - 8\alpha + 8\right)}$。此外，下游电

商平台的预期利润为 $\Pi_r^{\#} = \dfrac{(1-\alpha)T(\alpha,\rho)}{4k\left((1+\alpha)^2\rho - 8\alpha + 8\right)^3}$，制造商的预期利润为

$\Pi_S^{\#} = \dfrac{(1-\alpha)^2\left((1+\alpha)^2\rho^2 + 4(1-2\alpha)\rho + 4\right)^2}{8k\left((1+\alpha)^2\rho - 8\alpha + 8\right)^2}$。

命题 6.3 给出了企业在相机获取策略下的均衡结果。与承诺获取策略类似，获取成本对下游电商平台的获取信息的决策具有显著影响。如场景（1）的条件中所述，当获取成本较低时 $\left[即 c \le \tilde{c}_2(\alpha,\rho,k)\right]$，下游电商平台始终倾向于获取信息。这个结论是直观的。一方面，下游电商平台可以在定价阶段做出更有效的决策。另一方面，上游制造商可以设定与承诺获取策略下相同的均衡质量优化水平。在这种情况下，下游电商平台也可以通过直销渠道获得更多利润。因此，当获取信息成本较低时，它选择获取消费者的偏好信息。然而，当获取成本处于中等范围时，电商平台获取消费者偏好信息的意愿将减弱 $\left[即 \tilde{c}_2(\alpha,\rho,k) < c \le \tilde{c}_3(\alpha,\rho,k)\right]$。这一观察可归因于以下事实：制造商仅通过提高其产品质量水平来增加下游电商平台获取消费者质量偏好信息的动机。因此，产品质量水平随着获取成本的增加而增加。直观解释是，上游制造商通过提高产品质量承担了部分获取信息成本。

如情景（3）的条件所述，当获取信息成本较高时，产品质量优化对上游制造商而言是无利可图的 $\left[即 c > \tilde{c}_3(\alpha,\rho,k)\right]$。因此，制造商选择更保守的质量提升水平，而下游电商平台则选择不获取信息。换句话说，信息获取成本增加带来的负面影响超过了更好地获取需求信息带来的正面影响。与命题 6.2 相比，我们从命题 6.3 中发现，与承诺获取策略不同，当获取信息成本处于相对适中的范围内时，下游电商平台只有在上游制造商在制造高质量产品方面投入足够时，才会选择获

取消费者的偏好信息。在这种情况下，电商平台获取信息的收入可以弥补获取信息的成本。

推论 6.3　下游电商平台在相机获取策略下的获取信息动机[即 $\tilde{c}_2(\alpha,\rho,k)$ 和 $\tilde{c}_3(\alpha,\rho,k)$]关于折扣因子（即 ρ）非单调，即如果 $\alpha \in \left(0,\dfrac{1}{3}\right]$ 且 $\rho \in \left(0,\rho_1(\alpha)\right)$，则 $\tilde{c}_2(\alpha,\rho,k)$ 和 $\tilde{c}_3(\alpha,\rho,k)$ 随着 ρ 的增加而增加；如果 $\alpha \in \left(\dfrac{1}{3},\tilde{\alpha}\right]$ 且 $\rho \in \left(0,\dfrac{6\alpha-2}{(1+\alpha)^2}\right]$，或 $\alpha \in (\tilde{\alpha},1)$ 且 $\rho \in \left(\rho_2(\alpha),\dfrac{6\alpha-2}{(1+\alpha)^2}\right]$，那么 $\tilde{c}_2(\alpha,\rho,k)$ 和 $\tilde{c}_3(\alpha,\rho,k)$ 随着 ρ 的增加而减少。

推论 6.3 背后的逻辑与推论 6.1 相似。因此，为了简洁起见，我们省略了这里的细节。

推论 6.4　在相机获取策略下，制造商的利润随着获取成本的增加而减少，而下游电商平台的利润与获取成本呈非单调关系。

与承诺获取策略相反，当获取信息成本处于相对适中的范围[即 $\tilde{c}_2(\alpha,\rho,k) < c \leqslant \tilde{c}_3(\alpha,\rho,k)$]，下游电商平台的利润随获取成本单调增加。这一现象反映了制造商的质量提升水平决策和下游电商平台的获取时机之间的相互作用。在相机获取策略下，下游电商平台在了解产品质量提升水平后，有更多的空间制定其获取信息的决策。不可避免地，制造商的质量提升水平将影响下游电商平台获取质量偏好信息的动机，其中更高的质量水平导致更强的获取动机。因此，当获取信息成本处于相对适中的范围内时，推迟获取信息的决定将激励上游制造商提高其产品质量水平并扩大其市场潜力。鉴于这种扩大的市场潜力好处超过了高获取成本对下游电商平台利润的负面影响，下游电商平台的利润会随着获取成本的增加而增加。

6.4　均衡的信息获取与质量提升决策

在 6.3 节中，我们的研究得到了承诺获取策略和相机获取策略下的制造商均衡质量水平和下游电商平台的信息获取决策。在本节中，我们进一步研究获取时机的变化如何影响下游电商平台的信息获取动机、制造商的质量提升水平和公司的盈利能力。

命题 6.4　与相机获取策略相比，下游电商平台在承诺获取策略下信息获取动机更强。

命题 6.4 给出了两种策略下电商平台的获取信息动机。根据命题 6.2，

$c \leqslant \tilde{c}_1(\alpha, \rho, k)$ 时，下游电商平台倾向于获得消费者的偏好信息。此外，在相机获取策略下，电商平台仅在 $c \leqslant \tilde{c}_3(\alpha, \rho, k)$ 时选择获取消费者的偏好信息。根据命题6.3可知，显然，由于决策时机对下游电商平台获取动机的影响，$\tilde{c}_1(\alpha, \rho, k)$ 始终高于 $\tilde{c}_3(\alpha, \rho, k)$。具体而言，在承诺获取策略下，下游电商平台估计消费者质量偏好信息的获取不仅会增强其在定价阶段的决策，而且会刺激上游制造商提高其产品质量水平，进而进一步激励下游电商平台获取偏好信息。相反，在相机获取策略下，下游电商平台获取信息的动机取决于上游制造商对产品质量水平优化的投资水平。更高水平的质量增强下游电商平台获得消费者偏好信息的动机。然而，当获取信息成本达到一定水平时，上游制造商停止其产品质量优化，下游电商平台拒绝获取消费者的偏好信息。

命题 6.5　在比较两种策略下的均衡产品质量水平时，当 $c \in (\tilde{c}_2(\alpha, \rho, k), \tilde{c}_3(\alpha, \rho, k))$ 时，相机获取策略下的质量水平较高。然而，当 $c \in (\tilde{c}_3(\alpha, \rho, k), \tilde{c}_1(\alpha, \rho, k))$ 时，承诺获取策略下的质量水平较高。

命题6.5比较了两种策略下的均衡产品质量水平。结果表明，当获取信息成本处于相对适中的范围［即 $c \in (\tilde{c}_2(\alpha, \rho, k), \tilde{c}_3(\alpha, \rho, k))$］，相机获取策略下的质量提升水平高于承诺获取策略下的水平，因为在此范围内，上游制造商必须在质量提升方面投入更多，以鼓励下游电商平台获得消费者的质量偏好信息。因此，根据推论6.4，产品质量水平随着获取成本的增加而增加，并且在相机获取策略下比承诺获取策略下更强。相比之下，在承诺获取策略下，根据命题6.1，获取信息下的产品质量提升水平较高，但这一水平与获取成本无关。当获取成本迫使下游电商平台在承诺获取策略下获取消费者的质量偏好信息，并拒绝在相机获取策略下获取此类信息时［即 $c \in (\tilde{c}_3(\alpha, \rho, k), \tilde{c}_1(\alpha, \rho, k))$］，承诺获取策略质量提升水平高于相机获取策略。

命题 6.6　在比较两种策略下企业和供应链的利润时，结果表明如下。

（1）如果 $c \leqslant \tilde{c}_2(\alpha, \rho, k)$ 或 $c > \tilde{c}_1(\alpha, \rho, k)$，那么下游电商平台、制造商和整个供应链在两种策略下的利润相等。

（2）如果 $c \in (\tilde{c}_2(\alpha, \rho, k), \tilde{c}_3(\alpha, \rho, k)]$，那么下游电商平台和整个供应链的利润在相机获取策略下更好，而制造商的利润在承诺获取策略下更好。

（3）如果 $c \in (\tilde{c}_3(\alpha, \rho, k), \tilde{c}_1(\alpha, \rho, k)]$，在承诺获取策略下，企业和整个供应链的利润都会提高。

命题6.6比较了两种策略下企业和整个供应链的结果。制造商通过延迟其提高产品质量水平的决定获得更高的利润，而下游电商平台的利润视情况而定（图6.2）。

　　从下游电商平台的角度来看，一方面，相机获取策略的好处在于其可以刺激上游制造商进一步提高产品质量水平。下游电商平台可以利用这种效应从终端消费者市场获得更多的消费者剩余。另一方面，相机获取策略的负面影响在于，这

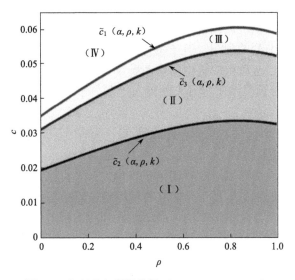

图 6.2　电商平台利润偏好（$\alpha = 0.3$，$k = 0.5$）

（Ⅰ）代表下游电商平台的利润在两种策略之间无差异的区域。（Ⅱ）和（Ⅲ）分别代表相机获取策略与承诺获取策略占主导地位的区域。（Ⅳ）表示下游电商平台在这两种策略下放弃获取信息的区域

种策略可能会减少制造商在产品质量提升方面的投资，并降低下游电商平台获取信息的积极性。在相机获取策略下，下游电商平台的获取信息的决策完全基于上游制造商的质量提升水平。当获取信息成本不够大且在可接受范围内时，延迟获取信息会鼓励上游制造商在产品质量提升方面投入更多。然而，如果获取信息成本持续增加，则上游制造商将停止其产品质量提升工作，这将对下游电商平台产生负面影响。相反，在承诺获取策略下，下游电商平台事先决定获取消费者的质量偏好信息。此时，下游电商平台反过来可以刺激上游制造商在产品质量提升方面投入更多。因此，当获取信息成本在可接受范围内｛即 $c \in \big(\tilde{c}_3 (\alpha, \rho, k)$，$\tilde{c}_1 (\alpha, \rho, k) \big)$｝的情况下，下游电商平台在相机获取策略下不会获取消费者的质量偏好信息，但选择在承诺获取策略下获取此类信息。结合图 6.2，当获取信息成本足够高或足够低时［即图 6.2 中的区域（Ⅰ）和（Ⅳ）］，下游电商平台对两种获取策略表现出相同的偏好。然而，当获取信息成本相对较低时［即图 6.2 中的区域（Ⅱ）］，下游电商平台倾向于相机获取策略。此外，当获取信息的成本相对较高时［即图 6.2 中的区域（Ⅲ）］，下游电商平台偏好承诺获取策略。

　　同时，制造商总是倾向于命题 6.6 展示的承诺获取策略，因为在相机获取策

略下，它必须在产品质量提升方面投入更多。此时，下游电商平台获取消费者质量偏好信息的动机较低，这将对制造商的盈利能力产生不利影响。基于这些偏好，我们发现，即使在分散供应链中，供应链的上下游运营决策仍然相互矛盾，但在一定条件下，上下游企业在获取消费者质量信息方面具有相同的偏好策略。

两种策略之间的供应链偏好与下游电商平台的偏好相同。在相机获取策略下，尽管损害了上游制造商的利润，但产品质量提升提高了整个供应链的绩效，因为存在双重边际效应，分散供应链中的均衡质量提升水平低于集中供应链。在相机获取策略下，在产品质量水平提升方面投入更多，可以减少双重边际效应的影响。

6.5　本章小结

在本章中，制造商可以通过转销渠道以单位批发价格通过下游电商平台销售其产品，还可以通过下游电商平台建立直销渠道，直接在终端消费者市场销售其产品。我们的研究重点是制造商的产品质量提升和下游电商平台的信息获取策略之间的相互作用。消费者的质量偏好对于制造商和下游电商平台都是事先未知的，但可以通过后者的获取信息行为悉知。我们考虑了两种信息获取策略，即承诺获取策略和相机获取策略。通过建立博弈模型，我们得出了制造商的均衡质量提升水平、下游电商平台的获取信息行为以及两种策略下厂商最优的定价策略，并研究了它们如何影响企业的盈利能力。

首先，与电商平台没有获取信息相比，两种策略都能获得更高的产品质量。此外，我们发现，在相机获取策略下，当获取信息成本处于中等范围时，制造商会进一步提高产品质量，以激励下游电商平台获取消费者的偏好信息。其次，通过分析两种策略下电商平台的信息获取决策，我们证明了在两种策略中，下游电商平台在获取成本相对较小的情况下获取信息。此外，我们还发现，与相机获取策略相比，承诺获取策略提高了下游电商平台获取信息的动机。再次，在均衡中，制造商在承诺获取策略下总是获得更多的利润。然而，对于电商平台而言，当获取成本足够低或足够高时，电商平台在这两种获取策略之间不存在差异；否则，当获取信息成本适中时，随着获取成本的增加，下游电商平台将其策略从相机获取策略转变为承诺获取策略。最后，整个供应链在这两种策略之间的偏好与下游电商平台的偏好相同。

参 考 文 献

Arya A, Mittendorf B. 2013. Discretionary disclosure in the presence of dual distribution channels[J]. Journal of Accounting and Economics, 55(2/3): 168-182.

Banker R D, Khosla I, Sinha K K. 1998. Quality and competition[J]. Management Science, 44(9):

1179-1192.

Desiraju R, Moorthy S. 1997. Managing a distribution channel under asymmetric information with performance requirements[J]. Management Science, 43(12): 1628-1644.

Guan X, Chen Y J. 2017. The interplay between information acquisition and quality disclosure[J]. Production and Operations Management, 26(3): 389-408.

Guo L. 2009. The benefits of downstream information acquisition[J]. Marketing Science, 28(3): 457-471.

Ha A Y, Tong S L, Zhang H T. 2011. Sharing demand information in competing supply chains with production diseconomies[J]. Management Science, 57(3): 566-581.

Jiang Z Z, Zhao J L, Yi Z L, et al. 2023. Inducing information transparency: the roles of gray market and dual-channel[J]. Annals of Operations Research, 329: 277-306.

Li G, Li L, Sun J S. 2019. Pricing and service effort strategy in a dual-channel supply chain with showrooming effect[J]. Transportation Research Part E: Logistics and Transportation Review, 126: 32-48.

Liu G W, Zhang J X, Tang W S. 2015. Joint dynamic pricing and investment strategy for perishable foods with price-quality dependent demand[J]. Annals of Operations Research, 226: 397-416.

Mantin B, Krishnan H, Dhar T. 2014. The strategic role of third-party marketplaces in retailing[J]. Production and Operations Management, 23(11): 1937-1949.

Markopoulos P M, Hosanagar K. 2018. A model of product design and information disclosure investments[J]. Management Science, 64(2): 739-759.

Ru J, Shi R X, Zhang J. 2015. Does a store brand always hurt the manufacturer of a competing national brand?[J]. Production and Operations Management, 24(2): 272-286.

Xiao L, Chen S T, Huang S. 2023. Observability of retailer demand information acquisition in a dual-channel supply chain[J]. Annals of Operations Research, 329: 191-223.

Xiao L, Xu M H, Zheng J J, et al. 2020. Inducing manufacturer's quality enhancement via retailer's acquisition strategy[J]. Omega, 93: 102032.

Yan Y C, Zhao R Q, Liu Z B. 2018. Strategic introduction of the marketplace channel under spillovers from online to offline sales[J]. European Journal of Operational Research, 267(1): 65-77.

第7章　随机中断风险下需求信息分享与备货生产的交互机制研究

7.1　引　　言

随着新冠疫情的反复暴发和广泛传播，供应中断风险越来越受到额外关注（Goldschmidt et al.，2021；Gupta et al.，2021；Wang and Webster，2022）。与此同时，在数字化时代，区块链、大数据和物联网等尖端信息技术能够提供新的可行策略或逻辑来应对供应中断，从而证明了行业实践的合理性（Zhao et al.，2022）。例如，华晨宝马汽车有限公司的最大供应商之一本特勒，通过信息技术支持系统快速获取相关信息，并预先决定增加其分部的产能作为备份，帮助华晨宝马汽车有限公司在新冠疫情暴发后避免了供应中断。相反，在 2020 年 2 月，许多没有供应商备份的公司（如日产和现代汽车）宣布，由于新冠疫情暴发，供应链出现了大规模中断（Asian et al.，2020；Ivanov，2022）。这些例子告诫我们，在传统意义上，备货生产看似昂贵且可能适得其反，但在先进的信息技术的帮助下，它可能是减轻供应中断风险的有效手段。实践中，许多公司正在强调和研究各种形式的备货措施（如提高产能和同行产能借用）。

传统观点认为，对于与范围广泛和长期大流行（如新冠疫情）相关的供应中断风险，及时采取对策是困难的。除了供应方的不确定性外，终端市场的需求也是不可预测的。供应商通常远离终端市场，很难观察到需求信息，而拥有优越需求信息的制造商可能会策略性地分享这些信息以获益。相关证据表明，制造商确实有动机借助大数据和人工智能等先进信息技术来共享需求信息。在前面提到的本特勒和华晨宝马汽车有限公司的例子中，本章注意到这两家公司采用了基于大数据、人工智能和 5G 等技术构建的透明信息分享机制，使本特勒能够根据华晨宝马汽车有限公司的需求信息进行相对准确的备货生产能力的调整。尽管在面对供应中断风险时，共享需求信息具有明显的好处，但许多制造商仍不愿意与上游供应商（如日产和现代汽车）分享这些信息。因此，本章旨在探讨信息分享和备货生产对减轻供应中断的联合效应。

迄今为止，之前的文献在供应商建立备货生产的实践与制造商如何采取激励措施来协助供应商方面的相互作用方面存在研究空白。在上述案例的启发下，本章试图回答以下在新冠疫情期间引起的供应中断风险下的问题：供应商在制造商采取不同的信息分享策略时如何做出备货生产决策？下游制造商能否通过共享需求信息来鼓励上游供应商采用备货生产？这些策略对供应链绩效有何影响？这些管理问题被抽象为试图应对长期危机的探索领域。

为了回答上述问题，本章建立了一个格式化的博弈论模型，用于描述备货生产和信息分享策略之间的相互作用。在危机环境的前提下，本章的模型描述了供需不确定性的固有特征。制造商可以在获得准确的市场信息之前，策略性地进行预先需求信息分享策略。供应商则根据制造商的信息分享策略来决定是否采用备货生产策略。这些策略都是基于各方的利益考虑。根据信息分享策略和备货生产策略，具体可分成以下四种策略：①制造商隐瞒需求信息且供应商不采用备货生产（表示为 KN）；②制造商隐瞒需求信息且供应商采用备货生产（表示为 KB）；③制造商分享需求信息且供应商不采用备货生产（表示为 SN）；④制造商分享需求信息且供应商采用备货生产（表示为 SB）。

本章得出几个重要的结果。首先，供应商在备货生产的采用上表现出截断结构的均衡决策；也就是说，只有当备货生产的固定成本较低时，供应商才会自愿采用备货生产。此外，本章还研究了信息分享对备货生产策略的影响。本章发现，当市场需求较低时，信息分享阻止了制造商采用备货生产；而当市场需求较高时，信息分享促使制造商采用备货生产。

其次，本章发现制造商会策略性地共享它的个人需求信息，以激励供应商采用备货生产。具体来说，在需求的变动性较低且备货生产的固定成本适中时，制造商会进行需求信息分享。在这种情况下，供应商采用备货生产的动机很弱，均衡的备货生产关键取决于市场需求，市场需求促使供应商使用备货生产。这反过来刺激制造商共享它的个人需求信息，从而激励供应商采用备货生产。然而，当备货生产的固定成本要么足够低要么相对较高时，供应商会设置较高的备货生产数量或不采用备货生产。在这种情况下，如果制造商共享它的需求信息，那么这种共享对备货生产的激励效果是有限的，制造商因信息分享而遭受的损失超过了激励效果。因此，制造商更倾向于保持需求信息私密。

最后，制造商的需求信息分享也会引发一些意想不到的收益影响：供应商的收益对备货生产成本呈非单调关系。虽然备货生产成本的增加会削弱供应商采用备货生产的激励，从而损害它的预期收益，但当备货生产成本适中时，它刺激了制造商共享需求信息。因此，本章揭示了由于制造商的需求信息分享，供应商的收益呈现出了突然的向上转变。

总结起来，本章的贡献有三点。第一，据本章所知，本章是第一个研究制造商信息分享策略与供应商备货生产策略在减轻中断风险方面相互作用的人。第二，本章描述了两个战略参与者之间的最优均衡。具体而言，本章反直观地发现了制造商不愿与上游供应商共享需求信息。相反，本章揭示了在特定条件下制造商也可能自愿共享需求信息以促使供应商备货生产。第三，由于供应商备货生产和制造商需求信息分享之间的战略互动，企业利润与固定备货生产成本呈非单调关系。因此，对备货生产和信息分享对企业利润的影响的发现，为实施备货生产和信息分享策略以减轻供应中断风险提供了合理性。

本章的剩余部分按照以下方式进行。7.2 节提出了模型设置。7.3 节求解并分析均衡决策结果。7.4 节比较不同策略组合的均衡结果并提出管理启示。7.5 节对本章进行总结。模型的具体求解过程见本章附录。

7.2　供应链结构

本章建立了一个由供应商和制造商组成的存在随机供应中断风险的供应链。其中，供应商生产一种产品，并通过制造商进行分销。反向需求函数为 $p = \theta - q$，其中 θ 为随机市场需求，q 为制造商的订货量。由于市场不确定因素的影响，市场需求具有不确定性，本章假设随机市场需求 θ 有 $\beta \in (0,1)$ 概率为高类型 $(\theta = \theta_h)$，$1 - \beta$ 概率为低类型 $[\theta = \theta_l (< \theta_h)]$。为了捕捉模型设置中市场需求的最大不确定性（Jiang et al.，2016；Jung and Kouvelis，2022），本章假设高类型市场需求和低类型市场需求出现的概率相同，即 $\beta = \dfrac{1}{2}$。这一假设也反映了大流行病暴发后许多产品面临巨大市场需求不确定性的现实。当随机中断发生时，对于制造商的订货数量 q，供应商仅能供应数量为 ρq。本章引入两点分布 $\rho = \begin{cases} 1, & z, \\ 0, & 1 - z \end{cases}$ 来表示随机中断风险，其中 $z \in (0,1]$ 表示不发生中断的概率，其可视为供应可靠性。

供应中断发生后，供应商可紧急采用备货生产，以固定成本 ψ 和额外生产成本 cq^2 完成订单。在备货生产 cq^2 中，$c > 0$ 是备货生产的成本系数，q 表示备货生产的数量（Eichenbaum，1989；Ha et al.，2011）。备货生产的成本计算方法在很多行业如汽车制造都有证据支持（Mollick，2004；Bray and Mendelson，2015）。为了便于分析，本章将产品的正常生产成本归化为 0，仅考虑备货生产的额外成本。

制造商贴近终端市场，易于采用大数据、人工智能、区块链等前沿信息采集和处理技术，从而容易获得市场变化的第一手数据。因此，其优势在于可以获得准确的市场需求作为自己的私人信息，而供应商只知道自己的分销情况。本章的主要目的是研究制造商是否有动力与供应商分享需求信息，以诱导供应商在供应中断风险下建立备货生产。

制造商在获得准确的市场信息之前做出信息分享策略（即分享需求信息和隐瞒需求信息，分别用 S 和 K 表示），称为事前决策。随后，制造商获得准确的市场信息，并执行提前制定的分享策略。根据分享策略，供应商事先决定采用备货策略（即备货和无备货，分别用 B 和 N 表示），并确定产品批发价格。如果供应商采用备货生产，则其决定后备产能，后备产能只能在生产中断时启动。最后，制造商根据需求信息和供应链决策发出订单数量。本章将高类型市场需求和低类型市场需求下的订单量分别称为高类型订单量与低类型订单量。本章的决策顺序如图 7.1 所示。

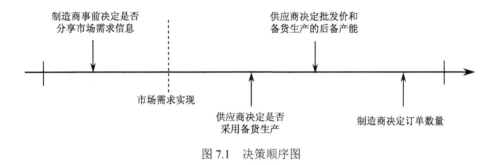

图 7.1　决策顺序图

依据制造商的信息分享策略和供应商的备货生产策略，本章有四种策略组合可供选择：KN、KB、SN 和 SB，其中第一个字母表示信息分享策略，第二个字母表示备货生产策略。参数及其定义如表 7.1 所示。

表 7.1　模型符号解释

参数	定义
θ	随机市场需求
θ_h	高类型市场需求
θ_l	低类型市场需求
z	供应可靠性
w	批发价格
$q_h(q_l)$	高（低）类型市场需求下供应商的订货量
q_b	供应商的后备产能
c	备货生产成本系数
ψ	备货生产固定成本
π_M	制造商利润
π_S	供应商利润
Π_M	制造商期望利润
Π_S	供应商期望利润

7.3 信息分享策略与备货生产策略分析

本章首先求解出在"KN""KB""SN""SB"四种策略下制造商和供应商的最优订货量、后备产能和批发价格。

7.3.1 策略 KN

本章首先假设制造商隐瞒需求信息，供应商不采用备货生产。在这种策略下，供应商决定批发价格，然后制造商决定订货量。制造商和供应商的利润函数分别为

$$\pi_M(q_i) = z(\theta_i - q_i - w) \tag{7.1}$$

$$\Pi_S(w) = \frac{z(q_h w + q_l w)}{2} \tag{7.2}$$

通过逆向归纳法，本章推导出引理 7.1，其证明过程见本章附录。

引理 7.1 在策略 KN 下，最优订货量和批发价格如下。

（1）如果 $1 < \frac{\theta_h}{\theta_l} \leqslant 1+\sqrt{2}$，则有 $q_h^{KN} = \frac{3\theta_h - \theta_l}{8}$、$q_l^{KN} = \frac{3\theta_l - \theta_h}{8}$ 和 $w^{KN} = \frac{\theta_h + \theta_l}{4}$。

（2）如果 $\frac{\theta_h}{\theta_l} > 1+\sqrt{2}$，则有 $q_h^{KN} = \frac{\theta_h}{4}$、$q_L^{KN} = 0$ 和 $w^{KN} = \frac{\theta_h}{2}$。

为了便于阐述，本章将高类型市场需求与低类型市场需求的比率 $\frac{\theta_h}{\theta_l}$ 称为需求异质性。需求异质性越高表示两类市场需求之间的相对差距越大。当需求异质性较低时（即 $1 < \frac{\theta_h}{\theta_l} \leqslant 1+\sqrt{2}$），供应商在未获悉需求信息的情况下，仅根据市场需求的先验分布来设定最佳批发价格。当需求异质性较高时（即 $\frac{\theta_h}{\theta_l} > 1+\sqrt{2}$），高类型市场需求远高于低类型市场需求，在此情况下，供应商仅针对高类型市场需求设定最优批发价格。这种价格设定迫使制造商在低类型市场需求下的订货量为 0。

7.3.2 策略 KB

在这种策略下，制造商隐瞒需求信息。一旦供应中断发生，供应商就开始依据预先确定的后备产能 q_b 开展备货生产。需要注意的是，考虑到制造商的最佳订货量，供应商事先决定的后备产能超过制造商下达的高类型订单数量（即 $q_b \leqslant q_h$）是不合理的。给定 $q_b \in (0, q_h]$ 的范围，制造商和供应商的利润函数分别为

$$\begin{cases} \pi_{M-l}(q_l) = z(\theta_l - q_l - w)q_l + (1-z)(\theta_l - \min\{q_b, q_l\} - w)\min\{q_b, q_l\} \\ \pi_{M-h}(q_h) = z(\theta_h - q_h - w)q_h + (1-z)(\theta_h - \min\{q_b, q_h\} - w)\min\{q_b, q_h\} \end{cases} \quad (7.3)$$

$$\Pi_S(w, q_b) = \frac{z(q_h w + q_l w)}{2} + \frac{(1-z)\big(w(\min\{q_b, q_l\} + \min\{q_b, q_h\}) - cq_b^2\big)}{2} - \psi \quad (7.4)$$

通过逆向归纳法，很容易得出制造商的最优订货量为 $q_i^{KB}(w, q_b) = \max\left\{\dfrac{\theta_i - w}{2}, 0\right\}$。将 $q_i^{KB}(w, q_b)$ 代入供应商利润函数，可得到供应商的最优后备产能和批发价格，如引理 7.2 所示。在策略 KB 中，为了确保企业获得非负利润并避免琐碎的分析，本章假设 $c \leqslant \dfrac{\theta_l}{2(\theta_h - \theta_l)}$。

引理 7.2　在策略 KB 下，最优订货量、后备产能和批发价格是

$(q_l^{KB}, q_h^{KB}, q_b^{KB} \mid w^{KB})$

$$= \begin{cases} \left(\dfrac{\theta_l - w^{KB}}{2}, \dfrac{\theta_h - w^{KB}}{2}, \dfrac{\theta_h - w^{KB}}{2} \mid \dfrac{(1+2c(1-z))\theta_h + \theta_l}{4+2c(1-z)}\right), & \{z, c\} \in 区域\ \text{I} \\[3mm] \left(\dfrac{\theta_l - w^{KB}}{2}, \dfrac{\theta_h - w^{KB}}{2}, \dfrac{w^{KB}}{4c} \mid \dfrac{2c(z\theta_h + \theta_l)}{z-1+4c(1+z)}\right), & \{z, c\} \in 区域\ \text{II} \\[3mm] \left(\dfrac{\theta_l - w^{KB}}{2}, \dfrac{\theta_h - w^{KB}}{2}, \dfrac{\theta_l - w^{KB}}{2} \mid \dfrac{z\theta_h + (2+2c(1-z)-z)\theta_l}{4+2c(1-z)}\right), & \{z, c\} \in 区域\ \text{III} \\[3mm] \left(\dfrac{\theta_l - w^{KB}}{2}, \dfrac{\theta_h - w^{KB}}{2}, \dfrac{w^{KB}}{2c} \mid \dfrac{2c(z\theta_h + \theta_l)}{2(z-1+2cz)}\right), & \{z, c\} \in 区域\ \text{IV} \\[3mm] \left(0, \dfrac{\theta_h - w^{KB}}{2}, \dfrac{\theta_h - w^{KB}}{2} \mid \dfrac{(1+2c(1-z))\theta_h}{2+2c(1-z)}\right), & \{z, c\} \in 区域\ \text{V} \end{cases}$$

五种均衡结果的参数区域如表 7.2 所示。

表 7.2　参数区域汇总

条件			区域和最优决策的关系	
$1 < \dfrac{\theta_h}{\theta_l} \leqslant 1+\sqrt{2}$	$\dfrac{\theta_h}{\theta_l} < 1+\sqrt{2}$ 且 $c < \tilde{c}^{KB}$		区域 I　$0 < q_l^{KB} < q_h^{KB} = q_b^{KB}$	
	$\dfrac{\theta_h}{\theta_l} < 1+\sqrt{2}$ 且 $\tilde{c}^{KB} < c \leqslant \tilde{\tilde{c}}^{KB}$		区域 II　$0 < q_l^{KB} < q_b^{KB} < q_h^{KB}$	
	$\dfrac{\theta_h}{\theta_l} < \dfrac{1+\sqrt{5}}{2}$ 且 $\tilde{\tilde{c}}^{KB} < c < \tilde{\tilde{\tilde{c}}}^{KB}$	$\dfrac{\theta_h}{\theta_l} > \dfrac{1+\sqrt{5}}{2}$ 且 $c > \tilde{\tilde{c}}^{KB}$	区域 III　$0 < q_l^{KB} = q_b^{KB} < q_h^{KB}$	区域 V　$0 = q_l^{KB} < q_h^{KB} = q_b^{KB}$
	$\dfrac{\theta_h}{\theta_l} < \dfrac{1+\sqrt{5}}{2}$ 且 $c > \tilde{\tilde{\tilde{c}}}^{KB}$		区域 IV　$0 < q_b^{KB} < q_l^{KB} < q_h^{KB}$	
$\dfrac{\theta_h}{\theta_l} > 1+\sqrt{2}$	$c > 0$		区域 V　$0 = q_l^{KB} < q_h^{KB} = q_b^{KB}$	

$$\tilde{c}^{KB} = \begin{cases} c', & 0 < z \leqslant \tilde{z}^{KB} \\ \dfrac{\theta_h + \theta_l}{2(2+z)\theta_h - 2\theta_l}, & \tilde{z}^{KB} < z < 1 \end{cases}, \quad \tilde{\tilde{c}}^{KB} = \begin{cases} c', & 0 < z \leqslant \tilde{z}^{KB} \\ c'', & \tilde{z}^{KB} < z \leqslant \tilde{\tilde{z}}^{KB} \\ \dfrac{\theta_l}{2(\theta_h - \theta_l)}, & \tilde{\tilde{z}}^{KB} < z < 1 \end{cases},$$

$\tilde{\tilde{\tilde{c}}}^{KB} = \dfrac{z\theta_h + (2-z)\theta_l}{z(3\theta_l - \theta_h)}$。其中 $\tilde{z}^{KB}$、$\tilde{\tilde{z}}^{KB}$、c' 和 c'' 的表达式见本章附录。

本章发现了后备产能 q_b^{KB} 随备货生产成本系数 c 单调递减，如图 7.2 所示。备货生产成本系数的增加会削弱供应商采用备货生产的积极性。此外，当需求异质性或备货生产成本系数较高（即参数属于区域Ⅴ）时，供应商设定的最优批发

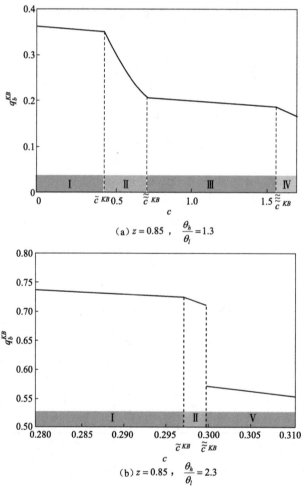

(a) $z = 0.85$，$\dfrac{\theta_h}{\theta_l} = 1.3$

(b) $z = 0.85$，$\dfrac{\theta_h}{\theta_l} = 2.3$

图 7.2　备货生产成本系数对制造商最佳后备产能的影响

价格只能满足高类型市场需求。同时，供应商仅根据高类型市场需求设定后备产能（即 $q_h^{KB} = q_b^{KB}$）。

至此，本章分析了策略 KN 和策略 KB 的均衡结果。接下来，本章通过比较策略 KN 和策略 KB 下供应商的利润，来探究制造商隐瞒需求信息时，供应商的最优备货生产策略。

命题 7.1　如果制造商隐瞒需求信息，当且仅当 $\psi < \psi^K$，供应商才会采用备货生产。

命题 7.1 表明，当备货生产的固定成本较低时（即 $\psi < \psi^K$），供应商才会采用备货生产。直观地，虽然备货生产有助于增加供应商的利润，但是供应商采用备货生产的成本也会随着备货生产固定成本的增加而变大，这导致供应商采用备货生产的动机被削弱。

7.3.3　策略 SN

在这种策略下，制造商分享需求信息且供应商不采用备货生产。制造商和供应商的利润函数分别为

$$\pi_{M-i}(q_i) = z(\theta_i - q_i - w_i)q_i \tag{7.5}$$

$$\pi_{S-i}(w_i) = zw_iq_i \tag{7.6}$$

引理 7.3　在策略 SN 下，批发价格和最优订货量是 $w_i^{SN} = \dfrac{\theta_i}{2}$，$q_i^{SN} = \dfrac{\theta_i}{4}$，其中 $\theta_i \in \{\theta_h, \theta_i\}$。

引理 7.3 表明，供应商的最优决策与市场需求类型有关。当制造商分享需求信息时，供应商根据市场需求类型确定相应的批发价格。

7.3.4　策略 SB

在策略 SB 中，供应商根据制造商分享的准确市场需求决定后备产能和批发价格。制造商和供应商的利润函数分别为

$$\pi_{M-i}(q_i) = z(\theta_i - q_i - w_i)q_i + (1-z)(\theta_i - q_{b-i} - w_i)q_{b-i} \tag{7.7}$$

$$\pi_S(w_i, q_{b-i}) = zw_iq_i + (1-z)(w_iq_{b-i} - cq_{b-i}^2) - \psi \tag{7.8}$$

同样，通过逆向归纳法，本章得出了企业在策略 SB 下的最优决策。

引理 7.4　在策略 SB 下，最优订货量、后备产能和批发价格如下。

（1）如果 $c \leqslant \dfrac{1}{z}$，则有 $q_i^{SB} = \dfrac{\theta_i}{4 + 2c(1-z)}$ 和 $w_i^{SB} = \dfrac{\theta_i(1 + c - cz)}{2 + c - cz}$。

（2）如果 $c > \dfrac{1}{z}$，则有 $q_i^{SB} = \dfrac{(z + cz - 1)\theta_i}{2(z + 2cz - 1)}$、$q_{b-i}^{SB} = \dfrac{z\theta_i}{2(z + 2cz - 1)}$ 和 $w_i^{SB} =$

$$\frac{cz\theta_i}{z+2cz-1}。$$

引理 7.4 表明，企业的最优决策取决于已实现的市场需求。这与策略 NB 一致，即随着成本系数的增加，后备产能会减少。接下来，本章通过比较策略 SN 和策略 SB 下供应商的利润，来探究制造商分享需求信息时供应商的最优备货生产策略。

命题 7.2　如果制造商分享需求信息，当 $\psi \leqslant \psi_l^S$ 时，供应商采用备货生产，当 $\psi > \psi_h^S$ 时，供应商不会采用备货生产，当 $\psi_l^S < \psi \leqslant \psi_h^S$ 时，供应商仅在高类型市场需求下采用备货生产。

命题 7.2 表明，制造商的需求信息分享使供应商在做出备货决策时具有更大的灵活性。这是因为供应商的最优备货决策不仅取决于备货生产的固定成本，更取决于市场需求类型。具体而言，命题 7.2 表明供应商可以根据准确的实际需求潜力来设置相应的备货产能。备货生产可以确保订单的完成，从而避免供应中断。因此，在不考虑固定成本的情况下，供应商就始终会采用备货生产策略。但是，当考虑备货生产的固定成本时，如果备货生产的固定成本较低（即 $\psi \leqslant \psi_l^S$），供应商将会采用备货生产；如果备货生产的固定成本较高（即 $\psi > \psi_h^S$），供应商永远不会采用备货生产；当备货生产的固定成本为中等水平时（即 $\psi_l^S < \psi \leqslant \psi_h^S$），供应商只有在市场需求很大时才会采用备货生产。由于制造商分享需求信息，供应商可以更好地获得备货生产的好处。因此，当市场需求不乐观时，供应商可以放弃备货生产，以避免备货生产的高固定成本，因此存在部分备货生产。

7.4　均衡的信息分享策略与备货生产策略

在本节中，首先探讨信息分享对制造商备货策略的影响机理；其次，探究制造商的最优信息分享策略；最后，研究信息分享对制造商、供应商和供应链整体利润的影响。

7.4.1　信息分享对备货决策的影响

通过比较信息分享和信息隐瞒两种决策下的固定备货成本阈值点，来揭示信息分享对制造商备货策略的影响。

引理 7.5　$\psi_l^S < \psi^K \leqslant \psi_h^S$，即当市场需求为低类型时（$\theta_i = \theta_l$），信息分享阻止制造商采用备货生产；反之，当市场需求为高类型时（$\theta_i = \theta_h$），信息分享促进制造商采用备货生产。

引理 7.5 表明，当市场需求满足 $\theta_i = \theta_h$ 时，需求信息分享可以作为激励供应商采用备货生产的有效工具。直觉上，隐瞒需求信息会误导供应商做出低效的批发价格决策；反之，分享需求信息会助力制造商更精准地设定批发价格和后备产能。具体而言，在高类型市场需求下（$\theta_i = \theta_h$），制造商设定较高的批发价格和较高的后备产能，这明显能提高中断风险下制造商从备货生产中获得的收益，从而促进制造商采用备货生产；而在低类型市场需求下（$\theta_i = \theta_l$），制造商设定较低的批发价格和较低的后备产能，这降低了制造商从备货生产获得的好处，从而削弱制造商采用备货生产的动机。

7.4.2　比较分析

在供应商最优备货生产策略的基础上，通过比较分享信息和隐瞒信息下制造商利润来获得其最优信息分享策略。为了保证结果的简洁性，本章将重点分析 $\dfrac{\theta_h}{\theta_l} > \dfrac{3}{2}$ 下的均衡结果。

当制造商隐瞒需求信息时，制造商的期望收益如下。

（1）当 $\dfrac{\theta_h}{\theta_l} \leqslant 1 + \sqrt{2}$ 时，

$$
\Pi_M^K = \begin{cases}
\Pi_M^{KB}, & \psi \leqslant \psi^K, \text{ 完全备货} \\
\dfrac{z\left(5\theta_h^2 - 6\theta_h\theta_l + 5\theta_l^2\right)}{64}, & \psi > \psi^K, \text{ 没有备货}
\end{cases}
$$

（2）当 $\dfrac{\theta_h}{\theta_l} > 1 + \sqrt{2}$ 时，

$$
\Pi_M^K = \begin{cases}
\dfrac{z\left(5\theta_h^2 - 6\theta_h\theta_l + 5\theta_l^2\right)}{32\left(c(z-1)-1\right)^2}, & \psi \leqslant \psi^K, \text{ 完全备货} \\
\dfrac{z\theta_h^2}{32}, & \psi > \psi^K, \text{ 没有备货}
\end{cases}
$$

当制造商分享需求信息时，制造商的期望收益如下。

（1）当 $c \leqslant \dfrac{1}{z}$ 时，

$$
\Pi_M^S = \begin{cases}
\dfrac{\theta_h^2 + \theta_l^2}{8\left(2 + c(1-z)\right)^2}, & \psi \leqslant \psi_l^S, \text{ 完全备货} \\[4mm]
\dfrac{1}{32}\left(\dfrac{4\theta_h^2}{\left(2 + c(1-z)\right)^2} + z\theta_l^2\right), & \psi_l^S < \psi \leqslant \psi_h^S, \text{ 部分备货} \\[4mm]
\dfrac{z\left(\theta_h^2 + \theta_l^2\right)}{32}, & \psi > \psi_h^S, \text{ 没有备货}
\end{cases}
$$

（2）当 $c > \dfrac{1}{z}$ 时，

$$\Pi_M^S = \begin{cases} \dfrac{z\left(z+c^2z^2-1\right)\left(\theta_h^2+\theta_l^2\right)}{8\left(1-z-2cz\right)^2}, & \psi \leqslant \psi_l^S,\ 完全备货 \\[4mm] \dfrac{z}{32}\left(\dfrac{4\left(z+c^2z^2-1\right)\theta_h^2}{\left(1-z-2cz\right)^2}+\theta_l^2\right), & \psi_l^S < \psi \leqslant \psi_h^S,\ 部分备货 \\[4mm] \dfrac{z\left(\theta_h^2+\theta_l^2\right)}{32}, & \psi > \psi_h^S,\ 没有备货 \end{cases}$$

其中，

$$\Pi_M^{KB} = \begin{cases} \dfrac{(5+2c(1-z))\theta_h-2(3+4c(1-z))\theta_h\theta_l+(5+6c(1-z))\theta_l^2}{2c^2(1-z)^2(\theta_h-\theta_l)^2 16(2+c(1-z))^2}, & \{z,c\}\in 区域\ \mathrm{I} \\[3mm] \begin{aligned}&z(z-1+4c^2(4+5z+z^2))\theta_h^2-2(1-z+4c(z^2-1)\\&+12zc^2(1+z))\theta_h\theta_l+((z-1)z+8c(z^2-1)\\&\dfrac{+4c^2(1+5z+4)z^2)\theta_l^2}{8(z-1+4c(1+z))^2},\end{aligned} & \{z,c\}\in 区域\ \mathrm{II} \\[3mm] \begin{aligned}&z(4+6c(1-z)+z)\theta_h^2-2(6z-4+z^2+c(8z-2-6z^2))\theta_h\theta_l\\&\dfrac{+((z-1)z+8c(z^2-1)+4c^2(1+5z+4z^2))\theta_l^2}{16(2+c(1-z))^2},\end{aligned} & \{z,c\}\in 区域\ \mathrm{III} \\[3mm] \begin{aligned}&z^2(4c(z-1)+z+5zc^2-1)(\theta_h^2+\theta_l^2)\\&\dfrac{-2z(2-(3+4c)z+(1+4c+3c^2)z^2)\theta_h\theta_l}{16(z-1+2cz)^2},\end{aligned} & \{z,c\}\in 区域\ \mathrm{IV} \\[3mm] \dfrac{\theta_h^2}{32(c(z-1)-1)^2}, & \{z,c\}\in 区域\ \mathrm{V} \end{cases}$$

命题 7.3 制造商的均衡信息分享策略如下。

（1）当 $\dfrac{\theta_h}{\theta_l} > 1+\sqrt{2}$ 时，制造商始终分享需求信息。

（2）当 $\dfrac{\theta_h}{\theta_l} \leqslant 1+\sqrt{2}$ 时，制造商分享信息当且仅当①$\{z,c\}\in$区域 V 且 $\psi \leqslant \psi^K$ 或者②$z \leqslant \dfrac{2\theta_h^2}{5\theta_h^2-6\theta_h\theta_l+3\theta_l^2}$，$c \leqslant \hat{c}$ 且 $\psi^K < \psi \leqslant \psi_h^S$。

通过比较 Π_M^K 和 Π_M^S，命题 7.3 展示了制造商的最优信息分享策略。命题 7.3

（1）表明，当需求异质性较大（即 $\frac{\theta_h}{\theta_l} > 1+\sqrt{2}$ ）时，制造商总是分享需求信息。

当制造商对需求信息隐瞒时，在高需求异质性下，供应商有足够的动机放弃低类型市场需求，直接增加高类型市场需求的利润。供应商只根据高类型市场需求确定足够的批发价格的概念是有意义的，从而迫使制造商的低类型订单数量为 0。相反，在情景 S 下，信息分享可以促使供应商制定符合已实现市场需求的有效批发价格。因此，当面对高需求异质性时，零售商的需求信息分享可以阻止制造商设定较低的批发价格。

命题 7.3①表明，在低需求异质性下（即 $\frac{\theta_h}{\theta_l} \leqslant 1+\sqrt{2}$ ），制造商也分享需求信息，取决于成本系数和固定备货成本。首先，当固定备货成本较低时（即 $\psi \leqslant \psi^K$ ），无论制造商的信息分享策略如何，供应商总是采用备货生产。直观地认为，当且仅当成本系数落在区域 V 的范围内（其中均衡数量满足 $0 = q_l^{KB} < q_h^{KB} = q_b^{KB}$ ），零售商更愿意自愿地与供应商分享其私人需求信息。

其次，命题 7.3②表明，当固定备货成本适中时（即 $\psi^K < \psi \leqslant \psi_h^S$ ），当且仅当供应可靠性和成本系数较低（即 $z \leqslant \frac{2\theta_h^2}{5\theta_h^2 - 6\theta_h\theta_l + 3\theta_l^2}$ ）且 $c \leqslant \hat{c}$ 时，零售商分享需求信息，如图 7.3 所示。直观地说，需求信息分享使供应商设定了激进的批发价格，这损害了制造商的收益。然而，本章证明了制造商的这种劣势可能被供应商采用备货生产的激励效应所主导，这减轻了供应中断。面对不确定的市场需求和较低的供应可靠性，供应商可能会犹豫是否采取备货生产。在这种情况下，制造商有动机分享需求信息，以帮助和诱导供应商的备货决策。因此，制造商的最

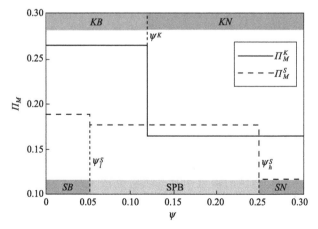

图 7.3　ψ 对制造商最优信息分享策略的影响

SPB 表示信息分享下部分备货

优信息分享策略取决于这两种冲突效应之间的权衡。具体来说，当备货生产的成本系数较低（即 $c \leq \hat{c}$ 时），供应商有足够的动机采取备货生产。在这种情况下，制造商从后备激励效应中获得的信息分享收益超过了激进批发价格带来的损失。当备货生产的固定成本落在 $\psi^K < \psi \leq \psi_h^S$ 范围内时，这种激励效应显著，此时需求信息分享激励供应商在市场需求较大时部分采用备货生产。随着成本系数的增大，供应商使用备货生产的动机越来越弱。因此，在这种情况下，即使供应商不采取备货生产，零售商也最好保留需求信息。

7.4.3 收益分析

本章进一步研究了信息分享对供应商、制造商和整个供应链利润的影响。命题 7.3（1）和①表明，供应链中信息分享的原因是制造商可以战略性地利用信息分享来防止供应商放弃低类型潜在市场。同时，信息分享的另一个原因是制造商利用信息分享来激励供应商采取备货生产。但是，前一个原因是直观的，本章更侧重于探索 $\dfrac{\theta_h^2 - \theta_h\theta_l - \theta_l^2}{\theta_h\theta_l} < z \leq \dfrac{2\theta_h^2}{5\theta_h^2 - 6\theta_h\theta_l + 3\theta_l^2}$ 且 $c \leq \hat{c}$ 时信息分享的后一个原因。因此，下面的命题描述了信息分享如何影响制造商、供应商和供应链的收益。

命题 7.4 随着固定备货成本的增加，制造商的收益单调递减；供应商和供应链的收益呈现非单调性。

固定备货成本的增加总是对企业和供应链造成伤害，因为固定备货成本的增加削弱了供应商采用备货生产的动机。有趣的是，本章发现固定备货成本的增加并不一定会损害供应商的收益。当固定备货成本适中（即 $\psi^K < \psi \leq \psi_h^S$）时，非信息分享策略下供应商不采用备货生产，而分享需求信息激励供应商使用备货生产符合制造商利益。在这种情况下，这种信息分享促使供应商部分采用备货生产，从而增加了供应商的收益。同样，在 $\psi^K < \psi \leq \psi_h^S$ 条件下，信息分享可以增加供应链的收益。

7.5 本 章 小 结

面对供应商备货生产的主动风险管理选项，制造商可以策略性地决定是否与供应商分享需求信息，以激励供应商采用备货生产。本章研究了一个不可靠的供应链，其中制造商拥有优越的需求信息，供应商决定是否使用备货生产。假设制造商采用区块链、大数据、人工智能等先进信息技术决定需求信息分享策略，且备货生产成本高，本章考察制造商信息分享与供应商选择采用备货生产之间的战略交互作用。

本章分析得出了几个关键发现。首先，供应商采用备货生产只取决于备货生产的固定成本，而信息分享对备货生产采用的影响关系到市场需求。具体而言，无论制造商的信息分享策略如何，供应商的最优备货决策都表现出一种切断策略；只有当固定备货成本较低时，供应商才会采用备货生产。关于信息分享对备货决策的影响，本章发现信息分享在市场需求低的情况下阻碍了制造商采用备货生产，而在市场需求高的情况下促进了制造商采用备货生产。其次，当需求异质性较低且固定备货成本适中时，制造商的信息分享可以激励供应商采用备货生产。当备货成本较低或较高时，备货激励效应有限，制造商倾向于保持其需求信息的私密性。最后，制造商的均衡信息分享策略带来了一些意想不到的收益影响。具体而言，当固定的备货成本适中时，制造商的信息分享会使制造商和整个供应链的收益向上跳跃。因此，随着备货生产的固定成本增加，收益是非单调的。

本章的研究结果为华晨宝马汽车有限公司、丰田和现代等公司及其上游供应商提供了一些实际意义。从上游供应商的角度来看，备货生产策略可以作为提高供应链弹性的有效工具。本章的研究结果与本特勒的做法一致，本特勒在新冠疫情大流行的第一波浪潮中预先确定采用备货生产，并设法完成了华晨宝马汽车有限公司的订单。本章的分析表明，虽然采用备货生产成本高，但当面临供应中断风险时，管理者应该选择备货生产，因为备货生产可能对供应商有利。从制造商的角度来看，与供应商分享私人需求信息并不一定会损害它们的利润。这种信息分享确实刺激了供应商对备货产品的采用，从而使双方都受益。这一发现与本章的观察一致，即通过与本特勒实施需求信息分享战略，华晨宝马汽车有限公司在新冠疫情暴发后运行良好。然而，丰田和现代等其他没有采取这种策略的汽车制造商却遭受了极大的损失。因此，本章的研究结果表明，当面临中断风险时，制造商应部署新的信息技术支持接口，与供应商分享需求信息，共同努力提高供应链弹性。

本章的工作可以在几个方向上进一步扩展。首先，它关注供应商在供应中断风险下的备货生产，考虑制造商对备货供应商的采用也是值得研究的。其次，本章考虑全有或全无的供应中断。在实践中，不可靠的供应链面临着保证最低产量的问题。检查本章的结果在供应中断类型方面的稳健性是有意义的。最后，研究了可靠性改进条件下的完全信息分享。进一步研究风险管理和不完全信息分享之间的相互作用也可能是未来的研究方向。

参 考 文 献

Asian S, Wang J, Dickson G. 2020. Trade disruptions, behavioral biases, and social influences: can luxury sporting goods supply chains be immunized?[J]. Transportation Research Part E: Logistics and Transportation Review, 143: 102064.

Bray R L, Mendelson H. 2015. Production smoothing and the bullwhip effect[J]. Manufacturing & Service Operations Management, 17(2): 208-220.

Eichenbaum M. 1989. Some empirical evidence on the production level and production cost smoothing models of inventory investment[J]. The American Economic Review, 79(4): 853-864.

Goldschmidt K, Kremer M, Thomas D J, et al. 2021. Strategic sourcing under severe disruption risk: learning failures and under-diversification bias[J]. Manufacturing & Service Operations Management, 23(4): 761-780.

Gupta V, Ivanov D, Choi T M. 2021. Competitive pricing of substitute products under supply disruption[J]. Omega, 101: 102279.

Ha A Y, Tong S L, Zhang H T. 2011. Sharing demand information in competing supply chains with production diseconomies[J]. Management Science, 57(3): 566-581.

Ivanov D. 2022. Viable supply chain model: integrating agility, resilience and sustainability perspectives: lessons from and thinking beyond the COVID-19 pandemic[J]. Annals of Operations Research, 319(1): 1411-1431.

Jiang B J, Tian L, Xu Y F, et al. 2016. To share or not to share: demand forecast sharing in a distribution channel[J]. Marketing Science, 35(5): 800-809.

Jung S H, Kouvelis P. 2022. On co-opetitive supply partnerships with end-product rivals: information asymmetry, dual sourcing and supply market efficiency[J]. Manufacturing & Service Operations Management, 24(2): 1040-1055.

Mollick A V. 2004. Production smoothing in the Japanese vehicle industry[J]. International Journal of Production Economics, 91(1): 63-74.

Wang Y M, Webster S. 2022. Product flexibility strategy under supply and demand risk[J]. Manufacturing & Service Operations Management, 24(3): 1779-1795.

Zhao N G, Liu X H, Wang Q, et al. 2022. Information technology-driven operational decisions in a supply chain with random demand disruption and reference effect[J]. Computers & Industrial Engineering, 171: 108377.

本 章 附 录

引理 7.1 证明　将 $q_i = \dfrac{\theta_i - w}{2}$ 代入式（7.2），我们可以得到三种情况。

（1）当 $\dfrac{\theta_h - w}{2} > \dfrac{\theta_l - w}{2} > 0$ 时，最优订货量为 $q_h = \dfrac{\theta_h - w}{2}\left(q_l = \dfrac{\theta_l - w}{2}\right)$，且供

应商的预期利润为 $\Pi_S(w) = \dfrac{zw}{2}\left(\dfrac{\theta_h + \theta_l}{2} - w\right)$。那么，$\dfrac{\partial^2 \Pi_S}{\partial w^2} = -z < 0$ 则最优批发价

格为 $w = \dfrac{\theta_h + \theta_l}{4}$。基于 $\dfrac{\theta_l - w}{2} > 0$，这种情况只满足 $\theta_l < \theta_h < 3\theta_l$。

（2）当 $\dfrac{\theta_h - w}{2} > 0 \geqslant \dfrac{\theta_l - w}{2}$ 时，最优订货量和供应商的预期利润为

$q_h = \dfrac{\theta_h - w}{2}$，$q_l = 0$，$\varPi_S(w) = \dfrac{zw}{2}\left(\dfrac{\theta_h - w}{2}\right)$。同样，我们得到最优决策 $w = \dfrac{\theta_h}{2}$ 和 $2\theta_l < \theta_h$。

（3）当 $\dfrac{\theta_h - w}{2} \leqslant 0$ 时，由于 $\theta_h > \theta_l > 0$，这种情况不能满足。

最终，为了得到供应商在 $2\theta_l < \theta_h < 3\theta_l$ 时的最优批发价格，必须比较（1）和（2）两种情况下的预期支付差异。当 $2\theta_l \leqslant \theta_h \leqslant \left(1+\sqrt{2}\right)\theta_l$ 时，$\varPi_S\left(w = \dfrac{\theta_h + \theta_l}{4}\right) \geqslant$

$\varPi_S\left(w = \dfrac{\theta_h}{2}\right)$。当 $\left(1+\sqrt{2}\right)\theta_l < \theta_h \leqslant 3\theta_l$ 时，$\varPi_S\left(w = \dfrac{\theta_h + \theta_l}{4}\right) < \varPi_S\left(w = \dfrac{\theta_h}{2}\right)$。综上所

述，可以得到 $w^{KN} = \begin{cases} \dfrac{\theta_h + \theta_l}{4}, & 1 < \dfrac{\theta_h}{\theta_l} \leqslant 1 + \sqrt{2} \\[3mm] \dfrac{\theta_h}{2}, & \dfrac{\theta_h}{\theta_l} > 1 + \sqrt{2} \end{cases}$。

引理 7.2 证明　这种情况下，由于缺乏需求信息，供应商基于对市场需求的信心来制定批发价格和备货产量。

采用逆向归纳法，第一步，给定任意批发价格 w 和备货产量 q_b，推导出均衡订货量 q_i。

（1）当 $q_b \leqslant q_l < q_h$ 时，制造商的收益是 $\begin{cases} \pi_{M-l}(q_l) = z(\theta_l - q_l - w)q_l \\ \qquad\qquad + (1-z)(\theta_l - q_b - w)q_b \\ \pi_{M-h}(q_h) = z(\theta_h - q_h - w)q_h \\ \qquad\qquad + (1-z)(\theta_h - q_b - w)q_b \end{cases}$，

并且一阶优化策略说明了最优产量 $q_l = \max\left\{\dfrac{\theta_l - w}{2}, q_b\right\}$，$q_h = \dfrac{\theta_h - w}{2}$。

（2）当 $q_l < q_b \leqslant q_h$ 时，制造商的收益是 $\begin{cases} \pi_{M-l}(q_l) = z(\theta_l - q_l - w)q_l \\ \qquad\qquad + (1-z)(\theta_l - q_l - w)q_l \\ \pi_{M-h}(q_h) = z(\theta_h - q_h - w)q_h \\ \qquad\qquad + (1-z)(\theta_h - q_b - w)q_b \end{cases}$，

并且一阶优化策略说明了最优产量 $q_l = \max\left\{\dfrac{\theta_l - w}{2}, q_b\right\}$，$q_h = \dfrac{\theta_h - w}{2}$。

（3）当 $q_l < q_h \leqslant q_b$ 时，制造商的收益是

$$\begin{cases} \pi_{M-l}(q_l) = z(\theta_l - q_l - w)q_l \\ \qquad\qquad + (1-z)(\theta_l - q_l - w)q_l \\ \pi_{M-h}(q_h) = z(\theta_h - q_h - w)q_h \\ \qquad\qquad + (1-z)(\theta_h - q_h - w)q_h \end{cases},$$

并且一阶优化策略说明了最优产量 $q_l = \max\left\{\dfrac{\theta_l - w}{2}, 0\right\}$，$q_h = \dfrac{\theta_h - w}{2}$。

为了得到供应商的最优订货量，我们比较了上述情况下的收益。综合起来，得出：

$$(q_l, q_h) = \begin{cases} \left(\dfrac{\theta_l - w}{2}, \dfrac{\theta_h - w}{2}\right), & 0 < w < \theta_l,\ 0 < q_b \leqslant \dfrac{\theta_l - w}{2} \\[3mm] \left(\dfrac{\theta_l - w}{2}, \dfrac{\theta_h - w}{2}\right), & 0 < w < \theta_l,\ \dfrac{\theta_l - w}{2} < q_b \leqslant \dfrac{\theta_h - w}{2} \\[3mm] \left(0, \dfrac{\theta_h - w}{2}\right), & \theta_l < w < \theta_h,\ 0 < q_b \leqslant \dfrac{\theta_h - w}{2} \end{cases}$$

第二步，将 (q_l, q_h) 代入式（7.4），我们得到了供应商的收益函数。在这一步中，我们的目标是找到最优的后备产能。

（1）当 $0 < w < \theta_l$ 且 $0 < q_b \leqslant \dfrac{\theta_l - w}{2}$ 时，供应商的收益为 $\varPi_S(w, q_b) = \dfrac{zw}{2}$ $\left(\dfrac{\theta_h - w}{2} + \dfrac{\theta_l - w}{2}\right) + (1-z)\left(wq_b - cq_b^2\right)$。基于 $\dfrac{\partial^2 \varPi_S}{\partial q_b^2} = 2c(z-1) < 0$，得到 $q_b = \min\left\{\dfrac{w}{2c}, \dfrac{\theta_l - w}{2}\right\}$。

（2）当 $0 < w < \theta_l$ 且 $\dfrac{\theta_l - w}{2} < q_b \leqslant \dfrac{\theta_h - w}{2}$ 时，供应商的收益为 $\varPi_S(w, q_b) = \dfrac{zw}{2}$ $\left(\dfrac{\theta_h - w}{2} + \dfrac{\theta_l - w}{2}\right) + (1-z)\left(\dfrac{w(\theta_l - w)}{4} + \dfrac{wq_b}{2} - cq_b^2\right)$。基于 $\dfrac{\partial^2 \varPi_S}{\partial q_b^2} = 2c(z-1) < 0$，得到：

$$q_b = \begin{cases} \dfrac{\theta_l - w}{2}, & \dfrac{w}{4c} \leqslant \dfrac{\theta_l - w}{2} \\[3mm] \dfrac{w}{4c}, & \dfrac{\theta_l - w}{2} < \dfrac{w}{4c} \leqslant \dfrac{\theta_h - w}{2} \\[3mm] \dfrac{\theta_h - w}{2}, & \dfrac{w}{4c} > \dfrac{\theta_h - w}{2} \end{cases}$$

（3）当 $\theta_l < w < \theta_h$ 且 $0 < q_b \leqslant \dfrac{\theta_h - w}{2}$ 时，供应商的收益为 $\varPi_S(w, q_b) =$

$\dfrac{zw(\theta_h - w)}{2} + (1 - z)\left(\dfrac{wq_b}{2} - cq_b^2\right)$。基于 $\dfrac{\partial^2 \Pi_S}{\partial q_b^2} = 2c(z - 1) < 0$，得到：

$$q_b = \begin{cases} \dfrac{w}{4c}, & \dfrac{w}{4c} \leqslant \dfrac{\theta_h - w}{2} \\[3mm] \dfrac{\theta_h - w}{2}, & \dfrac{w}{4c} > \dfrac{\theta_h - w}{2} \end{cases}$$

综上所述，通过比较制造商在三种情况下的利润，我们可得，当 $c \leqslant \dfrac{\theta_l}{2(\theta_h - \theta_l)}$，和

$$\left(q_l^{KB}, q_h^{KB}, q_b^{KB}\right) = \begin{cases} \left(\dfrac{\theta_l - w^{KB}}{2}, \dfrac{\theta_h - w^{KB}}{2}, \dfrac{w^{KB}}{2c}\right), & 0 < w \leqslant \dfrac{c\theta_l}{1 + c} \\[3mm] \left(\dfrac{\theta_l - w^{KB}}{2}, \dfrac{\theta_h - w^{KB}}{2}, \dfrac{\theta_h - w^{KB}}{2}\right), & \dfrac{c\theta_l}{1 + c} < w \leqslant \dfrac{2c\theta_l}{1 + 2c} \\[3mm] \left(\dfrac{\theta_l - w^{KB}}{2}, \dfrac{\theta_h - w^{KB}}{2}, \dfrac{w^{KB}}{4c}\right), & \dfrac{2c\theta_l}{1 + 2c} < w \leqslant \dfrac{2c\theta_h}{1 + 2c} \\[3mm] \left(\dfrac{\theta_l - w^{KB}}{2}, \dfrac{\theta_h - w^{KB}}{2}, \dfrac{\theta_h - w^{KB}}{2}\right), & \dfrac{2c\theta_h}{1 + 2c} < w \leqslant \theta_l \\[3mm] \left(0, \dfrac{\theta_h - w^{KB}}{2}, \dfrac{\theta_h - w^{KB}}{2}\right), & \theta_l < w \leqslant \theta_h \end{cases}$$

第三步，将 (q_l, q_h, q_b) 代入式（7.4），我们得到了供应商的收益函数。在这一步中，我们的目标是找到最优的批发价格，供应商的收益为

$$\Pi_S(w) = \begin{cases} \dfrac{w(w(1 - z - 2cz)) + cz\theta_h + cz\theta_l}{4c}, & 0 < w \leqslant \dfrac{c\theta_l}{1 + c} \\[3mm] \dfrac{zw(\theta_h + \theta_l - 2w) + (1 - z)(\theta_l - w)((2 + c)w - c\theta_l)}{4}, & \dfrac{c\theta_l}{1 + c} < w \leqslant \dfrac{2c\theta_l}{1 + 2c} \\[3mm] \dfrac{w(w(1 - z - 4c(1 + z)) + 4cz\theta_h + 4c\theta_l)}{16c}, & \dfrac{2c\theta_l}{1 + 2c} < w \leqslant \dfrac{2c\theta_h}{1 + 2c} \\[3mm] \dfrac{(w + 2cw(1 - z))\theta_h - c(1 - z)\theta_h^2 + w(\theta_l - w(2 + c(1 - z)))}{4}, & \dfrac{2c\theta_h}{1 + 2c} < w \leqslant \theta_l \\[3mm] \dfrac{(w - \theta_h)((c - cz)\theta_h - w(1 + c(1 - z)))}{4}, & \theta_l < w \leqslant \theta_h \end{cases}$$

（1）当 $0 < w \leqslant \dfrac{c\theta_l}{1 + c}$ 时，$\Pi_S(w) = \dfrac{w\left(w(1 - z - 2cz)\right) + cz\theta_h + cz\theta_l}{4c}$，得到 $\dfrac{\partial \Pi_S}{\partial w} =$

$\dfrac{2w(1-z-2cz)+cz\theta_h+cz\theta_l}{4c}$ 。通过计算，可以得到当 $\theta_l<\theta_h<\dfrac{\sqrt{41}-1}{4}\theta_l$ ，

$\dfrac{4\theta_l\theta_h-4\theta_l^2}{3\theta_h\theta_l-2\theta_h^2+\theta_l^2}<z<1$ ，$\dfrac{z\theta_h+2\theta_l-z\theta_l}{3z\theta_l-z\theta_h}<c\leqslant\dfrac{\theta_l}{2\theta_h-2\theta_l}$ ，且 $\dfrac{cz\theta_h+cz\theta_l}{2z+4cz-2}<w<\dfrac{c\theta_l}{1+c}$

时，$\dfrac{\partial\Pi_S}{\partial w}<0$ ；否则，$\dfrac{\partial\Pi_S}{\partial w}>0$ 。因此，当 $\theta_l<\theta_h<\dfrac{\sqrt{41}-1}{4}\theta_l$ 时，

$\dfrac{4\theta_l\theta_h-4\theta_l^2}{3\theta_h\theta_l-2\theta_h^2+\theta_l^2}<z<1$ 且 $\dfrac{z\theta_h+2\theta_l-z\theta_l}{3z\theta_l-z\theta_h}<c\leqslant\dfrac{\theta_l}{2\theta_h-2\theta_l}$ ，得出最优批发价格为

$w=\dfrac{cz\theta_h+cz\theta_l}{2z+4cz-2}$ ；否则 $w=\dfrac{c\theta_l}{1+c}$ 。

（2）当 $\dfrac{c\theta_l}{1+c}<w\leqslant\dfrac{2c\theta_l}{1+2c}$ 时，$\Pi_S(w)=\dfrac{\begin{array}{c}zw(\theta_h+\theta_l-2w)\\+(1-z)(\theta_l-w)((2+c)w-c\theta_l)\end{array}}{4}$ 。容易

得出 $\dfrac{\partial^2\Pi_S}{\partial w^2}=\dfrac{2(2+c)(z-1)-4z}{4}<0$ ，且 $\dfrac{\partial\Pi_S}{\partial w}$ 的一阶优化策略说明最优批发价格为

$w=\dfrac{z\theta_h+(2+2c(1-z)-z)\theta_l}{4+2c(1-z)}$ 。

考虑到这些约束条件，本章推导出最优批发价格为

$$w=\begin{cases}\dfrac{c\theta_l}{1+c}, & \dfrac{c\theta_l}{1+c}\geqslant\dfrac{z\theta_h+(2+2c(1-z)-z)\theta_l}{4+2c(1-z)}\\[4mm]\dfrac{z\theta_h+(2+2c(1-z)-z)\theta_l}{4+2c(1-z)}, & \dfrac{c\theta_l}{1+c}<\dfrac{z\theta_h+(2+2c(1-z)-z)\theta_l}{4+2c(1-z)}\leqslant\dfrac{2c\theta_l}{1+2c}\\[4mm]\dfrac{2c\theta_l}{1+2c}, & \dfrac{2c\theta_l}{1+2c}\leqslant\dfrac{z\theta_h+(2+2c(1-z)-z)\theta_l}{4+2c(1-z)}\end{cases}$$

（3）当 $\dfrac{2c\theta_l}{1+2c}<w\leqslant\dfrac{2c\theta_h}{1+2c}$ 时，$\Pi_S(w)=\dfrac{w(w(1-z-4c(1+z))+4cz\theta_h+4c\theta_l)}{16c}$ 且

$\dfrac{\partial^2\Pi_S}{\partial w^2}=\dfrac{1-z-4c(1+z)}{8c}$ 。当 $\dfrac{\partial^2\Pi_S}{\partial w^2}=\dfrac{1-z-4c(1+z)}{8c}>0$ 时，易证明 $\dfrac{\partial\Pi_S}{\partial w}=$

$\dfrac{w(1-z-4c(1+z))+2cz\theta_h+2c\theta_l}{8c}>0$ ，可得到该条件下最优批发价格为 $w=\dfrac{2c\theta_h}{1+2c}$ 。

那么，当 $\dfrac{\partial^2\Pi_S}{\partial w^2}=\dfrac{1-z-4c(1+z)}{8c}<0$ 时，可以首先推导出 $\Pi_S(w)$ 的最优批发价格 $w=$

$\dfrac{2c(z\theta_h+\theta_l)}{4c-1+z+4cz}$ 。因此，考虑到 $\dfrac{2c\theta_l}{1+2c}<w\leqslant\dfrac{2c\theta_h}{1+2c}$ ，$\dfrac{1-z-4c(1+z)}{8c}<0$ ，可得出：

$$w = \begin{cases} \dfrac{2c\theta_l}{1+2c}, & \dfrac{2c\left(z\theta_h+\theta_l\right)}{4c-1+z+4cz} \leqslant \dfrac{2c\theta_l}{1+2c} \\[4mm] \dfrac{2c\left(z\theta_h+\theta_l\right)}{4c-1+z+4cz}, & \dfrac{2c\theta_l}{1+2c} < \dfrac{2c\left(z\theta_h+\theta_l\right)}{4c-1+z+4cz} \leqslant \dfrac{2c\theta_h}{1+2c} \\[4mm] \dfrac{2c\theta_h}{1+2c}, & \dfrac{2c\left(z\theta_h+\theta_l\right)}{4c-1+z+4cz} > \dfrac{2c\theta_h}{1+2c} \end{cases}$$

（4）当 $\dfrac{2c\theta_h}{1+2c} < w \leqslant \theta_l$ 时，$\varPi_S\left(w\right) = \dfrac{\left(w+2cw\left(1-z\right)\right)\theta_h - c\left(1-z\right)\theta_h^2}{4}$ 。显然

$\dfrac{\partial^2\varPi_S}{\partial w^2} = \dfrac{\left(1-z\right)c-2}{2} < 0$ 。$\varPi_S$ 的最优批发价格为 $w = \dfrac{\left(1+2c\left(1-z\right)\right)\theta_h + \theta_l}{4+2c\left(1-z\right)}$ 。当 $\dfrac{2c\theta_h}{1+2c} <$

$w \leqslant \theta_l$ 时，可以得到：

$$w = \begin{cases} \dfrac{2c\theta_h}{1+2c}, & \dfrac{\left(1+2c\left(1-z\right)\right)\theta_h+\theta_l}{4+2c\left(1-z\right)} \leqslant \dfrac{2c\theta_h}{1+2c} \\[4mm] \dfrac{\left(1+2c\left(1-z\right)\right)\theta_h+\theta_l}{4+2c\left(1-z\right)}, & \dfrac{2c\theta_h}{1+2c} < \dfrac{\left(1+2c\left(1-z\right)\right)\theta_h+\theta_l}{4+2c\left(1-z\right)} \leqslant \theta_l \\[4mm] \theta_l, & \dfrac{\left(1+2c\left(1-z\right)\right)\theta_h+\theta_l}{4+2c\left(1-z\right)} > \theta_l \end{cases}$$

（5）当 $\theta_l < w \leqslant \theta_h$ 时，$\varPi_S\left(w\right) = \dfrac{\left(w-\theta_h\right)\left(\left(c-cz\right)\theta_h - w\left(1+c\left(1-z\right)\right)\right)}{4}$，且 $\dfrac{\partial^2\varPi_S}{\partial w^2} =$

$\dfrac{c\left(z-1\right)-1}{2} < 0$ 。同理，可以得到：

$$w = \begin{cases} \theta_l, & \dfrac{\left(1+2c\left(1-z\right)\right)\theta_h}{2+2c\left(1-z\right)} \leqslant \theta_l \\[4mm] \dfrac{\left(1+2c\left(1-z\right)\right)\theta_h}{2+2c\left(1-z\right)}, & \theta_l < \dfrac{\left(1+2c\left(1-z\right)\right)\theta_h}{2+2c\left(1-z\right)} \leqslant \theta_h \\[4mm] \theta_h, & \dfrac{\left(1+2c\left(1-z\right)\right)\theta_h}{2+2c\left(1-z\right)} > \theta_h \end{cases}$$

综合比较以上几种情况下供应商的利润，可以得到最优批发价格。鉴于推导过程与核心模型十分相似，本章在此省略详细步骤。最后结合供应商的批发价格得出均衡结果。

当制造商保留其私人需求信息而供应商选择使用备货生产时，企业的最优决策如下。

（1）当 $1 < \dfrac{\theta_h}{\theta_l} \leqslant \dfrac{1+\sqrt{5}}{2}$ 且 $0 < z < 1$ 时：

$$
\begin{cases}
w^{KB} = \dfrac{\left(1+2c(1-z)\right)\theta_h + \theta_l}{4 + 2c(1-z)}, & 0 < c \leqslant \dfrac{\theta_h + \theta_l}{4\theta_h + 2z\theta_h - 2\theta_l} \\[3mm]
w^{KB} = \dfrac{-2cz\theta_h - 2c\theta_l}{1 - 4c - z - 4cz}, & \dfrac{\theta_h + \theta_l}{4\theta_h + 2z\theta_h - 2\theta_l} < c \leqslant c'' \\[3mm]
w^{KB} = \dfrac{\theta_l\left(z + 2cz - 2 - 2c\right) - z\theta_h}{2cz - 4 - 2c}, & c'' < c \leqslant \dfrac{z\theta_l - z\theta_h - 2\theta_l}{z\theta_h - 3z\theta_l} \\[3mm]
w^{KB} = \dfrac{-cz\theta_h - cz\theta_l}{2 - 2z - 4cz}, & c > \dfrac{z\theta_l - z\theta_h - 2\theta_l}{z\theta_h - 3z\theta_l}
\end{cases}
$$

（2）当 $\dfrac{1+\sqrt{5}}{2} < \dfrac{\theta_h}{\theta_l} \leqslant \tilde{t}$ 且 $0 < z < \dfrac{\theta_h^2 - \theta_h\theta_l - \theta_l^2}{\theta_h\theta_l}$ 时：

$$
\begin{cases}
w^{KB} = \dfrac{\left(1+2c(1-z)\right)\theta_h + \theta_l}{4 + 2c(1-z)}, & 0 < c \leqslant \dfrac{\theta_h + \theta_l}{4\theta_h + 2z\theta_h - 2\theta_l} \\[3mm]
w^{KB} = \dfrac{-2cz\theta_h - 2c\theta_l}{1 - 4c - z - 4cz}, & \dfrac{\theta_h + \theta_l}{4\theta_h + 2z\theta_h - 2\theta_l} < c \leqslant c'' \\[3mm]
w^{KB} = \dfrac{\left(1+2c(1-z)\right)\theta_h}{2 + 2c(1-z)}, & c'' < c
\end{cases}
$$

（3）当 $\dfrac{1+\sqrt{5}}{2} < \dfrac{\theta_h}{\theta_l} \leqslant \tilde{t}$ 且 $\dfrac{\theta_h^2 - \theta_h\theta_l - \theta_l^2}{\theta_h\theta_l} < z < 1$ 时：

$$
\begin{cases}
w^{KB} = \dfrac{\left(1+2c(1-z)\right)\theta_h + \theta_l}{4 + 2c(1-z)}, & 0 < c \leqslant \dfrac{\theta_h + \theta_l}{4\theta_h + 2z\theta_h - 2\theta_l} \\[3mm]
w^{KB} = \dfrac{-2cz\theta_h - 2c\theta_l}{1 - 4c - z - 4cz}, & \dfrac{\theta_h + \theta_l}{4\theta_h + 2z\theta_h - 2\theta_l} < c
\end{cases}
$$

（4）当 $\tilde{t} < \dfrac{\theta_h}{\theta_l} \leqslant 1+\sqrt{2}$ 且 $0 < z \leqslant \dfrac{6\theta_h^2 - \theta_h\theta_l - \theta_l^2 - (\theta_h + \theta_l)\sqrt{12\theta_h^2 - 4\theta_h\theta_l + \theta_l^2}}{2\theta_h\theta_l}$ 时：

$$
\begin{cases}
w^{KB} = \dfrac{\left(1+2c(1-z)\right)\theta_h + \theta_l}{4 + 2c(1-z)}, & 0 < c \leqslant c' \\[3mm]
w^{KB} = \dfrac{\left(1+2c(1-z)\right)\theta_h}{2 + 2c(1-z)}, & c > c'
\end{cases}
$$

（5）当 $\tilde{t} < \dfrac{\theta_h}{\theta_l} \leqslant 1+\sqrt{2}$ 且 $\dfrac{6\theta_h^2 - \theta_h\theta_l - \theta_l^2 - (\theta_h + \theta_l)\sqrt{12\theta_h^2 - 4\theta_h\theta_l + \theta_l^2}}{2\theta_h\theta_l} < z$

$\leqslant \dfrac{\theta_h^2 - \theta_h\theta_l - \theta_l^2}{\theta_h\theta_l}$ 时：

$$
\begin{cases}
w^{KB} = \dfrac{(1+2c(1-z))\theta_h + \theta_l}{4+2c(1-z)}, & 0 < c \leqslant \dfrac{\theta_h + \theta_l}{4\theta_h + 2z\theta_h - 2\theta_l} \\[3mm]
w^{KB} = \dfrac{-2cz\theta_h - 2c\theta_l}{1-4c-z-4cz}, & \dfrac{\theta_h + \theta_l}{4\theta_h + 2z\theta_h - 2\theta_l} < c \leqslant c'' \\[3mm]
w^{KB} = \dfrac{(1+2c(1-z))\theta_h}{2+2c(1-z)}, & c > c''
\end{cases}
$$

（6）当 $\tilde{t} < \dfrac{\theta_h}{\theta_l} \leqslant 1+\sqrt{2}$ 且 $\dfrac{\theta_h^2 - \theta_h\theta_l - \theta_l^2}{\theta_h\theta_l} < z < 1$ 时：

$$
\begin{cases}
w^{KB} = \dfrac{(1+2c(1-z))\theta_h + \theta_l}{4+2c(1-z)}, & 0 < c \leqslant \dfrac{\theta_h + \theta_l}{4\theta_h + 2z\theta_h - 2\theta_l} \\[3mm]
w^{KB} = \dfrac{-2cz\theta_h - 2c\theta_l}{1-4c-z-4cz}, & \dfrac{\theta_h + \theta_l}{4\theta_h + 2z\theta_h - 2\theta_l} < c
\end{cases}
$$

（7）当 $\dfrac{\theta_h}{\theta_l} > 1+\sqrt{2}$，$0 < z < 1$，且 $c < 0$ 时：$w^{KB} = \dfrac{(1+2c(1-z))\theta_h}{2+2c(1-z)}$。

为了清楚地显示结果，表 7.2 总结了上述可能情况的参数区域。表 7.2 的明确表达式如下：

当 $\theta_l = 1$ 时，$\tilde{t}$ 是 $\dfrac{6\theta_h^2 - \theta_h\theta_l - \theta_l^2 - (\theta_h + \theta_l)\sqrt{12\theta_h^2 - 4\theta_h\theta_l + \theta_l^2}}{2\theta_h\theta_l} = 0$ 的唯一解。

$$
\tilde{z}^{KB} =
\begin{cases}
0, & \tilde{t} \geqslant \dfrac{\theta_h}{\theta_l} \\[3mm]
\dfrac{\theta_h^2 - \theta_h\theta_l - \theta_l^2}{\theta_h\theta_l}, & \tilde{t} < \dfrac{\theta_h}{\theta_l} \leqslant 1+\sqrt{2}
\end{cases}
$$

$$
\tilde{\tilde{z}}^{KB} =
\begin{cases}
1, & \dfrac{\theta_h}{\theta_l} \leqslant \dfrac{1+\sqrt{5}}{2} \\[3mm]
\dfrac{6\theta_h^2 - \theta_h\theta_l - \theta_l^2 - (\theta_h + \theta_l)\sqrt{12\theta_h^2 - 4\theta_h\theta_l + \theta_l^2}}{2\theta_h\theta_l}, & \dfrac{1+\sqrt{5}}{2} < \dfrac{\theta_h}{\theta_l} \leqslant 1+\sqrt{2}
\end{cases}
$$

$$
c' = \dfrac{\theta_l\sqrt{12\theta_h^2 - 4\theta_h\theta_l + \theta_l^2} - 4\theta_h^2 + 6\theta_h\theta_l + \theta_l^2}{8(1-z)\theta_h(\theta_h - \theta_l)}
$$

$$c'' = \begin{cases} \dfrac{(z-2)\theta_l - z\theta_h}{2z\theta_h - 2(1+2z)\theta_l}, & \dfrac{\theta_h}{\theta_l} \leqslant \dfrac{1+\sqrt{5}}{2} \\[4mm] \dfrac{(z^2-z-1)\theta_h^2 + 2z\theta_h\theta_l + \theta_l^2 + \sqrt{\begin{array}{c}(1+2z+z^2)\theta_h^4 - 2z(3-z^2)\theta_h^3\theta_l \\ -(3-5z^2)\theta_h^2\theta_l^2 + 4z\theta_h\theta_l^3 + \theta_l^4\end{array}}}{2(z-1)(z\theta_h+\theta_l)^2}, & \dfrac{\theta_h}{\theta_l} > \dfrac{1+\sqrt{5}}{2} \end{cases}$$

命题 7.1 证明　根据引理 7.1 和引理 7.2，可以得到供应商的预期利润。通过比较策略 *KN* 和策略 *KB* 下的利润，可以得到无信息分享下的最优备货策略。由于需要重复计算，只对 Π_S^{KN} 和 Π_S^{KB} 的比较进行严格的计算证明。

$$\Pi_S^{KB} - \Pi_S^{KN} = \begin{cases} \dfrac{(1-4c(1-z))\theta_h^2 + 2(1+2c(1-z))\theta_h\theta_l + \theta_l^2}{16(2+c(q-z))} - \psi, & \{z,c\} \in \text{区域 I} \\[4mm] \dfrac{c(z\theta_h+\theta_l)^2}{4(z-1+4c(1+z))} - \psi, & \{z,c\} \in \text{区域 II} \\[4mm] \dfrac{\begin{array}{c}z^2\theta_h^2 + 2z(2+2c(1-z)-z)\theta_h\theta_l \\ +(4-4(1+c)z+(1+4c)z^2)\theta_l^2\end{array}}{16(2+c(1-z))^2} - \psi, & \{z,c\} \in \text{区域 III} \\[4mm] \dfrac{cz^2(\theta_h+\theta_l)^2}{16(2cz+z-1)^2} - \psi, & \{z,c\} \in \text{区域 IV} \\[4mm] \dfrac{\theta_h^2}{16(1+c-zc)} - \psi, & \{z,c\} \in \text{区域 V} \end{cases}$$

$$\Pi_S^{KN} = \begin{cases} \dfrac{z(\theta_h+\theta_l)^2}{32}, & \dfrac{\theta_h}{\theta_l} \leqslant 1+\sqrt{2} \\[4mm] \dfrac{z\theta_h^2}{16}, & \dfrac{\theta_h}{\theta_l} > 1+\sqrt{2} \end{cases}$$

（1）具体来说，当 $\dfrac{\theta_h}{\theta_l} > 1+\sqrt{2}$ 时，比较 $\Pi_S^{KB} = \dfrac{\theta_h^2}{16(1+c-cz)} - \psi$ 和 $\Pi_S^{KN} = \dfrac{z\theta_h^2}{16}$；基于 $0 < z < 1$ 和 $0 < c \leqslant \dfrac{\theta_l}{z(\theta_h-\theta_l)} < 1$，可以得到只有在 $\psi < \dfrac{(1-z)(1-cz)\theta_h^2}{16(1+c-cz)}$ 时，

$$\Pi_S^{KB} - \Pi_S^{KN} = \dfrac{(1-z)(1-cz)\theta_h^2}{16(1+c-cz)} - \psi > 0 \text{。}$$

（2）当 $\dfrac{\theta_h}{\theta_l} \leqslant 1+\sqrt{2}$ 时，可以得到：

$$\Pi_S^{KB} - \Pi_S^{KN}$$

$$= \begin{cases} \dfrac{(1-4c(1-z))\theta_h^2 + 2(1+2c(1-z))\theta_h\theta_l + \theta_l^2}{16(1+c-cz)} - \dfrac{z(\theta_h+\theta_l)^2}{32} - \psi, & \{z,c\} \in \text{区域 I} \\[4mm] \dfrac{c(z\theta_h+\theta_l)^2}{4(z-1+4c(1+z))} - \dfrac{z(\theta_h+\theta_l)^2}{32} - \psi, & \{z,c\} \in \text{区域 II} \\[4mm] \begin{aligned}&z^2\theta_h^2 + 2z(2+2c(1-z)-z)\theta_h\theta_l \\ &\dfrac{+(4-4(1+c)z+(1+4c)z^2)\theta_l^2}{16(2+c(1-z))^2} - \dfrac{z(\theta_h+\theta_l)^2}{32} - \psi,\end{aligned} & \{z,c\} \in \text{区域 III} \\[6mm] \dfrac{z(1-z)(\theta_h+\theta_l)^2}{16(z-1+2cz)^2} - \psi, & \{z,c\} \in \text{区域 IV} \\[4mm] \dfrac{\theta_h^2}{16(1+c-zc)} - \dfrac{z(\theta_h+\theta_l)^2}{32} - \psi, & \{z,c\} \in \text{区域 V} \end{cases}$$

基于 $\Pi_S^{KB} + \psi - \Pi_S^{KN} > 0$，当且仅当 $\Pi_S^{KB} > \Pi_S^{KN}$，即 $\psi < \psi^K$，供应商才会采用备货。其中可以得到：

$$\psi^K = \begin{cases} \dfrac{(1-4c(1-z))\theta_h^2 + 2(1+2c(1-z))\theta_h\theta_l + \theta_l^2}{16(1+c-cz)} - \dfrac{z(\theta_h+\theta_l)^2}{32}, & \{z,c\} \in \text{区域 I} \\[4mm] \dfrac{c(z\theta_h+\theta_l)^2}{4(z-1+4c(1+z))} - \dfrac{z(\theta_h+\theta_l)^2}{32}, & \{z,c\} \in \text{区域 II} \\[4mm] \begin{aligned}&z^2\theta_h^2 + 2z(2+2c(1-z)-z)\theta_h\theta_l \\ &\dfrac{+(4-4(1+c)z+(1+4c)z^2)\theta_l^2}{16(2+c(1-z))} - \dfrac{z(\theta_h+\theta_l)^2}{32},\end{aligned} & \{z,c\} \in \text{区域 III} \\[6mm] \dfrac{z(1-z)(\theta_h+\theta_l)^2}{32(2zc+z-1)}, & \{z,c\} \in \text{区域 IV} \\[4mm] \dfrac{\theta_h^2}{16(1+c-zc)} - \dfrac{z(\theta_h+\theta_l)^2}{32}, & \{z,c\} \in \text{区域 V} \end{cases}$$

引理 7.3 证明　将 $q_i = \dfrac{\theta_i - w}{2}$ 代入式（7.6），可以得到 $\pi_{S-i}^{SN}\left(w_i^{SN}\right) = zw_i^{SN}$

$\dfrac{\theta_i - w_i^{SN}}{2}$，最优批发价格为 $w_i^{SN} = \dfrac{\theta_i}{2}$。

引理 7.4 证明　采用逆向归纳法，给定任意 w_i 和 q_{b-i}，可以很容易地推导出均衡订货量 $q_i^{SB} = \dfrac{\theta_i - w_i^{SB}}{2}$。然后，将 $q_i = \dfrac{\theta_i - w}{2}$ 代入式（7.8），得到：

$$\pi_{S-i}(w_i, q_{b-i}) = \frac{zw_i(\theta_i - w_i)}{2} + (1-z)(w_i q_{b-i} - cq_{b-i}^2)$$

$$\text{s.t.} \quad 0 < q_{b-i} \leqslant q_i^{SB} = \frac{\theta_i - w_i^{SB}}{2}$$

根据 $\dfrac{\partial^2 \pi_{S-i}}{\partial q_{b-i}^2} < 0$ 和 $\dfrac{\partial^2 \pi_{S-i}}{\partial w_i^2} < 0$，可得到 $q_{b-i}^{SB} = \dfrac{z\theta_i}{2(2cz+z-1)}$，$w_i^{SB} = \dfrac{cz\theta_i}{2cz+z-1}$。

平衡解必须满足 $0 < q_{b-i} \leqslant \dfrac{\theta_i - w_i^{SB}}{2}$。然后可得 $q_{b-i}^{SB} = \dfrac{z\theta_i}{2(2cz+z-1)}$，$w_i^{SB} = \dfrac{cz\theta_i}{2cz+z-1}$ 当且仅当 $0 < z < 1$ 和 $\dfrac{1}{z} < c$。否则，当 $0 < z < 1$ 和 $0 < c < \dfrac{1}{z}$ 时，得到条件 $0 < q_{b-i} = q_i^{SB} = \dfrac{\theta_i - w_i^{SB}}{2}$。根据 KKT（Karush-Kuhn-Tucker，卡罗需-库恩-塔克）条件，可以解出 $\arg\max\left\{\dfrac{zw_i(\theta_i - w_i)}{2} + (1-z)(w_i q_{b-i} - cq_{b-i}^2) + \lambda\left(q_{b-i} - \dfrac{\theta_i - w_i^{SB}}{2}\right)\right\}$。

在 $0 < z < 1$ 和 $0 < c \leqslant \dfrac{1}{z}$ 条件下，可以得到 $q_{b-i}^{SB} = \dfrac{\theta_i}{4 - 2c(z-1)}$，$w_i^{SB} = \dfrac{cz\theta_i - c\theta_i - \theta_i}{cz - c - 2}$。

总之，最优决策是
$$\begin{cases} q_{b-i}^{SB} = \dfrac{\theta_i}{4 - 2c(z-1)}, & w_i^{SB} = \dfrac{cz\theta_i - c\theta_i - \theta_i}{cz - c - 2}, \ 0 < c \leqslant \dfrac{1}{z} \\[3mm] q_{b-i}^{SB} = \dfrac{z\theta_i}{2(2cz+z-1)}, & w_i^{SB} = \dfrac{cz\theta_i}{2cz+z-1}, \quad\quad c > \dfrac{1}{z} \end{cases}$$

命题 7.2 证明　通过对 π_S^{SN} 和 π_S^{SB} 的比较，得到了最优备货生产策略。可以得到 $\pi_{S-i}^{SN} = \dfrac{z\theta_i^2}{8}$ 和 $\pi_{S-i}^{SB} = \begin{cases} \dfrac{\theta_i^2}{4(2+c-cz)} - \psi, \ 0 < c \leqslant \dfrac{1}{z} \\[3mm] \dfrac{cz^2\theta_i^2}{4(z-1+2cz)} - \psi, \ c > \dfrac{1}{z} \end{cases}$。首先，当 $0 < c \leqslant \dfrac{1}{z}$ 时，这很容易证明 $\dfrac{\partial \pi_{S-i}^{SB}}{\partial c} = \dfrac{-4(1-z)\theta_i^2}{(8+4c(1-z))^2} < 0$。在这种情况下，$\pi_{S-i}^{SB}$ 关于 c 的最小值由 $\pi_{S-i}^{SB}\big|_{c=\frac{1}{z}} = \dfrac{z\theta_i^2}{4+4z} - \psi$ 得出。而且很容易获得 $\dfrac{z\theta_i^2}{4+4z} > \pi_{S-i}^{SN} = \dfrac{z\theta_i^2}{8}$。因此，当 $0 < c \leqslant \dfrac{1}{z}$ 且 $\psi < \psi_i^S = \dfrac{\theta_i^2}{4(2+c-cz)} - \dfrac{z\theta_i^2}{8}$ 时，我们得到 $\pi_{S-i}^{SN} < \pi_{S-i}^{SB}$。当 $c > \dfrac{1}{z}$ 且 $\psi < \psi_i^S = \dfrac{cz^2\theta_i^2}{4(z-1+2cz)} - \dfrac{z\theta_i^2}{8}$ 时，可以得到 $\pi_{S-i}^{SN} < \pi_{S-i}^{SB}$。综上所述，得到 $\theta_i \in \{\theta_h, \theta_l\}$ 和 $\psi_l^S < \psi_h^S$，因此，当 $\psi < \psi_l^S$ 时，供方总是采取备货，而当 $\psi > \psi_h^S$ 时，供方不采

取备货。然而，当 $\psi_l^S < \psi \leqslant \psi_h^S$ 时，① $\theta_i = \theta_h$，供方采取备货，② $\theta_i = \theta_l$，供方不采取备货。

引理 7.5 证明　　根据 $\psi_l^S = \begin{cases} \dfrac{\theta_l^2}{4(2+c-cz)} - \dfrac{z\theta_l^2}{8}, 0 < c \leqslant \dfrac{1}{z} \\ \dfrac{cz^2\theta_l^2}{4(z-1+2cz)} - \dfrac{z\theta_l^2}{8}, c > \dfrac{1}{z} \end{cases}$ 和 $\psi_h^S =$

$\begin{cases} \dfrac{\theta_h^2}{4(2+c-cz)} - \dfrac{z\theta_h^2}{8}, 0 < c \leqslant \dfrac{1}{z} \\ \dfrac{cz^2\theta_h^2}{4(z-1+2cz)} - \dfrac{z\theta_h^2}{8}, c > \dfrac{1}{z} \end{cases}$，很容易得到 $\psi_l^S < \psi^K \leqslant \psi_h^S$。注意，我们将注意力

限制在 $c \leqslant \dfrac{\theta_l}{2(\theta_h - \theta_l)}$ 上。

（1）当 $\dfrac{\theta_h}{\theta_l} > 1 + \sqrt{2}$ 时，我们比较 $\psi^K = \dfrac{(1-z)(1-cz)\theta_h^2}{16(1+c-cz)}$、$\psi_l^S = \dfrac{\theta_l^2}{4(2+c-cz)} -$

$\dfrac{z\theta_l^2}{8}$ 和 $\psi_h^S = \dfrac{\theta_h^2}{4(2+c-cz)} - \dfrac{z\theta_h^2}{8}$。因为 $\dfrac{\partial(\psi_h^S - \psi^K)}{\partial c} = \dfrac{(1-z)\theta_h^2}{16}\left(\dfrac{1}{(1+c-cz)^2} - \right.$

$\left. \dfrac{1}{\left(1+\dfrac{c-cz}{2}\right)^2}\right) < 0$ 和最小值 $\psi_h^S - \psi^K \big|_{c=\frac{1}{z}} = \dfrac{(1-z)z\theta_h^2}{8(1+z)} > 0$，可得 $\psi_h^S > \psi^K$，同样，

很容易得到 $\psi_l^S < \psi^K$。

（2）当 $\dfrac{\theta_h}{\theta_l} \leqslant 1 + \sqrt{2}$ 时，可以得到：

$$\psi^K = \begin{cases} \dfrac{(1-4c(1-z))\theta_h^2 + 2(1+2c(1-z))\theta_h\theta_l + \theta_l^2}{16(2+c(1-z))} - \dfrac{z(\theta_h+\theta_l)^2}{32}, & \{z,c\} \in 区域\ \mathrm{I} \\[3mm] \dfrac{c(z\theta_h+\theta_l)^2}{4(4c(1+z)+z-1)} - \dfrac{z(\theta_h+\theta_l)^2}{32}, & \{z,c\} \in 区域\ \mathrm{II} \\[3mm] \dfrac{\begin{array}{c} z^2\theta_h^2 + 2z(2+2c(1-z)-z)\theta_h\theta_l \\ +(4-4(1+c)z+(1+4c)z^2)\theta_l^2 \end{array}}{16(2+c(1-z))} - \dfrac{z(\theta_h+\theta_l)^2}{32}, & \{z,c\} \in 区域\ \mathrm{III} \\[3mm] \dfrac{cz^2(\theta_h+\theta_l)^2}{16(2zc+z-1)} - \dfrac{z(\theta_h+\theta_l)^2}{32}, & \{z,c\} \in 区域\ \mathrm{IV} \\[3mm] \dfrac{\theta_h^2}{16(1+c-zc)} - \dfrac{z(\theta_h+\theta_l)^2}{32}, & \{z,c\} \in 区域\ \mathrm{V} \end{cases}$$

并且 $\psi_i^S = \begin{cases} \dfrac{\theta_i^2}{4(2+c-cz)} - \dfrac{z\theta_i^2}{8}, 0 < c \leqslant \min\left\{\dfrac{1}{z}, \dfrac{\theta_l}{z(\theta_h - \theta_l)}\right\} \\ \dfrac{cz^2\theta_i^2}{4(z-1+2cz)} - \dfrac{z\theta_i^2}{8}, \dfrac{1}{z} < c < \dfrac{\theta_l}{z(\theta_h - \theta_l)} \end{cases}$，其中 $\theta_i \in \{\theta_h, \theta_l\}$。

综上可得，$\psi_l^S < \psi^K < \psi_h^S$。

命题 7.3 证明　在命题 7.1 和命题 7.2 的基础上，通过比较无信息分享和信息分享两种策略下制造商的收益，推导出信息分享的均衡结果。制造商在这两种情况下的期望利润分析如下。无论实现的需求如何，为确保需求异质性和供应可靠性与实际市场情况相适应，我们在分析中重点考虑了 $\theta_h / \theta_l > 3/2$。

当制造商隐瞒需求信息时，其期望利润如下。

（1）当 $\theta_h / \theta_l \leqslant 1 + \sqrt{2}$ 时，可以得到：

$$\Pi_M^K = \begin{cases} \Pi_M^{KB}, & \psi \leqslant \psi^K，完全备货 \\ \dfrac{z(5\theta_h^2 - 6\theta_h\theta_l + 5\theta_l^2)}{64}, & \psi > \psi^K，没有备货 \end{cases}$$

（2）当 $\theta_h / \theta_l > 1 + \sqrt{2}$ 时，可以得出：

$$\Pi_M^K = \begin{cases} \dfrac{\theta_h^2}{32(c(z-1)-z)}, & \psi \leqslant \psi^K，完全备货 \\ \dfrac{z\theta_h^2}{32}, & \psi > \psi^K，没有备货 \end{cases}$$

$$\Pi_M^{KB} = \begin{cases} \dfrac{\begin{array}{l}(5+2c(1-z))\theta_h - 2(3+4c(1-z))\theta_h\theta_l + (5+6c(1-z))\theta_l^2 \\ +2c^2(1-z)^2(\theta_h-\theta_l)^2\end{array}}{16(2+c(1-z))^2}, & \{z,c\} \in 区域 \text{I} \\[20pt] \dfrac{\begin{array}{l}z(z-1+4c^2(4+5z+z^2))\theta_h^2 - 2(1-z+4c(z^2-1) \\ +12zc^2(1+z))\theta_h\theta_l + ((z-1)z+8c(z^2-1)+4c^2(1+5z+4)z^2)\theta_l^2\end{array}}{8(z-1+4c(1+z))^2}, & \{z,c\} \in 区域 \text{II} \\[20pt] \dfrac{\begin{array}{l}z(4+6c(1-z)+z)\theta_h^2 - 2(6z-4+z^2+c(8z-2-6z^2))\theta_h\theta_l \\ +((z-1)z+8c(z^2-1)+4c^2(1+5z+4z^2))\theta_l^2\end{array}}{16(2+c(1-z))^2}, & \{z,c\} \in 区域 \text{III} \\[20pt] \dfrac{\begin{array}{l}z^2(4c(z-1)+z+5zc^2-1)(\theta_h^2+\theta_l^2) - 2z(2-(3+4c)z \\ +(1+4c+3c^2)z^2)\theta_h\theta_l\end{array}}{16(z-1+2cz)^2}, & \{z,c\} \in 区域 \text{IV} \\[20pt] \dfrac{\theta_h^2}{32(c(1-z)+1)^2}, & \{z,c\} \in 区域 \text{V} \end{cases}$$

否则，制造商分享需求信息时的预期利润如下。

（1）当 $\dfrac{\theta_h}{\theta_l}>1$ 和 $0<c\leqslant\dfrac{1}{z}$ 时，

$$
\Pi_M^S=\begin{cases}
\dfrac{\theta_h^2+\theta_l^2}{8\left(2+c(1-z)\right)^2}, & \psi\leqslant\psi_l^S,\text{完全备货}\\[4mm]
\dfrac{\left(\dfrac{4\theta_h^2}{\left(2+c(1-z)\right)^2}+z\theta_l^2\right)}{32}, & \psi_l^S<\psi\leqslant\psi_h^S,\ \text{部分备货}\\[4mm]
\dfrac{z\left(\theta_h^2+\theta_l^2\right)}{32}, & \psi>\psi_h^S,\text{没有备货}
\end{cases}
$$

（2）当 $\dfrac{\theta_h}{\theta_l}>1$ 和 $c>\dfrac{1}{z}$ 时，

$$
\Pi_M^S=\begin{cases}
\dfrac{z\left(z+c^2z^2-1\right)\left(\theta_h^2+\theta_l^2\right)}{8\left(2+c(1-z)\right)^2}, & \psi\leqslant\psi_l^S,\ \text{完全备货}\\[4mm]
\dfrac{z}{32}\left(\dfrac{4\theta_h^2}{\left(1-z-2cz\right)^2}+\theta_l^2\right), & \psi_l^S<\psi\leqslant\psi_h^S,\ \text{部分备货}\\[4mm]
\dfrac{z\left(\theta_h^2+\theta_l^2\right)}{32}, & \psi>\psi_h^S,\ \text{没有备货}
\end{cases}
$$

（a）如果 $\dfrac{\theta_h}{\theta_l}>1+\sqrt{2}$，可以得出 $\psi_l^S<\psi^K<\psi_h^S$ 和

$$
\Pi_M^K=\begin{cases}
\dfrac{\theta_h^2}{32\left(1-c(1-z)\right)^2}, & \psi\leqslant\psi^K,\text{完全备货}\\[4mm]
\dfrac{z\theta_h^2}{32}, & \psi>\psi^K,\text{部分备货}
\end{cases}
$$

$$
\Pi_M^S=\begin{cases}
\dfrac{\theta_h^2+\theta_l^2}{8\left(2+c(1-z)\right)^2}, & \psi\leqslant\psi_l^S,\ \text{完全备货}\\[4mm]
\dfrac{4\theta_h^2}{32\left(2+c(1-z)\right)^2}+\dfrac{z\theta_l^2}{32}, & \psi_l^S<\psi^K\leqslant\psi_h^S,\ \text{部分备货}\\[4mm]
\dfrac{z\left(\theta_h^2+\theta_l^2\right)}{32}, & \psi>\psi_h^S,\ \text{没有备货}
\end{cases}
$$

（b）如果 $\psi \leqslant \psi_l^S$，$\Pi_M^K = \dfrac{\theta_h^2}{32(1-c-z)^2}$，$\Pi_M^S = \dfrac{\theta_h^2 + \theta_l^2}{8(2+c(1-z))^2}$，可以得出

$$\Pi_M^S = \frac{\theta_h^2 + \theta_l^2}{32\left(1+\dfrac{c(1-z)}{2}\right)^2} > \Pi_M^K = \frac{\theta_h^2}{32(1-c(1-z))^2} \ \text{。} \quad \text{在} \quad \Pi_M^K = \frac{\theta_h^2}{32(1-c(1-z))^2} \quad \text{和}$$

$\Pi_M^S = \dfrac{4\theta_h^2}{32(2+c(1-z))^2} + \dfrac{z\theta_l^2}{32}$ 条件下，可以得出 $\Pi_M^S = \dfrac{4\theta_h^2}{32\left(1+\dfrac{c(1-z)}{2}\right)^2} + \dfrac{z\theta_l^2}{32} >$

$\Pi_M^K = \dfrac{\theta_h^2}{32(1-c(1-z))^2}$。在 $\psi^K < \psi \leqslant \psi_h^S$、$\Pi_M^K = \dfrac{z\theta_h^2}{32}$ 和 $\Pi_M^S = \dfrac{4\theta_h^2}{32\left(1+\dfrac{c(1-z)}{2}\right)^2} +$

$\dfrac{z\theta_l^2}{32}$ 条件下，根据 $1+\dfrac{c(1-z)}{2} < \dfrac{1}{\sqrt{z}}$，可以得出 $\Pi_M^S = \dfrac{4\theta_h^2}{32\left(1+\dfrac{c(1-z)}{2}\right)^2} + \dfrac{z\theta_l^2}{32} >$

$\Pi_M^K = \dfrac{\theta_h^2}{32\left(\dfrac{1}{\sqrt{z}}\right)^2}$。当 $\psi > \psi_h^S$、$\Pi_M^K = \dfrac{z\theta_h^2}{32}$ 和 $\Pi_M^S = \dfrac{z(\theta_h^2+\theta_l^2)}{32}$ 时，可以得出 $\Pi_M^S =$

$\dfrac{z(\theta_h^2+\theta_l^2)}{32} > \Pi_M^K = \dfrac{z\theta_h^2}{32}$。因此，在 $\dfrac{\theta_h}{\theta_l} > 1+\sqrt{2}$ 下，可以得出 $\Pi_M^S > \Pi_M^K$。

（3）当 $\dfrac{\theta_h}{\theta_l} \leqslant 1+\sqrt{2}$ 时，证明过程与上述情况类似，为简洁起见，我们省略了相关的讨论。进一步证明了信息分享（即 $\Pi_M^S > \Pi_M^K$）仅在①给定 $\psi \leqslant \psi_l^S$ 时才存在，在有和没有信息分享的情况下，供应商采取备货生产。只有当参数区域落在区域 V 时，制造商才会分享需求信息。特别地，当 $\{z,c\} \in$ 区域 V 时，则有

$$\Pi_M^K = \frac{\theta_h^2}{32(1-c(1-z))^2} \ \text{和} \ \Pi_M^S = \begin{cases} \dfrac{\theta_h^2 + \theta_l^2}{8(2+c(1-z))^2}, & 0 < c \leqslant \dfrac{1}{z} \\[4mm] \dfrac{z(z+c^2z^2-1)(\theta_h^2+\theta_l^2)}{8(2+c(1-z))^2}, & c > \dfrac{1}{z} \end{cases}$$ 。在这个参数

区域内，很容易推导出 $\Pi_M^K < \Pi_M^S$。②当 $\psi_l^S < \psi \leqslant \psi^K$ 时，供应商在没有信息分享的情况下采取备货生产，而在有信息分享的情况下，供应商部分采取备货生产。只有当参数区域落在区域 V 时，制造商才会分享需求信息。③在 $\psi^K < \psi \leqslant \psi_h^S$ 的情

况下，供应商在没有信息分享的情况下不采取备货生产，而在有信息分享的情况下部分采取备货生产。制造商仅在 $z \leqslant \dfrac{2\theta_h^2}{5\theta_h^2 - 6\theta_h\theta_l + 3\theta_l^2}$ 和 $c \leqslant \hat{c}$ 情况下分享需求信息。④当 $\psi > \psi_h^S$ 时，在有信息分享和没有信息分享的情况下，供应商不采取备货生产。在此区域，$\Pi_M^K > \Pi_M^S$，即制造商隐瞒需求信息。

命题 7.4 证明　为了证明供应商的预期利润对于备货生产的固定成本是非单调的，例如，在该区域，如果 $\psi < \psi^K$，$\Pi_S = \dfrac{\left(1 - 4c(1-z)\right)\theta_h^2 + 2\left(1 + 2c(1-z)\right)\theta_h\theta_l + \theta_l^2}{16\left(2 + c(1-z)\right)} - \psi$，

并 且 如 果 $\psi^K < \psi \leqslant \psi_h^S$，则 有 $\Pi_S = \dfrac{1}{2}\left(\dfrac{z\theta_l^2}{8} + \dfrac{\theta_h^2}{8 - 4c(z-1)} - \psi\right)$，$\psi^K =$

$\dfrac{\left(1 - 4c(1-z)\right)\theta_h^2 + 2\left(1 + 2c(1-z)\right)\theta_h\theta_l + \theta_l^2}{16\left(2 + c(1-z)\right)} - \dfrac{z\left(\theta_h^2 + \theta_l^2\right)}{32}$。然后根据 $6 - 2z > 2 - 6z$，

得到 $\Pi_S^{SB}\left(\psi^K +\right) - \Pi_S^{KB}\left(\psi^K -\right) = \dfrac{(\theta_h - \theta_l)\left(\begin{array}{c}\left(6 - 2z + c\left(8 - 9z + z^2\right)\right)\theta_h \\ + \left(2 - 6z + 3c\left(z^2 - z\right)\right)\theta_l\end{array}\right)}{64\left(2 + c(1-z)\right)} > 0$。这表明

供方在 ψ^K 处的事前平衡点有一个向上的跳跃。同样，供应链的预期利润也可以被证明，本章省略了细节。

第8章　竞合平台供应链产品渠道定价与质量信息披露决策研究

8.1　引　言

随着电子商务的发展，越来越多的品牌商家选择在第三方平台开设销售渠道。例如，品牌商家通过京东（零售电商平台）、Booking.com（酒店预订平台）以及Expedia（在线旅行平台）等各行业平台作为中介渠道来直接向消费者销售商品。然而，随着产品种类扩张和产品更新换代速度加快，零售平台并不能及时有效地掌握所有产品的质量信息。在实践中，与上游产品制造商相比，由于零售平台和消费者不接近产品生产过程，在购买产品前通常不了解产品的确切质量信息，只有在使用一段时间后才能验证产品质量（Zhu et al.，2021；Huang et al.，2022）。在此情形下，消费者可能会因为不了解产品质量而在购买时变得保守，进而影响供应链成员的绩效水平（Jiang and Yang，2019）。因此，为了有效缓解产品质量信息不对称问题，越来越多的平台运营将注意力转向寻求增强供应链信息透明度的技术。例如，许多零售平台（如亚马逊、沃尔玛和家乐福等）通过利用区块链技术来有效地提升了供应链信息透明度（Massimino et al.，2018；Choi et al.，2020）。然而，区块链技术具有强制披露信息的特性，这意味着只要上游产品制造商同意接入区块链系统，那么不管产品质量信息对其有益或有害，都会被供应链其他成员所知。因此，从上游产品制造商的角度来看，采用区块链技术并不总是可取的。普遍认为，为了保持产品质量信息披露的灵活性，产品制造商应该根据其观察到的产品质量信息情况，来自愿做出是否披露的决策。如果产品制造商观察到披露其产品质量信息能够对产品销售有利，那么产品制造商会自愿使用相关策略来主动披露其产品质量信息；如果产品制造商观察到披露其产品质量信息会对其产品销售产生不利影响，产品制造商则会选择隐瞒其产品质量信息。实践中，消费者对产品质量的预期会很大程度上受到企业质量信息披露决策的影响，而质量信息披露决策又会影响消费者的购买决策。因此，选择合适的质量信息披露决策，对于提升产品销售水平至关重要。

除了产品制造商的质量信息披露决策，零售平台在其销售渠道中的渠道定价和销售服务决策也是不可忽视的实践运营问题，且影响产品制造商的质量信息披露决策。许多产品制造商会战略性地在不同产品销售渠道设定不同的零售价格。

例如，许多商家在 Booking.com 上设定的最终价格高于它们自己的官方网站，从而可能导致"搭便车"行为。因此，为了消除渠道间价格歧视，具有足够市场话语权的零售平台可能会对商家实施定价限制。例如，Booking.com 和 Expedia 与入驻商家签署 PPCs，条款要求产品在平台销售渠道上的零售价格不能高于商家在自己直销渠道上的零售价格（Hunold et al.，2018）。此外，实践中，为了增强渠道市场影响力，零售平台会推出一系列销售服务来协助消费者更好地了解产品性能，从而促进产品在平台渠道上的销售。然而，平台通过实施销售服务提升其自身销售渠道影响力的同时，也会增加品牌商直销渠道的市场需求，即消费者可能会选择在平台销售渠道了解完产品性能后，前往品牌商家的官方直销渠道购买产品，本书将这种现象定义为服务努力溢出效应。

结合上述实践运营问题，本章构建了一个由制造商和零售平台组成的竞合供应链结构，其中制造商可以通过官方直销渠道和平台渠道来同时向消费者销售其产品。在产品销售开始之前，平台决定是否实施 PPCs。根据平台的 PPCs 实施决策，制造商决定采用何种形式来披露其产品质量信息。具体来说，本章考虑了产品制造商在实践中普遍采用的两种质量信息披露决策，即事前采用区块链技术和事后自愿披露策略，它们的区别在于制造商的产品质量信息披露决策是在制造商观察产品质量信息之前还是之后做出。通过构建不对称信息博弈理论模型，本章着重考虑服务努力溢出效应的影响，探究了平台 PPCs 实施与制造商产品质量信息披露之间的交互决策机制，为竞合供应链中企业产品质量信息披露与渠道定价策略提供决策依据。本章拟解决以下主要问题：制造商会如何选择产品质量信息披露决策？平台实施 PPCs 会如何影响制造商的产品质量信息披露决策？服务努力溢出效应如何影响平台 PPCs 实施与制造商产品质量信息披露决策之间的交互作用机理？

8.2　平台供应链结构

本章考虑由一个制造商与零售平台组成的竞合供应链结构，其中制造商同时通过官方渠道（即直销渠道）和零售平台（即平台渠道）来向消费者销售其品牌产品。在平台渠道中，制造商需要向平台支付一定的单位销售佣金 t 以换取在平台销售的机会（Boik and Corts，2016）。此外，为了提升平台销售渠道的市场竞争力，平台会投入一定的销售服务努力来吸引消费者并促进额外的销售。本章将平台的服务努力水平定义为 s，参数 s 越大表明平台投入的服务努力越高。相应地，平台所需要投入的服务努力成本刻画为 $cs^2/2$，其中 c 表示服务努力成本系数，该成本刻画方式在以往运营管理文献中被广泛使用（Taylor，2002；Chen，2005）。此外，不失一般性地，本章假设制造商和零售平台都是风险中性的且不考虑其产品生产成本和运营成本。

根据 Singh 和 Vives（1984）以及 Guan 和 Chen（2017）的研究，制造商产品在直销渠道和平台渠道中的需求函数可以分别表示为

$$D_M = q - p_M + bp_P + \lambda s \qquad (8.1)$$

$$D_P = q - p_P + bp_M + s \qquad (8.2)$$

其中，参数 q 为制造商产品的质量，它是制造商的私人信息，对于下游平台和消费者来说是不确定的，但下游平台和消费者对产品质量有着共同的先验信念，即服从均匀分布 $q \sim U(0,1)$（Chen，2005；Guo，2009；Guo and Zhao，2009；Guan et al.，2017）；参数 p_M 和 p_P 分别为制造商产品在直销渠道与平台渠道上的零售价格；参数 $b \in (0,1)$ 为两个渠道间的竞争强度，b 的数值越大，表明渠道竞争强度越激烈；参数 $\lambda \in (0,1)$ 为服务努力溢出水平，即平台在其自身销售渠道提供的销售服务努力对制造商直销渠道需求的正向影响程度（Xue et al.，2020）。实践中，平台在其销售渠道所做出的销售服务努力可以帮助消费者更加深刻地体验产品属性，从而有效提升平台销售渠道的市场需求。然而，平台通过实施服务努力在提升其自身销售渠道需求的同时，也会提升制造商直销渠道的产品销售，即消费者可能会选择在平台销售渠道了解完产品属性后，选择去制造商的直销渠道购买产品。

实践中，平台可能会与入驻制造商签署 PPCs，要求制造商在平台渠道上的产品零售价格必须不高于其直接渠道上收取的零售价格，即 $p_P \leqslant p_M$。根据现有理论文献证明，在平台实施 PPCs 的情况下，制造商在直接渠道和平台渠道中会设定统一的产品零售价格 p（Johansen and Vergé，2017；Wang and Wright，2020）。具体来说，如果平台不实施 PPCs，则制造可以在不同的销售渠道设定不同的产品零售价格 $p_P \neq p_M$。如果平台实施 PPCs，则制造商会在不同的销售渠道设定相同的产品零售价格，即 $p_P = p_M = p$。

针对制造商产品质量信息披露问题，本章主要探究了实践运营中普遍存在的两种产品质量信息披露决策，即事前采用区块链技术和事后自愿披露策略。

（1）事前采用区块链技术。在此策略下，制造商在观察到其产品的确切质量信息之前就决定是否采用平台的区块链技术。如果制造商同意使用平台的区块链技术，那么包括平台和消费者在内的所有供应链成员都会获取到产品的精确质量信息。实践中，制造商在采用区块链技术时需要购置相关设备，因此本章将制造商的区块链采用成本定义为 C_B（Choi et al.，2020；Cai et al.，2021；Dong et al.，2021）。

（2）事后自愿披露策略。与事前采用区块链技术不同，制造商在事后自愿披露策略下，会观察到其产品的确切质量信息之后再自愿做出信息披露决策。根据

"披露理论"（unraveling theory），在均衡状态下，当产品质量超过特定水平（即 δ）时，制造商会选择披露其产品质量信息，这时质量信息披露所产生的消费者对产品质量期望提升所带来的收益可以抵消披露成本所带来的损失；否则，制造商会选择隐瞒其产品质量信息。如果制造商选择隐瞒其产品质量信息，下游平台和消费者则会推断产品质量信息均匀分布在 $q \sim [0, \delta]$（Jovanovic，1982；Guo，2009；Guan and Chen，2017）。因此，在制造商选择不披露产品质量信息的情况下，平台和消费者对产品的质量期望为 $E[q \,|\, q < \delta] = \delta / 2$。此外，根据现有理论文献，本章假设制造商披露的产品质量信息是真实可靠的（Grossman，1981；Guan and Chen，2017；Huang et al.，2020； Huang et al.，2022）。实践中，制造商可以通过广告和质量认证等多种形式披露其产品质量信息，这会产生一定的成本。因此，本章将制造商的产品质量信息披露成本定义为 C_D（Grossman，1981；Guo and Zhao，2009；Guan and Chen，2017；Huang et al.，2020）。

　　本章将事件的决策顺序分为事前阶段和事后阶段，区别在于决策是在观察到精准产品质量信息之前做出还是之后做出，如图 8.1 所示。具体地，在事前阶段，平台首先决定是否实施 PPCs；其次，根据平台的 PPCs 实施决策，制造商决定是否采用区块链技术来公开其产品的质量信息。在事后阶段，首先，根据事前区块链技术的采用情况，制造商决定其产品质量信息披露决策，即如果制造商事前决定采用区块链技术，则下游平台和消费者可以完全获取产品质量信息；否则，制造商可以在观察到准确质量信息之后，决定是否自愿披露其产品质量信息。其次，根据制造商的质量信息披露决策，平台决定其销售渠道的服务努力水平和单位销售佣金。最后，制造商决定其产品在两个销售渠道下的市场零售价格。

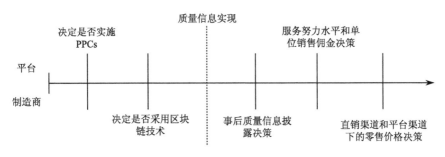

图 8.1　模型决策顺序示意图

　　在本章的剩余部分中，使用下标 M 和 P 分别代表制造商和平台。此外，考虑到平台的 PPCs 实施策略和制造商的产品质量信息披露决策，使用上标 X 和 Y 来表示不同的策略情形，其中 X 表示平台的 PPCs 实施策略（不实施 PPCs N 和实施 PPCs P）；Y 表示制造商的产品质量信息披露决策（制造商选择事后自愿披露策略 N 和选择事前采用区块链技术 B）。鉴于博弈包含多阶段战略交互，本章使用逆向归纳法来求解并分析各子博弈均衡。模型具体参数设置及解释见表 8.1。

表 8.1　模型参数解释

参数	解释
q	产品质量
δ	产品质量信息披露阈值
b	渠道竞争强度
λ	服务努力溢出水平
c	服务努力成本系数
C_D	产品质量信息披露成本
C_B	区块链采用成本
t	平台向制造商收取的单位销售佣金
p_M	制造商在直销渠道下的产品零售价格
p_P	制造商在平台渠道下的产品零售价格
s	平台服务努力水平
π_M	制造商收益
π_P	平台收益

8.3　平台不实施 PPCs

在本节中，先探究平台不实施 PPCs 的子博弈均衡。具体地，在平台不实施 PPCs 的情形下，首先，分别求解制造商选择事后自愿披露策略（*NN* 策略）和事前采用区块链技术（*NB* 策略）下的均衡决策；其次，探究制造商在平台不实施 PPCs 情形下的最优质量信息披露决策。

8.3.1　平台不实施 PPCs 且制造商选择事后自愿披露（*NN*）

在制造商选择事后自愿披露策略的情况下，制造商可以在获取到私有产品质量信息后，再决定是否披露其产品质量信息。根据前述设定，制造商产品在直销渠道和平台渠道的需求函数分别为 $D_M^{NN} = q - p_M^{NN} + b p_P^{NN} + \lambda s^{NN}$ 与 $D_P^{NN} = q - p_P^{NN} + b p_M^{NN} + s^{NN}$。因此，如果制造商选择自愿披露产品质量信息，则制造商和平台的收益函数分别为

$$\pi_M^{NN}(p_P^{NN}, p_M^{NN}) = (p_P^{NN} - t^{NN})D_P^{NN} + p_M^{NN} D_M^{NN} - C_D \tag{8.3}$$

$$\pi_P^{NN}(s^{NN}, t^{NN}) = t^{NN}(q - p_P^{NN} + b p_M^{NN} + s^{NN}) - \frac{c(s^{NN})^2}{2} \tag{8.4}$$

如果产品质量处于 $0 < q < \delta$ 的范围，则制造商选择隐瞒其产品质量信息。因

此，制造商和平台的期望收益函数分别为

$$\tilde{\pi}_M^{NN}(\tilde{p}_P^{NN}, \tilde{p}_M^{NN}) = \int_0^\delta [(p_P^{NN} - t^{NN})D_P^{NN} + p_M^{NN} D_M^{NN}] \frac{1}{\delta} \mathrm{d}q \tag{8.5}$$

$$\tilde{\pi}_P^{NN}(\tilde{s}^{NN}, \tilde{t}^{NN}) = \int_0^\delta \left[t(q - p_P^{NN} + bp_M^{NN} + s^{NN}) - \frac{c(s^{NN})^2}{2} \right] \frac{1}{\delta} \mathrm{d}q \tag{8.6}$$

按照决策顺序，采用逆推法来求解模型，制造商和平台的均衡决策结果如引理 8.1 所示。

引理 8.1　当平台不实施 PPCs 且制造商选择事后自愿披露策略时（即 NN 策略），存在以下均衡结果。

（1）如果制造商选择披露其产品质量信息，则制造商在直销渠道和平台渠道下的均衡产品零售价格分别为 $p_M^{NN} = \dfrac{q[\lambda - 1 + 4c(1+b)]}{2(1-b^2)(4c-1)}$ 与 $p_P^{NN} = \dfrac{q[b - \lambda b + 2c(b^2 - 3 - 2b)]}{2(b^2 - 1)(4c-1)}$；平台的均衡服务努力水平和单位销售佣金分别为 $s^{NN} = \dfrac{q}{4c-1}$ 与 $t^{NN} = \dfrac{2cq}{4c-1}$；

（2）如果制造商选择隐瞒其产品质量信息，则制造商在直销渠道和平台渠道下的均衡期望产品零售价格分别为 $\tilde{p}_P^{NN} = \dfrac{\delta[b - \lambda b + 2c(b^2 - 3 - 2b)]}{4(b^2 - 1)(4c-1)}$ 与 $\tilde{p}_M^{NN} = \dfrac{\delta[\lambda - 1 + 4c(1+b)]}{4(1-b^2)(4c-1)}$；平台的均衡期望服务努力水平和单位销售佣金分别为 $\tilde{s}^{NN} = \dfrac{\delta}{2(4c-1)}$ 和 $\tilde{t}^{NN} = \dfrac{c\delta}{4c-1}$。

在平台不实施 PPCs 情形下，为了保证均衡结果存在，本章假设 $c > \dfrac{1}{4}$，证明过程详见附录。接下来，通过比较制造商在不披露质量信息和披露质量信息下的均衡收益水平，可以得出制造商在事后自愿披露策略下的质量信息披露决策，如命题 8.1 所示。

命题 8.1　当平台不实施 PPCs 且制造商选择事后自愿披露策略时，制造商产品质量信息披露决策如下。

（1）如果服务努力成本系数满足 $c > \dfrac{1}{4}$ 且制造商产品质量信息披露成本满足 $0 < C_D \leqslant \hat{C}_D$，则制造商只有在产品质量满足 $q > \hat{\delta}$ 时才会选择自愿披露其产品质量信息，其中 $\hat{\delta} = \dfrac{4}{\sqrt{3}} \sqrt{\dfrac{(1-4c)^2(1-b^2)C_D}{(1-\lambda)^2 + 8c(\lambda-1)(1+b) + 4c^2(5 + 8b + 3b^2)}}$。

（2）如果产品质量信息披露成本满足 $C_D > \hat{C}_D$，则制造商会选择隐瞒其产品的质量信息，其中 $\hat{C}_D = \dfrac{3[(1-\lambda)^2 + 8c(\lambda-1)(1+b) + 4c^2(5 + 8b + 3b^2)]}{16(1-4c)^2(1-b^2)}$。

该命题的证明过程详见附录。

命题 8.1 表明，在平台不实施 PPCs 的情况下，制造商选择事后自愿披露策略使得其有更大的灵活性来做出产品质量信息披露决策。原因在于，制造商的事后自愿披露策略不仅取决于服务努力成本系数还取决于质量信息披露成本。研究发现，当产品质量信息披露成本较低且产品质量水平较高（即 $0 < C_D \leqslant \hat{C}_D$ 且 $q > \hat{\delta}$）时，制造商才会选择自愿披露其产品质量信息。显然，在平衡服务努力水平提升所带来的收益与披露成本增加所带来的损失下，制造商更偏好披露相对较高的产品质量信息。

推论 8.1　①$\hat{\delta}$ 随着质量信息披露成本 C_D 和服务努力成本系数 c 的增加而增加；②$\hat{\delta}$ 随着渠道竞争强度 b 和服务努力溢出水平 λ 的增加而减少。

该推论的证明过程详见本章附录。

推论 8.1 展示了质量信息披露成本、服务努力成本系数、渠道竞争强度和服务努力溢出水平如何影响产品质量信息披露的阈值点。直观来讲，较高的质量信息披露成本会降低制造商的产品质量信息披露动机，如情形①所示。此外，$\hat{\delta}$ 随着服务努力成本系数的增加而增加。这是因为随着服务努力成本系数增加，平台服务努力的投资动机被削弱，则潜在市场需求会降低，相应的制造商的质量信息披露动机也会随之削弱。因此，随着服务努力成本系数的增加，制造商产品质量信息披露的阈值点会随之提高。相反，$\hat{\delta}$ 随着服务努力溢出水平的增加而减少。这是因为，虽然披露低质量会导致平台渠道上投入的服务努力降低，但较高的服务努力溢出水平仍有助于制造商从平台的服务努力中获得较高的市场需求，从而进一步地提升制造商收益。此外，随着渠道竞争强度的提升，$\hat{\delta}$ 也随之减少。这是因为渠道竞争加剧，平台销售渠道中的零售价格对制造商直销渠道的影响程度增强；在此情形下，制造商更愿意披露其产品质量信息，从而通过设定较低的零售价格抢夺平台销售渠道的潜在市场需求，则制造商直销渠道的潜在市场需求提升，制造商披露质量动机也随之增强。

8.3.2　平台不实施 PPCs 且制造商选择事前采用区块链（*NB*）

在此策略下，制造商事前决定采用区块链技术。根据前述，鉴于区块链技术的信息透明化特性，包括平台、制造商和消费者在内的所有供应链成员都可以了解到产品的质量信息。制造商和平台在此策略下的需求函数分别为 $D_M^{NB} = q - p_M^{NB} + bp_P^{NB} + \lambda s^{NB}$ 与 $D_P^{NB} = q - p_P^{NB} + bp_M^{NB} + s^{NB}$。相应地，制造商和平台的收益函

数分别表示为

$$\pi_M^{NB}(p_P^{NB}, p_M^{NB}) = (p_P^{NB} - t^{NB})(q - p_P^{NB} + bp_M^{NB} + s^{NB}) + p_M^{NB}D_M^{NB} - C_B \quad (8.7)$$

$$\pi_P^{NB}(s^{NB}, t^{NB}) = t^{NB}(q - p_P^{NB} + bp_M^{NB} + s^{NB}) - \frac{c(s^{NB})^2}{2} \quad (8.8)$$

按照决策顺序，采用逆推法来求解模型，能够求得制造商和平台的均衡决策结果，如引理 8.2 所示。

引理 8.2　当平台不实施 PPCs 且制造商选择事前采用区块链技术时（即 *NB* 策略），制造商在直销渠道和平台渠道下的均衡产品零售价格分别为

$p_M^{NB} = \dfrac{q[\lambda - 1 + 4c(1+b)]}{2(1-b^2)(4c-1)}$ 与 $p_P^{NB} = \dfrac{q[b - \lambda b + 2c(b^2 - 3 - 2b)]}{2(b^2 - 1)(4c - 1)}$；平台的均衡服务努力

水平和单位销售佣金分别为 $s^{NB} = \dfrac{q}{4c-1}$ 与 $t^{NB} = \dfrac{2cq}{4c-1}$。引理 8.2 的证明过程详见本章附录。

8.3.3　平台不实施 PPCs 下的产品质量信息披露决策

基于 *NN* 策略和 *NB* 策略的均衡决策结果，本节将进一步地探究制造商在平台不实施 PPCs 情况下的最优均衡产品质量信息披露决策。

命题 8.2　如果平台事先决定不实施 PPCs，则制造商的产品质量信息披露决策如下。

（1）如果产品质量信息的披露成本满足 $0 < C_D \leqslant \hat{C}_D$，则当区块链采用成本满足 $0 < C_B \leqslant \hat{C}_{B1}$ 时，制造商选择事前采用区块链技术；否则，制造商会选择事后自

愿披露策略，其中 $\hat{C}_{B1} = C_D\left[1 - \dfrac{32}{9\sqrt{3}}\sqrt{\dfrac{(1-4c)^2(1-b^2)C_D}{(1-\lambda)^2 + 8c(\lambda-1)(1+b) + 4c^2(5+8b+3b^2)}}\right]$。

（2）如果产品质量信息的披露成本满足 $C_D > \hat{C}_D$，则当区块链采用成本满足 $0 < C_B \leqslant \hat{C}_{B2}$ 时，制造商选择事前采用区块链技术；否则，制造商会选择隐瞒其产

品质量信息（即 $\hat{C}_{B2} < C_B \leqslant \hat{C}_B$），其中 $\hat{C}_{B2} = \dfrac{(1-\lambda)^2 + 8c(\lambda-1)(1+b)}{48(1-4c)^2(1-b^2)}$ 和

$$\hat{C}_B = \frac{(1-\lambda)^2 + 8c(\lambda-1)(1+b) + 4c^2(5+8b+3b^2)}{12(1-4c)^2(1-b^2)}。$$

该命题的证明过程详见本章附录。

直觉上，在制造商决定事前采用区块链技术时，无论质量信息对其有利或不利，整个供应链成员都可以在事后观察到产品的确切质量信息。但是，当制造商

事前不采用区块链技术时，制造商可以在事后根据确切的质量信息来实施更灵活的披露决策。与事先采用区块链技术策略相比，制造商更热衷于事后自愿披露策略。然而，命题 8.2 表明，制造商在事前采用区块链技术下的期望收益可能高于事后自愿披露策略。

　　研究发现，制造商的质量信息披露决策选择取决于信息披露成本和区块链采用成本。具体来说，当信息披露成本较低且区块链采用成本较低时，制造商选择事前采用区块链技术，如图 8.2 中的区域 I 所示；相反，当区块链采用成本较高时，制造商选择事后自愿披露策略，如图 8.2 中的区域 II 所示。此外，命题 8.2 的情形（2）表明，当信息披露成本较高且区块链采用成本较低时，制造商更喜欢事前采用区块链技术；相反，如果区块链采用成本较高，则制造商选择隐瞒其产品的质量信息（即既事前不采用区块链技术也不主动披露信息），如图 8.2 中的区域 III 所示。显然，制造商会对披露成本和区块链采用成本进行权衡，以做出最佳的信息披露决策。

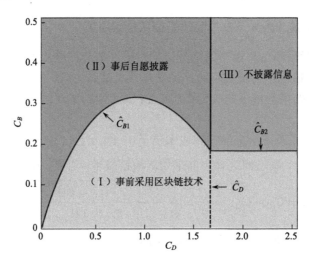

图 8.2　平台不实施 PPCs 下的制造商质量信息披露决策（$\lambda = 0.4$，$b = 0.7$，$c = 1.0$）

8.4　平台实施 PPCs

　　在本节中，将探究平台实施 PPCs 下制造商的产品质量信息披露决策。本节使用上标 PN 表示平台实施 PPCs 且制造商选择事后自愿披露策略；PB 表示平台实施 PPCs 且制造商选择事前采用区块链技术。

8.4.1　平台实施 PPCs 且制造商选择事后自愿披露（*PN*）

在此策略下，平台选择实施 PPCs 并且制造商选择事后自愿披露策略。根据前述设定，当平台选择实施 PPCs 时，制造商在其品牌产品的两个销售渠道中会设定相同的零售价格。因此，制造商品牌产品在直销渠道和平台渠道下的需求函数分别为 $D_M^{PN} = q - p^{PN} + bp^{PN} + \lambda s^{PN}$ 与 $D_P^{PN} = q - p^{PN} + bp^{PN} + s^{PN}$。相应地，如果制造商选择自愿披露其产品质量信息，则制造商和平台的收益函数分别为

$$\pi_M^{PN}(p^{PN}) = (p^{PN} - t^{PN})(q - p^{PN} + bp^{PN} + s^{PN}) + p^{PN}D_M^{PN} - C_D \quad (8.9)$$

$$\pi_P^{PN}(s^{PN}, t^{PN}) = t^{PN}(q - p^{PN} + bp^{PN} + s^{PN}) - \frac{c(s^{PN})^2}{2} \quad (8.10)$$

如果制造商选择隐瞒其产品质量信息，则制造商和平台的期望收益函数分别为

$$\tilde{\pi}_M^{PN}(\tilde{p}^{PN}) = \int_0^\delta [(p^{PN} - t^{PN})D_P^{PN} + p^{PN}D_M^{PN}]\frac{1}{\delta}\mathrm{d}q \quad (8.11)$$

$$\tilde{\pi}_P^{PN}(\tilde{s}^{PN}, \tilde{t}^{PN}) = \int_0^\delta \left[t^{PN}(q - p^{PN} + bp^{PN} + s^{PN}) - \frac{c(s^{PN})^2}{2} \right]\frac{1}{\delta}\mathrm{d}q \quad (8.12)$$

按照决策顺序，采用逆推法来求解模型，能够求解出制造商和平台的均衡决策，具体结果如引理 8.3 所示。

引理 8.3　当平台事前决定实施 PPCs 且制造商选择事后自愿披露策略时（即 *PN* 策略），存在以下均衡结果。

（1）如果制造商选择披露其产品质量信息，则制造商产品的均衡零售价格为 $p^{PN} = \dfrac{q[\lambda^2 - 1 - 6c(b-1)]}{[4 + 2\lambda - 2\lambda^2 + 9c(b-1)](b-1)}$；平台的均衡服务努力水平和单位销售佣金

分别为 $s^{PN} = \dfrac{q(5-\lambda)}{9c - 4 - 2\lambda + 2\lambda^2 - 9cb}$ 和 $t^{PN} = \dfrac{q[\lambda^2 - 1 - 6c(b-1)]}{[4 + 2\lambda - 2\lambda^2 + 9c(b-1)](b-1)}$。

（2）如果制造商选择隐瞒其产品质量信息，则制造商产品的均衡期望零售价格为 $\tilde{p}^{PN} = \dfrac{\delta[\lambda^2 - 1 - 6c(b-1)]}{2[4 + 2\lambda - 2\lambda^2 + 9c(b-1)](b-1)}$；平台的均衡期望服务努力水平和单位销售佣

金分别为 $\tilde{s}^{PN} = \dfrac{\delta(5-\lambda)}{2(9c - 4 - 2\lambda + 2\lambda^2 - 9cb)}$ 和 $\tilde{t}^{PN} = \dfrac{\delta[\lambda^2 - 1 - 6c(b-1)]}{2[4 + 2\lambda - 2\lambda^2 + 9c(b-1)](b-1)}$。

在平台实施 PPCs 下，为了保证均衡结果存在，本章假设 $c > \max\left\{ \dfrac{1-\lambda}{1-b}, \right.$

$\left. \dfrac{4 + 2\lambda - 2\lambda^2}{9(1-b)} \right\}$，证明过程详见附录。通过比较制造商在不披露质量信息和披露质

量信息下的收益水平，制造商产品在 *PN* 策略下的质量信息披露决策如命题 8.3

所示。

命题 8.3　当平台事前决定实施 PPCs 且制造商选择事后自愿披露策略时，制造商产品质量信息的事后披露决策如下。

（1）如果产品质量信息披露成本满足 $0 < C_D \leqslant \bar{C}_D$，则制造商只有在产品质量满足 $q > \bar{\delta}$ 时才会选择自愿披露其产品质量信息，其中，

$$\bar{\delta} = \frac{2}{3}\sqrt{\frac{[4+2\lambda-2\lambda^2+9c(b-1)]^2(1-b)C_D}{(1-\lambda)^2(1+\lambda)-c(\lambda^2+6\lambda-7)(b-1)+6c^2(1-b)^2}}$$

（2）如果产品质量信息披露成本满足 $C_D > \bar{C}_D$，制造商会选择隐瞒其产品的质量信息，其中 $\bar{C}_D = \dfrac{9[(1-\lambda)^2(1+\lambda)-c(\lambda^2+6\lambda-7)(b-1)+6c^2(1-b)^2]}{4[4+2\lambda-2\lambda^2+9c(b-1)]^2(1-b)}$。

该命题的证明过程详见附录。通过命题 8.3 的分析结果，可以看到制造商在平台实施 PPCs 下的事后质量披露决策与 NN 策略中的管理启示相似。因此，在此不再赘述。

推论 8.2　①对于任意 $\lambda \in \left(\dfrac{1}{2}, 1\right)$，$\bar{\delta}$ 随着质量信息披露成本 C_D 和服务努力成本系数 c 的增加而增加，但随着渠道竞争强度 b 的增强而减小；②当服务努力成本系数较低时，$\bar{\delta}$ 随着服务努力溢出水平 λ 的增加而增加。

该推论的证明过程详见本章附录。

与推论 8.1 类似，推论 8.2 表明在平台实施 PPCs 下，质量信息披露成本、服务努力成本系数、渠道竞争强度和服务努力溢出水平如何影响事后质量信息披露阈值。有趣的是，当平台实施 PPCs 时，服务努力溢出水平的增加可能会降低制造商事后自愿披露产品质量信息的动机。具体而言，当服务努力成本系数较低时，质量信息披露阈值 $\bar{\delta}$ 随着服务溢出水平的增加而增加。这是因为与不实施 PPCs 相比，在平台实施 PPCs 下较低的服务努力成本可以诱导平台投入更高的服务努力。鉴于服务努力溢出效应的影响，较高的服务努力水平会同时拉动两个销售渠道的市场需求提升，从而导致渠道间的竞争强度加剧。因此，随着服务努力溢出水平的提升，制造商不太可能通过披露质量信息来削弱渠道竞争，即质量信息披露阈值点提高。

8.4.2　平台实施 PPCs 且制造商选择事前采用区块链（*PB*）

在此情形下，平台选择实施 PPCs 且制造商决定事前采用区块链技术。制造商品牌产品在直销渠道和平台渠道下的需求函数分别为 $D_M^{PB} = q - p^{PB} + bp^{PB} + \lambda s^{PB}$ 与 $D_P^{PB} = q - p^{PB} + bp^{PB} + s^{PB}$。因此，制造商和平台的收益函数分别为

$$\pi_M^{PB}(p^{PB}) = (p^{PB} - t^{PB})(q - p^{PB} + bp^{PB} + s^{PB}) + p^{PB}D_M^{PB} - C_B \qquad (8.13)$$

$$\pi_P^{PB}(s^{PB},t^{PB}) = t^{PN}(q-p^{PB}+bp^{PB}+s^{PB}) - \frac{c(s^{PB})^2}{2} \tag{8.14}$$

按照决策顺序，采用逆推法来求解模型，可以得出制造商和平台的均衡决策结果，如引理 8.4 所示。

引理 8.4　当平台决定实施 PPCs 且制造商选择事前采用区块链技术时（即 PB 策略），制造商产品的均衡零售价格为 $p^{PB} = \dfrac{q[\lambda^2 - 1 - 6c(b-1)]}{[4+2\lambda-2\lambda^2+9c(b-1)](b-1)}$；

平台的均衡服务努力水平和单位销售佣金分别为 $s^{PB} = \dfrac{q(5-\lambda)}{9c-4-2\lambda+2\lambda^2-9cb}$ 与

$t^{PB} = \dfrac{q[\lambda^2-1-6c(b-1)]}{2[4+2\lambda-2\lambda^2+9c(b-1)](b-1)}$。该引理的证明过程详见本章附录。

8.4.3　平台实施 PPCs 下的产品质量信息披露决策

基于 PN 策略和 PB 策略下的均衡决策结果，本节将进一步地探究制造商在平台实施 PPCs 下的最优产品质量信息披露决策。

命题 8.4　如果平台事先决定实施 PPCs，则制造商的产品质量信息披露决策如下。

（1）如果产品质量信息的披露成本满足 $0 < C_D \leqslant \bar{C}_D$，则当区块链采用成本满足 $0 < C_B < \bar{C}_{B1}$ 时，制造商选择事前采用区块链技术；否则，制造商会选择事后自愿披露其产品质量信息（即 $\bar{C}_{B1} < C_B \leqslant \bar{C}_B$），其中，

$$\bar{C}_{B1} = C_D \left[1 - \frac{16}{27} \sqrt{\frac{[4+2\lambda-2\lambda^2+9c(b-1)]^2(1-b)C_D}{(1-\lambda)^2(1+\lambda)-c(\lambda^2+6\lambda-7)(b-1)+6c^2(1-b)^2}} \right]$$

（2）如果产品质量信息的披露成本满足 $C_D > \bar{C}_D$，则当区块链采用成本满足 $0 < C_B < \bar{C}_{B2}$ 时，制造商选择事前采用区块链技术；否则，制造商会选择隐瞒其产品质量信息（即 $\bar{C}_{B2} < C_B \leqslant \bar{C}_B$），其中 $\bar{C}_{B2} = \dfrac{(1-\lambda)^2(1+\lambda)-c(\lambda^2+6\lambda-7)(b-1)+6c^2(1-b)^2}{4[4+2\lambda-2\lambda^2+9c(b-1)]^2(1-b)}$

和 $\bar{C}_B = \dfrac{(1-\lambda)^2(1+\lambda)-c(\lambda^2+6\lambda-7)(b-1)+6c^2(1-b)^2}{[4+2\lambda-2\lambda^2+9c(b-1)]^2(1-b)}$。

该命题的证明过程详见本章附录。

命题 8.4 阐明了，制造商在平台实施 PPCs 下的最优产品质量信息披露决策。与命题 8.2 类似，当区块链采用成本较低时，制造商会选择事前采用区块链技术；然而，当区块链采用成本较高且产品信息披露成本较低时，制造商会选择事后自愿披露策略。此情况下的管理学启示与命题 8.2 相似，因此在此不再赘述。

8.5　PPCs 影响及均衡决策分析

根据制造商在平台实施 PPCs 和平台不实施 PPCs 下制造商的最优均衡质量信息披露决策（即命题 8.4 和命题 8.2），本节将进一步地探究平台 PPCs 的实施如何影响制造商的产品质量信息披露决策以及平台 PPCs 的实施决策。

命题 8.5　在给定事后自愿披露策略下，①当 $\bar{C}_D > \hat{C}_D$ 时，$\bar{\delta} < \hat{\delta}$，即 PPCs 的实施增强了制造商披露其产品质量信息的动机；②当 $\bar{C}_D \leqslant \hat{C}_D$ 时，$\bar{\delta} > \hat{\delta}$，即 PPCs 的实施抑制了制造商披露其产品质量信息的动机。

该命题的证明过程详见本章附录。

根据推论 8.1 和推论 8.2，当服务努力溢出水平较高且服务努力成本系数较低时，制造商可以从服务努力溢出中获取更高的效益，并有更强烈的动机披露其产品质量信息以进一步诱导更高效的服务努力水平。相比之下，较低的服务努力溢出水平或较高的服务努力成本系数将减弱制造商的质量信息披露动机。与平台不实施 PPCs 相比，实施 PPCs 增强了制造商对信息透明激励的敏感性。这是因为，在平台实施 PPCs 的情况下，制造商会受到两方面的影响，即定价限制所带来的负面影响和高服务努力水平所带来的正面影响。但是，随着服务努力成本系数的增加和服务努力溢出水平的降低，这种高服务努力水平所带来的正向效益会降低。因此，当服务努力溢出水平较高且服务努力成本系数较低时，高服务努力水平所带来的正面影响大于定价限制所带来的负面影响。因此，在这种情形下，制造商在平台实施 PPCs 的情况下可以获取更高的收益水平；相应地，制造商会有更强的动机采用信息透明策略以诱导平台投入更高的服务努力水平，如图 8.3 中区域 I 所示。然而，当服务努力溢出水平较低或服务努力成本系数较高时，定价限制所带来的负向效应占主导地位。因此，在这种情形下，制造商选择降低其产品质量信息透明度来限制平台和消费者获取产品质量信息，从而更有效地减少定价限制对其所造成的负面影响，如图 8.3 中区域 II 所示，其中"N/A"指代该区域不适用。

命题 8.6　通过分析平台实施 PPCs 和不实施 PPCs 下制造商与平台的均衡期望收益，研究发现以下结论。

（1）对于平台来说，实施 PPCs 总是有利的，即平台总是会选择实施 PPCs。

（2）对于制造商来说，当 $\bar{C}_D > \hat{C}_D$ 时，制造商在平台实施 PPCs 的情况下获得的收益水平更高；否则，制造商在平台不实施 PPCs 的情况下获得的收益水平更高。

该命题的证明过程详见本章附录。

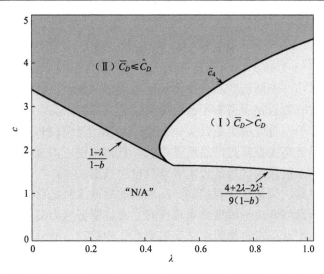

图 8.3　平台实施 PPCs 对制造商事后自愿披露信息动机的影响分析（$b = 0.7$）

命题 8.6 中情形（1）表明，平台始终会选择实施 PPCs。这是因为一方面，平台实施 PPCs 消除了制造商在不同渠道间的零售价格歧视，并提升了销售佣金和服务努力水平；另一方面，PPCs 的实施可能会降低制造商披露其产品质量信息的动力，这将导致产品的潜在市场需求降低。但是，相较于降低潜在市场需求所带来的负向效应，销售佣金提升和渠道间价格歧视消除为平台所带来正向效应更强。因此，对于平台来说，实施 PPCs 总是有利的。

命题 8.6 中情形（2）表明，对制造商来说，其对 PPCs 的偏好具有不确定性，这取决于服务努力成本系数和服务努力溢出水平。具体来说，在平台不实施 PPCs 的情况下，制造商可以灵活地在其产品销售渠道中设置不同的零售价格。然而，当平台实施 PPCs 时，制造商会受到两方面的影响，即产品定价权利限制和服务努力溢出效应提高。显而易见，服务努力溢出效应的大小取决于服务努力成本系数和服务努力溢出水平。因此，当服务努力成本系数较低且服务努力溢出水平较高时，溢出效益提升所带来的正向影响会占主导地位。在此情况下，PPCs 的实施会提高制造商的收益水平。然而，随着服务努力成本系数的增加或服务努力溢出水平的降低，溢出效应所带来的正向影响降低，最终定价权限制效应占主导地位。因此，PPCs 对制造商的影响取决于这两种效应的大小，即 PPCs 对制造商收益的影响取决于服务努力成本系数和服务努力溢出水平。以往关于 PPCs 的文献表明，PPCs 总是会破坏制造商的定价结构并导致其收益水平下降。但本章表明，当服务努力成本系数较低且服务努力溢出水平较高时，服务努力溢出效应与定价权限制效应之间的交互影响可能会提升制造商的收益水平。

8.6 本章小结

本章构建了由一个制造商和一个零售平台组成的竞合供应链结构,其中制造商可以同时通过官方直销渠道和平台渠道来销售其品牌产品。在获得精准的产品质量信息之前,平台首先决定是否实施PPCs。根据平台的PPCs实施决策,制造商决定采用何种策略来披露其产品质量信息。具体来说,本章考虑了两种质量信息披露策略,即事前采用区块链技术和事后自愿披露决策,它们的区别在于制造商的质量信息披露决策是在其观察到产品确切的质量信息之前还是之后做出。通过构建不对称信息博弈理论模型,本章探究了考虑服务努力溢出下的制造商产品质量信息披露与平台渠道定价策略之间的交互作用机理,并分析了其如何影响供应链的收益水平,得出以下有趣结论:①无论平台是否实施PPCs,当区块链采用成本较低时,制造商更喜欢事前采用区块链技术;然而,当区块链采用成本较高且信息披露成本较低时,制造商更倾向于事后自愿披露策略;此外,当这两种信息透明度成本都很高时,无论是事前采用区块链技术还是事后自愿披露都不会占主导地位,即制造商会选择隐瞒其产品质量信息。②与平台不实施PPCs相比,当服务努力成本系数较低且服务努力溢出水平较高时,平台实施PPCs会增强制造商的产品质量信息披露动机;然而,当服务努力成本系数较高或服务努力溢出水平较低时,PPCs的实施会抑制制造商采用信息透明策略的动机。③实施PPCs可能使制造商和平台同时受益,实现双赢。具体来说,PPCs的实施限制了制造商的定价权而始终使平台受益。对于制造商而言,研究发现当服务努力成本系数较低且服务努力溢出水平较高时,较高服务努力水平下溢出效应所带来的收益会超过定价限制所带来的损失;因此,在此情形下,平台实施PPCs会提升制造商的收益;否则,平台实施PPCs会降低制造商的收益。

参 考 文 献

Boik A, Corts K S. 2016. The effects of platform most-favored-nation clauses on competition and entry[J]. The Journal of Law and Economics, 59(1): 105-134.

Cai Y J, Choi T M, Zhang J Z. 2021. Platform supported supply chain operations in the blockchain era: supply contracting and moral hazards[J]. Decision Sciences, 52(4): 866-892.

Chen F R. 2005. Salesforce incentives, market information, and production/inventory planning[J]. Management Science, 51(1): 60-75.

Choi T M, Guo S, Liu N, et al. 2020. Optimal pricing in on-demand-service-platform-operations with hired agents and risk-sensitive customers in the blockchain era[J]. European Journal of Operational Research, 284(3): 1031-1042.

Dong C W, Chen C Y, Shi X T, et al. 2021. Operations strategy for supply chain finance with asset-backed securitization: centralization and blockchain adoption[J]. International Journal of Production Economics, 241: 108261.

Edelman B, Wright J. 2015. Price coherence and excessive intermediation[J]. The Quarterly Journal of Economics, 130(3): 1283-1328.

Grossman S J. 1981. The informational role of warranties and private disclosure about product quality[J]. The Journal of Law and Economics, 24(3): 461-483.

Guan X, Chen Y J. 2017. The interplay between information acquisition and quality disclosure[J]. Production and Operations Management, 26(3): 389-408.

Guo L. 2009. Quality disclosure formats in a distribution channel[J]. Management Science, 55(9): 1513-1526.

Guo L, Zhao Y. 2009. Voluntary quality disclosure and market interaction[J]. Marketing Science, 28(3): 488-501.

Huang S, Chen S T, Xiao L. 2020. Manufacturer product quality information disclosure with channel encroachment in the E-commerce age[J]. Managerial and Decision Economics, 41(5): 744-761.

Huang S, Zhang X M, Guan X, et al. 2022. Quality information disclosure with retailer store brand introduction in a supply chain[J]. Computers & Industrial Engineering, 171: 108475.

Hunold M, Kesler R, Laitenberger U, et al. 2018. Evaluation of best price clauses in online hotel bookings[J]. International Journal of Industrial Organization, 61: 542-571.

Jiang B J, Yang B C. 2019. Quality and pricing decisions in a market with consumer information sharing[J]. Management Science, 65(1): 272-285.

Johansen B O, Vergé T. 2017. Platform price parity clauses with direct sales[R]. Working Papers in Economics.

Jovanovic B. 1982. Truthful disclosure of information[J]. The Bell Journal of Economics, 13(1): 36-44.

Liu W H, Liang Y J, Tang O, et al. 2022. Channel competition and collaboration in the presence of hybrid retailing[J]. Transportation Research Part E: Logistics and Transportation Review, 160: 102658.

Massimino B, Gray J V, Lan Y C. 2018. On the inattention to digital confidentiality in operations and supply chain research[J]. Production and Operations Management, 27(8): 1492-1515.

Singh N, Vives X. 1984. Price and quantity competition in a differentiated duopoly[J]. The RAND Journal of Economics, 15(4): 546-554.

Taylor T A. 2002. Supply chain coordination under channel rebates with sales effort effects[J]. Management Science, 48(8): 992-1007.

Wang C S, Wright J. 2020. Search platforms: showrooming and price parity clauses[J]. The RAND Journal of Economics, 51(1): 32-58.

Xue M S, Zhang J X, Zhu G W. 2020. Quantity decision timing with spillover effect and asymmetric demand information[J]. Transportation Research Part E: Logistics and Transportation Review,

142: 102048.

Zhu H, Yu Y M, Ray S. 2021. Quality disclosure strategy under customer learning opportunities[J]. Production and Operations Management, 30(4): 1136-1153.

本 章 附 录

引理 8.1 证明　通过逆向推导法求解，当制造商披露其产品质量信息时，首先对式（8.3）求解关于 p_P^{NN} 和 p_M^{NN} 的一阶导数、二阶导数和二阶偏导可得，

$$\frac{\partial \pi_M^{NN}}{\partial p_P^{NN}} = -2p_P^{NN} + q + s^{NN} + t^{NN} + 2bp_M^{NN} ,\quad \frac{\partial^2 \pi_M^{NN}}{\partial (p_P^{NN})^2} = -2 ,\quad \frac{\partial^2 \pi_M^{NN}}{\partial p_P^{NN} \partial p_M^{NN}} = 2b ,\quad \frac{\partial \pi_M^{NN}}{\partial p_M^{NN}} =$$

$$q + \lambda s^{NN} + bp_P^{NN} + b(p_P^{NN} - t^{NN}) - 2p_M^{NN} ,\quad \frac{\partial^2 \pi_M^{NN}}{\partial (p_M^{NN})^2} = -2 ,\quad \frac{\partial^2 \pi_M^{NN}}{\partial p_M^{NN} \partial p_P^{NN}} = 2b 。由此可$$

得 Hessian 矩阵行列式 $H = 4 - 4b^2 > 0$，说明制造商的收益函数是关于 p_P^{NN} 和 p_M^{NN}

的凹函数。令 $\dfrac{\partial \pi_M^{NN}}{\partial p_P^{NN}} = 0$ 和 $\dfrac{\partial \pi_M^{NN}}{\partial p_M^{NN}} = 0$，可得 $p_P^{NN} = \dfrac{q + s^{NN} + t^{NN} + bq + b\lambda s^{NN} - b^2 t^{NN}}{2(1-b^2)}$ 和

$$p_M^{NN} = \frac{q + \lambda s^{NN} + bq + bs^{NN}}{2(1-b^2)}$$。将 $p_P^{NN} = \dfrac{q + s^{NN} + t^{NN} + bq + b\lambda s^{NN} - b^2 t^{NN}}{2(1-b^2)}$ 和

$$p_M^{NN} = \frac{q + \lambda s^{NN} + bq + bs^{NN}}{2(1-b^2)}$$ 代入式（8.4）整理并求解关于 s^{NN} 与 t^{NN} 的一阶导数、

二阶导数和二阶偏导可得，$\dfrac{\partial \pi_P^{NN}}{\partial s^{NN}} = \dfrac{1}{2}(-2cs^{NN} + t^{NN})$，$\dfrac{\partial^2 \pi_P^{NN}}{\partial (s^{NN})^2} = -c$，

$$\frac{\partial^2 \pi_P^{NN}}{\partial s^{NN} \partial t^{NN}} = \frac{1}{2} ,\quad \frac{\partial \pi_P^{NN}}{\partial t^{NN}} = \frac{1}{2}(q + s^{NN} - 2t^{NN}) ,\quad \frac{\partial^2 \pi_P^{NN}}{\partial (t^{NN})^2} = -1 ,\quad \frac{\partial^2 \pi_P^{NN}}{\partial t^{NN} \partial s^{NN}} = \frac{1}{2} 。由此$$

可得 Hessian 矩阵行列式 $H = c - \dfrac{1}{4}$。若 $H > 0$，则 $c > \dfrac{1}{4}$。令 $\dfrac{\partial \pi_P^{NN}}{\partial s^{NN}} = 0$ 和 $\dfrac{\partial \pi_P^{NN}}{\partial t^{NN}} = 0$，

可得 $s^{NN} = \dfrac{q}{4c-1}$ 和 $t^{NN} = \dfrac{2cq}{4c-1}$。将 $s^{NN} = \dfrac{q}{4c-1}$ 和 $t^{NN} = \dfrac{2cq}{4c-1}$ 代入

$$p_P^{NN} = \frac{q + s^{NN} + t^{NN} + bq + b\lambda s^{NN} - b^2 t^{NN}}{2(1-b^2)} \text{ 和 } p_M^{NN} = \frac{q + \lambda s^{NN} + bq + bs^{NN}}{2(1-b^2)} ，可得$$

$$p_P^{NN} = \frac{q[b - \lambda b + 2c(b^2 - 3 - 2b)]}{2(b^2 - 1)(4c - 1)} \text{ 和 } p_M^{NN} = \frac{q[\lambda - 1 + 4c(1+b)]}{2(1-b^2)(4c-1)} 。$$

当制造商选择不披露其产品质量信息时，求解过程与上述相同，可得产品在

直销渠道和平台渠道下的均衡期望零售价格分别为 $\tilde{p}_M^{NN} = \dfrac{\delta[\lambda - 1 + 4c(1 + b)]}{4(1 - b^2)(4c - 1)}$ 和

$\tilde{p}_P^{NN} = \dfrac{\delta[b - \lambda b + 2c(b^2 - 3 - 2b)]}{4(b^2 - 1)(4c - 1)}$；平台的均衡期望服务努力水平和单位销售佣金

分别为 $\tilde{s}^{NN} = \dfrac{\delta}{2(4c - 1)}$ 和 $\tilde{t}^{NN} = \dfrac{c\delta}{4c - 1}$。因此，在此不再赘述。证毕。

命题 8.1 证明　根据引理 8.1，当平台不实施 PPCs 且制造商事前不采用区块链技术时（即 NN 策略），如果制造商选择披露其产品质量信息，则制造商的均衡收益为 $\pi_M^{NN} = \dfrac{q^2[(1 - \lambda)^2 + 8c(\lambda - 1)(1 + b) + 4c^2(5 + 8b + 3b^2)]}{4(1 - 4c)^2(1 - b^2)} - C_D$；如果制造商选择不披露其产品质量信息，则制造商的均衡期望收益为 $\tilde{\pi}_M^{NN} = \dfrac{\delta^2[(1 - \lambda)^2 + 8c(\lambda - 1)(1 + b) + 4c^2(5 + 8b + 3b^2)]}{16(1 - 4c)^2(1 - b^2)}$。当产品质量水平处于 δ 时，制造商对披露产品质量信息和不披露产品质量信息持相同的态度，即 $\pi_M^{NN}(q = \delta) = \tilde{\pi}_M^{NN}(q = \delta)$。通过求解分析，可以证明，当 $\dfrac{1}{4} < c$ 且 $C_D > \hat{C}_D = \dfrac{3[(1 - \lambda)^2 + 8c(\lambda - 1)(1 + b) + 4c^2(5 + 8b + 3b^2)]}{16(1 - 4c)^2(1 - b^2)}$ 时，对于任意 δ $(0 < \delta < 1)$，$\pi_M^{NN}(q = \delta) < \tilde{\pi}_M^{NN}(q = \delta)$。当 $\dfrac{1}{4} < c$ 且 $0 < C_D \leqslant \hat{C}_D$ 时，可以证明，如果 $q > \hat{\delta} = \dfrac{4}{\sqrt{3}}\sqrt{\dfrac{(1 - 4c)^2(1 - b^2)C_D}{(1 - \lambda)^2 + 8c(\lambda - 1)(1 + b) + 4c^2(5 + 8b + 3b^2)}}$，则制造商会自愿披露其产品质量信息。证毕。

推论 8.1 证明　在求解 $\hat{\delta}$ 关于 C_D、c、b 和 λ 的单调性之前，将 $\hat{\delta}$ 简化为 $\hat{\delta} = \dfrac{(1 - 4c)^2(1 - b^2)C_D}{(1 - \lambda)^2 + 8c(\lambda - 1)(1 + b) + 4c^2(5 + 8b + 3b^2)}$。通过求解 $\hat{\delta}$ 关于 c、C_D、b 和 λ 的一阶导数，可得

$$\frac{\partial \hat{\delta}}{\partial c} = \frac{C_D(1 - 4c)^2(b^2 - 1)[8(-1 + \lambda)(1 + b) + 8c(5 + 8b + 3b^3)]}{[(1 - \lambda)^2 + 8c(\lambda - 1)(1 + b) + 4c^2(5 + 8b + 3b^2)]^2}$$

$$+ \frac{8C_D(1 - 4c)(-1 + b^2)}{(1 - \lambda)^2 + 8c(\lambda - 1)(1 + b) + 4c^2(5 + 8b + 3b^2)} > 0$$

$$\frac{\partial \hat{\delta}}{\partial C_D} = \frac{(1 - 4c)^2(1 - b^2)}{(1 - \lambda)^2 + 8c(\lambda - 1)(1 + b) + 4c^2(5 + 8b + 3b^2)} > 0$$

$$\frac{\partial \hat{\delta}}{\partial b} = \frac{C_D(1-4c)^2(b^2-1)[8(-1+\lambda)+4c^2(8+6b)]}{[(1-\lambda)^2+8c(\lambda-1)(1+b)+4c^2(5+8b+3b^2)]^2}$$

$$-\frac{2bC_D(1-4c)^2}{(1-\lambda)^2+8c(\lambda-1)(1+b)+4c^2(5+8b+3b^2)} < 0$$

$$\frac{\partial \hat{\delta}}{\partial \lambda} = \frac{C_D(1-4c)^2(b^2-1)[2(-1+\lambda)+8c(1+b)]}{[(1-\lambda)^2+8c(\lambda-1)(1+b)+4c^2(5+8b+3b^2)]^2} < 0$$

证毕。

引理 8.2 证明　该引理的证明过程与引理 8.1 披露信息的情况相同。因此，在此不再赘述，即当平台不实施 PPCs 且制造商事前采用区块链技术时（即 NB 策略），产品在直销渠道和平台渠道下的均衡零售价格分别为 $p_M^{NB} = \frac{q[\lambda-1+4c(1+b)]}{2(1-b^2)(4c-1)}$ 和 $p_P^{NB} = \frac{q[b-\lambda b+2c(b^2-3-2b)]}{2(b^2-1)(4c-1)}$；平台的均衡服务努力水平和单位销售佣金分别为 $s^{NB} = \frac{q}{4c-1}$ 和 $t^{NB} = \frac{2cq}{4c-1}$。证毕。

命题 8.2 证明　根据平台和制造商在 NB 策略下的收益，可以求得平台和制造商的事前期望收益分别为

$$\begin{cases} E[\pi_P^{NB}] = \dfrac{c}{24c-6} \\ E[\pi_M^{NB}] = \dfrac{(\lambda-1)^2+8c(\lambda-1)(1+b)+4c^2(5+8b+3b^2)}{12(1-4c)^2(1-b^2)} - C_B \end{cases}$$

基于制造商在 NN 策略下的质量信息披露决策，首先求解制造商和平台在自愿披露信息与不披露信息下的期望收益，具体来说：如果 $c > \frac{1}{4}$ 且 $0 < C_D \le \hat{C}_D$，则平台和制造商在自愿披露质量信息下的事前期望收益分别为

$$\begin{cases} E[\pi_P^{NN}] = \dfrac{c(\hat{\delta}^3-4)}{24-96c} \\ E[\pi_M^{NN}] = \dfrac{(4-\hat{\delta}^3)[(\lambda-1)^2+8c(\lambda-1)(1+b)+4c^2(5+8b+3b^2)]}{48(1-4c)^2(1-b^2)} + (\hat{\delta}-1)C_D \end{cases}$$

如果 $c > \frac{1}{4}$ 且 $C_D > \hat{C}_D$，则平台和制造商在不披露质量信息下的事前期望收益分别为

$$\begin{cases} E[\tilde{\pi}_P^{NN}] = \dfrac{c}{32c-8} \\ E[\tilde{\pi}_M^{NN}] = \dfrac{(\lambda-1)^2+8c(\lambda-1)(1+b)+4c^2(5+8b+3b^2)}{16(1-4c)^2(1-b^2)} \end{cases}$$

通过比较分析制造商在 NN 策略和 NB 策略下的期望收益，求得制造商的产品质量信息披露决策如下。

（1）当 $c > \dfrac{1}{4}$ 且 $0 < C_D \leqslant \hat{C}_D$ 时，制造商在事前不采用区块链技术的情形下会选择在事后阶段自愿披露其产品质量信息。在这种情形下，研究证明如果 $0 < C_B \leqslant$

$$\hat{C}_{B1} = C_D \left[1 - \frac{32}{9\sqrt{3}} \sqrt{\frac{(1-4c)^2(1-b^2)C_D}{(1-\lambda)^2 + 8c(\lambda-1)(1+b) + 4c^2(5+8b+3b^2)}} \right], \quad 则 \ E[\pi_M^{NN}] < E[\pi_M^{NB}];$$

相反，如果 $\hat{C}_{B1} < C_B \leqslant \hat{C}_B = \dfrac{(1-\lambda)^2 + 8c(\lambda-1)(1+b) + 4c^2(5+8b+3b^2)}{12(1-4c)^2(1-b^2)}$，则

$E[\pi_M^{NN}] > E[\pi_M^{NB}]$，其中 $\hat{C}_{B1}$ 是 $E[\pi_M^{NN}] = E[\pi_M^{NB}]$ 的唯一解。

（2）当 $c > \dfrac{1}{4}$ 且 $C_D > \hat{C}_D$ 时，制造商不会选择事后主动披露其产品质量信息。在这种情形下，研究证明如果 $0 < C_B \leqslant \hat{C}_{B2} =$

$\dfrac{(1-\lambda)^2 + 8c(\lambda-1)(1+b) + 4c^2(5+8b+3b^2)}{48(1-4c)^2(1-b^2)}$，则 $E[\tilde{\pi}_M^{NN}] < E[\pi_M^{NB}]$；相反，如果

$\hat{C}_{B2} < C_B \leqslant \hat{C}_B$，则 $E[\tilde{\pi}_M^{NN}] > E[\pi_M^{NB}]$，其中 $E[\pi_M^{NB}](C_B = \hat{C}_B) = 0$ 和 $E[\tilde{\pi}_M^{NN}](C_B = \hat{C}_{B2}) = E[\pi_M^{NB}](C_B = \hat{C}_{B2})$。证毕。

引理 8.3 证明　该引理的证明过程与引理 8.1 的情况相同。因此，在此不再赘述，即当平台事前决定实施 PPCs 且制造商选择事前不采用区块链技术时（即 PN 策略），存在以下均衡结果：①如果制造商选择披露其产品质量信息，则制造商产品的均衡零售价格为 $p^{PN} = \dfrac{q[\lambda^2 - 1 - 6c(b-1)]}{[4 + 2\lambda - 2\lambda^2 + 9c(b-1)](b-1)}$；平台的均衡服务努力水平和单位销售佣金分别为 $s^{PN} = \dfrac{q(5-\lambda)}{9c - 4 - 2\lambda + 2\lambda^2 - 9cb}$ 与

$t^{PN} = \dfrac{q[\lambda^2 - 1 - 6c(b-1)]}{[4 + 2\lambda - 2\lambda^2 + 9c(b-1)](b-1)}$；②如果制造商选择隐瞒其产品质量信息，则制造商产品的均衡期望零售价格为 $\tilde{p}^{PN} = \dfrac{\delta[\lambda^2 - 1 - 6c(b-1)]}{2[4 + 2\lambda - 2\lambda^2 + 9c(b-1)](b-1)}$；平台的均衡期望服务努力水平和单位销售佣金分别为 $\tilde{s}^{PN} = \dfrac{\delta(5-\lambda)}{2(9c - 4 - 2\lambda + 2\lambda^2 - 9cb)}$ 和

$\tilde{t}^{PN} = \dfrac{\delta[\lambda^2 - 1 - 6c(b-1)]}{2[4 + 2\lambda - 2\lambda^2 + 9c(b-1)](b-1)}$。此外，为了保证均衡结果存在和均衡结果非负，假设 $c > \max\left\{ \dfrac{1-\lambda}{1-b}, \dfrac{4 + 2\lambda - 2\lambda^2}{9(1-b)} \right\}$。证毕。

引理 8.4 证明　该引理的证明过程与引理 8.1 的情况相同。因此，在此不再赘述，即当平台决定实施 PPCs 且制造商选择事前采用区块链技术（即 *PB* 策略）时，制造商产品的均衡零售价格为 $p^{PB} = \dfrac{q[\lambda^2 - 1 - 6c(b-1)]}{[4 + 2\lambda - 2\lambda^2 + 9c(b-1)](b-1)}$；平台的均衡服务努力水平和单位销售佣金分别为 $s^{PB} = \dfrac{q(5-\lambda)}{9c - 4 - 2\lambda + 2\lambda^2 - 9cb}$ 和 $t^{PB} = \dfrac{q[\lambda^2 - 1 - 6c(b-1)]}{2[4 + 2\lambda - 2\lambda^2 + 9c(b-1)](b-1)}$。证毕。

命题 8.3 证明　根据引理 8.3，当平台实施 PPCs 且制造商选择事后自愿披露策略时（即 *PN* 策略），如果制造商选择披露其产品质量信息，则制造商的均衡收益为 $\pi_M^{PN} = \dfrac{3q^2[\lambda^2 - 1 - 6c(b-1)](c-1+\lambda-cb)}{[4 + 2\lambda - 2\lambda^2 + 9c(b-1)]^2(1-b)} - C_D$；如果制造商选择不披露其产品质量信息，则制造商的均衡期望收益为 $\tilde{\pi}_M^{PN} = \dfrac{3\delta^2[\lambda^2 - 1 - 6c(b-1)](c-1+\lambda-cb)}{4[4 + 2\lambda - 2\lambda^2 + 9c(b-1)]^2(1-b)}$。当产品质量水平处于 δ 时，制造商对披露其产品质量信息和不披露其产品质量信息持相同态度，即 $\pi_M^{PN}(q=\delta) = \tilde{\pi}_M^{PN}(q=\delta)$。通过求解分析，研究发现当 $c > \max\left\{\dfrac{1-\lambda}{1-b}, \dfrac{4 + 2\lambda - 2\lambda^2}{9(1-b)}\right\}$ 且 $0 < C_D \leqslant \bar{C}_D = \dfrac{9[(1-\lambda)^2(1+\lambda) - c(\lambda^2 + 6\lambda - 7)(b-1) + 6c^2(1-b)^2]}{4[4 + 2\lambda - 2\lambda^2 + 9c(b-1)]^2(1-b)}$ 时，阈值点 $\bar{\delta} = \dfrac{2}{3}\sqrt{\dfrac{(4 + 2\lambda - 2\lambda^2 + 9c(b-1))^2(1-b)C_D}{(1-\lambda)^2(1+\lambda) - c(\lambda^2 + 6\lambda - 7)(b-1) + 6c^2(1-b)^2}}$ 存在；否则，$\pi_M^{PN}(q=\delta) < \tilde{\pi}_M^{PN}(q=\delta)$。证毕。

推论 8.2 证明　该推论的证明过程与推论 8.1 相似。因此，在此不再赘述。证毕。

命题 8.4 证明　该命题的证明过程与命题 8.2 类似。根据平台和制造商在 *PB* 策略下的均衡收益，可以求得平台和制造商的事前期望收益分别为

$$
\begin{cases}
E[\pi_P^{PB}] = \dfrac{(1-\lambda)^2 - 4c(b-1)}{6[4 + 2\lambda - 2\lambda^2 + 9c(b-1)](b-1)} \\[4mm]
E[\pi_M^{PB}] = \dfrac{[\lambda^2 - 1 - 6c(b-1)](-1+c+\lambda-cb)}{[4 + 2\lambda - 2\lambda^2 + 9c(b-1)]^2(1-b)} - C_B
\end{cases}
$$

基于制造商在 *PN* 策略下的质量信息披露决策，首先求解制造商和平台在自愿披露信息与不披露信息下的均衡期望收益，具体来说：如果 $0 < C_D \leqslant \bar{C}_D$，则平

台和制造商在自愿披露质量信息下的事前期望收益分别为

$$
\begin{cases}
E[\pi_P^{PN}] = \dfrac{(4-\bar{\delta}^3)[(1-\lambda)^2 - 4c(b-1)]}{24[4+2\lambda-2\lambda^2+9c(b-1)](b-1)} \\[4mm]
E[\pi_M^{PN}] = \dfrac{(4-\bar{\delta}^3)[\lambda^2-1-6c(b-1)](-1+c+\lambda-cb)}{4[4+2\lambda-2\lambda^2+9c(b-1)]^2(1-b)} + (\bar{\delta}-1)C_D
\end{cases}
$$

否则，平台和制造商的事前期望收益分别为

$$
\begin{cases}
E[\tilde{\pi}_P^{PN}] = \dfrac{(1-\lambda)^2 - 4c(b-1)}{8[4+2\lambda-2\lambda^2+9c(b-1)](b-1)} \\[4mm]
E[\tilde{\pi}_M^{PN}] = \dfrac{3[\lambda^2-1-6c(b-1)](-1+c+\lambda-cb)}{4[4+2\lambda-2\lambda^2+9c(b-1)](1-b)}
\end{cases}
$$

通过比较分析制造商在 PN 策略和 PB 策略下的均衡期望收益，求得制造商的产品质量信息披露决策如下。

（1）当 $0<C_D \leqslant \bar{C}_D$ 时，制造商在事前不采用区块链技术的情况下会选择在事后自愿披露其产品质量信息。研究证明了，如果 $0<C_B \leqslant \bar{C}_{B1} = C_D$

$$
\left[1-\frac{16}{27}\sqrt{\frac{[4+2\lambda-2\lambda^2+9c(b-1)]^2(1-b)C_D}{(1-\lambda)^2(1+\lambda)-c(\lambda^2+6\lambda-7)(b-1)+6c^2(1-b)^2}}\right]
$$ 时，则 $E[\pi_M^{PN}]<E[\pi_M^{PB}]$；

相反，如果 $\bar{C}_{B1}<C_B \leqslant \bar{C}_B = \dfrac{(1-\lambda)^2(1+\lambda)-c(\lambda^2+6\lambda-7)(b-1)+6c^2(1-b)^2}{[4+2\lambda-2\lambda^2+9c(b-1)]^2(1-b)}$，则

$E[\pi_M^{PN}]>E[\pi_M^{PB}]$，其中 $\bar{C}_{B1}$ 是 $E[\pi_M^{PN}]=E[\pi_M^{PB}]$ 的唯一解。

（2）当 $C_D > \bar{C}_D$ 时，制造商会选择不披露其产品质量信息。研究证明，如果 $0<C_B \leqslant \bar{C}_{B2} = \dfrac{(1-\lambda)^2(1+\lambda)-c(\lambda^2+6\lambda-7)(b-1)+6c^2(1-b)^2}{4[4+2\lambda-2\lambda^2+9c(b-1)]^2(1-b)}$，则 $E[\tilde{\pi}_M^{PN}]<E[\pi_M^{PB}]$；

相反，如果 $\bar{C}_{B2}<C_B \leqslant \bar{C}_B$，则 $E[\tilde{\pi}_M^{PN}]>E[\pi_M^{PB}]$，其中 $E[\pi_M^{PB}](C_B=\bar{C}_B)=0$ 和 $E[\tilde{\pi}_M^{PN}](C_B=\bar{C}_{B2})=E[\pi_M^{PB}](C_B=\bar{C}_{B2})$。证毕。

命题 8.5 证明　根据命题 8.2 和命题 8.4，如果平台事先决定不实施 PPCs，则制造商的产品质量信息披露决策如附表 8.1 所示。

附表 8.1　平台事先不实施 PPCs 下制造商均衡决策

条件		事前采用区块链策略	事后自愿披露策略
$0<C_D \leqslant \hat{C}_D$	$0<C_B \leqslant \hat{C}_{B1}$	采用区块链	
	$\hat{C}_{B1}<C_B \leqslant \hat{C}_B$	不采用区块链	披露
$C_D > \hat{C}_D$	$0<C_B \leqslant \hat{C}_{B2}$	采用区块链	
	$\hat{C}_{B2}<C_B \leqslant \hat{C}_B$	不采用区块链	不披露

如果平台事先决定实施 PPCs，则制造商的产品质量信息披露决策如附表 8.2 所示。

附表 8.2　平台事先实施 PPCs 下制造商均衡决策

条件		事前采用区块链策略	事后自愿披露策略
$0 < C_D \leqslant \bar{C}_D$	$0 < C_B \leqslant \bar{C}_{B1}$	采用区块链	
	$\bar{C}_{B1} < C_B \leqslant \bar{C}_B$	不采用区块链	披露
$C_D > \bar{C}_D$	$0 < C_B \leqslant \bar{C}_{B2}$	采用区块链	
	$\bar{C}_{B2} < C_B \leqslant \bar{C}_B$	不采用区块链	不披露

①根据 $\bar{\delta} = \sqrt{\dfrac{C_D}{\bar{C}_D}}$ 和 $\hat{\delta} = \sqrt{\dfrac{C_D}{\hat{C}_D}}$ ，可以发现如果 $\bar{C}_D > \hat{C}_D$ ，则 $\bar{\delta} \leqslant \hat{\delta}$ ；如果 $\bar{C}_D \leqslant \hat{C}_D$ ，则 $\bar{\delta} > \hat{\delta}$ ；②此外，根据平台实施 PPCs 和不实施 PPCs 情形下的均衡产品质量信息披露决策，当 $0 < C_D \leqslant \hat{C}_D$ 且 $0 < C_B \leqslant \hat{C}_{B1}$ 时，或者 $C_D > \hat{C}_D$ 且 $0 < C_B \leqslant \hat{C}_{B2}$ ，或者 $0 < C_D \leqslant \bar{C}_D$ 且 $0 < C_B \leqslant \bar{C}_{B1}$ ，或者 $C_D > \bar{C}_D$ 且 $0 < C_B \leqslant \bar{C}_{B2}$ 时，制造商会选择事前采用区块链技术。根据 $\hat{C}_{B1} = C_D \left(1 - \dfrac{8}{9} \sqrt{\dfrac{C_D}{\hat{C}_D}} \right)$ 、 $\hat{C}_{B2} = \dfrac{\hat{C}_D}{9}$ 、 $\bar{C}_{B1} = C_D \left(1 - \dfrac{8}{9} \sqrt{\dfrac{C_D}{\bar{C}_D}} \right)$ 和 $\bar{C}_{B2} = \dfrac{\bar{C}_D}{9}$ ，可以证明，如果 $\bar{C}_D > \hat{C}_D$ ，则 $\bar{C}_{B2} > \hat{C}_{B2}$ 和 $\bar{C}_{B1} > \hat{C}_{B1}$ ；如果 $\bar{C}_D < \hat{C}_D$ ，则 $\bar{C}_{B1} > \hat{C}_{B2}$ 。因此，相比于平台不实施 PPCs，当 $\bar{C}_D > \hat{C}_D$ （ $\bar{C}_D \leqslant \hat{C}_D$ ）时，制造商在平台实施 PPCs 的情形下更可能（更不可能）选择事前采用区块链技术。

总的来说，基于上述情形①和②的分析，相比于平台不实施 PPCs 的情况，当 $\bar{C}_D > \hat{C}_D$ 时，制造商在平台实施 PPCs 的情况下更有可能选择事前采用区块链技术和事后自愿披露其产品质量信息（即相比于平台不实施 PPCs，平台实施 PPCs 情形下的自愿披露阈值点 δ 较小）。此外，通过求解分析，研究证明了对于任意 $b \in (0,1)$ ，当 $0 < \lambda \leqslant \dfrac{1}{\sqrt{5}}$ 且 $\dfrac{1-\lambda}{1-b} < c$ ，或者 $\dfrac{1}{\sqrt{5}} < \lambda \leqslant \dfrac{1}{2}$ 且 $\dfrac{1-\lambda}{1-b} < c \leqslant \tilde{c}_3 \| \tilde{c}_4 < c$ ，或者 $\dfrac{1}{2} < \lambda < 1$ 且 $c > \tilde{c}_4$ 时， $\bar{C}_D(c) \leqslant \hat{C}_D(c)$ ；否则， $\bar{C}_D(c) > \hat{C}_D(c)$ ，其中 $\{\tilde{c}_3, \tilde{c}_4\}$ 为 $\bar{C}_D(c) = \hat{C}_D(c)$ 的解。证毕。

命题 8.6 证明　根据引理 8.1 和引理 8.4，本章需要在平台实施 PPCs 和不实施

PPCs 情形下满足假设 $c > \dfrac{1}{4}$ 和 $c > \max\left\{\dfrac{1-\lambda}{1-b}, \dfrac{4+2\lambda-2\lambda^2}{9(1-b)}\right\}$。为了便于分析，本章

分别定义 $\alpha = \dfrac{(1-\lambda)^2 - 4c(b-1)}{[4+2\lambda-2\lambda^2+9c(b-1)](b-1)}$、$\rho = \dfrac{(1-\lambda)^2(1+\lambda) - c(\lambda^2 +6\lambda-7)(b-1) + 6c^2(1-b)^2}{[4+2\lambda-2\lambda^2+9c(b-1)]^2(b-1)}$、

$\tau = \dfrac{(1-\lambda)^2 + 8c(\lambda-1)(1+b) + 4c^2(5+8b+3b^2)}{(1-4c)^2(b^2-1)}$ 和 $\beta = \dfrac{c}{4c-1}$，并在 $c > \max\left\{\dfrac{1-\lambda}{1-b}, \dfrac{4+2\lambda-2\lambda^2}{9(1-b)}\right\}$ 的假

设区间进行比较分析。平台和制造商在平台不实施 PPCs 情况下的均衡期望收益
如附表 8.3 所示。

附表 8.3　平台不实施 PPCs 下的均衡期望收益

条件		平台	制造商
$0 < C_D \leqslant -\dfrac{3\tau}{16}$	$0 < C_B \leqslant C_D - \dfrac{32C_D}{9\sqrt{3}}\sqrt{-\dfrac{C_D}{\tau}}$	$E[\pi_P^{NB}] = \dfrac{\beta}{6}$	$E[\pi_M^{NB}] = -\dfrac{\tau}{12} - C_B$
	$C_D - \dfrac{32C_D}{9\sqrt{3}}\sqrt{-\dfrac{C_D}{\tau}} < C_B \leqslant -\dfrac{\tau}{12}$	$E[\pi_P^{NN}] = \dfrac{(4-\hat{\delta}^3)\beta}{24}$	$E[\pi_M^{NN}] = -\dfrac{\tau}{12}$ $- C_D\left(1 - \dfrac{32}{9\sqrt{3}}\sqrt{-\dfrac{C_D}{\tau}}\right)$
$C_D > -\dfrac{3\tau}{16}$	$0 < C_B \leqslant -\dfrac{\tau}{48}$	$E[\pi_P^{NB}] = \dfrac{\beta}{6}$	$E[\pi_M^{NB}] = -\dfrac{\tau}{12} - C_B$
	$-\dfrac{\tau}{48} < C_B \leqslant -\dfrac{\tau}{12}$	$E[\tilde{\pi}_P^{NN}] = \dfrac{\beta}{8}$	$E[\tilde{\pi}_M^{NN}] = -\dfrac{\tau}{16}$

平台和制造商在平台实施 PPCs 情况下的均衡期望收益如附表 8.4 所示。

附表 8.4　平台实施 PPCs 下的均衡期望收益

条件		平台	制造商
$0 < C_D \leqslant -\dfrac{9\rho}{4}$	$0 < C_B \leqslant C_D - \dfrac{16}{27}C_D\sqrt{\dfrac{C_D}{\rho}}$	$E[\pi_P^{PB}] = \dfrac{\alpha}{6}$	$E[\pi_M^{PB}] = -\rho - C_B$
	$C_D - \dfrac{16}{27}C_D\sqrt{\dfrac{C_D}{\rho}} < C_B \leqslant -\rho$	$E[\pi_P^{PN}] = \dfrac{(4-\bar{\delta})\alpha}{24}$	$E[\pi_M^{PN}] = -\rho$ $- C_D\left(1 - \dfrac{16}{27}\sqrt{-\dfrac{C_D}{\rho}}\right)$
$C_D > -\dfrac{9\rho}{4}$	$0 < C_B \leqslant -\dfrac{\rho}{4}$	$E[\pi_P^{PB}] = \dfrac{\alpha}{6}$	$E[\pi_M^{PB}] = -\rho - C_B$
	$-\dfrac{\rho}{4} < C_B \leqslant -\rho$	$E[\tilde{\pi}_P^{PN}] = \dfrac{\alpha}{8}$	$E[\tilde{\pi}_M^{PN}] = -\dfrac{3\rho}{4}$

（1）对于平台来说，鉴于 $\alpha = \dfrac{(1-\lambda)^2 - 4c(b-1)}{[4+2\lambda-2\lambda^2+9c(b-1)](b-1)}$ 和 $\beta = \dfrac{c}{4c-1}$，可以发现 $\alpha > \dfrac{5}{3}\beta$。相应地，可以证明 $\dfrac{\alpha}{8} > \dfrac{\beta}{6}$。因此，平台在实施 PPCs 情形下的期望收益始终高于不实施 PPCs 情形下的期望收益。

（2）对于制造商来说，鉴于 $\tau = \dfrac{(1-\lambda)^2 + 8c(\lambda-1)(1+b) + 4c^2(5+8b+3b^2)}{(1-4c)^2(b^2-1)}$ 和

$\rho = \dfrac{(1-\lambda)^2(1+\lambda) - c(\lambda^2+6\lambda-7)(b-1) + 6c^2(1-b)^2}{[4+2\lambda-2\lambda^2+9c(b-1)]^2(b-1)}$，可以求得：①当 $\bar{C}_D > \hat{C}_D$ 时

（即 $-\dfrac{9\rho}{4} > -\dfrac{3\tau}{16}$），制造商在平台实施 PPCs 情形下的均衡期望收益大于不实施

PPCs 的情形；②当 $\bar{C}_D \leqslant \hat{C}_D$ 时（即 $-\dfrac{9\rho}{4} \leqslant -\dfrac{3\tau}{16}$），制造商在平台实施 PPCs 情况

下的均衡收益低于平台不实施 PPCs 的情形。证毕。

第9章 信息不对称下合同中断风险防范研究

9.1 引　　言

在经济全球化的背景下，市场竞争日益加剧，企业之间的竞争开始转变为供应链之间的竞争，制造业及其供应链发展进入了一个关键的发展阶段，数字化的应用也在深入各种供应链应用场景中。因此，使供应链数字化、智能化，加快了数字化工厂和智能物流的建设，已成为制造业发展的趋势。

据调查，新冠疫情发生的两周内，机械设备制造业中生产过程受影响的企业占比由60%增至84%，其中45%表示供应链遭受"严重"或"明显"中断。同样地，2021年12月16日美国商务部将34家中国企业列入"实体清单"，撕裂中国与美欧市场的芯片及科技、药品产品供应链。这些风险是直接导致停产或减产的首要障碍，甚至可能导致下游制造商的供应中断。2016年，大众汽车取消了与Car Trim达成的5.58亿美元的交易，并拒绝对其投资进行补偿，两个供应商暂停了合同约定的部件交付，导致大众汽车工厂出现了几次中断（Cao and Fang，2019）。据麦肯锡全球企业高管调查报告显示，在最近的战略/运营规划周期中，供应可靠性被确定为企业最关注的三大供应链问题之一（Muthukrishnan and Shulman，2006）。此外，Veysey（2011）的一项调查表明，超过85%的公司每年至少发生一次供应中断。在所有供应风险中，供应中断已成为最具影响力的风险，它降低了运营绩效，降低了企业的利润，并进一步侵蚀了股东价值（例如，这类公司的股票利润率在三年内为-40%）（Hendricks and Singhal，2005）。

为了应对供应中断风险，制造商采用了一套风险缓解策略，以提高供应链的弹性，如多源采购（Huang et al.，2018）、备用采购（Yang et al.，2009）和紧急采购（Bode and MacDonald，2017）。这些策略在运营管理文献中得到了广泛讨论（Choi et al.，2017）。除了这些策略之外，一种越来越流行的替代方法是供应商投资于先进技术，以提高其供应可靠性并防止中断（Li et al.，2017）。这对于汽车行业的公司来说非常普遍。例如，本田、宝马和丰田始终与供应商合作，以提高性能（Handfield et al.，2000）。这种方法可以被视为降低供应风险的内生可靠性改进。还表明，供应商可以以一定的成本提高其可靠性且可靠性的提高取决于供应商和制造商之间的谈判筹码（如价格和订单数量）（Gurnani and Shi，2006）。这促使本章研究如何在分散的供应链中通过非对称信息下的契约来内生地提高供应可靠性，以防止供应中断。

制造商和供应商之间的谈判通常受到公司雇用合同的影响。在实践中，企业通常更喜欢批发价格合同，因为它很容易在商业实践中实施（Hwang et al.，2018），而许多研究人员建议使用筛选菜单合同（Yang et al.，2009），以确保信息安全并实现令人满意的原则性能。Cachon（2004）首先通过在存在需求不确定性的情况下分配库存责任，将批发价格合同分为两类，即供应商将库存责任委托给制造商的推式合同和制造商协助供应商承担库存风险的拉式合同。Dong 和 Zhu（2007）、Yang 等（2018）以及 Dong 等（2019）遵循了批发价格合同的分类。如 Dong 等（2019）研究所示，推拉合同在库存所有权上有所不同。Feng 等（2018）在供应不确定的装配系统中延长了这两个合同（即随机产量）。具体而言，在推式合同下，供应商是决定批发价格的领导者，而在拉式合同下，下游制造商是向每个供应商提供批发价格的领导。这种领导关系可能是由一些因素造成的，如权力结构和企业规模。因此，本章遵循这一系列文献将批发价格合同分为推拉机制。

由于领导者-追随者结构不同，这两种机制可能会影响企业的最优定价决策，从而不可避免地影响供应商提高供应可靠性的努力。在大多数情况下，供应商的初始可靠性信息是私人的，制造商无法观察到。在这种背景下，筛选菜单合同在实践中也被广泛使用（Yang et al.，2009）。Gümüş（2017）指出，文献中试图确定契约方法在风险和不对称信息环境中发挥的作用是不够的。因此，上述实践证据和理论观念促使本章研究在供应商初始可靠性信息不透明的情况下，制造商如何利用批发价格合同和筛选菜单合同去提升供应链的内生供应可靠性。具体而言，本章主要探究以下研究问题：制造商应使用哪种合同来激励供应商提升供应可靠性？推式或拉式机制下供应可靠性信息不透明对分散供应链中企业利润的影响？在内生性供应可靠性提升下制造商对批发价格合同或筛选菜单合同的均衡偏好？在不同机制下，信息透明度对企业有益吗？

为了回答上述问题，本章构建了由一个制造商和一个具有私人初始可靠性信息的供应商组成的供应链。对于制造商来说，供应商的私人初始可靠性可能是高可靠性也可能是低可靠性。为防止供应中断，制造商可采用批发价格合同或筛选菜单合同，以促使供应商提高供应可靠性。在批发价格合同中，包括推式机制和拉式机制。其中，在推式机制中，供应商作为领导者决定批发价格和可靠性提升水平，制造商作为追随者决定零售价格；在拉式机制中，制造商作为领导者决定批发价格和零售价格，然后由供应商决定其可靠性提升水平。本章进一步研究了在筛选菜单合同下分散供应链中的均衡决策，其中制造商可以与高可靠性类型和低可靠性类型供应商签订合同（即两种类型的供应商）或仅与高可靠性类型供应商签订合同，以下也分别称为高低类型供应商甄别机制和仅高类型供应商甄别机制。

本章的分析得出以下重要发现和管理见解。在批发价格合同的推式机制下，高类型或低类型供应商的利润均高于制造商。当可靠性提升效率较高时，高类型供应商比低类型供应商获得更高的利润。当可靠性提升效率较低时，高类型或低类型供应商会获得相同的利润。相比之下，在批发价格合同的拉式机制下，制造商总是比低类型或高类型供应商获得更高的利润，而高类型供应商总是比低类型供应商获得更高的利润。此外，制造商的利润在推拉机制下都会随着初始可靠性异质性的增加而降低或保持不变。在筛选菜单合同下，高低类型供应商甄别机制都可以在特定条件下成功实施，并且它主导了仅高类型供应商甄别机制。

　　本章通过比较批发价格合同和筛选菜单合同得出了几个有趣的结果。第一，当可靠性提升效率较低或初始可靠性异质性较高时，制造商倾向于批发价格合同下的拉式机制，而不是筛选菜单合同下的机制。当可靠性提升效率较高且初始可靠性异质性较低时，筛选菜单合同下的两种机制成为制造商的最佳选择。此外，当可靠性提升效率适中且初始可靠性异质性极高时，筛选菜单合同下的仅高类型供应商甄别机制是制造商的最佳选择。第二，当可靠性提升效率较高时，低类型供应商更倾向于推式机制中的信息透明；否则，将倾向于信息不透明。第三，在拉式机制中，更多的信息透明度可能会对制造商利润不利。如果供应商的初始可靠性较低时，而高类型供应商在信息不透明的情况下反而获得更高的利润。

9.2　供应链结构

　　本章考虑一个分散的供应链，其中制造商从供应商购买部件，然后生产成品在市场上销售。市场的需求函数如下：

$$D(p)=m-p \tag{9.1}$$

其中，m 为市场的潜在需求；p 为制造商的零售价格。该价格线性需求函数在过往的文献中被广泛用于描述实际的市场波动（Nagarajan and Sošić，2009；Li et al.，2016）。

　　为了满足市场需求，供应商/制造商将通过让 $q=D$ 来生产/订购 q。因为供应商可能会遇到供应中断，所以不可靠。最初的可靠性是供应商的私人信息。当中断发生时，供应商将无法向制造商交付部件（Yang et al.，2009）。在这种情况下，对于满足制造商需求的产量 q，最终产量为 ρq，其中伯努利变量 ρ 是供应商的产量率，具有以下分布：

$$\rho = \begin{cases} 1, & \theta \\ 0, & 1-\theta \end{cases} \tag{9.2}$$

其中，θ 为完全可靠概率，也被视为供应商的初始可靠性（Yang et al.，2009）。鉴于 θ 为供应商的私人信息，制造商仅知道 θ 的分布函数（Shao et al.，2020）：

$$\theta = \begin{cases} h, & \dfrac{1}{2} \\ l, & \dfrac{1}{2} \end{cases} \tag{9.3}$$

其中，h 和 l 分别为高初始可靠性与低初始可靠性，其中 $0 < l < h < 1$。之后，本章将高初始可靠性的供应商和低初始可靠性的供应商分别称为高类型供应商（"H"）与低类型供应商（"L"）。供应商可以选择将其初始可靠性提高至 z_A（$0 \leqslant z_A \leqslant 1$）这个可靠性提升过程产生固定成本 $\dfrac{\beta}{2}(z_A - \theta)^2$，其中 β 表示可靠性提升效率，大（或小）的 β 代表制造商的低（或高）可靠性提升效率。与 Huang 等（2018）一致，供应可靠性提升过程对高类型供应商和低类型供应商是相同的。许多运营管理研究都采用了这种成本函数（Li et al.，2016）。

为了防止供应中断风险，制造商可以通过批发价格合同或筛选菜单合同，战略性地与供应商签订具有初始可靠性的合同。如前所述，制造商普遍采用批发价格合同和筛选菜单合同，这是因为它们易于实施（Huang et al.，2018），并有助于制造商在供应可靠性信息不透明下获取准确的信息（Yang et al.，2009）。因此，本章研究了制造商的这两个合同，以防范分散供应链中的供应中断风险。图 9.1 说明了两个合同之间的具体区别。在批发价格合同中，本章考虑了推式机制和拉式机制。在筛选菜单合同中，本章考虑了两种机制：制造商在"高低类型供应商甄别机制"中选择与高类型供应商和低类型供应商合作，而制造商在"仅高类型供应商甄别机制"中只选择与高类型供应商合作。

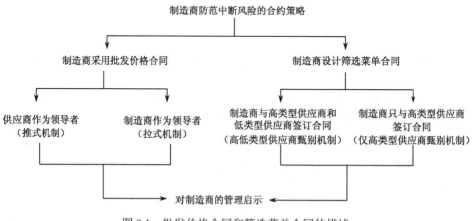

图 9.1　批发价格合同和筛选菜单合同的描述

本章的决策顺序如图 9.2 所示。第一阶段，制造商选择实施批发价格合同还是筛选菜单合同。在批发价格合同下，供应商作为推式机制的领导者，同时决定供应可靠性提升水平和批发价格，制造商决定产品零售价格。在拉式机制中，制造商首先确定批发价格和零售价格，其次供应商选择可靠性提升水平以最大化其利润。在筛选菜单合同下，制造商提供了两种可能的"要么接受，要么放弃"的合同机制：选择高低类型供应商甄别机制和仅高类型供应商甄别机制。此后，供应商根据其初始可靠性，在每个机制中选择合同。

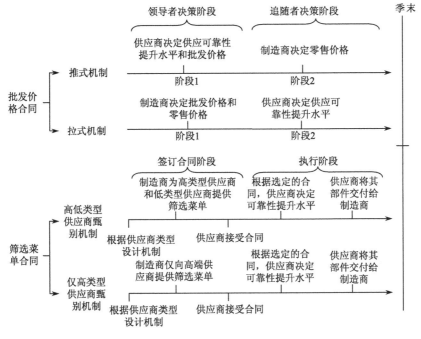

图 9.2　决策顺序图

本章假设供应商和制造商是风险中性与利润最大化的。本章将企业的运营成本标准化为零（Tang et al., 2014）。为了便于说明，本章使用下标 $B \in \{1, 2, 3, 4\}$ 来表示不同的情景，即批发价格合同下的推拉机制，以及筛选菜单合同下的高低类型供应商甄别机制与仅高类型供应商甄别机制。表 9.1 总结了本章中使用的所有符号。

表 9.1　模型符号解释

符号	定义
m	潜在市场需求
p_B	情景 B 下的零售价格，$B \in \{1, 2, 3, 4\}$
w_B	情景 B 下的批发价格
θ	初始供应可靠性水平

		续表
符号	定义	
z_A	供应可靠性提升水平，$A \in \{H, L\}$	
X_A	甄别机制中制造商给供应商的支付	
β	可靠性提升效率	
$\pi_{S\text{-}A}$（π_M）	供应商（制造商）的期望利润	

9.3　合　同　策　略

9.3.1　批发价格合同

在本节中，本章分别研究了批发价格合同中推拉机制下的均衡可靠性提升水平和定价决策，接着比较两种机制的均衡结果。

1. 情景 1：推式机制

在推式机制中，供应商首先确定批发价格和可靠性提升水平，其次制造商决定最优零售价格，并且制造商无法精准获得供应商的初始可靠性。因此，对于制造商来说，供应商可以是高类型或低类型。为了便于表示，本章将 w_{H_1} 和 w_{L_1} 分别表示为高类型供应商与低类型供应商设定的批发价格。本章首先制定制造商的期望利润函数：

$$\pi_{M_1}(p_1) = \frac{1}{2} z_{H_1}(p_1 - w_{H_1})(m - p_1) + \frac{1}{2} z_{L_1}(p_1 - w_{L_1})(m - p_1) \tag{9.4}$$

供应商的利润函数为

$$\pi_{S-A_1}(z_{A_1}, w_{A_1}) = z_{A_1} w_{A_1} q_1 - \frac{\beta}{2}(z_{A_1} - \theta)^2 \tag{9.5}$$

本章采用逆向归纳法来解决上述问题以及企业的最优解和利润，如引理 9.1 所示。

引理 9.1　在推式机制中，制造商的最优零售价格是 $p_1^* = \dfrac{5m}{6}$；高类型供应商和低类型供应商的均衡批发价格与最优可靠性提升水平如下。

（1）当 $\beta > \dfrac{m^2}{18(1-h)}$ 时，$\begin{cases} w_{H_1}^* = \dfrac{m}{3} + \dfrac{m(m^2 + 18\beta l)}{3(m^2 + 18\beta h)}, \ z_{H_1}^* = \dfrac{m^2}{18\beta} + h \\[4mm] w_{L_1}^* = \dfrac{m}{3} + \dfrac{m(m^2 + 18\beta h)}{3(m^2 + 18\beta l)}, \ z_{L_1}^* = \dfrac{m^2}{18\beta} + l \end{cases}$ 。

（2）当 $\dfrac{m^2}{18(1-l)} < \beta \leqslant \dfrac{m^2}{18(1-h)}$ 时，$\begin{cases} w_{H_1}^* = \dfrac{m}{3} + \dfrac{m^3 + 18\beta lm}{54\beta}, & z_{H_1}^* = 1 \\[3mm] w_{L_1}^* = \dfrac{m}{3} + \dfrac{18\beta m}{3m^2 + 54\beta l}, & z_{L_1}^* = \dfrac{m^2}{18\beta} + l \end{cases}$。

（3）当 $\beta \leqslant \dfrac{m^2}{18(1-l)}$ 时，$\begin{cases} w_{H_1}^* = \dfrac{2m}{3}, & z_{H_1}^* = 1 \\[3mm] w_{L_1}^* = \dfrac{2m}{3}, & z_{L_1}^* = 1 \end{cases}$。

引理 9.1 描述了企业的均衡决策以及相关约束条件。制造商的最优零售价格与初始可靠性和可靠性提升效率无关。这是因为制造商对两种初始可靠性类型具有相同的概率。此外，在相同的可靠性提升效率下，高可靠性供应商将可靠性提升到更高的水平。

代入企业的最优决策，表 9.2 展示了供应商和制造商的均衡利润。

表9.2　推式机制企业的均衡利润

条件	供应商利润	制造商利润
$\beta > \dfrac{m^2}{18(1-h)}$	$\pi_{S-H_1} = \pi_{S-L_1} = \dfrac{m^4}{216\beta} + \dfrac{(h+l)m^2}{18}$	$\pi_{M_1}^* = \dfrac{m^4}{648\beta} + \dfrac{(h+l)m^2}{72}$
$\dfrac{m^2}{18(1-l)} < \beta \leqslant \dfrac{m^2}{18(1-h)}$	$\pi_{S-H_1} = \dfrac{(1+l)m^2}{18} + \dfrac{m^4}{324\beta}$ $-\dfrac{\beta}{2}(1-h)^2$ $\pi_{S-L_1} = \dfrac{m^4}{648\beta} + (1+l)\dfrac{m^2}{18}$	$\pi_{M_1} = \dfrac{(1+l)m^2}{72} + \dfrac{m^4}{1296\beta}$
$\beta \leqslant \dfrac{m^2}{18(1-l)}$	$\pi_{S-H_1} = \dfrac{m^2}{9} - \dfrac{\beta}{2}(1-h)^2$ $\pi_{S-L_1} = \dfrac{m^2}{9} - \dfrac{\beta}{2}(1-l)^2$	$\pi_{M_1}^* = \dfrac{m^2}{36}$

基于上述的企业均衡利润，探究初始可靠性对企业利润的影响。

推论 9.1　①高低类型供应商的利润随着初始可靠性单调增加。②制造商利润随着将初始可靠性的增加而增加。

这些结果与引理 9.1 一致，该引理 9.1 揭示了具有初始高可靠性的供应商实现了更高的利润和可靠性提升水平。由于先发优势，高类型供应商或低类型供应商获得比制造商更高的利润。在信息透明下，本章的结果得到了 Li 等（2016）的支持。当可靠性提升效率较低（ $\beta \leqslant \dfrac{m^2}{18(1-l)}$ ），无论是低类型还是高类型，供应商都有充分的动机将可靠性水平提高到 $z_{A_1}^* = 1$。因此，制造商为高类型供应商或低类型供应商设定相同的批发价格（$w_{H_1}^* = w_{L_1}^*$）。因此，制造商的利润不受初始供应可靠性的影响，并保持不变。

2. 情景 2：拉式机制

在拉式机制中，制造商同时决定零售价格和批发价格，供应商决定可靠性提升水平。与推式机制不同的是，制造商不知道供应商在这种情况下的可靠性，将为从高类型或低类型供应商购买的部件支付单一批发价格。供应商根据制造商提供的批发价格确定最佳可靠性提升水平。供应商的利润函数为

$$\pi_{S-A_2}(z_A) = z_{A_2} w_2 q_2 - \frac{\beta}{2}(z_{A_2} - \theta)^2 \tag{9.6}$$

制造商的期望利润公式如下：

$$\pi_{M_2}(w_2, p_2) = \frac{1}{2} z_{H_2}(p_2 - w_2) q_2 + \frac{1}{2} z_{L_2}(p_2 - w_2) q_2 \tag{9.7}$$

通过逆向归纳法，引理 9.2 展示了拉式机制中供应商和制造商的均衡决策。

引理 9.2　在拉式机制中，最优零售价格为 $p_2^* = \dfrac{m}{2}$；高类型和低类型供应商的均衡批发价格与最优可靠性提升水平如下。

（1）当 $\beta > \dfrac{m^2}{2(h+l)}$ 时，$w_2^* = 0$，$z_{H_2}^* = h$，$z_{L_2}^* = l$。

（2）当 $\dfrac{m^2}{2(h+l)+8(1-h)} < \beta \leqslant \dfrac{m^2}{2(h+l)}$ 时，$w_2^* = \dfrac{m}{4} - \dfrac{\beta(h+l)}{2m}$，$z_{H_2}^* = \dfrac{m^2}{8\beta} - \dfrac{h+l}{4} + h$，

$z_{L_2}^* = \dfrac{m^2}{8\beta} - \dfrac{h+l}{4} + l$。

（3）当 $\dfrac{m^2}{4(1+l)+8(1-h)} < \beta \leqslant \dfrac{m^2}{2(h+l)+8(1-h)}$ 时，$w_2^* = \dfrac{2\beta(1-h)}{m}$，$z_{H_2}^* = 1$，

$z_{L_2}^* = 1-h+l$。

（4）当 $\dfrac{m^2}{4(1+l)+8(1-l)} < \beta \leqslant \dfrac{m^2}{4(1+l)+8(1-h)}$ 时，$w_2^* = \dfrac{m}{4} - \dfrac{\beta(1+l)}{m}$，$z_{H_2}^* = 1$，

$z_{L_2}^* = \dfrac{m^2}{8\beta} - \dfrac{1+l}{2} + l$。

（5）当 $\beta \leqslant \dfrac{m^2}{4(1+l)+8(1-l)}$ 时，$w_2^* = \dfrac{2\beta(1-l)}{m}$，$z_{H_2}^* = 1$，$z_{L_2}^* = 1$。

引理 9.2 表明，在拉式机制中，批发价格取决于供应商的初始可靠性和可靠

性提升效率。有趣的是，批发价格不会随着可靠性提升效率单调增加或减少。当可靠性提升效率较低或较高时，批发价格随可靠性提升效率的降低而减小。相比之下，当可靠性提升效率极高或中等时，批发价格随可靠性提升效率的降低而增加。当可靠性提升效率极低时，供应商不会提升可靠性水平，而制造商可能会获得全部利润。上述结果归因于可靠性提升效率和供应商可靠性提升空间之间的权衡。拉式机制中制造商会调整批发价格以激励供应商提升可靠性。对于较高的初始供应可靠性，制造商可能会选择较低的批发价格，这是因为制造商不太愿意为供应商有限的可靠性提升空间提供较高的批发价格（Li et al.，2016）。更多的是，拉式机制下零售价格低于推式机制下零售价格。表 9.3 展示了供应商和制造商的利润。

表 9.3　拉式机制企业的均衡利润

条件	供应商利润	制造商利润
$\beta > \dfrac{m^2}{2(h+l)}$	$\pi_{S-H_2} = \pi_{S-L_2} = 0$	$\pi_{M_2} = \dfrac{(h+l)m^2}{8}$
$\dfrac{m^2}{2(h+l)+8(1-h)} < \beta$ $\leqslant \dfrac{m^2}{2(h+l)}$	$\pi_{S-H_2} = \dfrac{m^4}{128\beta} + \dfrac{(3h-l)m^2}{32} + \dfrac{\beta(h+l)^2}{32} - \dfrac{\beta(h+l)h}{4}$ $\pi_{S-L_2} = \dfrac{m^4}{128\beta} + \dfrac{(3l-h)m^2}{32} + \dfrac{\beta(h+l)^2}{32} - \dfrac{\beta(h+l)l}{4}$	$\pi_{M_2} = \dfrac{m^4}{64\beta} + \dfrac{(h+l)m^2}{16} + \dfrac{\beta(h+l)^2}{16}$
$\dfrac{m^2}{4(1+l)+8(1-h)} < \beta \leqslant$ $\dfrac{m^2}{2(h+l)+8(1-h)}$	$\pi_{S-H_2} = \dfrac{\beta}{2}(1-h^2)$ $\pi_{S-L_2} = \dfrac{\beta}{2}(1-h)(1-h+2l)$	$\pi_{M_2} = \left(1 - \dfrac{h-l}{2}\right)\left(\dfrac{m^2}{4} - \beta(1-h)\right)$
$\dfrac{m^2}{4(1+l)+8(1-l)} < \beta \leqslant$ $\dfrac{m^2}{4(1+l)+8(1-h)}$	$\pi_{S-H_2} = \dfrac{m^2}{8} - \dfrac{\beta\left((1+l)+(1-h)^2\right)}{2}$ $\pi_{S-L_2} = \dfrac{m^4}{128\beta} - \dfrac{(1-l)m^2}{16} + \dfrac{\beta(1+l)^2}{8} - \dfrac{\beta l(1+l)}{2}$	$\pi_{M_2} = \dfrac{m^4}{128\beta} + \dfrac{(1+l)m^2}{16} + \dfrac{\beta(1+l)^2}{8}$
$\beta \leqslant \dfrac{m^2}{4(1+l)+8(1-l)}$	$\pi_{S-H_2} = \beta(1-l) - \dfrac{\beta}{2}(1-h)^2$ $\pi_{S-L_2} = \beta(1-l) - \dfrac{\beta}{2}(1-l)^2$	$\pi_{M_2} = \dfrac{m^2}{4} - \beta(1-l)$

基于上述的企业均衡利润，探究初始可靠性对企业利润的影响。

推论 9.2　①高的初始可靠性或高的可靠性提升效率不一定带来较高的供应商利润；②在供应链中，制造商的利润最高而低类型供应商的利润最低。

推论 9.2①表明，最初的高供应可靠性并不总是有利于供应商。例如，当

$\dfrac{m^2}{4(1+l)+8(1-h)} < \beta \leqslant \dfrac{m^2}{2(h+l)+8(1-h)}$ 时，提升高类型供应商的供应可靠性会降

低其利润。高初始可靠性可能导致制造商设定低批发价格，这可能抵消高类型供应商较高初始可靠性带来的优势。类似地，较高的可靠性提升效率并不总是导致高的供应商利润。当 $\beta \leqslant \dfrac{m^2}{4(1+l)+8(1-l)}$ 时，$\dfrac{\partial \pi_{S-A_2}}{\partial \beta} > 0$ 证实了这一发现。这是因为较高的可靠性效率让制造商设定了较低批发价格，供应商的利润降低。推论9.2②表明，在信息不透明的拉式机制中，先发优势仍然存在。因此，制造商在拉式机制中获得最高利润。

3. 比较分析

在前文中，本章推导了推拉机制下的均衡可靠性提升水平、批发价格和零售价格。为了获得更多的管理见解，本章分别对这两种机制中供应可靠性提升水平、企业利润和初始可靠性异质性进行了比较。

与推拉机制下的低类型初始可靠性相比，高类型初始可靠性可以容易地提高到一定水平。随着可靠性提升效率的降低，可靠性提升水平可能会在两种情况下受到影响。通过探究可靠性提升效率对企业均衡的影响，本章得出以下结论。

命题 9.1　①高类型供应商或低类型供应商的可靠性提升水平在拉式机制下比在推式机制下更容易受到可靠性提升效率的影响。②当可靠性提升效率极低时，供应商在推式机制下比在拉式机制下更有动力提高其可靠性水平。

命题9.1是直观的，因为无论哪种类型的供应商的可靠性提升水平，在拉式机制下比在推式机制下更受可靠性提升效率降低的影响。原因在于先发优势和战略决策。在推式机制中，供应商作为领导者首先决定供应可靠性提升水平和批发价格。因此，供应商可以权衡这两个因素（可靠性提升水平和批发价格），以减弱可靠性提升效率降低的影响。然而，与推式机制相比，供应商失去了优势，并遭受了拉式机制中降低可靠性提升效率的不利影响。

通过比较供应商和制造商在推拉式机制中的利润，得到命题9.2。

命题9.2　①如果可靠性提升效率适中，高类型供应商或低类型供应商可以在拉式机制中获得更高的利润；否则，供应商可以在推式机制中获得高额利润。②制造商在拉式机制中获得的利润高于推式机制。

在推式机制中，供应商决定批发价格和可靠性提升水平，以实现先发优势。然而，这种优势导致制造商在推式机制下的订单量比拉式机制下更少。根据命题9.1，当初始可靠性较低且可靠性提升效率适中时，高类型供应商的可靠性提升水平在拉式机制下较大。因此，在拉式机制下成功交付更大订单量的好处大于在推式机制下的好处。同样，当初始可靠性较低且可靠性提升效率适中时，低类型供应商可能会发生这种情况；否则，低类型供应商更喜欢推式机制而不是拉式机制。相比之下，在拉式机制中，这种优势被转移给制造商，制造商在拉式机制下获得的利润高于推式机制，尽管后者可能导致零售价格和批发价格偏高。

特别地，在拉式机制中，供应商的利润直接受到制造商设定的批发价格的影响。如引理 9.2 所示，当可靠性提升效率足够高 $\left(\beta \leqslant \dfrac{m^2}{4(1+l)+8(1-h)}\right)$ 或相对较低 $\left(\dfrac{m^2}{4(1+l)+8(1-h)} < \beta \leqslant \dfrac{m^2}{2(h+l)+8(1-h)}\right)$，批发价格随着可靠性提升效率的降低而增加，因此，供应商的利润增加超过了其产生的可靠性提升成本。因此，供应商的利润将随着可靠性提升效率的降低而增加。相比之下，当可靠性提升效率满足 $\dfrac{m^2}{2(h+l)+8(1-h)} < \beta \leqslant \dfrac{m^2}{2(h+l)}$ 或 $\dfrac{m^2}{4(1+l)+8(1-l)} < \beta \leqslant \dfrac{m^2}{4(1+l)+8(1-h)}$，批发价格和可靠性提升水平都随着效率的降低而降低。然而，供应商的利润下降幅度大于其可靠性提升成本，导致供应商的利润下降。

为了检验初始可靠性异质性对企业利润的影响，本章用 $g = h - l$ 表示初始可靠性异质性。根据 Yang 等（2009）的研究，为了简单起见，本章降低了低类型可靠性 l，同时保持高类型可靠性 h 恒定。这对应于可靠性间隙 $g = h - l$ 的增加低类型供应商变得越来越不可靠。

首先，本章使用与之前相同的参数设置，显示了初始可靠性异质性对企业在推式机制下利润的影响，并显示了推式机制中存在先发优势。对于任何初始可靠性异质性，高类型供应商比低类型供应商获得更高的利润，而低类型供应商比制造商获得更高利润。

其次，研究初始可靠性异质性 g 对拉式机制下企业利润的影响，说明拉式机制下任何初始可靠性异质性都存在先发优势。在这种机制下，制造商总是比高类型供应商获得更高的利润，而低类型供应商比高类型供应商获得更低的利润。此外，当可靠性提升效率较高［即推式机制下 $\beta \leqslant \dfrac{m^2}{18(1-l)}$ 或拉式机制下 $\beta \leqslant \dfrac{m^2}{2(h+l)+8(1-h)}$］时，制造商利润随着初始可靠性异质性的增加而降低，而高类型供应商的利润随着初始可靠性异质性的增加而增加。对于低类型供应商，当可靠性提升效率较低［$\beta > \dfrac{m^2}{4(1+l)+8(1-h)}$］时，其利润随着初始可靠性异质性的增加而降低；当可靠性提升效率较高［$\beta \leqslant \dfrac{m^2}{4(1+l)+8(1-h)}$］时，低类型供应商的利润不会随着初始可靠性异质性的增加而降低。

通过探究初始可靠性异质性对企业的影响，本章得出以下命题。

命题 9.3　①制造商利润在推拉两种机制下不会随着初始可靠性异质性的增加而增加；②推式机制下低类型供应商的利润随着初始可靠性异质性的增加而降低；③拉式机制下高类型供应商的利润随着初始可靠性异质性的增加而增加，而在推式机制下，其利润不会随着初始可靠性异质性的增加而增加。

命题 9.3 展示了初始可靠性异质性对企业利润的影响。直观地说，随着预期供应可靠性变低，初始可靠性异质性的增加会使制造商变得更差。因此，制造商在推式机制和拉式机制中都受到了这样的影响。对于低类型供应商，随着其可靠性的降低，其利润随着初始可靠性异质性的增加而降低。有趣的是，制造商可以设定适当的批发价格，以鼓励低类型供应商提高拉式机制中的可靠性水平。这可能会产生初始可靠性异质性的积极影响，导致低类型供应商在拉式机制中的利润的复杂性。对于高类型供应商，在拉式机制中，随着初始可靠性差距的增加，当制造商作为领导者决定批发价格时，会变得相对更可靠，利润更大。因此，随着牵引状态下初始可靠性异质性的增加，高类型供应商可以从其高的初始可靠性的优势中获益。然而，在推式机制中，由于制造商基于其对供应商初始可靠性的信念来决定预期订单数量，初始可靠性差距的增加明显降低了高类型供应商的利润。

9.3.2　筛选菜单合同

在信息不透明的情况下，初始可靠性异质性显著影响均衡决策和企业利润。为了获得可靠性信息并防止中断风险，制造商还采用"接受或放弃"菜单合同来筛选具有不同类型初始可靠性水平的供应商，供应商在该合同中决定是否接受该合同。制造商提供的筛选菜单合同可能诱使供应商披露可靠性信息。如 Xu 等（2010）研究所示，制造商可能会考虑两种战略机制，如高低类型供应商甄别机制和仅高类型供应商甄别机制。在高低类型供应商甄别机制中，制造商为高类型供应商和低类型供应商提供筛选菜单合同。相比之下，在仅高类型供应商甄别机制下，制造商专门为高类型供应商设计筛选菜单合同，在这种情况下，低类型供应商永远不会接受该合同。

1. 情景 3：高低类型供应商甄别机制

在此机制下，制造商向高类型供应商和低类型供应商提供相应的支付 X_H 与 X_L。制造商的期望利润函数为

$$
\begin{aligned}
\pi_{M_3}\left(X_{A_3}, z_{A_3}, p_3\right) &= \frac{1}{2} z_{H_3}\left(p_3 q_3 - X_{H_3}\right) + \frac{1}{2} z_{L_3}\left(p_3 q_3 - X_{L_3}\right) \\
&= \frac{1}{2} z_{H_3}\left[z_{H_3} p_3\left(m - p_3\right) - z_{H_3} X_{H_3}\right] + \frac{1}{2} z_{H_3}\left[z_{L_3} p_3\left(m - p_3\right) - z_{L_3} X_{L_3}\right]
\end{aligned}
$$

$$(9.8a)$$

s.t.

$$(\text{IC-H}) \quad z_{H_3} X_{H_3} - \frac{\beta}{2}\left(z_{H_3} - h\right)^2 \geqslant z_{L_3} X_{L_3} - \frac{\beta}{2}\left(z_{L_3} - h\right)^2 \tag{9.8b}$$

$$(\text{IC-L}) \quad z_{L_3} X_{L_3} - \frac{\beta}{2}\left(z_{L_3} - l\right)^2 \geqslant z_{H_3} X_{H_3} - \frac{\beta}{2}\left(z_{H_3} - l\right)^2 \tag{9.8c}$$

$$(\text{IR-H}) \quad z_{H_3} X_{H_3} - \frac{\beta}{2}\left(z_{H_3} - h\right)^2 \geqslant 0 \tag{9.8d}$$

$$(\text{IR-L}) \quad z_{L_3} X_{L_3} - \frac{\beta}{2}\left(z_{L_3} - l\right)^2 \geqslant 0 \tag{9.8e}$$

$$X_{H_3} \geqslant 0, \quad X_{L_3} \geqslant 0, \quad h \leqslant z_{H_3} \leqslant 1, \quad h \leqslant z_{L_3} \leqslant 1 \tag{9.8f}$$

请注意，该问题的目标函数（9.8a）是制造商从高类型供应商和低类型供应商获得的预期利润的总和，其中每个部分由表征供应商类型的概率加权。约束条件（9.8b）和约束条件（9.8c）确保供应商在与其初始可靠性类型相对应的正确合同下获得更高的利润，而不是在不匹配的合同下获得利润，在不匹配合同中，供应商偏离了其初始可靠性类型。约束条件（9.8d）和约束条件（9.8e）确保供应商在根据其初始可靠性选择正确的合同时获得非负利润。这些约束是合理的，因为它们可以激励供应商选择正确的合同，从而帮助制造商筛选供应商的初始可靠性。

2. 情景 4：仅高类型供应商甄别机制

在此机制下，制造商仅为高类型供应商提供相应的支付 X_{H_4}。制造商的期望利润如下：

$$\pi_{M_4}\left(X_{H_4}, z_{H_4}, p_4\right) = \frac{1}{2} z_{H_4}\left(p_4 q_4 - X_{H_4}\right) = \frac{1}{2}\left[z_{H_4} p_4\left(m - p_4\right) - z_{H_4} X_{H_4}\right] \tag{9.9a}$$

$$(\text{IR-H}) \quad z_{H_4} X_{H_4} - \frac{\beta}{2}\left(z_{H_4} - h\right)^2 \geqslant 0 \tag{9.9b}$$

$$X_{H_3} \geqslant 0, \quad h \leqslant z_{H_4} \leqslant 1 \tag{9.9c}$$

请注意，制造商仅选择与高类型供应商签订合同获得预期利润。约束条件（9.9b）确保制造商在选择合同时获得非负利润。

通过上述筛选菜单合同，高类型供应商和低类型供应商将选择与其初始可靠性类型相对应的正确合同，然后，得到引理 9.3。

引理 9.3　在筛选菜单合同下，高低类型供应商甄别机制下，最优零售价格为 $p_3^* = \dfrac{m}{2}$，制造商向高类型供应商和低类型供应商提供的均衡支付以及最优可靠性提升水平为：
$$\begin{cases} \left(z_{H_3}^*, X_{H_3}^*\right) = \left(z_{H_3}^*, \dfrac{\beta}{2z_{H_3}^*}\left[\left(z_{L_3}^* - l\right)^2 - \left(z_{L_3}^* - h\right)^2 + \left(z_{H_3}^* - h\right)^2\right]\right) \\ \left(z_{L_3}^*, X_{L_3}^*\right) = \left(z_{L_3}^*, \dfrac{\beta}{2z_{L_3}^*}\left(z_{L_3}^* - l\right)^2\right) \end{cases}$$
。其中，

当 $\dfrac{m^2}{4(1-h)} < \beta \leqslant \dfrac{m^2}{6(h-l)}$ 时，$z_{H_3}^* = \dfrac{m^2}{4\beta} + h$，$z_{L_3}^* = \dfrac{m^2}{4\beta} + 2l - h$；当 $\dfrac{m^2}{4(1+h-2l)}$

$< \beta \leqslant \dfrac{m^2}{4(1-h)}$ 时，$z_{H_3}^* = 1$，$z_{L_3}^* = \dfrac{m^2}{4\beta} + 2l - h$；当 $\beta \leqslant \dfrac{m^2}{4(1+h-2l)}$ 时，$z_{H_3}^* = 1$，

$z_{L_3}^* = 1$。

在仅高类型供应商甄别机制下，最优零售价格为 $p_4^* = \dfrac{m}{2}$，制造商向高类型供应商提供的均衡支付以及最优可靠性提升水平为：$\left(z_{H_4}^*, X_{H_4}^*\right) =$ $\left(z_{H_4}^*, \dfrac{\beta}{2}\left(z_{H_4}^* - h\right)^2\right)$，其中，当 $\beta > \dfrac{m^2}{4(1-h)}$ 时，$z_{H_4}^* = \dfrac{m^2}{4\beta} + h$；当 $\beta \leqslant \dfrac{m^2}{4(1-h)}$ 时，$z_{H_4}^* = 1$。

值得注意的是，在高低类型供应商甄别机制下，如果制造商成功地与高低类型供应商签订合同，则初始可靠性和可靠性提升效率需满足 $h < \dfrac{3l+2}{5}$ 且 $\beta \leqslant \dfrac{m^2}{6(h-l)}$。这是因为如果高类型初始可靠性足够大或可靠性提升效率较低时，制造商将放弃与低类型供应商签订合同，如此高低类型供应商甄别机制不会成立。

通过比较两种甄别机制下制造商的利润，本章得出以下结论。

命题 9.4　当 $g < \dfrac{2-2h}{3}$ 且 $\beta \leqslant \dfrac{m^2}{6(h-l)}$ 时，制造商将会选择高低类型供应商甄别机制；否则，它会选择仅高类型供应商甄别机制。

命题 9.4 揭示了当初始可靠性异质性较小且可靠性提升效率较高时，高低类型供应商甄别机制主导仅高类型供应商甄别机制，反之仅高类型供应商甄别机制对制造商是最佳机制。具体描述如表 9.4 所示。

表 9.5 显示，在高低类型供应商甄别机制中，如果低型供应商选择了与其初始可靠性相符的正确菜单合同，会获得利润。相比之下，在高低类型供应商甄别机制中，高类型供应商无论是否选择了正确的菜单合同，都始终具有非负利润。在这种情况下，高类型供应商没有任何理由选择不合适的菜单合同，因为这样做不会获得额外利润。在仅高类型供应商甄别机制下，制造商只允许高类型供应商

接受其报价。在这种情况下，低类型供应商被排除在外，而高类型供应商没有利润，因为如果制造商接受其报价，则清楚地知道其可靠性类型。

表 9.4　甄别机制下制造商的均衡利润

机制	条件	制造商利润
高低类型供应商甄别机制	$\beta \leqslant \dfrac{m^2}{4(1+h-2l)}$	$\dfrac{m^2 - 2(-1+l)^2\beta}{4}$
	$\dfrac{m^2}{4(1+h-2l)} < \beta \leqslant \dfrac{m^2}{4(1-h)}$	$\dfrac{m^4 - 8(-1+h-2l)m^2\beta + 16\left(-1+h^2+h(2-4l)+2l^2\right)\beta^2}{64\beta}$
	$\dfrac{m^2}{4(1-h)} < \beta \leqslant \dfrac{m^2}{6(h-l)}$	$\dfrac{m^4 + 8lm^2\beta + 16(h-l)^2\beta^2}{32\beta}$
仅高类型供应商甄别机制	$\beta \leqslant \dfrac{m^2}{4(1-h)}$	$\dfrac{m^2 - 2(-1+h)^2\beta}{8}$
	$\beta > \dfrac{m^2}{4(1-h)}$	$\dfrac{m^4 + 8hm^2\beta}{64\beta}$

表 9.5　甄别机制下供应商的均衡利润

机制	条件	制造商的筛选菜单合同	高类型供应商	低类型供应商
高低类型供应商甄别机制	$\beta \leqslant \dfrac{m^2}{4(1+h-2l)}$ 且 $2l-1 < h < \dfrac{3l+2}{5}$	$\left(z_{H_3}^*, X_{H_3}^*\right)$	$\dfrac{\beta}{2}\left[(1-l)^2-(1-h)^2\right]$	0
		$\left(z_{L_3}^*, X_{L_3}^*\right)$	$\dfrac{\beta}{2}\left[(1-l)^2-(1-h)^2\right]$	0
	$\dfrac{m^2}{4(1+h-2l)} < \beta \leqslant \dfrac{m^2}{4(1-h)}$ 且 $2l-1 < h < \dfrac{3l+2}{5}$	$\left(z_{H_3}^*, X_{H_3}^*\right)$	$\dfrac{(h-l)m^2}{4} - \dfrac{3\beta}{2}(h-l)^2$	$\dfrac{(h-l)m^2}{4} - (1+h-2l)\beta$
		$\left(z_{L_3}^*, X_{L_3}^*\right)$	$\dfrac{(h-l)m^2}{4} - \dfrac{3\beta}{2}(h-l)^2$	0
	$\dfrac{m^2}{4(1-h)} < \beta \leqslant \dfrac{m^2}{6(h-l)}$ 且 $2l-1 < h < \dfrac{3l+2}{5}$	$\left(z_{H_3}^*, X_{H_3}^*\right)$	$\dfrac{(h-l)m^2}{4} - \dfrac{3\beta}{2}(h-l)^2$	$-2\beta(h-l)^2$
		$\left(z_{L_3}^*, X_{L_3}^*\right)$	$\dfrac{(h-l)m^2}{4} - \dfrac{3\beta}{2}(h-l)^2$	0
仅高类型供应商甄别机制	$\beta \leqslant \dfrac{m^2}{4(1-h)}$	$\left(z_{H_4}^*, X_{H_4}^*\right)$	0	—
	$\beta > \dfrac{m^2}{4(1-h)}$	$\left(z_{H_4}^*, X_{H_4}^*\right)$	0	—

9.4 均衡的合同策略

在本节中，首先，本章通过比较批发价格合同和筛选菜单合同下供应商与制造商的利润揭示企业和供应链对合同的均衡偏好。其次，本章研究了供应可靠性信息不透明对企业利润的影响。

9.4.1 合同比较

在某些条件下，高类型供应商可以在推式机制中获得高利润。根据筛选菜单合同，当且仅当 $2l-1<h<\dfrac{3l+2}{5}$ 和 $\beta\leqslant\dfrac{m^2}{6(h-l)}$ 时，高类型供应商可以选择高低类型供应商甄别机制；否则，供应商将选择仅高类型供应商甄别机制。通过比较高低类型供应商甄别机制下的供应商机制，本章得到以下命题。

命题 9.5　相较于筛选菜单合同，高类型供应商和低类型供应商均偏好批发价格合同。

命题 9.5 表明，当供应商拥有私人初始供应可靠性信息时，批发价格合同对供应商来说仍然是主导的。当 $2l-1<h<\dfrac{3l+2}{5}$ 时，高类型供应商总是指定批发价格合同（图 9.3）；当初始可靠性满足条件 $h\geqslant\dfrac{3l+2}{5}$ 时，高类型供应商在筛选菜单合同下没有获得利润，而在批发价格合同下，供应商总是获得非负利润。对于低类型供应商，它总是在批发价格合同下获得非负利润，而在筛选菜单合同下，它的利润为零。因此，无论是低类型供应商还是高类型供应商都倾向于批发价格合同。

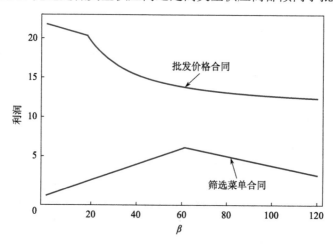

图 9.3　高类型供应商利润（$m=14$，$h=0.6$，$l=0.4$）

上述结果与传统直觉一致。为了实现信息透明，制造商提供了一份菜单合同来筛选供应商的初始可靠性，该合同导致供应商失去了信息优势而非可靠性。相比之下，供应商在推式机制中以信息优势决定批发价格和可靠性提升水平。可靠性方面的信息优势有助于供应商在批发价格合同下比在筛选菜单合同下获得更多利润。

本章检查了制造商的策略，以防止中断风险。制造商总是选择批发价格合同下的拉式机制。然而，在筛选菜单合同下，当 $h < \dfrac{3l+2}{5}$ 时（即 $g < \dfrac{2-2h}{3}$）和 $\beta \leqslant \dfrac{m^2}{6(h-l)}$，制造商会选择高低类型供应商甄别机制，否则制造商会选择仅高类型供应商甄别机制。随后，通过比较两个合约下制造商的利润，本章得出制造商的以下均衡策略。

命题 9.6　①当初始可靠性异质性较低时（即 $g \leqslant \dfrac{2-2h}{3}$）：如果可靠性提升效率较高，制造商偏好高低类型供应商甄别机制，如果可靠性提升效率较低，制造商偏好拉式机制。②当初始可靠性异质性较高时（即 $g > \dfrac{2-2h}{3}$）：当且仅当初始可靠性异质性极高且可靠性提升效率适中，制造商偏好仅高类型供应商甄别机制，否则，制造商偏好拉式机制。

命题 9.6 表明，当初始可靠性异质性较低且可靠性提升效率较高时，如果制造商设计筛选菜单合同，如命题 9.4 展示其更倾向于实施高低类型供应商甄别机制。在高低类型供应商甄别机制下，高类型供应商有模仿低类型供应商的动机。为了防止这种模仿，制造商将向高类型供应商提供激励成本，从而导致其利润损失。这种激励成本也被称为信息成本。因此，在高低类型供应商甄别机制下，制造商将以牺牲信息成本的代价换取整个供应链利润。相反，如果制造商设计批发价格合同，其更倾向于拉式机制。然而相较于高低类型供应商甄别机制，拉式机制中无论供应商的初始可靠性类型如何，制造商都必须收取单一批发价格。拉式机制的这种缺点导致制造商的利润损失可能高于高低类型供应商甄别机制中的信息成本。总之，可靠性提升效率越高，高类型供应商模仿低类型的动机越弱，则拉式机制中激励成本越低。因此，当可靠性提升效率较高时，制造商偏好高低类型供应商甄别机制；反之，当可靠性提升效率较低时，制造商偏好拉式机制。

当初始可靠性异质性较高时，在筛选菜单合同下，制造商将放弃与低类型供应商签订合同而实施仅高类型供应商甄别机制。直观地，相较于批发价格合同中最优的拉式机制，将两种类型供应商都纳入的拉式机制明显比仅高类型供应商甄别机制对制造商更有利。然而，在这种情况下，当初始可靠性异质性变得极其高时，拉式机制中与低类型供应商合作的制造商将遭受利润损失。这样的损失将驱使制造商更倾向于仅高类型供应商甄别机制。图 9.4 展示了制造商的均衡机制选择。

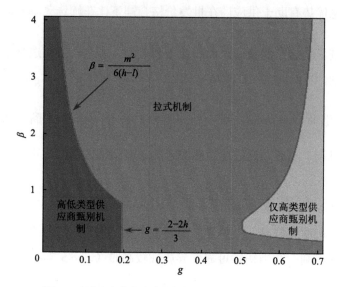

图 9.4　制造商的均衡机制选择（$m = 1$，$h = 0.7$）

接下来，本章将研究不同合同机制对供应链利润的影响。由于制造商占主导地位，其合同选择极大地影响了供应链利润。通过比较四种机制下供应链利润，本章发现从低类型供应链的角度看，其最优合同与制造商的合同选择是一致的。当初始可靠性异质性较高时，对于低类型供应链，筛选菜单合同不存在，拉式机制下供应链利润优于推式机制。当初始可靠性异质性较低，根据命题 9.6，高低类型供应商甄别机制下供应链利润是最高的。

对于高类型供应链，其最优合同选择与制造商的合同选择（见图 9.4）一致。具体地，当初始可靠性异质性较高时，仅在可靠性提升效率适中时，高类型供应链偏好仅高类型供应商甄别机制；当初始可靠性异质性较低时，随着可靠性提升效率变低，高类型供应链先选择高低类型供应商甄别机制后选择拉式机制。

9.4.2　信息透明

在本节中，本章通过比较供应商的初始可靠性信息透明和信息不透明的均衡结果，来展示供应可靠性信息透明所带来的管理启示。值得注意的是，本章是探究初始供应可靠性信息不透明的均衡结果，而 Li 等（2016）获得了初始供应可靠性信息透明的均衡结果。接下来，本章分别研究供应可靠性的信息透明对制造商和供应商的影响机理。

首先，通常，当上游供应商具有较高的初始供应可靠性，无论是拉式机制还是推式机制，信息透明对制造商更有利。这一结果与传统直觉一致，上游可靠性的信息透明有助于下游及时做出更灵活的决策。相比之下，当供应商的初始供应可靠性较低时，信息透明产生多样的结果。推式机制下信息透明对制造商更有利，然而拉式机制下信息透明会损害制造商，这一结果明显是违反传统直觉。这是因为拉式机制下，如果存在较低的供应可靠性信息透明，制造商会设定较低的批发价格，这会削弱供应商提高供应可靠性的动机。因此，信息透明不利于可靠性的提升，也会降低制造商利润。反之，如果可靠性信息不透明，制造商仅依据供应可靠性的期望分布来设定批发价格从而激励供应商提升可靠性。

其次，本章探究信息透明对供应商的影响。具体地，拉式机制下信息透明会损害高类型供应商，然而推式机制下信息透明有利于高类型供应商。直观地，初始供应可靠性的信息透明会使得供应商失去信息优势，对其不利；而本章展示了信息透明有利于高类型供应商。这是因为当高初始可靠性信息透明时，供应商可以在推式机制下占据先动优势，从而制定较高的批发价格；而在拉式机制下供应商不仅丧失信息优势更被下游制造商抢占了先动优势，从而损害其利润。

最后，本章展示了信息透明对低类型供应商的影响。拉式机制下信息透明有利于低类型供应商，然而推式机制下信息透明是否有利于低类型供应商取决于可靠性提升效率。具体地，拉式机制下可靠性信息透明会促使占据先动优势的制造商主动设定较高的批发价格从而激励低类型供应商提升可靠性，这明显有利于供应商。推式机制下，当可靠性提升效率较高时，信息透明有利于低类型供应商；而当可靠性提升效率较低时，信息透明会损害低类型供应商。这是因为当初始可靠性异质性较高时，低类型供应商有动机提升供应可靠性；在此情况下，信息透明能促使低类型供应商收取较高的批发价格，从而增加其利润。当初始可靠性异质性较低时，低类型供应商不愿提升可靠性；信息透明会促使其制定较低的批发价格，从而减少其利润。

9.5　本　章　小　结

为了防范中断风险，制造商可以通过机制设计与供应商进行谈判，以激励供应商提升其供应可靠性。本章重点探究在初始供应可靠性信息不透明的情况下制造商和供应商的最优合同机制。本章构建了一个由单个制造商和单个供应商组成的供应链，其中供应商存在随机中断风险但其能以一定的努力成本提升其可靠性，同时，制造商无法获得供应商的初始供应可靠性。基于此，本章分别探究了批发价格合同（包括推式机制和拉式机制）和筛选菜单合同（包括高低类型供应商甄别机制和仅高类型供应商甄别机制）下制造商与供应商的均衡结果；通过比较四种合同机制下企业的均衡利润获得企业的最优偏好。

第一，本章发现在批发价格合同下，制造商在拉式机制中获得的利润高于供应商，而供应商在推式机制中获得更高的利润，同时在推式机制和拉式机制下，低类型供应商的利润低于高类型供应商。第二，信息透明可能损害制造商；有趣的是，拉式机制下信息不透明更有利于高类型供应商，而推式机制下信息透明是否有利于低类型供应商取决于可靠性提升效率。第三，在筛选菜单合同下，当可靠性提升效率较高且初始可靠性异质性较低时，制造商选择采用高低类型供应商甄别机制；反之，制造商选择仅高类型供应商甄别机制。第四，比较四种合同机制，当初始可靠性异质性较低且可靠性提升效率较高时，制造商偏好高低类型供应商甄别机制；当初始可靠性异质性极高且可靠性提升效率适中时，制造商偏好仅高类型供应商甄别机制，否则，制造商偏好拉式机制。

参 考 文 献

Bode C, MacDonald J R. 2017. Stages of supply chain disruption response: direct, constraining, and mediating factors for impact mitigation[J]. Decision Sciences, 48(5): 836-874.

Cachon G P. 2004. The allocation of inventory risk in a supply chain: push, pull, and advance-purchase discount contracts[J]. Management Science, 50(2): 222-238.

Cao X Y, Fang X. 2019. Component procurement for an assembly supply chain with random capacities and random demand[J]. Decision Sciences, 50(6): 1259-1280.

Choi T M, Chan H K, Yue X H. 2017. Recent development in big data analytics for business operations and risk management[J]. IEEE Transactions on Cybernetics, 47(1): 81-92.

Dong L X, Guo X M, Turcic D. 2019. Selling a product line through a retailer when demand is stochastic: analysis of price-only contracts[J]. Manufacturing & Service Operations Management, 21(4): 742-760.

Dong L X, Zhu K J. 2007. Two-wholesale-price contracts: push, pull, and advance-purchase discount contracts[J]. Manufacturing & Service Operations Management, 9(3): 291-311.

Feng Y L, Li G, Sethi S P. 2018. Pull and push contracts in a decentralised assembly system with random component yields[J]. International Journal of Production Research, 56(24): 7405-7425.

Gümüş M. 2017. A tale of two information asymmetries in competitive supply chains[M]//Ha A Y, Tang C S. Handbook of Information Exchange in Supply Chain Management. Cham: Springer: 189-213.

Gurnani H, Shi M Z. 2006. A bargaining model for a first-time interaction under asymmetric beliefs of supply reliability[J]. Management Science, 52(6): 865-880.

Handfield R B, Krause D R, Scannell T V, et al. 2000. Avoid the pitfalls in supplier development[J]. Sloan Management Review, 41(2): 37-49.

Hendricks K B, Singhal V R. 2005. Association between supply chain glitches and operating performance[J]. Management Science, 51(5): 695-711.

Huang H, Li Z P, Xu H Y. 2018. Wholesale price auctions for dual sourcing under supply risk[J]. Decision Sciences, 49(4): 754-780.

Hwang W, Bakshi N, DeMiguel V. 2018. Wholesale price contracts for reliable supply[J]. Production and Operations Management, 27(6): 1021-1037.

Li G, Zhang L J, Guan X, et al. 2016. Impact of decision sequence on reliability enhancement with supply disruption risks[J]. Transportation Research Part E: Logistics and Transportation Review, 90: 25-38.

Li T, Sethi S P, Zhang J. 2017. Mitigating supply uncertainty: the interplay between diversification and pricing[J]. Production and Operations Management, 26(3): 369-388.

Muthukrishnan R, Shulman J A. 2006. Understanding supply chain risk: a McKinsey global survey[R]. New York: The McKinsey Quarterly: The Online Journal of McKinsey &Co.

Nagarajan M, Sošić G. 2009. Coalition stability in assembly models[J]. Operations Research, 57(1): 131-145.

Shao L S, Wu X L, Zhang F Q. 2020. Sourcing competition under cost uncertainty and information asymmetry[J]. Production and Operations Management, 29(2): 447-461.

Tang S Y, Gurnani H, Gupta D. Managing disruptions in decentralized supply chains with endogenous supply process reliability[J]. Production and Operations Management, 2014, 23(7): 1198-1211.

Veysey S. 2011. Majority of companies suffered supply chain disruption in 2011: survey[EB/OL]. http://www.businessinsurance.com/article/20111102/NEWS06/111109973/Majority-of-companies-suffered-supply-chain-disruption-in-2011-Survey[2024-02-26].

Xu H, Shi N, Ma S H, et al. 2010. Contracting with an urgent supplier under cost information asymmetry[J]. European Journal of Operational Research, 206(2): 374-383.

Yang L, Cai G S, Chen J. 2018. Push, pull, and supply chain risk-averse attitude[J]. Production and Operations Management, 27(8): 1534-1552.

Yang Z B, Aydm G, Babich V, et al. 2009. Supply disruptions, asymmetric information, and a backup production option[J]. Management Science, 55(2): 192-209.

本 章 附 录

引理 9.1 证明 本章首先使用逆向归纳法推导制造商的均衡决策。取正文中式（9.4）的一阶导数，本章得到 $p_1^* = \dfrac{m}{2} + \dfrac{z_{H_1} w_{H_1} + z_{L_1} w_{L_1}}{2(z_{H_1} + z_{L_1})}$。给定最优的 p_1^*，可以获得供应商的最优解，也就是 $w_{L_1} = \dfrac{m(z_{H_1} + z_{L_1})}{3 z_{L_1}}$、$w_{H_1} = \dfrac{m(z_{H_1} + z_{L_1})}{3 z_{H_1}}$、$z_{A_1}^* =$

$$\min\left\{\frac{m^2}{18\beta}+\theta,1\right\}\text{以及 }q_1^*=\frac{m}{6}\text{。}$$

又因为 $\pi_{S-H_1}=z_{H_1}^*w_{H_1}^*q_1^*-\frac{\beta}{2}\left(z_{H_1}^*-h\right)^2$、$\pi_{S-L_1}=z_{L_1}^*w_{L_1}^*q_1^*-\frac{\beta}{2}\left(z_{L_1}^*-l\right)^2$ 以及

$\pi_{M_1}=\frac{1}{2}\left\{z_{H_1}^*\left(p_1^*-w_{H_1}^*\right)q_1^*\right\}+\frac{1}{2}\left\{z_{L_1}^*\left(p_1^*-w_{L_1}^*\right)q_1^*\right\}$，为了解决这些模型，本章有以下三种情况。

情况 1：如果 $\frac{m^2}{18\beta}+h<1$（也就是 $\beta>\frac{m^2}{18(1-h)}$），本章有 $z_{A_1}^*=\frac{m^2}{18\beta}+\theta$、

$w_{L_1}^*=\frac{m}{3}+\frac{m\left(m^2+18\beta h\right)}{3\left(m^2+18\beta l\right)}$、$w_{H_1}^*=\frac{m}{3}+\frac{m\left(m^2+18\beta l\right)}{3\left(m^2+18\beta h\right)}$ 以及 $p_1^*=\frac{5m}{6}$。

情况 2：如果 $\frac{m^2}{18\beta}+l\geqslant1$（也就是 $\beta\leqslant\frac{m^2}{18(1-l)}$），本章得到 $z_{A_1}^*=1$、$w_{H_1}^*=$

$w_{L_1}^*=\frac{2m}{3}$，以及 $p_1^*=\frac{5m}{6}$。

情况3：如果 $\frac{m^2}{18\beta}+h\geqslant1$ 且 $\frac{m^2}{18\beta}+l<1$（即 $\frac{m^2}{18(1-l)}<\beta\leqslant\frac{m^2}{18(1-h)}$），本章可

以实现最优决策 $z_{H_1}^*=1$，$z_{L_1}^*=\frac{m^2}{18\beta}+l$，$w_{H_1}^*=\frac{m}{3}+\frac{m\left(\frac{m^2}{18\beta}+l\right)}{3}$，$w_{L_1}^*=\frac{m}{3}+$

$\frac{m}{3\left(\frac{m^2}{18\beta}+l\right)}$ 以及 $p_1^*=\frac{5m}{6}$。

推论 9.1 证明

（1）对于表 9.2 所示的高类型供应商或低类型供应商的最优利润，可以直接证明 $\frac{\partial\pi_{S-H_1}}{\partial h}\geqslant0$，$\frac{\partial\pi_{S-L_1}}{\partial l}>0$。

（2）对于制造商的最优利润，本章可以得到如果 $\beta\leqslant\frac{m^2}{18(1-l)}$，那么 $\frac{\partial\pi_{M_1}}{\partial\theta}=0$，

以及如果 $\beta>\frac{m^2}{18(1-l)}$，那么 $\frac{\partial\pi_{M_1}}{\partial\theta}>0$。

（3）比较供应商和制造商的利润，本章有 $\pi_{S-H_1}>\pi_{S-L_1}>\pi_{M_1}$。

引理 9.2 证明　通过使用逆向归纳，本章可以得出供应商在可靠性提升水平上的均衡决策。通过求解正文式（9.6），供应商确定最优可靠性提升水平

$$z_{A_2}^* = \min\left\{\frac{w(m-p)}{\beta} + \theta, 1\right\}。$$

根据一定条件（$\theta \leqslant z_{A_2}^*$），本章分成两部分。

（1）当 $\theta = z_{A_2}^*$ 时，本章得到 $w_2^* = 0$，$p_2^* = \frac{m}{2}$。

（2）当 $\theta < z_{A_2}^*$ 时，对于最优 $z_{A_2}^* = \min\left\{\frac{w_2(m-p_2)}{\beta} + \theta, 1\right\}$，本章有以下三种情况。

情况 1：当 $\frac{w_2(m-p_2)}{\beta} + h < 1$ 时（即 $0 \leqslant w_2 < \frac{\beta(1-h)}{m-p_2}$），本章可以很容易地获得 $z_{H_2}^* = \frac{w_2(m-p_2)}{\beta} + h$ 以及 $z_{L_2}^* = \frac{w_2(m-p_2)}{\beta} + l$。通过解决 $(w_2, p_2) \in$ $\operatorname{argmax} \pi_{M_2}$ [式（9.7)]，本章有 $(p_2, w_2) = \left(\frac{m}{2}, \frac{m}{4} - \frac{\beta(h+l)}{2m}\right)$。基于本章中 w_2 的约束范围，本章有以下两个分类。

（a）如果 $0 \leqslant \frac{m}{4} - \frac{\beta(h+l)}{2m} < \frac{\beta(1-h)}{m-p_2}$，（即 $\frac{m^2}{2(h+l)+8(1-h)} < \beta \leqslant \frac{m^2}{2(h+l)}$），本章有 $w_2^* = \frac{m}{4} - \frac{\beta(h+l)}{2m}$。

（b）如果 $\frac{m}{4} - \frac{\beta(h+l)}{2m} \geqslant \frac{\beta(1-h)}{m-p_2}$（即 $\beta \leqslant \frac{m^2}{2(h+l)+8(1-h)}$），本章得出 $w_2^* = \frac{2\beta(1-h)}{m}$。

情况 2：当 $\frac{w_2(m-p_2)}{\beta} + h \geqslant 1$ 且 $\frac{w_2(m-p_2)}{\beta} + l < 1$ 时（即 $\frac{\beta(1-h)}{m-p_2} \leqslant w_2 < \frac{\beta(1-l)}{m-p_2}$），本章可以得到 $z_{H_2}^* = 1$ 且 $z_{L_2}^* = \frac{w_2(m-p_2)}{\beta} + l$。然后本章得出 $(p_2, w_2) = \left(\frac{m}{2}, \frac{m}{4} - \frac{\beta(1+l)}{m}\right)$。基于本章中 w_2 的约束范围，本章有以下三个分类。

（a）如果 $\frac{m}{4} - \frac{\beta(1+l)}{m} < \frac{\beta(1-h)}{m-p_2}$（即 $\frac{m^2}{4(1+l)+8(1-h)} < \beta$），本章有 $w_2^* = \frac{2\beta(1-h)}{m}$。

（b）如果 $\dfrac{\beta(1-h)}{m-p_2}\leqslant\dfrac{m}{4}-\dfrac{\beta(1+l)}{m}<\dfrac{\beta(1-l)}{m-p_2}$（即 $\dfrac{m^2}{4(1+l)+8(1-l)}<\beta\leqslant$

$\dfrac{m^2}{4(1+l)+8(1-h)}$），本章有 $w_2^*=\dfrac{m}{4}-\dfrac{\beta(1+l)}{m}$。

（c）如果 $\dfrac{\beta(1-l)}{m-p_2}\leqslant\dfrac{m}{4}-\dfrac{\beta(1+l)}{m}$（即 $\beta\leqslant\dfrac{m^2}{4(1+l)+8(1-l)}$），本章得到

$w_2^*=\dfrac{2\beta(1-l)}{m}$。

情况 3：当 $\dfrac{w_2(m-p_2)}{\beta}+l\geqslant1$（$w_2\geqslant\dfrac{\beta(1-l)}{m-p_2}$）时，本章有 $z_{H_2}^*=z_{L_2}^*=1$ 且

$w_2^*=\dfrac{2\beta(1-l)}{m}$。

因此，上述结果总结如下。

（1）当 $\dfrac{m^2}{2(h+l)}<\beta$ 时，$z_{A_2}^*=\theta$，$w_2^*=0$。

（2）当 $\dfrac{m^2}{2(h+l)+8(1-h)}<\beta\leqslant\dfrac{m^2}{2(h+l)}$ 时，$z_{A_2}^*=\dfrac{m^2}{8\beta}-\dfrac{h+l}{4}+\theta$，$w_2^*=\dfrac{m}{4}-$

$\dfrac{\beta(h+l)}{2m}$。

（3）当 $\dfrac{m^2}{4(1+l)+8(1-h)}<\beta\leqslant\dfrac{m^2}{2(h+l)+8(1-h)}$ 时，$z_{H_2}^*=1$，$z_{L_2}^*=1-h+l$，

$w_2^*=\dfrac{2\beta(1-h)}{m}$。

（4）当 $\dfrac{m^2}{4(1+l)+8(1-l)}<\beta\leqslant\dfrac{m^2}{4(1+l)+8(1-h)}$ 时，$z_{H_2}^*=1$，$z_{L_2}^*=\dfrac{m^2}{8\beta}-\dfrac{1+l}{2}$

$+l$，$w_2^*=\dfrac{m}{4}-\dfrac{\beta(1+l)}{m}$。

（5）当 $\beta\leqslant\dfrac{m^2}{4(1+l)+8(1-l)}$ 时，$z_{H_2}^*=1$，$z_{L_2}^*=1$，$w_2^*=\dfrac{2\beta(1-l)}{m}$。

推论 9.2 证明　根据表 9.3 所示的最优利润，本章比较了在拉式机制下的企业利润。推论 9.2②的证明可分为如下四种情况。

情况 1：如果 $\beta>\dfrac{m^2}{2(h+l)+8(1-h)}$，那么本章得到 $\pi_{S-H_2}-\pi_{S-L_2}=\dfrac{(h-l)m^2}{8}-$

$\dfrac{\beta(h-l)(h+l)}{4} > 0$ 且 $\pi_{M_2} > \pi_{S-A_2}$。

情况 2：如果 $\dfrac{m^2}{4(1+l)+8(1-h)} < \beta \leqslant \dfrac{m^2}{2(h+l)+8(1-h)}$，很容易证明 $\pi_{S-H_2} > \pi_{S-L_2}$ 且 $\pi_{M_2} - \pi_{S-H_2} > 0$。

情况 3：如果 $\dfrac{m^2}{4(1+l)+8(1-l)} < \beta \leqslant \dfrac{m^2}{4(1+l)+8(1-h)}$，本章可以得到 $\dfrac{m^2}{12} < \beta < \dfrac{m^2}{4}$。

那本章有

$$\pi_{M_2} - \pi_{S-H_2} = \frac{m^4}{12\beta} + \frac{(1+l)m^2}{16} + \frac{\beta(1+l)^2}{8} - \frac{m^2}{8} + \beta(1+l) + \frac{\beta}{2}(1+l) + \frac{\beta}{2}(1-h)^2$$
$$> \frac{m^2}{32} + \frac{m^2}{16} + \frac{m^2}{96} + \frac{m^2}{12} - \frac{m^2}{8} + \frac{\beta}{2}(1-h)^2 > 0$$

因此，$\pi_{S-H_2} > \pi_{S-L_2}$。

情况 4：如果 $\beta \leqslant \dfrac{m^2}{4(1+l)+8(1-l)}$，本章有 $\pi_{S-H_2} > \pi_{S-L_2}$，$\pi_{M_2} - \pi_{S-H_2} > 0$。

因此，高类型供应商比低类型供应商获得更高的利润，而制造商在拉式机制中比两种类型的供应商获得更大的利润。

命题 9.1 证明

（1）由引理 9.1 可知，在推式机制下，随着可靠性提升效率的降低，$z_{A_1}^*$ 从 1 下降到 $\dfrac{m^2}{18\beta} + \theta$。本章得到 $\dfrac{\partial z_{A_1}^*}{\partial \beta} = -\dfrac{m^2}{18\beta^2}$。类似地，由引理 9.2 可知，本章得到在推式机制中 $\dfrac{\partial z_{A_2}^*}{\partial \beta} = -\dfrac{m^2}{8\beta^2}$，然后 $\left| \dfrac{\partial z_{A_1}^*}{\partial \beta} \right| < \left| \dfrac{\partial z_{A_2}^*}{\partial \beta} \right|$。

（2）如果 $\beta > \dfrac{m^2}{18(1-\theta)}$，那么在推式机制下 $z_{A_1}^* = \dfrac{m^2}{18\beta} + \theta$。

（3）如果 $\beta > \dfrac{m^2}{2(h+l)}$，那么在拉式机制中可靠性提升级别为 $z_{A_2}^* = \theta$。

命题 9.2 证明　根据表 9.2 和表 9.3 中制造商与供应商的利润，本章比较了制造商和供应商的利润，以证明这一观点。

命题 9.2①证明　在拉式机制中，高类型供应商的利润具有两个局部最大化，

即 $\dot{\pi}_{S-H_2}(\beta_1)$ 和 $\ddot{\pi}_{S-H_2}(\beta_2)$，其中 $\beta_1 = \dfrac{m^2}{4(1+l)+8(1-l)}$，$\beta_2 = \dfrac{m^2}{2(h+l)+8(1-h)}$。

在推式机制中，本章有 $\dot{\pi}_{S-H_1}(\beta^*)$，其中 $\beta^* = \dfrac{m^2}{18(1-l)}$、$\ddot{\pi}_{S-H_1}(\beta^{**})$，以及

$\beta^{**} = \dfrac{m^2}{18(1-h)}$。根据表 9.2 和表 9.3 所示的条件，本章分以下两种情况来证明这一命题。

情况 1：给定 $\dfrac{m^2}{2(h+l)+8(1-h)} \leqslant \dfrac{1}{18(1-h)}$，①当 $\dfrac{m^2}{4(1+l)+8(1-l)} \leqslant \dfrac{1}{18(1-l)}$ 时，

本章有 $\dot{\pi}_{S-H_1}(\beta^*) > \dot{\pi}_{S-H_2}$、$\dot{\pi}_{S-H_1}(\beta^*) > \ddot{\pi}_{S-H_2}$ 以及 $\ddot{\pi}_{S-H_1}(\beta^{**}) > \ddot{\pi}_{S-H_2}$；②当

$\dfrac{m^2}{4(1+l)+8(1-l)} > \dfrac{1}{18(1-l)}$ 时，本章得到 $\dot{\pi}_{S-H_1}(\beta^{**}) > \dot{\pi}_{S-H_2}$，$\dot{\pi}_{S-H_1}(\beta^{**}) > \ddot{\pi}_{S-H_2}$；

然后，在条件 $\dfrac{1}{2(h+l)+8(1-h)} \leqslant \dfrac{1}{18(1-h)}$ 下，具有高类型初始可靠性的供应商可以在推式状态下获得比拉送状态下更高的利润。

情况 2：给定 $\dfrac{1}{2(h+l)+8(1-h)} > \dfrac{1}{18(1-h)}$，①当 $\dfrac{1}{4(1+l)+8(1-l)} > \dfrac{1}{18(1-h)}$ 且

$\dfrac{4+3h+7l}{108} \leqslant \dfrac{-1+h^2}{4(-4+3h-l)}$ 时，如果 $\dfrac{h+l+\sqrt{3-2h^2+2hl+l^2}}{18(1-h^2)}m^2 < \beta \leqslant$

$\dfrac{11h-25l+4\sqrt{22h^2-22hl+37l^2}}{18(7h^2+6hl-l^2)}m^2$，高类型供应商可以在拉式机制中获得更高的

利润；②当 $\dfrac{1}{4(1+l)+8(1-l)} > \dfrac{1}{18(1-h)}$ 且 $\dfrac{4+3h+7l}{108} > \dfrac{-1+h^2}{4(-4+3h-l)}$ 时，高类型供

应商可以在推式机制中获得更高的利润；③当 $\dfrac{1}{4(1+l)+8(1-l)} \leqslant \dfrac{1}{18(1-h)}$ 且

$\dfrac{4+3h+7l}{108} \leqslant \dfrac{-1+h^2}{4(-4+3h-l)}$ 时，如果 $\dfrac{h+l+\sqrt{3-2h^2+2hl+l^2}}{18(1-h^2)}m^2 < \beta \leqslant$

$\dfrac{11h-25l+4\sqrt{22h^2-22hl+37l^2}}{18(7h^2+6hl-l^2)}m^2$，那么高类型供应商可以在拉式机制中获得更高的利润；④当 $\dfrac{1}{4(1+l)+8(1-l)} \leqslant \dfrac{1}{18(1-h)}$ 且 $\dfrac{4+3h+7l}{108} > \dfrac{-1+h^2}{4(-4+3h-l)}$ 时，高类型供应商可以在推式机制中获得更高的利润。

类似地，本章可以获得低类型供应商的一些结果，这里省略。

命题 9.2②证明　本章在拉式机制下获得了制造商的最低利润

$$\min \pi_{M_2}\left(\beta^*\right)=\frac{m^2\left(h+l\right)}{8}，\ \text{其中}\ \beta^*=\frac{m^2}{2\left(h+l\right)}。\text{然后本章比较}\ \pi_{M_1}-\pi_{M_2}，\text{根据表}$$

9.2 和表 9.3 所示的条件，本章分以下两种情况来证明这一命题。

情况 1：当 $\dfrac{m^2}{2\left(h+l\right)}\leqslant\dfrac{m^2}{18\left(1-h\right)}$ 时，本章有 $\min \pi_{M_2}>\max \pi_{M_1}$。

情况 2：当 $\dfrac{m^2}{2\left(h+l\right)}>\dfrac{m^2}{18\left(1-h\right)}$ 时，本章得到 $\pi_{M_2}\left(\beta\right)>\pi_{M_1}\left(\beta\right)$。

因此，制造商在拉式机制下获得的利润高于推动机制下的利润。

命题 9.3 证明　为了证明这个命题，本章设置了 $g=h-l$，并保持高类型可靠性 h 恒定，同时降低低类型可靠性 l。基于高类型供应商在拉式状态下的利润，本章得出：

$$\pi_{S-H_2}=\begin{cases}0, & \beta>\dfrac{m^2}{2(h+l)}\\[3mm]\dfrac{m^4}{128\beta}+\dfrac{(2h+g)m^2}{32}+\dfrac{\beta(2h-g)(g+6h)}{32}, & \dfrac{m^2}{2(h+l)+8(1-h)}<\beta\leqslant\dfrac{m^2}{2(h+l)}\\[3mm]\dfrac{\beta}{2}(1+h^2), & \dfrac{m^2}{4(1+l)+8(1-h)}<\beta\leqslant\dfrac{m^2}{2(h+l)+8(1-h)}\\[3mm]\dfrac{m^2}{8}-\dfrac{\beta}{2}\left[(1+h-g)+(1+h)^2\right], & \dfrac{m^2}{4(1+l)+8(1-l)}<\beta\leqslant\dfrac{m^2}{4(1+l)+8(1-h)}\\[3mm]\beta(1-h+g)-\dfrac{\beta}{2}(1-h)^2, & \beta\leqslant\dfrac{m^2}{4(1+l)+8(1-l)}\end{cases}$$

然后，通过求解 g 的一阶导数，本章可以得到 $\dfrac{\partial \pi_{S-H_2}}{\partial g}\geqslant 0$。

同样，本章可以很容易地获得：$\dfrac{\partial \pi_{M_1}}{\partial g}\leqslant 0，\dfrac{\partial \pi_{S-H_1}}{\partial g}\leqslant 0，\dfrac{\partial \pi_{S-l_1}}{\partial g}\leqslant 0，\dfrac{\partial \pi_{M_2}}{\partial g}\leqslant 0$。

引理 9.3 证明　本章分别给出了选择高低类型供应商甄别机制和仅高类型供应商甄别机制的证明。

（1）高低类型供应商甄别机制。通过结合式（9.8b）～式（9.8e），本章得到

$$X_{H_3}\geqslant\frac{\beta}{2z_{H_3}}\left(\left(z_{L_3}-l\right)^2-\left(z_{L_3}-h\right)^2+\left(z_{H_3}-h\right)^2\right)。\text{因此制造商的预期利润可以改写为}$$

$$\pi_{M_3} = \frac{1}{2}\Big[z_{H_3}p_3(m-p_3)-z_{H_3}X_{H_3}\Big]+\frac{1}{2}\Big[z_{L_3}p_3(m-p_3)-z_{L_3}X_{L_3}\Big]$$

$$\leqslant \frac{1}{2}\Big[z_{H_3}p_3(m-p_3)-\frac{\beta}{2}\big((z_{L_3}-l)^2-(z_{L_3}-h)^2+(z_{H_3}-l)^2\big)\Big]$$

$$+\frac{1}{2}\Big[z_{L_3}p_3(m-p_3)-\frac{\beta}{2}(z_{L_3}-l)^2\Big]$$

通过求解这个模型，本章有 $p_3^* = \dfrac{m}{2}$ 且

$$A_{LH} = \frac{1}{2}\Big[\frac{z_{H_3}m^2}{4}-\frac{\beta}{2}\big((z_{L_3}-l)^2-(z_{L_3}-h)^2+(z_{H_3}-h)^2\big)\Big]+\frac{1}{2}\Big[\frac{z_{L_3}m^2}{4}-\frac{\beta}{2}(z_{L_3}-l)^2\Big]$$

$$= \frac{m^2}{8}(z_{H_3}+z_{L_3})-\frac{\beta}{4}\Big[2(z_{L_3}-l)^2-(z_{L_3}-h)^2+(z_{H_3}-h)^2\Big]$$

随后，通过获取 A_{LH} 相对于 z_{H_3} 的一阶导数和二阶导数，本章得到 $\dfrac{\partial A_{LH}}{\partial z_{H_3}} = \dfrac{m^2}{8}-\dfrac{\beta}{2}(z_{H_3}-h)$ 且 $\dfrac{\partial^2 A_{LH}}{\partial z_{H_3}^2} = -\dfrac{\beta}{2}<0$。之后，本章得到 $z_{H_3}^* = \dfrac{m^2}{4\beta}+l-(h-l)$。

同样，本章能得到 $\dfrac{\partial A_{LH}}{\partial z_{L_3}} = \dfrac{m^2}{8}-\dfrac{\beta}{2}(z_{L_3}+h-2l)=0$，$\dfrac{\partial^2 A_{LH}}{\partial z_{H_3}^2} = -\beta<0$ 且 $z_{L_3}^* = \dfrac{m^2}{4\beta}+l-(h-l)$。

由于供应商必须获得非负利润，本章可以很容易地获得 $\dfrac{(h-l)m^2}{4}-\dfrac{3\beta}{2}(h-l)^2\geqslant 0$ 且 $\beta\leqslant\dfrac{m^2}{6(h-l)}$。当 $h\leqslant z_{H_3}^*\leqslant 1$ 且 $l\leqslant z_{L_3}^*\leqslant 1$ 时，有 $h<\dfrac{3l+2}{5}$ 并存在以下三种情况。

情况 1：如果 $z_{H_3}^*\geqslant 1$ 且 $z_{L_3}^*<1$，则 $z_{H_3}^*=1$，$z_{L_3}^* = \dfrac{m^2}{4\beta}+l-(h-l)$，其中 $\dfrac{m^2}{4(1+h-2l)}<\beta\leqslant\dfrac{m^2}{4(1-h)}$。

情况 2：如果 $z_{L_3}^*\geqslant 1$，则 $z_{H_3}^*=1$，$z_{L_3}^*=1$，其中 $\beta\leqslant\dfrac{m^2}{4(1+h-2l)}$。

情况 3：如果 $h<z_{H_3}^*<1$，$l<z_{L_3}^*<1$，则 $z_{H_3}^* = \dfrac{m^2}{4\beta}+h$，$z_{L_3}^* = \dfrac{m^2}{4\beta}+l-(h-l)$，

其中 $\dfrac{m^2}{4(1-h)} < \beta \leqslant \dfrac{m^2}{6(h-l)}$。

（2）仅高类型供应商甄别机制。推导最优可靠性水平和制造商付款的程序类似于引理 9.3 中关于高低类型供应商甄别机制情况下的证明。通过求解正文中式（9.9a）～式（9.9c），本章可以容易地获得 $z_{H_4}^* = \min\left\{\dfrac{m^2}{4\beta} + h, 1\right\}$，且 $X_{H_4} = \dfrac{\beta}{2}\left(z_{H_4}^* - h\right)^2$。然后，存在以下两种情况。

情况 1：如果 $h < z_{H_4}^* < 1$，有 $z_{H_4}^* = \dfrac{m^2}{4\beta} + h$，其中 $\beta > \dfrac{m^2}{4(1-h)}$。

情况 2：如果 $z_{H_4}^* \geqslant 1$，有 $z_{H_4}^* = 1$，其中 $\beta \leqslant \dfrac{m^2}{4(1-h)}$。

命题 9.4 证明　为了证明这个命题，本章首先定义 $\Delta\pi_M$ 代表在选择高低类型供应商甄别机制下与仅高类型供应商甄别机制相比获得的额外利润，即 $\Delta\pi_M = \pi_{M_3} - \pi_{M_4}$。

当 $h < \dfrac{3l+2}{5}$ 时 $\left(\text{即} \dfrac{m^2}{4(1-h)} < \dfrac{m^2}{6(h-l)}\right)$，有

$$\Delta\pi_M = \begin{cases} \dfrac{m^2 + 2\left(-1-2h+h^2+4l-2l^2\right)\beta}{8} & , \beta \leqslant \dfrac{m^2}{4(1+h-2l)} \\[4mm] \dfrac{m^4 - 8(h-2l)m^2\beta + 32(h-l)^2\beta^2}{64\beta} & , \dfrac{m^2}{4(1+h-2l)} < \beta \leqslant \dfrac{m^2}{4(1-h)} \\[4mm] \dfrac{m^4 - 8(h-2l)m^2\beta + 32(h-l)^2\beta^2}{64\beta} & , \dfrac{m^2}{4(1-h)} < \beta \leqslant \dfrac{m^2}{6(h-l)} \end{cases}$$

（1）如果 $\beta \leqslant \dfrac{m^2}{4(1+h-2l)}$，则 $\Delta\pi_M > 0$。

（2）如果 $\dfrac{m^2}{4(1+h-2l)} < \beta \leqslant \dfrac{m^2}{4(1-h)}$，则 $\Delta\pi_M > 0$。

（3）如果 $\dfrac{m^2}{4(1-h)} < \beta \leqslant \dfrac{m^2}{6(h-l)}$，则 $\Delta\pi_M > 0$。

（4）其他情况，$\Delta\pi_M < 0$。

命题 9.5 证明　π_{S-H}^W 指的是批发价格合同下的推式机制和拉式机制之间的高类型供应商的最高利润。π_{S-H}^S 代表高类型供应商在筛选菜单合同下的最高利润。

根据命题 9.2，本章有 $\pi_{S-H_1} \leqslant \pi_{S-H}^W$。如果 $\pi_{S-H_1} > \pi_{S-H}^S$，那么 $\pi_{S-H}^W \geqslant \pi_{S-H_1} \geqslant \pi_{S-H}^S$。因此，本章比较 $\pi_{S-H_1} - \pi_{S-H}^S$。根据命题 9.4 的条件，这两种情况如下所示。

情况 1：当 $h < \dfrac{3l+2}{5}$ 时，在推式机制中，高类型供应商的利润是

$$\pi_{S-H_1} = \begin{cases} \dfrac{m^4}{216\beta} + \dfrac{(h+l)m^2}{18}, & \dfrac{m^2}{18(1-h)} < \beta \\[3mm] \dfrac{(1+l)m^2}{18} + \dfrac{m^4}{324\beta} - \dfrac{\beta}{2}(1-h)^2, & \dfrac{m^2}{18(1-l)} < \beta \leqslant \dfrac{m^2}{18(1-h)} \\[3mm] \dfrac{m^2}{9} - \dfrac{\beta}{2}(1-h)^2, & \beta \leqslant \dfrac{m^2}{18(1-l)} \end{cases}$$

根据命题 9.4，如果 $0 < \beta \leqslant \dfrac{m^2}{6(h-l)}$，那么 $\pi_{S-H}^S(\beta) = \pi_{S-H_3}(\beta)$。如果 $\beta > \dfrac{m^2}{6(h-l)}$，那么 $\pi_{S-H}^S(\beta) = \pi_{S-H_4}(\beta)$。

可得，
$$\pi_{S-H}^S = \begin{cases} 0, & \dfrac{m^2}{6(h-l)} < \beta \\[3mm] \dfrac{(h-l)m^2}{4} - \dfrac{3\beta}{2}(h-l)^2, & \dfrac{m^2}{4(1-h)} < \beta \leqslant \dfrac{m^2}{6(h-l)} \\[3mm] \dfrac{(h-l)m^2}{4} - \dfrac{3\beta}{2}(h-l)^2, & \dfrac{m^2}{4(1+h-2l)} < \beta \leqslant \dfrac{m^2}{4(1-h)} \\[3mm] \dfrac{\beta}{2}\left[(1-l)^2 - (1-h)^2\right], & \beta \leqslant \dfrac{m^2}{4(1+h-2l)} \end{cases}$$

本章根据下列公式得到 $\Delta\pi_{S-H}^S = \pi_{S-H_1} - \pi_{S-H}^S$：

$$\Delta\pi_{S-H}^S = \begin{cases} \dfrac{m^4}{216\beta} + \dfrac{(h+l)m^2}{18}, & \dfrac{m^2}{6(h-l)} < \beta \\[3mm] \dfrac{m^4}{216\beta} + \dfrac{(h+l)m^2}{18} - \dfrac{(h-l)m^2}{4} + \dfrac{3\beta(h-l)^2}{2}, & \dfrac{m^2}{4(1+h-2l)} < \beta \leqslant \dfrac{m^2}{6(h-l)} \\[3mm] \dfrac{m^4}{216\beta} + \dfrac{(h+l)m^2}{18} - \dfrac{\beta\left[(1-l)^2 - (1-h)^2\right]}{2}, & \dfrac{m^2}{18(1-h)} < \beta \leqslant \dfrac{m^2}{4(1+h-2l)} \\[3mm] \dfrac{(1+l)m^2}{18} + \dfrac{m^4}{324\beta} - \dfrac{\beta(1-l)^2}{2}, & \dfrac{m^2}{18(1-l)} < \beta \leqslant \dfrac{m^2}{18(1-h)} \\[3mm] \dfrac{m^2}{9} - \dfrac{\beta(1-l)^2}{2}, & \beta \leqslant \dfrac{m^2}{18(1-l)} \end{cases}$$

因为 $\Delta\pi_{S-H} > 0$，所以有 $\pi_{S-H}^W \geqslant \pi_{S-H_1} \geqslant \pi_{S-H}^S$。

情况 2：当 $h \geqslant \dfrac{3l+2}{5}$ 时，根据命题 9.4，本章有 $\pi_{S-H}^S = \pi_{S-H_4} = 0$ 和 $\pi_{S-H}^W > 0$，因此本章可以得到 $\pi_{S-H}^W > \pi_{S-H}^S$。

命题9.6证明　根据命题 9.4 中的条件 $h < \dfrac{3l+2}{5}$，本章考虑以下两种情况。

情况 1：当 $h < \dfrac{3l+2}{5}$ 时，制造商从命题 9.2②中选择批发价格合同下的拉式机制，然后有 $\pi_M^W = \pi_{M_1}$。

$$
\Delta\pi_M^W = \begin{cases}
\dfrac{(h+l)m^2}{8}, & \dfrac{m^2}{2(h+l)} < \beta \\[2mm]
\dfrac{m^4}{6\beta} + \dfrac{(h+l)m^2}{16} + \dfrac{\beta(h+l)^2}{16}, & \dfrac{m^2}{2(h+l)+8(1-h)} < \beta \leqslant \dfrac{m^2}{2(h+l)} \\[2mm]
\left(1 - \dfrac{h-l}{2}\right)\left[\dfrac{m^2}{4} - \beta(1-h)\right], & \dfrac{m^2}{4(1+l)+8(1-h)} < \beta \leqslant \dfrac{m^2}{2(h+l)+8(1-h)} \\[2mm]
\dfrac{m^4}{128\beta} + \dfrac{(1+l)m^2}{16} + \dfrac{\beta(1+l)^2}{2}, & \dfrac{m^2}{4(1+l)+8(1-l)} < \beta \leqslant \dfrac{m^2}{4(1+l)+8(1-h)} \\[2mm]
\dfrac{m^2}{4} - \beta(1-l), & \beta \leqslant \dfrac{m^2}{4(1+l)+8(1-l)}
\end{cases}
$$

当 $0 < \beta \leqslant \dfrac{m^2}{6(h-l)}$ 时，制造商将在筛选菜单合同下选择高低类型供应商甄别机制；否则，它将只采用命题 9.4 中的仅高类型供应商甄别机制。那么有

$$
\Delta\pi_M^S = \begin{cases}
\dfrac{m^4 + 8hm^2\beta}{8\beta}, & \dfrac{m^2}{6(h-l)} < \beta \\[2mm]
\dfrac{m^4}{32\beta} + \dfrac{lm^2}{4} + \dfrac{\beta(h-l)^2}{2}, & \dfrac{m^2}{4(1-h)} < \beta \leqslant \dfrac{m^2}{6(h-l)} \\[2mm]
\dfrac{m^4}{64\beta} - \dfrac{(-1+h-2l)m^2}{8} + \dfrac{\left[\begin{matrix}-1+h^2 \\ +h(2-4l)+2l^2\end{matrix}\right]\beta}{4}, & \dfrac{m^2}{4(1+h-2l)} < \beta \leqslant \dfrac{m^2}{4(1-h)} \\[2mm]
\dfrac{m^2 - 2(-1+l)^2\beta}{4}, & \beta \leqslant \dfrac{m^2}{4(1+h-2l)}
\end{cases}
$$

然后本章比较 π_M^W 和 π_M^S。基于制造商（π_M^W 和 π_M^S）上述利润函数方程的条件，本章分成两个部分来证明。

（1）如果 $\dfrac{m^2}{4(1+h-2l)} > \dfrac{m^2}{2(h+l)}$，本章得到当 $\beta \leqslant \dfrac{m^2}{6(h-l)}$ 时，$\pi_M^W < \pi_M^S$；当 $\beta > \dfrac{m^2}{6(h-l)}$ 时，$\pi_M^W > \pi_M^S$。

（2）如果 $\dfrac{m^2}{4(1+h-2l)} \leqslant \dfrac{m^2}{2(h+l)}$ 且 $\dfrac{m^2}{12(h-l)} > \dfrac{m^2}{4(h+l)}$，当 $\beta \leqslant \dfrac{m^2}{6(h-l)}$ 时，$\pi_M^W < \pi_M^S$；当 $\beta > \dfrac{m^2}{6(h-l)}$ 时，$\pi_M^W > \pi_M^S$。

（3）如果 $\dfrac{m^2}{4(1+h-2l)} \leqslant \dfrac{m^2}{2(h+l)}$ 且 $\dfrac{m^2}{12(h-l)} \leqslant \dfrac{m^2}{4(h+l)}$，当 $\dfrac{7h-3l}{32} \leqslant \dfrac{(-2h+l)^2}{24(h-l)}$ 时，制造商选择高低类型供应商甄别机制。

（4）如果 $\dfrac{m^2}{4(1+h-2l)} \leqslant \dfrac{m^2}{2(h+l)}$ 且 $\dfrac{m^2}{6(h-l)} \leqslant \dfrac{m^2}{2(h+l)}$，当 $\dfrac{7h-3l}{32} > \dfrac{(-2h+l)^2}{24(h-l)}$ 时，截止点在该范围 $\breve{\beta} \in \left(\dfrac{m^2}{6(h-l)}, +\infty \right)$。

在这个范围下，本章比较 π_M^W 和 π_M^S。当 $\beta < \dfrac{m^2}{6(h-l)}$ 时，很容易证明制造商选择高低类型供应商甄别机制；当 $\dfrac{m^2}{6(h-l)} \leqslant \beta$ 时，制造商选择仅高类型供应商甄别机制；当 $\beta > \breve{\beta}$ 时，制造商选择拉式机制。

情况 2：当 $h \geqslant \dfrac{3l+2}{5}$ 时，最优合同的比较过程类似于上述情况 1 的证明。在这种情况下，本章根据命题 9.2②得到 $\pi_M^W = \pi_{M_2}$，以及从命题 9.4 中得到 $\pi_M^S = \pi_{M_4}$。

（1）如果 $\dfrac{m^2}{2(h+l)} \leqslant \dfrac{m^2}{4(1-h)}$ 且 $\pi_M^S\left(\dfrac{m^2}{2(h+l)} \right) < \pi_M^W\left(\dfrac{m^2}{2(h+l)} \right)$，得到 $\pi_M^W > \pi_M^S$。

（2）如果 $\dfrac{m^2}{2(h+l)} > \dfrac{m^2}{4(1-h)}$ 且 $\pi_M^S\left(\dfrac{m^2}{2(h+l)} \right) < \pi_M^W\left(\dfrac{m^2}{2(h+l)} \right)$，得到 $\pi_M^W > \pi_M^S$。

然后，制造商选择拉式机制。

（3）对于剩余部分，当可靠性提升效率足够低或足够高时，制造商选择拉式机制；否则，它更倾向于仅高类型供应商甄别机制。